Ensayo

Historia

Indro Montanelli (Fucecchio, 1909-Milán, 2001), ejerció los oficios más diversos tras licenciarse en derecho y ciencias sociales: desde pescador de bacalao en Noruega hasta militar en Eritrea, pasando por granjero en Canadá. Ingresó como periodista en *Il Corriere della Sera*, periódico que lo envió como corresponsal de guerra a diversos frentes, entre ellos el de la guerra civil española. Al margen de su producción de tipo periodístico (*Personajes, Gente cualquiera*), su producción abunda en obras de corte histórico como *El buen hombre de Mussolini* (1947), *El general de la Rovère* (1959) (llevada al cine por V. de Sica), *Historia de Roma, Historia de los griegos, Historia de la Edad Media, La Italia de la Contrarreforma, Dante y su siglo, Italia en camisa negra, La Italia lictoria, La Italia del Eje, Corriente alterna,* o *Los sueños mueren de madrugada*, obras todas ellas en las que Montanelli evoca con gran amenidad la circunstancia humana de muchos personajes y hechos históricos. En 1979 se publicaron sus *Crónicas de guerra*, resumen de su corresponsalía durante la Segunda Guerra Mundial.

Indro Montanelli

Historia de Roma

Traducción de
Domingo Pruna

DEBOLS!LLO

Papel certificado por el Forest Stewardship Council®

Título original: *Storia di Roma*

Primera edición con esta presentación: abril de 2016
Décima reimpresión: octubre de 2025

© RCS LIBRI & GRANDI OPERE S. p. A., Milán
© 1994, Penguin Random House Grupo Editorial, S. A. U.
Travessera de Gràcia, 47-49. 08021 Barcelona
© Domingo Pruna, por la traducción
Diseño de la cubierta: Penguin Random House Grupo Editorial
Fotografía de la cubierta: Busto de César. Siglo I A.C. © Araldo de Luca / Corbis
Fotografía del autor: © Album Mondadori Port Folio. Marisa Rastellini

Penguin Random House Grupo Editorial apoya la protección de la propiedad intelectual. La propiedad intelectual estimula la creatividad, defiende la diversidad en el ámbito de las ideas y el conocimiento, promueve la libre expresión y favorece una cultura viva. Gracias por comprar una edición autorizada de este libro y por respetar las leyes de propiedad intelectual al no reproducir ni distribuir ninguna parte de esta obra por ningún medio sin permiso. Al hacerlo está respaldando a los autores y permitiendo que PRHGE continúe publicando libros para todos los lectores. Ninguna parte de este libro puede ser utilizada o reproducida con el propósito de entrenar tecnologías o sistemas de inteligencia artificial. PRHGE se reserva expresamente la reproducción, la extracción y el uso de esta obra y de cualquiera de sus elementos para fines de minería de textos y datos y el uso a medios de lectura mecánica u otros medios que resulten adecuados (art. 67.3 del Real Decreto Ley 24/2021). Diríjase a CEDRO (Centro Español de Derechos Reprográficos, http://www.cedro.org) si necesita reproducir algún fragmento de esta obra.
En caso de necesidad, contacte con: seguridadproductos@penguinrandomhouse.com

Printed in Spain – Impreso en España

ISBN: 978-84-9759-315-1
Depósito legal: B-8.896-2013

Compuesto en Alfonso Lozano
Impreso en Novoprint
Sant Andreu de la Barca (Barcelona)

P89315D

A Susina Moizzi

A LOS LECTORES

A medida que esta Historia de Roma *salía por capítulos en el* Domenica del Corriere, *comencé a recibir cartas cada vez más indignadas. Se me acusaba de ligereza, de derrotismo, y, por algunos, francamente de impiedad por mi modo de tratar un tema considerado sagrado.*

No me sorprendí, porque, en efecto, hasta ahora, para hablar de Roma, en italiano, no se ha usado más estilo que el áulico y apologético. Mas estoy persuadido de que precisamente por esto bien poco ha quedado en la cabeza del lector y que, terminado el bachillerato, entre nosotros casi ninguno siente la tentación de refrescarse el recuerdo de ella. No hay nada más fatigoso que seguir una historia poblada tan sólo de monumentos. Y yo mismo debí luchar no poco contra los bostezos cuando, cayendo en la cuenta de haber olvidado años ha todo o casi todo, quise volverla a estudiar desde el principio. Hasta que topé con Suetonio y con Dión Casio que, habiendo sido contemporáneos de aquellos monumentos, o por lo menos coevos, no alimentaban para con ellos un respeto tan reverente y timorato.

Siguiendo sus huellas, acabé hojeando también todos los demás historiadores y cronistas romanos. Y fue como dar vida a la piedra. De golpe, aquellos protagonistas que en la escuela nos presentaron momificados en una actitud, siempre la misma, no de hombres, sino de símbolos abstractos, perdieron su mineral inmovilización, se animaron, se colorearon de sangre, de vicios, de flaquezas, de tics y de pequeñas o grandes manías; tornáronse, en suma, vivientes y verdaderos.

¿Por qué habríamos de tener más respeto a esos personajes que el que les tuvieron los propios romanos? ¿Y se les hace un gran favor dejándoles sobre el pedestal en una fría sala de museo, que sólo los escolares, por motivo de exámenes, son conducidos a visitar obligados por el maestro? Conozco a jesuitas que, sin faltar a la ortodoxia, han escrito hagiografías libres de prejuicios, donde los santos aparecen como eran, hombres entre hombres, con sus terquedades y rarezas. El hecho de que muchos de ellos hayan cometido errores y que todos indistintamente hubiesen estado tentados de cometerlos, no quita nada a su santidad. Al contrario. Jesucristo hizo un apóstol de San Pedro, que había renegado de Él.

Lo que hace grande la historia de Roma no es que haya sido hecha por hombres diferentes a nosotros, sino que haya sido hecha por hombres como nosotros. Ellos no tenían nada de sobrenatural, pues si lo hubiesen tenido nos faltarían razones para admirarles. Entre Cicerón y Carnelutti hay muchos puntos en común. César fue de joven un gran canalla, mujeriego toda su vida y peinaba bisoñé porque se avergonzaba de su calvicie. Esto no contradice su grandeza de general y de hombre de Estado. Augusto no pasó todo su tiempo, como un máquina, organizando el Imperio, sino también combatiendo la colitis y los reumatismos, y por poco no perdió su primera batalla, contra Casio y Bruto, a causa de un ataque de diarrea.

Creo que el daño más grande que pueda hacérseles es el de silenciar su humana verdad, como si se temiese verles disminuidos por ella. Roma fue Roma, no porque los héroes de su historia no hubiesen cometido delitos y patochadas, sino porque ni siquiera sus delitos y sus patochadas, aun cuando grandes y a veces inmensos, pudieron mellar su derecho a la preeminencia.

Con este libro no he descubierto nada. No pretendo aportar nuevas «revelaciones», ni siquiera dar una interpretación original de la historia de la Urbe. Todo lo que aquí cuento ha sido contado ya. Yo sólo espero haberlo hecho de una manera más sencilla y cordial, en un estilo más llano y fácilmente aceptable por la gran masa de lectores, a través de una serie de retratos que iluminan a los protagonistas con una luz más veraz, despojándolos de los paramentos que los ocultaban.

A algunos les puede parecer una ambición modesta. A mí, no. La considero, al contrario, orgullosa. Si logro aficionar a la historia de Roma a algunos miles de italianos, hasta ahora desinteresados, debido a la enjundia de quien se la ha contado antes que yo, me consideraré un autor útil, afortunado y plenamente logrado, en buena paz con quien me acusa de ligereza, de desenfado, de derrotismo o, también, de irreverencia.

Indro Montanelli

Milán, noviembre de 1957.

I. AB URBE CONDITA

No sabemos con precisión cuándo fueron instituidas en Roma las primeras escuelas regulares, o sea «estatales». Plutarco dice que nacieron hacia 250 antes de Jesucristo, esto es, casi quinientos años después de la fundación de la ciudad. Hasta aquel momento los muchachos romanos habían sido educados en casa, los más pobres por sus padres y los más ricos, por *magistri*, o sea maestros, o institutores, elegidos habitualmente en la categoría de los *libertos*, los esclavos liberados, que, a su vez, eran elegidos entre los prisioneros de guerra, preferentemente entre los de origen griego, que eran los más cultos.

Sabemos, empero, con certeza, que tenían que fatigarse menos que los de hoy. El latín lo sabían ya. Si hubiesen tenido que estudiarlo, decía el poeta alemán Heine, no habrían encontrado jamás tiempo de conquistar el mundo. Y en cuanto a la historia de su Patria, se la contaban más o menos así:

Cuando los griegos de Menelao, Ulises y Aquiles conquistaron Troya, en el Asia Menor, y la pasaron a sangre y fuego, uno de los pocos defensores que se salvó fue Eneas, fuertemente «recomendado» (ciertas cosas se usaban ya en aquellos tiempos) por su madre, que era nada menos que la diosa Venus —Afrodita—.

Con una maleta a hombros, llena de imágenes de sus celestes protectores, entre los cuales, naturalmente, el puesto de honor correspondía a su buena mamá, pero sin una lira en el bolsillo, el pobrecito se dio a recorrer mundo, al azar. Y después de no se sabe cuántos años de aventuras y desventuras, desembarcó, siempre con la maleta a cuestas, en Italia; se puso a remontarla hacia el norte, llegó al Lacio, donde se casó con la hija del rey Latino, que se llamaba Lavinia, fundó una ciudad a la que dio el nombre de la esposa, y al lado de ésta vivió feliz y contento el resto de sus días.

Su hijo Ascanio fundó Alba Longa, convirtiéndola en nueva capital. Y tras ocho generaciones, es decir, unos doscientos años después del arribo de Eneas, dos de sus descendientes, Numitor y Amulio, estaban aún en el trono del Lacio. Desgraciadamente, dos en un trono están muy apretados. Y así, un día, Amulio echó al hermano para reinar solo, y le mató todos los hijos, menos uno: Rea Silvia. Mas, para que no pudiese traer al mundo algún hijo a quien, de mayor, se le pudiese antojar vengar al abuelo, la obligó a hacerse sacerdotisa de la diosa Vesta, o sea monja.

Un día, Rea, que probablemente tenía muchas ganas de marido y se resignaba mal a la idea de no poder casarse, tomaba el fresco a orillas del río porque era un verano tremendamente caluroso, y se quedó dormida. Por casualidad pasaba por aquellos parajes el dios Marte, que bajaba a menudo a la Tierra, un poco para organizar una guerrita que otra, que era su oficio habitual, y otro en busca de chicas, que era su pasión favorita. Vio a Rea Silvia. Se enamoró de ella. Y sin despertarla siquiera, la puso encinta.

Amulio se encolerizó muchísimo cuando lo supo. Mas no la mató. Aguardó a que pariese, no uno, sino dos chiquillos gemelos. Después, ordenó meterlos en una pequeñísima almadía que confió al río para que se los llevase, al filo de la corriente, hasta el mar, y allí se ahogasen. Mas no había contado con el viento, que aquel día soplaba con bastante fuerza, y que condujo la frágil embarcación no lejos de allí, encallando en la arena de la orilla, en pleno campo. Ahí, los dos desamparados, que lloraban ruidosamente, llamaron la atención de una loba que acudió para amamantarlos. Y por eso este animal se ha convertido en el símbolo de Roma, que fue fundada después por los dos gemelos.

Los maliciosos dicen que aquella loba no era en modo alguno una bestia, sino una mujer de verdad, Acca Laurentia, llamada loba a causa de su carácter salvajino y por las muchas infidelidades que hacía a su marido, un pobre pastor, yéndose a hacer el amor en el bosque con todos los jovenzuelos de los contornos. Mas acaso todo eso no son más que chismorreos.

Los dos gemelos mamaron la leche, luego pasaron a las papillas, después echaron los primeros dientes, recibieron uno el nombre de Rómulo, el otro, el de Remo, crecieron y al final supieron su historia. Entonces, volvieron a Alba Longa, organizaron una revolución, mataron a Amulio y repusieron en el trono a Numitor. Después, impacientes, como todos los jóvenes, por hacer algo importante, en vez de esperar un buen reino edificado por el abuelo, que sin duda se lo hubiera dejado, se fueron a construir otro nuevo un poco más lejos. Y eligieron el sitio donde su almadía había encallado, en medio de las colinas entre las que discurre el Tíber, cuando está a punto de desembocar en el mar. En aquel lugar, como a menudo sucede entre hermanos, litigaron sobre el nombre que dar a la ciudad. Luego decidieron que ganaría el que hubiese visto más pájaros. Rómulo, sobre el Palatino, vio doce: la ciudad se llamaría, pues, Roma. Uncieron dos blancos bueyes, excavaron un surco, y construyeron las murallas jurando matar a quienquiera las cruzase. Remo, malhumorado por la derrota, dijo que eran frágiles y rompió un trozo de un puntapié. Y Rómulo, fiel al juramento, le mató de un badilazo.

Todo esto, dícese, aconteció setecientos cincuenta y tres años antes de que Jesucristo naciese, exactamente el 21 de abril, que todavía se celebra como aniversario de la ciudad, nacida, como se ve, de un fratricidio. Sus habitantes hicieron de ella el comienzo de la Historia del Mundo, hasta que el advenimiento del Redentor impuso otra contabilidad.

Tal vez también los pueblos vecinos hacían otro tanto: cada uno de ellos databa la Historia del Mundo por la fundación de la propia capital, Alba Longa, Rieti, Tarquinia o Arezzo. Mas no lograron que los otros lo reconocieran, porque cometieron el pequeño error de perder la guerra, más aún, las guerras. Roma, en cambio, las ganó. Todas. La finca de pocas hectáreas que Rómulo y Remo recortaron con el arado entre las colinas del Tíber convirtióse en el espacio de pocos siglos en el centro del Lacio, después de Italia, y más tarde, del mundo conocido hasta entonces. Y en todo él se habló su lengua, se respetaron sus leyes, y se contaron los años *ab urbe condita*, o sea, desde aquel famoso 21 de abril de 753 antes de Jesucristo, comienzo de la historia de Roma y de su civilización.

Naturalmente, las cosas no acontecieron precisamente así. Pero así los papás romanos quisieron durante muchos siglos que les fuesen contadas a sus hijos: un poco, porque creían en ellas y otro poco, porque, grandes patriotas, les halagaba mucho el hecho de poder mezclar los dioses influyentes como Venus y Marte y personalidades de elevada posición como Eneas, al nacimiento de su Urbe. Sentían oscuramente que era muy importante educar a sus hijos en la convicción de que pertenecían a una patria edificada con el concurso de seres sobrenaturales, que seguramente no se hubieran prestado a ello de no haberse propuesto asignarle un gran destino. Esto dio un fundamento religioso a toda la historia de Roma, que, en efecto, se derrumbó cuando se prescindió de él. La Urbe fue *caput mundi*, capital del Mundo, mientras sus habitantes supieron pocas cosas y fueron lo bastante ingenuos para creer en aquellas, legendarias, que les habían enseñado papás y *magistri*; mientras estuvieron convencidos de ser descendientes de Eneas, de que corría por sus venas sangre divina y de ser «ungidos del Señor», aunque en aquellos tiempos se llamase Júpiter. Fue cuando comenzaron a dudar de ello, que su Imperio se hizo añicos y el *caput mundi* convirtióse en colonia. Mas no nos precipitemos.

En la bella fábula de Rómulo y Remo, acaso no todo es fábula. Tal vez hay también algún elemento de verdad. Tratemos de desentrañarlo basándonos en los datos bastante seguros que la Arqueología y la Etnología nos han proporcionado.

Parece ser que ya treinta mil años antes de la fundación de Roma, Italia estaba habitada por el hombre. Qué hombre fue, los entendidos dicen haberlo reconstruido con ciertos huesecitos de su esqueleto encontrados aquí y allá, y que se remontan a la llamada «edad de piedra». Pero nosotros nos fiamos poco de estas deducciones, y, por lo tanto, saltamos a una era más próxima, la «neolítica», de hace algo así como ocho mil años, o sea cinco mil antes de Roma. Parece ser que nuestra península estaba poblada entonces por ciertos ligures al Norte y sículos al Sur, gentes de cabeza en forma de pera, que vivían un poco en las cavernas, un poco en cabañas redondas construidas con estiércol y fango, domesticaban animales y se alimentaban de caza y pesca.

Hagamos otro salto de cuatro mil años, es decir, lleguemos al año 2000 antes de Jesucristo. Y he aquí que del Septentrión, o sea de los Alpes, llegan otras tribus, quién sabe desde cuánto tiempo en marcha de su patria de origen: la Europa central. Éstas no están mucho más adelantadas que los indígenas de cabeza en forma de pera; pero tienen la costumbre de construir sus viviendas no en cavernas, sino sobre estacas sumergidas en el agua, las llamadas «palafitos». Proceden, se ve, de sitios pantanosos y, en efecto, al llegar a nuestro país eligen las regiones de los lagos, el Mayor, el de Como, el de Garda, anticipándose en algunos milenios al gusto de los turistas modernos. E introducen en nuestro país algunas grandes innovaciones: la ganadería, la agricultura, la textura de telas y la construcción de bastiones de barro y tierra apisonada en torno a los poblados para defenderlos tanto de los ataques de animales como de hombres.

Poco a poco empezaron a descender hacia el Sur, donde se habituaron a construir cabañas también en tierra firme, pero apuntalándolas todavía sobre estacas; aprendieron de ciertos primos suyos, instalados al parecer en Germania, el uso del hierro, con el que fabricaron un montón de zarandajas nuevas: azadas, cuchillos, navajas, etc., y fundaron una verdadera ciudad, que se llamó Villanova, y que debió de estar emplazada en las cercanías de la que es hoy Bolonia. Éste fue el centro de una civilización que se llamó precisamente «de Villanova» y que poco a poco se extendió por toda la península. De ella se cree que derivan, como raza, como lengua y como costumbre, los umbros, los sabinos y los latinos.

No se sabe lo que aquellos villanoveses, tras haberse establecido a horcajadas del Tíber, hicieron con los indígenas ligures y sículos. Tal vez les exterminaron, como era de uso en aquellos tiempos llamados «bárbaros» para distinguirlos de los nuestros en que se hace otro tanto si bien se llamen «civilizados»; acaso se mezclaron con ellos tras haberlos sometido. El hecho es que, hacia el año 1000 antes de Jesucristo, entre la desembocadura del Tíber y la bahía de Nápoles, los nuevos venidos fundaron muchas poblaciones que, aun cuando habitadas por gente de la misma sangre, se hacían la guerra entre sí y no se apaciguaban más que ante algún enemigo común o en ocasión de alguna fiesta religiosa.

La mayor y más poderosa de aquellas ciudades fue Alba Longa, capital del Lacio, a los pies del monte Albano, que corresponde probablemente a Castelgandolfo. Los albalonganos son considerados como aquel puñado de jóvenes aventureros que un buen día emigraron una docena de kilómetros más hacia el Norte, y que fundaron Roma. Tal vez eran braceros, que iban en busca de un poco de tierra que apropiarse y cultivar. Tal vez eran un poco maleantes que tenían cuentas que ajustar con la policía y los tribunales de su ciudad. Tal vez eran emisarios mandados por su Gobierno a vigilar aquellos parajes, en los confines de la Toscana, en cuyas costas había desembarcado a la sazón un nuevo pueblo, el etrusco, que no se sabía de qué parte del mundo venía, pero del que se decían pestes. Y tal vez entre aquellos pioneros había los que verdaderamente se llamaban Rómulo y Remo. A pesar de todo, no debían de ser más de un centenar.

El lugar que eligieron tenía muchas ventajas y no pocas desventajas. A una veintena de kilómetros del mar, se hallaba a resguardo de los piratas que lo infestaban, y podía ser convertido en puerto, pues, para las embarcaciones de aquel tiempo, el brazo del río que los separaba de la desembocadura era fácilmente navegable. Pero las marismas y los pantanos que lo rodeaban lo condenaban al paludismo, enfermedad que ha llamado a sus puertas hasta hace pocos años. Pero estaban las colinas que, al menos en parte, protegían a los habitantes de los mosquitos. Y fue, en efecto, en una de ellas, el Palatino, donde se alojaron primero, con el propósito de poblar también en seguida las otras seis que se elevaban en torno.

Mas, para poblarlas, tenían que hacer hijos. Y para ello, hacían falta esposas. Y aquellos pioneros eran solteros.

Aquí, a defecto de historia, hemos de volver por fuerza a la leyenda, que nos cuenta lo que hizo Rómulo, o como se llamase el capitoste de aquellos tipejos, para procurarse mujeres para él y sus compañeros. Organizó una gran fiesta, tal vez para celebrar el nacimiento de la ciudad, e invitó a tomar parte en ella a los vecinos sabinos (o quirites), con su rey, Tito Tacio, y sobre todo, a sus hijas. Los sabinos acudieron. Mas, mientras estaban dedicados a apostar en las carreras a pie y a caballo, que era su deporte preferido, los dueños de la casa, muy poco deportivamente, les robaron a sus hijas y les echaron a ellos a puntapiés.

Nuestros antiguos eran muy sensibles en cuestiones de mujeres. Poco antes, el rapto de una de ellas, Helena, había costado una guerra que duró diez años y que acabó con la destrucción de un gran reino: el de Troya. Los romanos las raptaron a docenas y es, por tanto, natural que al día siguiente tuvieran que enfrentarse con sus papás y hermanos, que volvieron, armados, a recuperarlas. Se atrincheraron en el Capitolio, pero cometieron el imperdonable error de confiar las llaves de la fortaleza a Tarpeya, una chica romana que, dícese, estaba enamorada de Tito Tacio. Abrió una puerta a los invasores, los cuales, gente caballeresca, por lo tanto, refractaria a toda traición, comprendieron la perpetrada en su favor y la recompensaron aplastando a la chica bajo sus escudos. Los romanos dieron más tarde su nombre a las rocas desde donde solían arrojar a los traidores a la Patria condenados a muerte.

Todo acabó en un pantagruélico banquete nupcial. Pues las otras mujeres, en nombre de las cuales se había encendido la batalla, en cierto momento se interpusieron entre ambos ejércitos y declararon que no querían quedarse huérfanas, como habría sucedido si sus maridos romanos hubiesen vencido, o viudas, como habría ocurrido si hubiesen vencido sus papás sabinos. Y que era hora de dejarlo porque con aquellos maridos, aunque expeditivos y largos de manos, lo habían pasado muy bien. Más valía regularizar los matrimonios, en vez de seguir degollándose. Y así fue. Rómulo y Tacio decidieron gobernar juntos, ambos con el título de rey, aquel nuevo pueblo nacido de la fusión de las dos tribus, de las cuales llevó el nombre conjuntamente: *romanos quirites*. Y como que Tacio tuvo, acto seguido, la gentileza de morir, el experimento de reino a dos marchó bien aquella vez.

¡Quién sabe lo que se ocultaba bajo esta historia! Tal vez no sea más que la versión, sugerida por el patriotismo y el orgullo, de una conquista de Roma por parte de los sabinos. Pero puede darse también que los dos pueblos se hubieran mezclado voluntariamente y que el famoso rapto fuese tan sólo la normal ceremonia del matrimonio, como se celebraba entonces, es decir, con el robo de la novia por parte del novio, pero con el consentimiento del padre de ella, como todavía se hace en ciertos pueblos primitivos.

Si ocurrió verdaderamente así, es probable que esa fusión fuese, más que sugerida, impuesta por el peligro de un enemigo común; aquellos etruscos que, mientras tanto, se habían desparramado desde la costa tirrena por Toscana y Umbría y que, provistos de una técnica mucho más adelantada, presionaban hacia el Sur. Roma y la Sabina estaban en la dirección de esta marcha y bajo su amenaza directa. Efectivamente, no se libraron de ella.

La Urbe había nacido apenas y ya tenía que habérselas con uno de los más difíciles e insidiosos rivales de su historia. Lo abatió a través de prodigios de diplomacia primero, y de valor y tenacidad después. Pero necesitó siglos.

II. POBRES ETRUSCOS

En oposición a los romanos de hoy, que todo lo hacen en broma, los de la Antigüedad lo hacían todo en serio. Especialmente cuando se metían en la cabeza destruir a un enemigo, no sólo le hacían la guerra y no le daban tregua hasta haberlo derrotado, aun a costa de emplear ejército tras ejército y dinero sobre dinero, sino que después se le metían en casa y no dejaban piedra sobre piedra.

Un trato particularmente severo les reservaban a los etruscos, cuando, después de haber soportado muchas humillaciones, sintiéronse lo bastante fuertes para poder desafiarles. Fue una lucha prolongada y sin exclusión de golpes, pero al vencido no le dejaron ni los ojos para llorar. Rara vez se ha visto en la Historia desaparecer a un pueblo de la faz de la Tierra y a otro borrar todas sus huellas con tan obstinada ferocidad. Y a esto se debe el hecho que de toda la civilización etrusca no haya quedado casi nada. Sólo se han conservado algunas obras de arte y unos miles de inscripciones, de las que solamente pocas palabras han sido descifradas.

Sobre esos escasísimos elementos, cada cual ha reconstruido aquel mundo a su manera.

Entretanto, nadie sabe con precisión de dónde procedía aquel pueblo. A juzgar cómo ellos mismos se representaron en los bronces y las vasijas de barro cocido, parece que eran más rollizos y corpulentos que los villanoveses y de rasgos que recuerdan a la gente del Asia Menor. En efecto, muchos sostienen que llegaron por mar, de aquellas comarcas; y eso lo confirmaría el hecho de que fueron los primeros, entre los habitantes de Italia, que poseyeron una flota. No cabe duda de que fueron ellos quienes dieron el nombre de Tirreno, que quiere decir precisamente «etrusco», al mar que baña la costa de la Toscana. Tal vez llegaron en masa y sometieron a la población indígena, tal vez desembarcaron en corto número y se limitaron a someterla con sus armas más eficaces y su técnica más desarrollada.

Que su civilización era superior a la villanovesa lo demuestran los cráneos que han sido hallados en las tumbas y que muestran trabajos de prótesis dental bastante logrados. En la vida de los pueblos, los dientes son un signo de gran importancia. Se deterioran con el desarrollo del progreso que hace más imperiosa la necesidad de cuidados perfeccionados. Los etruscos conocían ya el «puente» para reforzar los molares y los metales que se necesitaban para fabricarlos. En efecto, sabían labrar no sólo el hierro que fueron a buscar, y encontraron en la isla de Elba, y que transformaron de bruto en acero, sino también el cobre, el estaño y el ámbar.

Las ciudades que inmediatamente se pusieron a construir en el interior, Tarquinia, Arezzo, Perusa, Veyes, eran mucho más modernas que los poblados fundados por los latinos, los sabinos y otras poblaciones villanovesas. Todas tenían bastiones de defensa, calles, y sobre todo, albañales. Seguían, en suma, un «plan urbanístico», como se diría hoy, confiando a la competencia de ingenieros, que eran bonísimos para aquel tiempo, lo que los demás dejaban al acaso y al capricho de los individuos. Sabían organizarse para trabajos colectivos, de utilidad general, y lo demuestran los canales con los que bonificaron aquellas comarcas infestadas por la malaria. Mas, sobre todo, eran formidables mercaderes, apegados al dinero y dispuestos a cualquier sacrificio por multiplicarlo. Los romanos ignoraban aún lo que había detrás del Soracte, montículo poco distante de su ciudad, cuando ya los etruscos habían llegado al Piamonte, Lombardía, y Véneto, cruzado a pie los Alpes y, remontado el Ródano y el Rin, llevado sus productos a los mercados franceses, suizos y alemanes para cambiarlos con los de la localidad. Fueron ellos quienes llevaron a Italia la moneda como medio de cambio, que los romanos copiaron después; es ello tan cierto, que dejaron grabada en ella la proa de una nave antes de haber construido jamás ninguna.

Era gente jovial que se tomaba la vida por el lado más agradable, y por esto al final perdieron la guerra contra los melancólicos romanos que se la tomaban por el lado más austero. Las escenas reproducidas en sus vasijas y sepulcros nos muestran hombres bien vestidos con aquella toga que después los romanos copiaron haciendo de ella su traje nacional, de luengos cabellos y barbas ensortijadas, muchas alhajas en el cuello, en los dedos, y siempre dedicados a beber, a comer y a conversar, cuando no practicaban alguno de sus ejercicios deportivos.

Éstos consistían sobre todo en el boxeo, el lanzamiento del disco y la jabalina, la lucha y en otras manifestaciones que nosotros creemos, erróneamente, exquisitamente modernas y extranjeras: el polo y el toreo. Naturalmente, las reglas de aquellos juegos eran distintas a las que hoy se usan. Mas, sin duda, entonces, el espectáculo de la lucha entre el toro y el hombre en la arena era altamente estimado: hasta el punto de que los que morían querían llevarse a la tumba alguna escena-recuerdo pintada en las vasijas, para continuar divirtiéndose con ellos también en el más allá.

Un gran paso adelante respecto a las arcaicas y patriarcales costumbres romanas y de los demás indígenas, era la condición de la mujer, que en los etruscos gozaba de gran libertad, y que, en efecto, viene representada en compañía de los varones, tomando parte en sus diversiones. Parece ser que eran mujeres muy bellas y de costumbres muy libres. En las pinturas aparecen enjoyadas, llenas de afeites y sin demasiadas preocupaciones de pudor. Comen a más no poder, y beben a gollete, tendidas con sus hombres en amplios sofás. O bien tocan la flauta y danzan. Una de ellas que luego alcanzó gran importancia en Roma, Tanaquil, era una «intelectual» que sabía mucho de Matemáticas y de Medicina. Lo que quiere decir que, a diferencia de sus colegas latinas condenadas a la más negra ignorancia, iban a la escuela y estudiaban. Los romanos, que eran grandes moralistas, llamaban «toscanas», o sea etruscas, a todas las mujeres de costumbres fáciles. Y en una comedia de Plauto figura una chica acusada de seguir las «costumbres toscanas» porque se hace prostituta.

La religión, que es siempre la proyección de la moral de un pueblo, estaba centrada en un dios llamado Tinia, que ejercía su poder con el rayo y el trueno. No gobernaba directamente a los hombres sino que confiaba sus órdenes a una especie de gabinete ejecutivo, compuesto de doce grandes dioses, tan grandes que era incluso un sacrilegio pronunciar sus nombres. Abstengámonos de ello, pues, nosotros también, para no confundir la cabeza de quien nos lee. Todos juntos formaban el gran tribunal del más allá, donde los «genios», especie de dependientes o de guardias municipales, conducían las almas de los difuntos, en cuanto habían abandonado sus respectivos cuerpos. Y allí comenzaba un proceso en toda regla. Quien no lograba demostrar haber vivido según los preceptos de los jueces era condenado al infierno, a menos que los parientes y amigos vivos hiciesen por él muchos rezos y sacrificios para obtener su absolución. Y en este caso quedaba absuelto en el paraíso, para continuar gozando en él de los placeres terrenales a base de bebida y comilonas, sopapos y cancioncillas, cuyas escenas se había hecho esculpir en el sepulcro.

Pero del paraíso parece ser que los etruscos hablaban poco y raramente, dejándolo más bien en lo vago. Tal vez iban muy pocos para saber algo preciso de él. De lo que estaban informadísimos era sobre el infierno, del que conocían, uno por uno, todos los tormentos que en él se padecían. Evidentemente, sus sacerdotes creían que, para tener sujeta a la gente, valían más las amenazas de la condenación que las esperanzas de la absolución. Y este modo de ver las cosas se ha perpetuado hasta los tiempos más recientes, hasta los de Dante, que, nacido en Etruria también, manifestó el mismo parecer y se prodigó más acerca del infierno que sobre el paraíso.

Con eso no debemos creer que los etruscos fuesen florecillas de gentileza. Mataban con relativa facilidad, aunque fuese con la buena intención de ofrecer en sacrificio a la víctima por la salvación de algún amigo o pariente. Sobre todo, los prisioneros de guerra eran destinados a este cometido. Trescientos romanos, capturados en una de las muchas batallas que se libraron entre los dos ejércitos, fueron muertos por lapidación en Tarquinia. Y sobre sus hígados todavía palpitantes de vida trataron a la mañana siguiente de determinar los futuros eventos de la guerra. Evidentemente, no lo lograron, que, de lo contrario, la hubiesen interrumpido en seguida. Pero la costumbre era frecuente, aunque en general se servían de vísceras de algún animal, oveja o toro, lo que los romanos copiaron.

Políticamente, sus dispersas ciudades no consiguieron unirse jamás, y, desgraciadamente, no hubo ninguna lo bastante poderosa para tener en un puño a las otras, como hizo Roma con las rivales latinas y sabinas. Hubo una federación llamada de Tarquinia, mas no acabó con las tendencias separatistas. Los doce pequeños Estados que formaban parte de ellas, en vez de unirse contra el enemigo común, se dejaban derrotar y anexionarse por Roma uno tras otro. Su diplomacia era como la de ciertas naciones europeas que prefieren morir solas que vivir juntas.

Todo ello ha sido reconstruido, a copia de deducciones, con los restos del arte etrusco que se han conservado y que constituyen la sola herencia dejada por aquel pueblo. Se trata especialmente de cerámica y bronces. Entre la cerámica, la hay bellísima, como el

«Apolo de Veyes», llamado también «Apolo caminante», de terracota policromada, que denota en los alfareros etruscos una gran pericia y un gusto refinado. Son casi siempre de imitación griega y, salvo algún raro ejemplar como el «búcaro negro», no nos parecen gran cosa.

Pero por muy escasos que sean esos restos, bastan para hacernos comprender cómo los romanos, una vez hubieron oprimido a los etruscos, tras haber seguido un poco su escuela y haber soportado su superioridad, sobre todo en el campo técnico de la organización, no sólo destruyeron a este pueblo, sino que procuraron borrar toda huella de su civilización. La consideraban enferma y corruptora. Copiaron todo lo que les acomodó. Mandaron a las escuelas de Vejo y de Tarquinia a sus jóvenes para instruirles sobre todo en medicina e ingeniería. Imitaron la toga. Adoptaron el uso de la moneda. Y tal vez tomaron prestada también la organización política, que, sin embargo, los etruscos tuvieron en común con todos los demás pueblos de la Antigüedad y que pasó, también en su caso, de un régimen monárquico a otro republicano, regido por un *lucumon*, magistrado electivo, y, por fin, a una forma de democracia dominada por las clases ricas. Pero las propias costumbres, basadas en el sacrificio y la disciplina social, Roma quiso preservarlas de la molicie etrusca. Comprendió instintivamente que no bastaba vencer en la guerra al enemigo y ocupar sus tierras, si después se le daba la oportunidad de contaminar la casa del amo, asimilándolo en calidad de esclavo o de preceptor, como solía hacerse en aquellos tiempos con los vencidos. No sólo destruyó al pueblo etrusco, sino que empeñóse en sepultar todos sus documentos y monumentos.

Esto sucedió, empero, mucho tiempo después de que se hubiese establecido contacto entre los dos pueblos, que precisamente ya se habían encontrado en Roma cuando vinieron los albaloganos y hallaron, al parecer, instalada ya una pequeña colonia etrusca, que había dado al sitio un nombre de su país. Parece, en efecto, que «Roma» proviene de «Rumón», que en etrusco quiere decir «río». Y si esto es verdad, hay que deducir que la primera población de la Urbe la integraban no solamente latinos y sabinos, pueblos de la misma sangre y del mismo tronco, como haría creer la historia del famoso «rapto», sino también etruscos, gente de raza, lengua y religión muy diferentes. Es más: según ciertos historiadores, el propio Rómulo había sido etrusco. De todos modos, etrusco fue ciertamente el rito según el cual se fundó la ciudad, al trazar un surco con un arado arrastrado por un buey y una yegua blancos, después que doce pájaros de buen agüero hubieron revoloteado sobre sus cabezas.

Sin querer ponernos a competir con los entendidos que hace siglos vienen discutiendo sobre esos problemas sin lograr ponerse de acuerdo, diremos aquella que más probable nos parece de las dos versiones.

Cuando latinos y sabinos llegaron a orillas del Tíber, los etruscos, que tenían la pasión del turismo y del comercio, habían fundado ya en ellas un pequeño poblado, el cual debía servir de estación de maniobras y de abastecimientos para sus líneas de navegación hacia el Sur. Aquí, y especialmente en Campania, habían establecido ya ricas colonias: Capua, Nola, Pompeya y Herculano, donde las poblaciones locales que se llamaban sanitas y que eran de origen villanovés a su vez, iban a cambiar sus productos agrícolas con los industriales que llegaban de la Toscana. Era difícil, desde Arezzo o desde Tarquinia, llegar hasta allí por vía terrestre. No había caminos y la región estaba infestada de animales salvajes y de bandidos. Mucho más fácil, visto que eran los únicos que poseían una flota, era para los etruscos ir por mar. Pero el viaje era largo y requería semanas enteras. Las naves, grandes como cascarones de nuez, no podían embarcar muchos víveres para los hombres, y necesitaban de puertos, a lo largo de la ruta, donde proveerse de agua y harina para el resto del trayecto. La desembocadura del Tíber, a mitad del camino, constituía una cómoda bahía para llenar las bodegas vacías, y además, navegable como era en aquellos tiempos, ofrecía asimismo, un cómodo medio para remontar hasta el interior y llevar a cabo algún negociejo con los latinos y los sabinos que lo habitaban. La región estaba salpicada no se sabe si de una treintena o una setentena de burgos, cada uno de los cuales constituía un pequeño mercado de intercambio. No es que pudieran hacerse grandes negocios, porque el Lacio, en aquellos tiempos, no era rico más que en madera, debido (¿quién lo diría, hoy?) a sus maravillosos bosques. Por lo demás, no producía ni siquiera trigo, sino solamente farro, y un poco de vino y de aceituna. Por esto fundaron Roma, llamándola así o con otros nombres, pero sin dar demasiada importancia a la cosa. ¡A saber cuántas Romas había escalonadas a lo largo de la costa tirrena entre Liorna y Nápoles! Y pusieron en ellas, para cuidarlas, una guarnición de marineros y de mercaderes que tal vez consideraban aquel traslado como un castigo. Debían mantener en orden sobre todo el astillero, para la reparación de las naves deterioradas por las tempestades, y los almacenes, para abastecerlas.

Después, un buen día, empezaron a llegar por grupos los latinos y los sabinos, un poco tal vez porque comenzaban a sentirse estrechos en sus casas, y un poco porque también ellos tenían ganas de comerciar con los etruscos, de cuyos productos estaban necesitados. Que entonces tuviesen ya un plan estratégico de conquista, primero de Italia y después del mundo, y que por esto considerasen indispensable la posición de Roma, son fantasías de los historiadores contemporáneos. Aquellos latinos y sabinos eran unos rusticotes de pasta labriega, para los cuales la Geografía se resumía en el huerto doméstico.

Es probable que estos nuevos venidos hayan llegado a las manos entre ellos. Mas es también probable que después, en vez de destruirse recíprocamente, se hayan aliado, para hacer frente a los etruscos que debían mirarles un poco como los ingleses miran a los indígenas, en sus colonias. Ante aquella gente forastera que les trataba de arriba abajo y que hablaba un idioma incomprensible para ellos, debieron darse cuenta de ser hermanos familiarizados por la misma sangre, la misma lengua e idéntica miseria. Por esto pusieron en común lo poco que tenían: las mujeres. El famoso rapto no es probablemente más que un signo de este acuerdo, del cual es natural que los etruscos hayan quedado excluidos, pero por propia voluntad. Se sentían superiores y no querían mezclarse con aquella chusma.

La división racial continuó lo menos cien años, durante los cuales latinos y sabinos, fusionados ya en el tipo romano, debieron de tragar mucha saliva. Cuando, después de Tarquino *el Soberbio*, que fue el último rey, pudieron tomar la ventaja, la venganza no conoció cuartel. Y tal vez el ensañamiento que pusieron en destruir la Etruria no sólo como Estado, sino también como civilización, les fue inspirado precisamente por las humillaciones que los etruscos les habían hecho sufrir incluso en su patria. Y de ellos quisieron depurarlo todo, hasta la historia, dando un certificado de nacimiento latino también a Rómulo, que acaso lo tuviera etrusco, y haciendo remontar a la unión con los sabinos el origen de la ciudad.

III. LOS REYES AGRARIOS

Cuando Rómulo murió, muchos años después de haber enterrado a Tito Tacio, los romanos dijeron que el dios Marte le había raptado para conducirle al cielo y transformarle en dios, el dios Quirino. Y como a tal le veneraron a partir de entonces, como hacen hoy los napolitanos con san Genaro.

Le sucedió, como segundo rey, Numa Pompilio, al que la tradición nos describe como mitad filósofo y mitad santo, como lo fue varios siglos después Marco Aurelio. Lo que más le interesaba eran las cuestiones religiosas. Y dado que en esta materia debía de existir una gran anarquía porque cada uno de los tres pueblos veneraba sus propios dioses, entre los cuales no se alcanzaba a comprender cuál era el más importante, Numa decidió poner orden. Y para imponer este orden a sus rencillosos súbditos, hizo cundir la noticia de que cada noche, mientras dormía, la ninfa Egeria iba a visitarle en sueños desde el Olimpo, para transmitirle directamente las instrucciones para ello. Quien hubiese desobedecido, no era con el rey, hombre entre hombres, que habría tenido que habérselas, sino con el padre eterno en persona.

La estratagema puede parecer infantil, mas también hoy sigue arraigando, de vez en cuando. En pleno siglo veinte, Hitler, para hacerse obedecer por los alemanes, no supo escoger otro mejor. Y, de vez en cuando, descendía de la montaña de Berchstegaden con alguna nueva orden del buen Dios en el bolsillo: la de exterminar a los hebreos, por ejemplo, o la de destruir Polonia. Y lo bueno es que, al parecer, también él se lo creía. En estos asuntos, la Humanidad no ha progresado mucho desde los tiempos de Numa.

Sin embargo, también en esta leyenda acaso hay un fondo de verdad, o, al menos, una indicación que nos permite reconstruirla. Hayan sido los que fueren sus nombres y sus orígenes, los de la antiquísima Roma, más que verdaderos reyes debieron de ser Papas, como por lo demás lo era el «arconte Basileo» en Atenas.

En aquellos tiempos, todas las autoridades se apoyaban ante todo en la religión. El poder del mismo *paterfamilias*, o jefe de casa, sobre la esposa, los hermanos menores, los hijos, los nietos y los siervos, era más que nada el de un sumo sacerdote a quien el buen Dios había delegado ciertas funciones. Y por esto era tan fuerte. Y por esto las familias romanas eran tan disciplinadas. Y por esto cada cual asumía los propios deberes y los cumplía en la paz y en la guerra.

Numa, al establecer un orden de prioridad entre los varios dioses que cada uno de los varios pueblos que la formaban se habían traído a Roma, realizó tal vez una obra política fundamental: la que después permitió a sus sucesores, Tulio Hostilio y Anco Marcio, conducir el pueblo unido a las guerras victoriosas contra las ciudades rivales de la región. Mas, como poderes políticos auténticos, no debían de tener muchos, porque los más grandes y decisivos permanecían en manos del pueblo que les elegía y ante el cual tenían siempre que responder.

Esto, de por sí, no significaría nada, porque en todos los tiempos y bajo cualquier régimen quien manda dice que lo hace en nombre del pueblo. Mas en Roma no se trató de palabrerías, al menos hasta la dinastía de los Tarquinos, los cuales, por lo demás, perdieron el trono precisamente porque quisieron quedarse sentados como dueños en vez de como «delegados». Y la división del mando estaba hecha aproximadamente así.

La ciudad estaba dividida en tres *tribus*: la de los latinos, la de los sabinos y la de los etruscos. Cada *tribu* estaba dividida en diez *curias*, o barrios. Cada curia, en diez *gentes*, o manzanas de casas y cada una de éstas, en familias. Las *curias* se reunían generalmente dos veces al año, y en estas ocasiones celebraban el *comicio curiado*, que, entre otras cosas, se ocupaba también de la elección del rey, cuando uno moría. Todos tenían igual derecho de voto. La mayoría decidía. El rey desempeñaba su cargo.

Era la democracia absoluta, sin clases sociales, la cual funcionó mientras Roma fue un pequeño y pacífico villorrio habitado por poca gente que raramente asomaba la cabeza fuera de los muros. Después, los habitantes aumentaron y aumentaron también las exigencias. El rey, que antes, además de decir la misa, o sea de celebrar los sacrificios y los otros ritos de la liturgia, debía aplicar también las leyes, o sea actuar de juez, ya no tuvo tiempo para asumir todos estos cometidos y comenzó a nombrar «funcionarios» a quienes encomendárselos. Así nació la llamada «burocracia». El que había sido ante todo un sacerdote, se torna obispo y designa párrocos y curas que le ayuden en las funciones religiosas. Después, necesita también de quien provea a los caminos, al censo, al catastro, a la higiene y nombra personas competentes que se ocupen de esos asuntos. Así nace el primer «ministerio»: el llamado Consejo de los Ancianos o Senado, constituido por un centenar de miembros que eran descendientes, por derecho de primogenitura, de los pioneros venidos con Rómulo a fundar Roma y que, al principio, tan sólo tienen la misión de aconsejar al soberano, pero que después se tornan más influyentes.

Y por fin nace, como organización estable, el Ejército, basado a su vez sobre la división en las treinta *curias*, cada una de las cuales había de proporcionar una *centuria*, o sea cien infantes, y una *decuria*, o sea diez jinetes con sus caballos. Las treinta *centurias* y las treinta *decurias*, o sea tres mil trescientos hombres, constituían juntas la *legión*, que fue el primero y único cuerpo de Ejército de la antiquísima Roma. Sobre los soldados, el rey, que era su comandante supremo, tenía derecho de vida o de muerte. Mas tampoco este poder militar lo ejerce de manera absoluta y sin control. Dirige las operaciones, pero después de haber pedido consejo al *comicio centuriado*, o sea a la legión en armas, cuya aprobación solicita también para el nombramiento de los oficiales que en aquellos tiempos se llaman *pretores*.

En suma, todas las precauciones habían sido tomadas por los romanos para que el rey no se convirtiese en un tirano. Tenía que quedarse en «delegado» de la voluntad popular. Cuando una bandada de pájaros pasaba por los aires o un rayo partía un árbol, era deber suyo reunir a los sacerdotes, estudiar con ellos lo que querían decir aquellos signos, y, si le parecía que significaban algo no muy bueno, decir qué sacrificios había que hacer para aplacar a los dioses, evidentemente ofendidos por algo. Cuando dos particulares litigaban entre sí y acaso uno robaba o degollaba al otro, no era asunto suyo ocuparse de ello. Mas si uno cometía algún delito contra la comunidad o el Estado, entonces se lo hacía conducir a su presencia por unos guardias y tal vez le condenaba a muerte. Por lo demás, no podía tomar decisiones. Tenía que pedirlas en tiempo de paz a los *comicios curiados* y en tiempos de guerra, a los *centuriados*. Si era astuto, lograba, como todavía ocurre hoy, presentar como «voluntad del pueblo» la suya personal. De lo contrario, tenía que soportarla. Mas siempre tenía que rendir cuentas, para ejecutarla, al Senado.

Tal era la ordenación que el primer rey de Roma, haya sido o no Rómulo, y fuese la que fuere la raza a la que pertenecía, dio a la Urbe. Y tal fue la que su sucesor Numa dejó a su sucesor Tulio Hostilio, que era de temperamento mucho más vivaz.

Éste llevaba en la sangre la política, la aventura y la codicia. Pero el hecho de que el *comicio* le hubiese elegido precisamente a él por soberano, significaba que, tras los cuarenta años de paz que le asegurara Numa, toda Roma tenía muchas ganas de pegar puñetazos. De los burgos y ciudades que la circundaban, Alba Longa era la más rica e importante. No sabemos qué pretexto escogió Tulio para declararles la guerra. Tal vez ninguno. Mas ocurrió que un buen día los atacó y las arrasó, por bien que la leyenda haya transformado aquel acto de fuerza en un acto caballeresco y casi simpático. Dícese, en efecto, que ambos ejércitos remitieron la suerte de las armas a un duelo entre tres Horacios romanos y tres Curiacios albalonganos. Éstos mataron a dos Horacios. Pero el último, a su vez, les mató a ellos y decidió la guerra. Permanece el hecho de que Alba Longa fue destruida y su rey atado por las dos piernas a dos carros que, lanzados en dirección opuesta, le despedazaron. Así fue cómo Roma trató a la que consideraba como su madre patria, la tierra de donde decía que sus fundadores habían venido.

Naturalmente, el advenimiento debió de alarmar un poco a todas las demás poblaciones de la región que, no habiendo experimentado la influencia etrusca, se habían quedado atrasadas en el llamado progreso y, por tanto, se sentían más débiles y estaban peor armadas que los romanos. Tulio Hostilio y su sucesor Anco Marcio, que siguió el ejemplo, buscaron camorra un poco con todas ellas.

Para concluir, el día en que fue elevado al trono Tarquino Prisco como quinto rey, Roma era ya el enemigo público número uno de aquella región cuyos límites no se conocen con exactitud, pero que debía de extenderse aproximadamente hasta Civitavecchia, al Norte, hasta cerca de Rieti, al Este y hasta Frosinone, al Sur.

Ahora bien, es muy probable que esa política de conquistas, destinada a tornarse aún más agresiva con los tres últimos reyes de la dinastía tarquina, fuese de inspiración sobre todo etrusca. Y esto por un simple motivo: que, mientras latinos y sabinos eran agricultores, los etruscos eran industriales y comerciantes.

Cada vez que estallaba una nueva guerra, los primeros tenían que abandonar sus tierras, dejándolas arruinar, para enrolarse en la legión y arriesgaban perderlas si el enemigo vencía. Los segundos, en cambio, llevaban siempre las de ganar: aumentaban los consumos, llovían los «pedidos» del Gobierno y, en caso de victoria, conquistaban nuevos mercados. En todos los tiempos y en todas las naciones ha sido siempre así: los habitantes de las ciudades quieren las guerras contra la voluntad de los campesinos que, además, tienen que hacerlas. Cuanto más se industrializa un Estado, más ventaja saca la ciudad al campo y más aventurera y agresiva se torna su política.

Hasta el cuarto rey, el elemento campesino prevaleció en Roma y su economía fue sobre todo agrícola. Aquellos tres mil trescientos hombres que constituían su ejército nos demuestran que la población total debía ascender a unas treinta mil almas, de las cuales la mayor parte estaba seguramente diseminada en el campo. En la ciudad propiamente dicha debió de estar, poco más o menos, la mitad, que a la sazón se había desparramado desde el Palatino sobre las demás colinas. La mayor parte de ellos vivían en cabinas de barro construidas confusa y desordenadamente, con una puerta para entrar en ellas, pero sin ventanas y una sola estancia donde comían, bebían y dormían todos juntos, papá, mamá, hijos, nueras, yernos, nietos, esclavos (quien los tenía), gallinas, asnos, vacas y cerdos.

Por la mañana, los hombres bajaban al llano para labrar la tierra. Y entre ellos estaban también los senadores que, como todos los demás, uncían sus bueyes y sembraban la simiente o segaban las espigas. Los chicos les ayudaban, pues la labor del campo era su única y verdadera escuela, su único y verdadero deporte. Y los padres aprovechaban la ocasión para enseñarles que la semilla sólo daba buen fruto cuando el cielo mandaba el agua y sol en justas dosis sobre la gleba; solamente cuando los dioses lo querían; que los dioses sólo lo querían cuando los hombres habían cumplido sus deberes para con ellos; y que el primero de estos deberes consistía en la obediencia de los jóvenes a los viejos.

Así crecían los ciudadanos romanos, al menos los de ascendencia latina y sabina, que debían de constituir la mayoría. La higiene y el cuidado de la propia persona debían estar reducidas al mínimo, incluso para las mujeres. Nada de afeites, nada de coqueterías, poca o ninguna agua, que las mujeres tenían que ir a buscar abajo y traer en ánforas puestas sobre la cabeza. No había retretes ni cloacas. Se hacían las necesidades puertas afuera y allí se dejaban. Barbas y cabello crecían descuidadamente. En cuanto al vestir, no hagáis caso de los monumentos, que, por lo demás, pertenecen a épocas mucho más recientes, cuando Roma poseía una verdadera industria textil y una categoría de sastres evolucionados, que en su mayor parte eran de origen y de escuela griegos. En aquellos tiempos lejanos, la toga, que después adquirió tanta grandiosidad, o no había nacido aún o estaba reducida a su aspecto más elemental. Tal vez semejaba a la túnica que hoy usan los abisinios: un pingajo blanco, tejido en casa por las esposas e hijas con lana de oveja, con un agujero en medio para pasar la cabeza. Pocos tenían una de recambio. En general, llevaban siempre la misma, en verano y en invierno, de día y de noche, imaginad con qué consecuencias.

No se privaban de ningún placer, ni siquiera de los de la mesa. Contra las teorías de los modernos científicos americanos, según los cuales la fuerza de un pueblo es condicionada por su consumo de calorías y vitaminas, que a su vez es condicionado por la variedad de alimentos, los romanos demostraron que se puede conquistar también el mundo comiendo tan sólo un amasijo mal cocido de agua y harina, dos aceitunas y un poco de queso, regado solamente los días de fiesta con un vaso de vino. El aceite parece ser que llegó más tarde, y al principio sólo lo usaron para untarse la piel, en defensa de las quemaduras del frío y de las del sol. Lo que debía de aumentar no poco el hedor general.

A este régimen no escapaba siquiera el rey, que tan sólo con la dinastía de los Tarquinos tuvo un uniforme, un yelmo e insignias especiales. Hasta Anco Marcio, fue igual entre los iguales, también aró la tierra detrás de bueyes uncidos al yugo, sembró la simiente y segó la espiga. No parece ser cierto que tuviese un palacio o por lo menos una oficina. Sí, en cambio, que andaba entre la gente sin una escolta de protección porque, de haber tenido una, todos le habrían acusado de querer reinar por la fuerza en vez de con el consenso del pueblo. Las decisiones las tomaba bajo un árbol, o sentado a la puerta de su casa, tras haber oído las opiniones de los ancianos que formaban círculo a su alrededor. Subía a la cátedra y tal vez también vestía un traje especial, sólo cuando tenía que realizar un sacrificio o celebrar alguna otra ceremonia religiosa.

Tampoco los romanos iban a la guerra con algo que semejase una organización militar propiamente dicha. El pretor que mandaba la centuria o la decuria no tenía insignias de grado. Las armas eran sobre todo garrotes, piedras y toscas espadas. Hizo falta tiempo antes de que se llegase al yelmo, al escudo y a la coraza, invenciones que entonces debieron de hacer el efecto que en nuestros días hicieron la ametralladora y el tanque. Así pues, las grandes campañas que Roma emprendió bajo sus primeros y belicosos reyes debieron de semejar más que nada expediciones punitivas y resolverse en grandes matanzas de hombre contra hombre, sin asomo de táctica y de estrategia. Los romanos las ganaron no tanto porque eran los más fuertes, cuando porque eran los más convencidos de que su Patria había sido creada por los dioses para realizar grandes empresas y que morir por ella constituía no un mérito, sino solamente el pago de una deuda contraída en el momento de nacer.

El enemigo, una vez batido, cesaba de ser un «sujeto» para convertirse solamente en un «objeto». El romano que lo había hecho prisionero le consideraba como una cosa propia: si estaba de mal humor, lo mataba; si estaba de buen humor, se lo llevaba a casa como esclavo y podía hacer de él lo que quisiera: matarlo, venderlo, obligarlo a trabajar... Las tierras eran requisadas por el Estado y cedidas en arriendo a los súbditos. Con mucha frecuencia se destruían las ciudades y se deportaba a sus moradores.

Con estos sistemas, Roma creció a expensas de los latinos al Sur, de los sabinos al Este y de los etruscos al Norte. En el mar, del que distaba pocos kilómetros, no osaba aventurarse porque todavía no tenía una floja y su población campesina desconfiaba de él por instinto. Bajo Rómulo, Tito Tacio, Tulio Hostilio y Anco Marcio, los romanos fueron «rurales» y su política «terrestre».

Fue el advenimiento de una dinastía etrusca lo que cambió radicalmente las cosas, tanto en la política interior como en la exterior.

IV. LOS REYES MERCADERES

No se sabe con precisión cuándo y cómo murió Anco Marcio. Mas debió de ser a los ciento cincuenta años del día en que, según la leyenda, fue fundada Roma, o sea hacia 600 antes de Jesucristo. Parece ser, de todos modos, que en aquel momento se hallaba en la ciudad un tal Lucio Tarquino, personaje muy diferente de los que los romanos solían elegirse como reyes y magistrados.

No era de allí. Venía de Tarquinia y era hijo de un griego, Demaratos, emigrado de Corinto, que casó con una mujer etrusca. De este enlace nació un niño vivaz, brillante, sin prejuicios, muy ambicioso, que tal vez los romanos, cuando vino a establecerse entre ellos, miraron con una mezcla de admiración, de envidia y de desconfianza. Era rico y despilfarrador entre gente pobre y tacaña. Era elegante en medio de los palurdos. Era el único que sabía de Filosofía, de Geografía y Matemáticas en un mundo de pobres analfabetos. En cuanto a la política, sangre griega más que sangre etrusca debían hacer de él un diplomático de mil recursos entre conciudadanos que pocos debían de tener. Tito Livio dice de él: *Fue el primero que intrigó para hacerse elegir rey y pronunció un discurso para asegurarse el apoyo de la plebe.*

Que haya sido el primero, lo dudamos. Pero de que haya intrigado, estamos seguros. Probablemente las familias etruscas, que constituían una minoría, pero rica e influyente, vieron en él a su hombre, y, cansadas de ser gobernadas por reyes pastores y labradores, de raza latina y sabina, sordos a sus necesidades comerciales y expansionistas, decidieron elevarle al trono.

Cómo anduvieron las cosas, se ignora. Mas la alusión de Tito Livio a la plebe nos permite hacernos una idea de ello. La plebe es un elemento nuevo en la historia romana, o por lo menos, un elemento que no se había hecho notar bajo los cuatro primeros reyes, que no tenían necesidad alguna de hablar a la plebe para ser elegidos, por la sencilla razón de que en sus tiempos no había plebe. En los *comicios curiados*, que precedían a la investidura del soberano, no existían diferencias sociales. Todos eran ciudadanos, todos eran grandes o pequeños propietarios de tierras; todos tenían, por lo tanto, formalmente, los mismos derechos, aunque, por la fuerza de las cosas, en la práctica, hubiesen después algunos profesionales de la política para tomar las decisiones e imponerlas a los demás.

Era una perfecta democracia casera, donde todo se hacía a la luz del sol y se discutía entre ciudadanos iguales, y lo que contaba, para la distribución de cargos, era la estima y el prestigio de que uno gozaba. Pero todo ello presuponía la pequeña ciudad que fue Roma en aquel su primer siglo de vida, encerrada en su angosta valla de casuchas, y donde cada uno conocía al otro y sabía de quién era hijo y qué había hecho y cómo trataba a su mujer y cuánto gastaba para comer y cuántos sacrificios realizaba en nombre de los dioses.

Pero a la muerte de Anco Marcio la situación había cambiado completamente. Las necesidades bélicas habían estimulado la industria y, por tanto, favorecido al elemento etrusco, del cual procedían carpinteros, herreros, armeros y mercaderes. Llegados de Tarquinia, de Arezzo, de Veyes, las tiendas se llenaron de dependientes y de aprendices que, conociendo bien el oficio, montaron otras tiendas. La elevación de salarios atrajo a la ciudad mano de obra campesina. Los soldados, después de haber hecho la guerra, regresaban a desgana al campo y preferían quedarse en Roma, donde se encontraban con más facilidad mujeres y vino. Mas sobre todo las victorias habían hecho confluir torrentes de esclavos. Y era esta multitud forastera que formaba el *plenum*, de la que procede la palabra *plebe*.

Lucio Tarquino y sus amigos etruscos debieron ver en seguida el provecho que se podía sacar de esa masa de gente, en su mayor parte excluida de los *comicios curiados*, si se llegara a convencerla de que sólo un rey también forastero podría hacer valer sus derechos. Y por esto los arengó, prometiéndoles quién sabe qué, acaso lo que después hizo de verdad. En aquella ocasión tenía detrás de sí lo que hoy se llamaría la «gran industria», los Cini, los Marzotto, los Agneli, los Pirelli, los Falck de la antigua Roma: gente que podía gastar cuanto dinero quería en propaganda electoral, y que estaba decidida a hacerlo para garantizarse un Gobierno más dispuesto que los precedentes a tutelar sus intereses y a seguir aquella política expansionista que era la condición de su prosperidad.

Ciertamente lo consiguieron, pues Lucio Tarquino fue elegido con el nombre de Tarquino Prisco, permaneció en el trono treinta y ocho años y, para liberarse de él, los «patricios», o sea los «rurales», tuvieron que hacerle asesinar. Mas inútilmente. Ante todo, porque la corona, después de él, pasó a su hijo y después, a su nieto. En segundo lugar, porque, más que la causa, el advenimiento de los Tarquinos fue efecto de una cierta vuelta que la historia de Roma había sufrido y que no le permitía ya volver a su primitivo y arcaico orden social y a la política que de éste derivaba.

El rey de la «gran industria» y de la plebe fue un rey autoritario, guerrero, planificador y demagogo. Quiso un palacio y se lo hizo construir según el estilo etrusco, mucho más refinado que el romano. Además, hizo colocar un trono en palacio, y en él se sentó, en magna pompa, con el cetro en la mano y un yelmo empenachado. Debió de hacerlo un poco por vanidad y un poco porque sabía con quién trataba, y que la plebe, a la cual debía su elección y de la cual se proponía conservar el favor, amaba el fasto y quería ver al rey de uniforme de gran gala, rodeado por coraceros. A diferencia de sus predecesores, que pasaban la mayor parte del tiempo diciendo misa y haciendo horóscopos, él la pasó ejerciendo el poder temporal, es decir, haciendo política y guerras. Primero subyugó todo el Lacio, después buscó camorra con los sabinos y les robó otra parte de tierras. Para hacerlo, necesitó muchas armas que la industria pesada le proporcionó, haciendo encima grandes negocios, y muchos suministros que los mercaderes le aseguraron, ganando encima amplias prebendas. Los historiadores republicanos y antietruscos escribieron después que su reinado fue todo un estraperlo de ganancias ilícitas, el triunfo de la propina y del «sobrecito», y que el botín cogido a los vencidos lo empleó en embellecer, no Roma, sino las ciudades etruscas, particularmente Tarquinia, que le viera nacer.

Lo dudamos, pues fue precisamente bajo su mando que Roma dio un salto adelante, especialmente en materia de monumentos y de urbanizaciones. Sobre todo, construyó la *cloaca máxima*, que por fin liberó a los ciudadanos de sus detritus, con los que hasta entonces habían convivido. Además, finalmente, la Urbe comenzó a serlo de veras, con calles bien trazadas, barrios delimitados, casas que ya no eran cabañas sino verdaderas construcciones, de techo inclinado a ambos lados, con ventanas y atrio, y un *foro*, o sea una plaza central, donde todos los ciudadanos se reunían.

Desgraciadamente, para llevar a cabo esta auténtica revolución que modificaba no solamente la faz externa de Roma sino también su modo de vida, hubo de soportar la hostilidad del Senado, depositario de la antigua tradición y poco dispuesto a renunciar a su derecho de control sobre el rey. En otros tiempos, lo hubiese depuesto u obligado a dimitir. Mas ahora había que tenerse en cuenta a la plebe, o sea a una multitud que todavía no contaba con representación política adecuada, pero que esperaba que Tarquino se la concediese, y que estaba dispuesta a sostenerle incluso con barricadas. Era más fácil asesinarlo, y esto hicieron. Pero cometieron el imperdonable error de dejar con vida a su mujer e hijo, convencidos de que aquélla por su sexo y éste por su temprana edad no podrían mantener el poder.

Acaso hubiesen tenido razón de haber sido romana Tanaquil, es decir, habituada tan sólo a obedecer. Pero, al contrario, era etrusca, había estudiado y compartido con su marido no tan sólo el lecho sino también el trabajo, interesándose por problemas de Estado, la administración, la política exterior y las reformas; y, sobre todo, se la sabía más lista que los mismos senadores, muchos de los cuales eran analfabetos.

Sepultado el rey, ella ocupó su puesto en el trono, y lo mantuvo caliente para Servio que entretanto crecía y que fue el primero y el último rey de Roma que heredó la corona sin ser electo. No se sabe bien si era hijo de aquél o de una sirvienta suya, como parece indicar el nombre. Como fuere, también, a él los historiadores romanos, todos republicanos fervientes, han tratado de denigrarlo. Mas no lo han logrado. Aun a desgana, han tenido que admitir que su Gobierno era ilustrado y que bajo él se llevaron a cabo algunas de las más importantes empresas. Sobre todo, construyó murallas en la ciudad, dando trabajo a albañiles, técnicos y artesanos que vieron en él a su protector. Además, emprendió la gran reforma política y social que fue base de todos los sucesivos ordenamientos romanos.

La vieja división en treinta *curias* presuponía una ciudad de treinta a cuarenta mil habitantes, todos ellos más o menos con los mismos títulos, los mismos derechos y el mismo patrimonio. Mas ahora había crecido extraordinariamente y hay quien hace ascender a siete u ochocientas mil almas la población ciudadana en tiempos de Servio. Probablemente son cálculos equivocados: a tantos debían subir no los habitantes de Roma, sino los de todo el territorio conquistado por ella. Sin embargo, la ciudad debía de sobrepasar al menos los cien mil, y las grandes obras públicas que Tarquino y Servio emprendieron debieron de ser impuestas también por una aguda crisis de la vivienda.

De aquella masa, sólo la inscrita ya en los *comicios curiados* tenía voz en capítulo y podía votar. Los demás seguían estando excluidos, entre ellos incluso los más grandes industriales, comerciantes y banqueros: los que proporcionaban el dinero al Estado para hacer las guerras y las grandes obras de bonificación. Ahora tenían derecho a una recompensa.

Como primera medida, Servio concedía la ciudadanía a los *libertinos*, o sea a los hijos de los esclavos liberados o *libertos*. Debieron de ser muchos miles de personas, que a partir de entonces fueron sus más encarnizados sostenedores. Después, abolió las treinta *curias* divididas según los barrios instituyendo en su lugar cinco *clases*, diferenciadas sobre la base no de su domicilio, sino de su patrimonio. A la primera pertenecían los que tuviesen al menos cien mil *ases* y a la última, los que poseían menos de doce mil quinientos. Es difícil saber a qué corresponde, hoy, en moneda, un *as*. Tal vez a diez liras, tal vez a más. Como fuere, estas diferencias económicas determinaron también las políticas. Pues mientras en las *curias* todos eran pariguales, al menos formalmente, y el voto de cada uno valía el de otro cualquiera, las *clases* votaban por *centurias*, pero no tenían un número igual de ellas. La primera tenía noventa y ocho. En total eran ciento noventa y tres. Con lo que prácticamente bastaban los noventa y ocho votos de la clase primera para determinar la mayoría. Las otras, aunque se coaligasen, no lograban alcanzarla.

Era un régimen capitalista y plutocrático en plena regla, que daba el monopolio del poder legislativo a la «gran industria», quitándosela al Agrarismo, o sea al Senado, que tenía mucho menos dinero. Mas, ¿qué podía hacer éste? Servio no le debía ni siquiera la elección porque la corona la había heredado de su padre y tenía consigo el dinero de los ricos que le eran deudores de su nuevo poderío, y el apoyo del pueblo llano a quien había dado empleo, salario y ciudadanía. Sostenido por estas fuerzas, se rodeó de una guardia armada para proteger su propia vida de los malintencionados, se ciñó una diadema de oro en la cabeza, se hizo fabricar un trono de marfil y se sentó en éste, majestuosamente, con un cetro en la mano, rematado por un águila. Patricio o no patricio, senador o mendigo, quien quisiera acercársele tenía que hacerse anunciar y esperar pacientemente su turno en la antesala.

Era difícil eliminar a un hombre semejante. Y, efectivamente, sus enemigos, para lograrlo, tuvieron que confiar la ejecución a su sobrino-yerno, quien, como tal, podía circular libremente por palacio.

Este segundo Tarquino, antes de arriesgar el golpe, intentó que derrocaran a su tío por abuso de poder. Servio se presentó ante las centurias que volvieron a confirmarle rey con plebiscitaria aclamación (lo cuenta Tito Livio, gran republicano, y sin duda debe ser verdad).

No quedaba, por tanto, más que el puñal, y Tarquino lo usó sin muchos escrúpulos. Pero el suspiro de alivio que exhalaron los senadores con los cuales se había aliado, se les quedó en la garganta, cuando vieron al asesino sentarse a su vez en el trono de marfil sin pedirles permiso, como sucedía en aquellos buenos viejos tiempos que ellos esperaban restaurar.

El nuevo soberano se mostró en seguida más tiránico que el que había expedido al otro mundo. Y, en efecto, le bautizaron *el Soberbio* para distinguirle del fundador de la dinastía. Si le dieron este apodo, alguna razón habría, aunque no sea cierto lo que después se ha contado sobre su caída. Parece ser que se divertía matando gente en el Foro. Y de carácter belicoso seguramente lo fue porque la mayor parte de su tiempo, como rey, lo pasó haciendo guerras. Guerras afortunadas, pues bajo su mando el Ejército, integrado entonces por algunas decenas de miles de hombres, conquistó no tan sólo la Sabina, sino también la Etruria y sus colonias meridionales, al menos hasta Gaeta. De aquí hasta casi la desembocadura del Arno, Roma hacía en aquel momento el buen y el mal tiempo. La guerra no era siempre caliente. A menudo era solamente «fría», como se dice hoy. Pero, en suma, Tarquino fue, un poco por la fuerza de las armas y otro poco gracias a la diplomacia, el jefe de algo que, para aquellos tiempos, era un pequeño imperio. No llegaba al Adriático, pero ya dominaba el Tirreno.

Tal vez Tarquino alargó tanto la mano para hacer olvidar el modo con que subió al trono sobre el cadáver de un rey generoso y popular. Los éxitos exteriores sirven muchas veces para disfrazar la debilidad interna de un régimen. Como fuere, Tarquino debió, al parecer, su caída a este afán de conquistas.

Un día, cuéntase, estaba en el campo con sus soldados, su hijo Sexto Tarquino y su sobrino Lucio Tarquino Colatino. Éstos, bajo la tienda, comenzaron a discutir la virtud de sus respectivas esposas, cada uno sosteniendo, como buen marido, la de la propia. Probablemente el uno le dijo al otro: «La mía es una esposa honesta. La tuya te pone cuernos.» Decidieron volver aquella noche a casa para sorprenderlas. Montaron a caballo y se fueron.

En Roma, encontraron a la mujer de Sexto que se consolaba de su momentánea viudez banqueteando con amigos y dejándose cortejar. La de Colatino, Lucrecia, engañaba la espera tejiendo un vestido para su marido. Colatino, triunfante, se embolsó la apuesta y volvió al campo. Sexto, mortificado y deseoso de desquite, se puso a cortejar a Lucrecia y al fin, un poco con violencia y otro poco con astucia, venció su resistencia.

Cometida la infidelidad, la pobre mujer mandó llamar a su marido y a su padre, que era senador, les confió lo acaecido y se mató de una puñalada en el corazón. Lucio Junio Bruto, sobrino también del rey, quien le había asesinado a su padre, reunió el Senado, contó la historia de aquella infamia y propuso destronar al *Soberbio* y expulsar de la ciudad a toda su familia (excepto él, se entiende). Tarquino, informado, se precipitó a Roma, al mismo tiempo que Bruto galopaba hacia el campo, y probablemente se encontraron por el camino. Mientras el rey trataba de restablecer el orden en la ciudad, Bruto sembraba el desorden en las legiones, que decidieron entonces rebelarse y marchar sobre Roma.

Tarquino huyó hacia el Norte, refugiándose en aquella Etruria de donde sus antepasados habían descendido y cuyo orgullo él había humillado reduciendo sus ciudades a la condición de vasallas de Roma. Debió de ser una bien amarga mortificación para él pedir hospitalidad a Porsena, *lucumon*, o sea primer magistrado de Chiusi, que en aquellos tiempos se llamaba Clusium.

Pero Porsena, gran hombre de bien, se la concedió.

En Roma proclamaron la República. Como más tarde la de los Plantagenet en Inglaterra y la de los Borbones en Francia, también la monarquía de Roma había durado siete reyes.

Corría el año 509 antes de Jesucristo. Habían transcurrido doscientos cuarenta y seis *ab urbe condita*.

V. PORSENA

Como siempre que los pueblos cambian de régimen, también los romanos saludaron al nuevo con gran entusiasmo, y en él depositaron de nuevo todas sus esperanzas, incluidas las de la libertad y de la justicia social. Fue convocado un gran *comicio centuriado* en el que tomaron parte todos los ciudadanos-soldados, que proclamaron definitivamente enterrada la Monarquía, le atribuyeron la responsabilidad de todos los errores y abusos con que se había mancillado la administración de los negocios públicos en aquellos dos siglos y medio de vida, y, en el puesto del rey nombraron dos *cónsules*, eligiéndoles en las personas de los dos protagonistas de la revolución: el pobre viudo Colatino y el pobre huérfano Lucio Junio Bruto. Habiendo declinado el primero, fue sustituido por Publio Valerio.

Publio Valerio pasó a la historia con el apodo de *Publícola*, que quiere decir «amigo del pueblo»

Esa amistad, Publio la demostró sometiendo y haciendo aprobar por el *comicio* algunas leyes que permanecieron básicas durante todo el período que duró la República. Éstas condenaban a la pena de muerte a quienquiera intentase adueñarse de un cargo sin la aprobación del pueblo. Permitían al ciudadano condenado a muerte el recurso de apelación a la Asamblea, o sea al *comicio centuriado*. Y concedían a todos el derecho de matar, aún sin proceso, a quien intentase proclamarse rey. Esta última ley olvidaba, empero, precisar sobre qué base de elementos se podía atribuir a alguien aquella ambición. Y esto permitió al Senado, en los años que siguieron, librarse de varios enemigos incómodos, señalándoles, precisamente, como aspirantes a rey. El sistema se usa todavía en varios países: los aspirantes a rey se llaman sucesivamente «desviacionistas», «enemigos de la Patria», «agentes a sueldo del imperialismo extranjero». Con el progreso, los delitos no cambian. Sólo cambia la rúbrica. Movido por su celo democrático, *Publícola* introdujo también el uso, por parte del cónsul, cuando entraba en el recinto del *comicio centuriado*, de hacer bajar, por los lictores que le precedían, las enseñas: aquellos famosos *fascios*, que después Mussolini volvió a poner de moda y que constituían el símbolo del poder, para demostrar plásticamente que ese poder venía del pueblo; el cual, después de haberlo delegado en el cónsul, continuaba siendo árbitro.

Eran todas ellas cosas bonísimas, que de momento hicieron gran efecto. Mas, una vez enfriados los entusiasmos, la gente comenzó a preguntarse en qué se concentraban, prácticamente, las ventajas del nuevo sistema. Todos los ciudadanos tenían voto, de acuerdo, pero en los *comicios* se seguía practicando aquel derecho por clases, siempre combinadas sobre el esquema serviano, por el cual los millonarios de la primera, al tener noventa y ocho *centurias*, y, por tanto, noventa y ocho votos, se bastaban solos para imponer su propia voluntad a los demás. En efecto, una de las primeras decisiones que tomaron fue la de revocar las distribuciones de tierras hechas a los pobres por los Tarquinos en los países conquistados. Así que hubo muchos pequeños propietarios que se vieron confiscar, de un día a otro, casa y predio y, al no saber cómo salir adelante, volvieron a Roma en busca de trabajo.

Pero en Roma no había trabajo, porque los cónsules, nombrados solamente por un año, no podían emprender ninguna de aquellas obras públicas que eran la especialidad de los reyes, elegidos por vida por los cinco primeros, y ya a título hereditario, los dos últimos. Además, la República, dominada por el Senado que la había hecho y que estaba constituido por terratenientes de origen sabino y latino, era tacaña, a diferencia de la derrochadora Monarquía, dominada por los industriales y mercaderes de origen etrusco y griego. Quería «sanear el balance» como se diría hoy, o sea practicar una política financiera ahorrativa, y por otra parte, porque no tenía ningún interés en multiplicar la categoría de los nuevos ricos, sus adversarios naturales.

En suma, la ciudad estaba en crisis y los pobres lugareños que venían en busca de salvación a causa del paro y el hambre del campo, encontraban otra hambre y otro paro. Los talleres estaban cerrados, las casas y caminos, a medio hacer. Los audaces contratistas que habían sido sostenedores de los Tarquinos y empleado a millares de técnicos y a decenas de miles de obreros, estaban proscritos o temían estarlo. Los locales públicos cerraban uno tras otro por falta de clientes, mermados por la escasez de dinero circulante y por el clima puritano que todas las repúblicas difunden o tratan de difundir. Los propagandistas del nuevo régimen arengaban continuamente a la muchedumbre para recordarle los delitos que había cometido el rey. Los oyentes miraban en torno y pensaban que entre aquellos «delitos» estaba también el Foro, donde en aquel momento se hallaban, y que había sido construido por los execrados reyes.

Otro punto sobre el que los propagandistas insistían era el de los daños perpetrados por la última dinastía, que había intentado convertir a Roma en una colonia etrusca. Algo de eso había, mas precisamente gracias a ellos Roma tenía ahora su Circo Máximo, su alcantarillado, sus ingenieros, sus artesanos, sus *histriones* (que eran los actores de la época), y sus gladiadores y púgiles, protagonistas de aquellos espectáculos de los que tan golosos eran los romanos, y sus murallas, y sus canales, y sus adivinos, y su liturgia para adorar a los dioses: todo cosas importadas justamente de Etruria.

No todos lo sabían, naturalmente, porque no todos habían estado en Etruria. Pero de ello eran más conscientes que los demás los jóvenes intelectuales, que habían estudiado y alcanzado la licenciatura en las universidades etruscas de Tarquinia, de Arezzo, de Chiusi, donde sus padres les habían enviado a estudiar, y de las que conservaban un gran recuerdo. No pertenecían, en general, a las familias patricias, cuyos hijos eran educados en casa, cuidando no de hacerles hombres instruidos, sino hombres de carácter. Procedían de familias burguesas y su suerte iba ligada a la de los tráficos, las industrias y las profesiones liberales, que eran, precisamente, las más afectadas por el nuevo cariz de las cosas.

Por todas estas razones pronto surgió el descontento. Y, desgraciadamente, coincidió con la declaración de guerra, lanzada por Porsena a instigación de Tarquino.

No se sabe con certeza cómo se desarrolló el asunto. Mas, dada la situación, no es difícil imaginar cuáles debieron ser los argumentos que el depuesto monarca expuso para inducir al *lucumon* a prestarle ayuda. Éste debió sin duda hacerle observar que los Tarquinos, aunque de sangre etrusca, no se habían mostrado como buenos hijos de Etruria al haberla atormentado continuamente con guerras y expediciones punitivas hasta reducirla casi por entero bajo su dominación. Pero *el Soberbio* le respondió probablemente que, en el mismo momento que sus dos predecesores hacían romana a Etruria, hacían también etrusca a Roma, conquistándola, por decirlo así, desde dentro a expensas del elemento latino y sabino que al principio la había dominado. La lucha no se desarrolló entre potencias extranjeras, sino entre ciudades rivales, hijas de la misma civilización. Roma, por bien que segundogénita, no había tratado de destruirlas, sino de reunirlas bajo un mando único para conducirlas al predominio en Italia. Tal vez se había equivocado, tal vez había cargado la mano aquí y allá, mostrándose poco respetuosa hacia sus autonomías municipales. Pero a ninguna los Tarquinos habían reservado la suerte a que fueron sometidas por ejemplo Alba Longa y muchos otros burgos y pueblos del Lacio y de la Sabina, destruidos hasta los cimientos. Ninguna ciudad etrusca había sido jamás saqueada. Los mercaderes, los artesanos, los ingenieros, los actores y los púgiles de Tarquinia, de Chiusi, de Volterra, de Arezzo, en cuanto emigraban a Roma no corrían la suerte de los esclavos, sino que alcanzaban una posición preeminente, por lo que toda la economía, la cultura, la industria y el comercio de las ciudades estaban prácticamente en sus manos.

Es decir, lo habían estado mientras los Tarquinos permanecieron en el trono, protegiéndolos. Ahora, la República significaba la vuelta al poder de aquellos latinos y sabinos zafios, avaros y desconfiados, reaccionarios e instintivamente racistas, que habían alimentado siempre un odio sordo hacia la burguesía etrusca, liberal y progresista. No se podían hacer ilusiones sobre la manera con que sería tratada. Y su desaparición significaba el afianzamiento, en la desembocadura del Tíber, de una potencia extranjera y enemiga, en lugar de la consanguínea y amiga (aunque un poco litigante y pendenciera), que mañana podría unirse a los demás enemigos de Etruria y contribuir a su ocaso.

¿Temía Porsena desinteresarse de una ruptura de equilibrio semejante? ¿O no encontraba conveniente prevenir la catástrofe, lanzándose sobre Roma, ahora que el marasmo reinaba en su interior y que en el exterior, especialmente en el Lacio y en la Sabina, a la gente le dolían los huesos por los puntapiés recibidos de los soldados romanos? A una señal del poderoso *lucumon* de Chiusi, todas aquellas ciudades se sublevarían contra las escasas guarniciones que las vigilaban, y Roma se encontraría sola y discorde a merced del enemigo.

No sabemos casi nada de Porsena. Pero por su comportamiento hemos de deducir que a sus dotes de esforzado general debían de sumarse las de sagaz hombre político. Se dio cuenta de que los argumentos de Tarquino contenían verdad. Pero antes de comprometerse, quería estar seguro de dos cosas: de que el Lacio y la Sabina estaban verdaderamente dispuestos a ponerse de su parte, y de que en la misma Roma había una «quinta columna» monárquica dispuesta a facilitarle el cometido con una insurrección.

Se produjo, en efecto, la insurrección, en la cual participaron también los dos hijos del cónsul Lucio Junio Bruto, olvidadizos, se ve, del fin que *el Soberbio* deparó a su abuelo. Inmediatamente después que la revuelta hubo sido enérgicamente reprimida, fueron detenidos y condenados a muerte. Y su padre, dícese, quiso asistir personalmente a la decapitación.

Pero la guerra anduvo mal. Los moradores de las varias ciudades latinas y sabinas degollaron a las guarniciones romanas y unieron sus fuerzas a las de Porsena que llegaba del Norte al frente de un ejército confederado al que toda Etruria habían mandado contingentes. Contra esta invasión, Roma, de dar crédito a sus historiadores, hizo milagros. Mucio Escévola, que había penetrado en el campamento de Porsena para asesinarle, falló el golpe y castigó por sí mismo su mano falaz, poniéndola encima de un brasero ardiente. Horacio Cocles bloqueó él solo a todo el ejército enemigo en la entrada del puente sobre el Tíber, que sus compañeros iban destruyendo a sus espaldas. Mas la guerra se perdió y las mismas leyendas lo comprueban. Su exaltación constituye uno de los primeros ejemplos de «propaganda de guerra». Cuando un país sufre una derrota, inventa o exagera «gloriosos episodios» sobre los que llamar la atención de los contemporáneos y de las futuras generaciones y distraerla del resultado final y conjunto. He aquí por qué los «héroes» prosperan sobre todo en los ejércitos derrotados. Los que vencen no tienen necesidad de ellos. César, por ejemplo, en sus *Comentarios*, no cita ninguno.

La rendición de la Urbe fue, como se dice hoy, incondicional. Tuvo que restituir a Porsena todos los territorios etruscos. Los latinos se aprovecharon para atacar a su vez Roma, que logró, empero, salvarse con la batalla del lago Regilo donde los dióscuros, Cástor y Pólux, hijos de Júpiter, fueron en su ayuda. De todos modos, al final de tantas desventuras, la Urbe que bajo el rey había sido la capital de un pequeño imperio, volvía a encontrarse con lo que hoy sería un distrito, que al Norte no llegaba hasta Fregene y al Sur se detenía antes de Anzio. Era una gran catástrofe y necesitó un siglo para recobrarse.

Pero aquella guerra hizo una víctima aún mayor: Tarquino. Había hecho ya las maletas para volver a Roma, tomar de nuevo el poder y perpetrar sus venganzas, cuando Porsena le paró y le dijo que no se proponía restaurarle en el trono. ¿Se había dado cuenta de que la restauración monárquica era imposible, o desconfiaba de aquel intrigante que, una vez vuelto a la cabeza de su pueblo y de su ejército, tal vez olvidaría el favor recibido y comenzaría de nuevo a atormentar a Etruria?

Nos inclinamos por la segunda hipótesis. Etruria era un país anárquico, donde cada ciudad quería permanecer independiente y no admitía limitaciones a su propia autonomía. Tarquino habría hecho de Roma una ciudad definitivamente etrusca, pero de Etruria, una provincia definitivamente romana. Etruria no lo quiso, y le costó caro. La Liga que Porsena había puesto trabajosamente en pie en aquella ocasión, se disolvió antes de que su ejército confederado pudiese restablecer las comunicaciones con las colonias etruscas del Mediodía, que entretanto, estaban dentelleadas por los griegos. El *lucumon* volvió a Chiusi y allí se encerró, mientras los griegos avanzaban por el Sur y se perfilaba por el Norte otra terrible amenaza: la de los galos que bajaban de los Alpes e inundaban a las colonias etruscas del valle del Po. Mas tampoco frente a ese peligro encontró Etruria su unidad, aquella unidad que Tarquino quería darle con el signo y el nombre de

Roma. El viejo rey siguió intrigando, pero inútilmente. Las victoriosas ciudades del Lacio, con Veyes a la cabeza, colaboraron en impedir su retorno. Preferían tener que vérselas con una Roma republicana, cuyas dificultades internas conocían todos y, por tanto, su incapacidad para intentar un desquite, que, en efecto, tardó un siglo en perfilarse.

Las «liberaciones» siempre cuestan caras. Roma pagó la suya, por el rey, con el Imperio. Había empleado dos siglos y medio para conquistar la hegemonía sobre la Italia central y la alcanzó bajo la guía de siete soberanos. La República, para permanecer tal, tuvo que renunciar a todo aquel escaso patrimonio.

¿Qué cosa, pues, no había funcionado, bajo la Monarquía, para inducir a los romanos, con tal de deshacerse de ella, a tal renuncia?

No había funcionado la cochura, es decir, la fusión entre las razas y las clases que constituían su pueblo. Los primeros cuatro reyes habían mortificado al elemento etrusco que constituía la Burguesía, la Riqueza, el Progreso, la Técnica, la Industria, el Comercio. Los últimos tres habían mortificado al elemento latino y sabino que constituían la Aristocracia, la Agricultura, la Tradición y el Ejército, que hallaban su expresión política en el Senado. Y ahora, el Senado se vengaba. Se vengaba con la República, que fue exclusivamente obra suya.

A partir de entonces todo fue republicano en Roma, incluso y especialmente la Historia, que comenzó a ser narrada de modo a desacreditar cada vez más el período monárquico y los grandiosos éxitos que Roma había conseguido bajo éste. Esto no debe ser olvidado al leerse los libros de Historia romana, que concuerdan en hacer coincidir el inicio de la grandeza de la Urbe con el momento en que fue expulsado el último Tarquino.

Mas no es verdad. Roma había sido ya una poderosa capital en tiempos de los reyes, y es en buena parte gracias a su obra que volverá a serlo. Los austeros magistrados que ocuparon sus puestos y ejercieron el poder «en nombre del pueblo» encontraron constituidas ya en ellas las premisas de los futuros triunfos: una ciudad bien organizada desde el punto de vista urbanístico y administrativo, una población cosmopolita y llena de recursos, una *élite* de técnicos de primera calidad, un Ejército experimentado, una Iglesia y una lengua codificadas ya, una diplomacia que había hecho su aprendizaje estableciendo y rompiendo alianzas un poco con todos los vecinos de casa.

Aquella diplomacia fue hábil incluso en el momento de la catástrofe. Se apresuró a estipular dos tratados: uno, con Cartago para asegurarse la tranquilidad por la parte de mar; y otro, con la Liga Latina para asegurársela por la parte de tierra. Ambos implicaban las más radicales renuncias. En el mar, Roma abandonaba toda pretensión sobre Córcega, Cerdeña y Sicilia, que además se comprometía a no rebasar con sus naves y donde tan sólo podía abastecerse sin poner los pies en ellas. Mas era una renuncia que le costaba poco, dado que no poseía aún una flota digna de este nombre.

Más dolorosas eran las de tierra, sancionadas por el cónsul Espurio Asio al término de las hostilidades con Veyes y sus aliados. Roma quedó dueña tan sólo de quinientas millas cuadradas y tuvo que aceptar ser equiparada a las demás ciudades en la Liga Latina. El *foedus*, o sea el pacto de 493 antes de Jesucristo, comienza con estas enfáticas palabras: *Haya paz entre los romanos y todas las ciudades latinas mientras la posición del cielo y de la tierra siga siendo la misma...*

La posición del cielo y de la tierra no había cambiado en nada cuando, menos de un siglo después, la República romana reemprendió el camino de la guerra en mitad del cual se habían detenido sus antiguos reyes y no dejó a las ciudades latinas ni los ojos para llorar.

Desde entonces las alianzas entre los Estados han continuado estableciéndose con el propósito de que duren hasta que la posición del cielo y de la tierra siga siendo la misma. Y, a distancia de pocos años o de muchos años, uno de los contratantes termina infaliblemente como Veyes. Mas los diplomáticos, impasibles, insisten en usar aquella fórmula, u otra equivalente, y los pueblos, en creer en ella.

VI. SPQR

Desde aquel año de 508 en que fue fundada la República, todos los monumentos que los romanos elevaron un poco en todas partes llevaron la sigla SPQR, que quiere decir: *Senatus Populus-Que Romanus*, o sea «el Senado y el pueblo romano».

Ya hemos dicho lo que era el Senado. En cambio, no hemos dicho todavía qué era el pueblo, que no correspondía en absoluto a lo que nosotros entendemos con esta palabra. En aquellos lejanos días de Roma no incluía toda la ciudadanía, como ocurre hoy, sino tan sólo dos «órdenes», o sea dos clases sociales: la de los «patricios» y la de los *equites* o «caballeros».

Los patricios eran los que descendían de los *patres*, o sea de los fundadores de la ciudad. Según Tito Livio, Rómulo había elegido un centenar de cabezas de familia que le ayudasen a construir Roma. Naturalmente, éstos acapararon los mejores predios y se consideraban un poco los dueños de casa con respecto a los que fueron después. Los primeros reyes no habían tenido, en efecto, ningún problema social que resolver, porque todos los súbditos eran iguales entre sí, y el mismo soberano no era más que uno de ellos encargado por todos los demás del desempeño de funciones determinadas, sobre todo de las religiosas.

Con Tarquino Prisco había comenzado a llover sobre Roma un montón de otra gente, especialmente de Etruria. Y de estos nuevos vecinos, los descendientes de los *patres* mantenían las distancias con mucho recelo, defendiéndose dentro de la fortaleza del Senado, accesible solamente a los miembros de sus familias. Cada una de éstas llevaba el nombre del antepasado que la fundara: Manlio, Julio, Valerio, Emilio, Cornelio, Claudio, Horacio, Fabio.

Fue a partir del momento en que dentro de los muros de la ciudad comenzaron a convivir esas dos diversas poblaciones, los descendientes de los antiguos pioneros y los nuevos venidos, que las clases principiaron a diferenciarse: de una parte, los patricios y de la otra, los plebeyos.

No tardaron los patricios en ser desbordados por el número, como siempre sucede en todos los países nuevos, por ejemplo, América del Norte. En lo que es hoy Estados Unidos los patricios se llamaban *pilgrim fathers*, los padres peregrinos, y estaban representados por los trescientos cincuenta colonizadores que fueron los primeros en establecerse allí a bordo de un buque llamado *Mayflower*, hace un poco más de tres siglos. También sus descendientes siguen aún hoy considerándose un poco como los patricios de América; pero no han podido mantener ningún privilegio porque las sucesivas oleadas de inmigrantes pronto los sumergieron. Descender de un padre peregrino del *Mayflower* es solamente un título honorífico.

Los patricios romanos resistieron a esa mezcla mucho más tiempo. Y para defender mejor sus prerrogativas, hicieron lo que hacen todas las clases sociales, cuando son astutas y se encuentran en minoría numérica: llamaron a los plebeyos a compartir sus privilegios, comprometiéndoles así a defenderles también a ellos.

Bajo el rey Servio Tulio, las clases sociales no eran ya tan sólo dos. Entre los plebeyos se había diferenciado una alta burguesía o clase media, bastante numerosa y, sobre todo, muy fuerte desde el punto de vista financiero. Cuando el rey organizó los nuevos *comicios centuriados* dividiéndolos en cinco clases según los patrimonios y dando a la primera, la de los millonarios, votos suficientes para derrotar a las otras cuatro, los patricios no estuvieron nada contentos porque se vieron sobrepasados, como potencia política, por gente «sin cuna» como se dice hoy, o sea que no tenían antepasados, pero que, en compensación, poseía más dinero que ellos. Sin embargo, cuando Tarquino *el Soberbio* fue echado y en su puesto se instauró la República, comprendieron que no podían quedarse solos contra todos los demás y pensaron en tomar por aliados a aquellos ricachones que en el fondo, como todos los burgueses de todos los tiempos, no pedían nada mejor que entrar a formar parte de la aristocracia, es decir, del Senado. Si los nobles franceses del Setecientos hubiesen hecho otro tanto, se habrían ahorrado la guillotina.

Aquellos ricachones, como hemos dicho, se llamaban *equites*, caballeros. Procedían todos del comercio y de la industria y su gran sueño era convertirse en senadores. Para lograrlo, no sólo votaban siempre, en los *comicios centuriados*, de acuerdo con los patricios que tenían las llaves del Senado, sino que no vacilaban en entrar pagando de su bolsillo cuando se les confiaba una oficina o un cargo. Pues los patricios se hacían pagar muy caro la concesión del alto honor. Y cuando se casaban con una hija de caballero, por ejemplo, exigían una dote de reina. Y tampoco el día en que el caballero lograba finalmente convertirse en senador, no era acogido como *pater*, es decir, como patricio, sino como *conscriptus*, en aquella asamblea que, de hecho, estaba constituida por «padres y conscritos», *patres et conscripti*.

El pueblo lo constituían, pues, solamente estos dos órdenes: patricios y caballeros. Todo el resto era plebe, y no contaba. En ésta se incluía un poco de todo: artesanos, pequeños comerciantes, empleaduchos y libertos. Y, naturalmente, no estaban contentos de su condición. De hecho, el primer siglo de la nueva historia de Roma estuvo enteramente ocupado en las luchas sociales entre los que querían ampliar el concepto de pueblo y los que querían mantenerlo restringido a las dos aristocracias: la de la sangre y la de las carteras repletas.

Esa lucha comenzó en 494 antes de Jesucristo, es decir, catorce años después de la proclamación de la República, cuando Roma, atacada por todas partes, había perdido todo lo conquistado bajo el rey y, reducida casi a cabeza de partido, tuvo que conformarse con ser miembro de la Liga Latina en pie de igualdad con todas las demás ciudades. Al final de aquella ruinosa guerra, la plebe, que había proporcionado la mano de obra para llevarla a cabo, se encontró en condiciones desesperadas. Muchos habían perdido los campos, que quedaron en territorios ocupados por el enemigo. Y todos, para mantener a la familia mientras estaban en filas, se habían cargado de deudas, que en aquellos tiempos no era cosa baladí, como lo es ahora. Quien no las pagaba, se convertía automáticamente en esclavo del acreedor, el cual podía encarcelarlo en su bodega, matarlo o venderlo.

Si los acreedores eran varios, estaban autorizados también a repartirse el cuerpo del desdichado, tras haberle degollado. Y aun cuando, al parecer, no se llegó jamás a este extremo, la condición del deudor seguía siendo igualmente incómoda.

¿Qué podían hacer aquellos plebeyos para reclamar un poco de justicia? En los *comicios centuriados* no tenían voz porque pertenecían a las últimas clases: las que tenían demasiado pocas centurias, y por ende pocos votos, para imponer su voluntad. Comenzaron a agitarse por calles y plazas, pidiendo por boca de los más desenvueltos, que sabían hablar, la anulación de las deudas, un nuevo reparto de tierras que les permitiese reemplazar el predio perdido y el derecho de elegir magistrados propios.

Las «órdenes» y el Senado prestaron oídos de mercader a estas demandas. Y entonces, la plebe, o por lo menos amplias masas de plebe, se cruzaron de brazos, se retiraron al Monte Sacro, a cinco kilómetros de la ciudad, y dijeron que a partir de aquel momento no darían un bracero a la tierra, ni un obrero a las industrias, ni un soldado al Ejército.

Esta última amenaza era la más grave y apremiante, pues, precisamente en aquellos momentos, restablecida de cualquier manera la paz con los vecinos de casa, latinos y sabinos, una amenaza nueva se perfilaba por la parte de los Apeninos, desde cuyos montes habían comenzado a irrumpir hacia el valle, en busca de tierras más fértiles, las tribus bárbaras de los ecuos y de los volscos, que ya estaban invadiendo las ciudades de la Liga.

El Senado, con el agua al cuello, mandó embajada tras embajada a los plebeyos para inducirles a regresar a la ciudad y a colaborar en la defensa común. Y Menenio Agripa, para convencerles, les contó la historia de aquel hombre cuyos miembros, para fastidiar al estómago, se habían negado a procurarle comida: con lo que, habiéndose quedado sin alimento, acababan por morir ellos también, como el órgano del cual querían vengarse. Pero los plebeyos, duros, respondieron que no había elección: o el Senado cancelaba las deudas liberando a quienes se habían convertido en esclavos porque no las habían pagado, y autorizaba a la plebe a elegir sus propios magistrados que la defendiesen, o la plebe se quedaba en el Monte Sacro, aunque viniesen todos los volscos de este mundo a destruir Roma.

Finalmente, el Senado capituló. Canceló las deudas, restituyó la libertad a quienes habían caído en la esclavitud por ellas, y puso a la plebe bajo la protección de dos *tribunos* y de tres *ediles*, elegidos por ésta cada año. Fue la primera gran conquista del proletariado romano, la que le dio el instrumento legal para alcanzar también las demás por el camino de la justicia social. El año 494 es muy importante en la historia de la Urbe y de la democracia.

Con el retorno de los plebeyos, fue posible poner en campaña un ejército para la amenaza de los volscos y de los ecuos. En esa guerra, que duró cerca de sesenta años y que tenía como envite su propia superviviencia, Roma no estuvo sola. El peligro común mantuvo fieles no sólo a los aliados latinos y sabinos, sino también otro pueblo limítrofe, el de los hérnicos.

En los combates que en seguida se encendieron con éxito incierto, se distinguió, cuéntase, un joven patricio llamado Coriolano, por el nombre de una ciudad que había expugnado. Era un conservador intransigente y se oponía a que el Gobierno hiciese una distribución de trigo al pueblo hambriento. Los tribunos de la plebe, que entretanto habían sido elegidos, pidieron su exilio. Coriolano se pasó entonces al enemigo, hizo entregarse el mando y, como un buen estratega, lo condujo de victoria en victoria hasta las puertas de Roma.

También a él le mandaron embajada tras embajada los senadores para hacerle desistir. No hubo manera. Sólo cuando vio acercárseles, suplicantes, a su madre y a su esposa, ordenó a los suyos que se replegasen, los cuales, por toda contestación, le dieron muerte; después, habiéndose quedado sin guía, fueron derrotados y obligados a retirarse.

Sobre su remolino aparecieron los ecuos que ya habían despanzurrado a Frascati. Lograron romper las coaliciones entre romanos y sus aliados. Y el peligro fue tan grave que el Senado, para hacer frente a él, concedió títulos y poderes de dictador a T. Quincio Cincinato, quien, con un nuevo ejército, libertó a las legiones sitiadas y las condujo, en 431, a una definitiva victoria; luego, depuesto del mando después de haberlo ejercido solamente durante dieciséis días, regresó a arar la finca de la cual había venido.

Pero aún antes de esta feliz conclusión, una nueva guerra se había encendido en el Norte por parte de la etrusca Veyes, que no quería perder aquella favorable ocasión para destruir definitivamente a Roma. Le había hecho ya varios feos mientras estaba empeñada en defenderse de ecuos y volscos. Y Roma había aguantado a la inglesa, es decir, preparando el desquite. En cuanto tuvo las manos libres, las empleó para ajustar cuentas. Fue una guerra dura que también requirió, en un momento dado, el nombramiento de un dictador. Éste fue Marco Furio Camilo, gran soldado y, sobre todo, un hombre de bien, que aportó al Ejército una gran novedad; el *estipendio*, o sea la «soldada». Hasta entonces, los soldados habían tenido que prestar servicio gratis, y si tenían mujer, las familias que quedaban en la Patria se morían de hambre. Camilo lo encontró injusto y lo remedió. La tropa, satisfecha, redobló su celo, conquistó de un embate Veyes, la destruyó minuciosamente y deportó como esclavos a todos sus habitantes.

Esta gran victoria y el ejemplar castigo que la rubricó llenaron de orgullo a los romanos: cuadruplicáron sus territorios llevándolos a más de dos mil kilómetros cuadrados, pero abrigaron hondos recelos de quien se los había procurado. Mientras Camilo seguía conquistando ciudad tras ciudad en Etruria, empezóse a decir en Roma que era un ambicioso y que se embolsaba el botín de los pueblos vencidos en vez de entregarlo al Estado. Camilo quedó tan amargado que renunció al mando y en vez de volver a la Patria para disculparse, se marchó voluntariamente al exilio, en Ardea.

Tal vez hubiera muerto allí dejando un nombre manchado por la calumnia, si los ingratos romanos no hubiesen vuelto a necesitarle para salvarse de los galos, el último y más grave peligro del que tuvieron que defenderse antes de iniciar la gran conquista. Los galos eran una población bárbara, de raza céltica, que, venida de Francia, había inundado ya la llanura del Po. Repartieron aquel fértil territorio entre sus tribus, los insubrios, los boios, los cenomanos, los senones; mas una de éstas, al mando de Breno, dirigióse hacia el Sur, conquistó Chiusi, desbarató las legiones romanas en el río Alia, y marchó sobre Roma.

Los historiadores han contado después, envuelto en muchas leyendas, este capítulo que debió de ser muy desagradable para la Urbe. Dicen que cuando los galos intentaron escalar el Capitolio, los gansos consagrados a Juno se pusieron a chillar despertando así a Manlio Capitolino quien, al frente de los defensores, rechazó el ataque. Puede ser. Pero los galos entraron igualmente en el Capitolio como en todo el resto de la ciudad, de donde la población había huido en masa para refugiarse en los montes circundantes. Dicen también que los senadores, sin embargo, se habían quedado, al completo, solemnemente sentados en los toscos sillones de madera de su curia, y que uno de ellos, Papirio, al sentirse tirar de la barba por broma de un galo, que la creía postiza, le arrojó a la cara el cetro de marfil. Y por fin narraron que Breno, tras haber pegado fuego a toda Roma, pidió, para irse, no sé cuántos kilos de oro e impuso, para pesarlo, una balanza apañada. Los senadores protestaron y entonces Breno, sobre el platillo de las pesas arrojó también su espada pronunciando la famosa frase: *Vae victis!*, «¡ay de los vencidos!» A lo que Camilo, reaparecido de milagro, respondería: *Non auro, sed ferro, recuperanda est patria*, «la Patria se restaura con el hierro, no con el oro», se pondría al frente de un ejército que hasta aquel momento no se comprende dónde lo tuvo escondido y pondría en fuga al enemigo.

La verdad es que los galos expugnaron Roma, la saquearon y se marcharon perseguidos por las legiones, pero cargados de dinero. Eran bandoleros robustos y zafios que no seguían ninguna línea política y estratégica en sus conquistas. Asaltaban, depredaban y se retiraban sin preocuparse en absoluto del mañana. De haber podido imaginar la venganza que Roma habría de sacar de aquella humillación, no hubieran dejado piedra sobre piedra. En cambio, la devastaron, sí, pero sin destruirla. Y volvieron sobre sus pasos, hacia la Emilia y Lombardía, facilitando a Camilo, llamado urgentemente a Ardea, reparar los daños. Probablemente no tuvo ni una sola escaramuza con los galos. Habían partido ya cuando él llegó. Mas, dejando a un lado los rencores, volvió a tomar el título de dictador, se arremangó la camisa y se puso a reconstruir la ciudad y el Ejército.

Los mismos que le habían llamado ambicioso y ladrón le llamaron ahora «el segundo fundador de Roma».

Pero mientras todo esto sucedía en el exterior, la Urbe alcanzaba en el interior una importante meta con la Ley de las Doce Tablas.

Fue un éxito de los plebeyos que, desde que habían vuelto del Monte Sacro, no cesaron de pedir que las leyes no fuesen dejadas más en manos de la Iglesia, que, a su vez, era monopolio de los patricios, sino que se publicasen de modo que cada uno supiese cuáles eran sus deberes y cuáles las penas en que incurrían en caso de infringirlas. Hasta aquel momento las normas en que se basaba el magistrado que juzgaba habían sido secretas, reunidas en textos que los sacerdotes conservaban celosamente mezcladas con ritos religiosos con los que se pretendía indagar la voluntad de los dioses. Si el dios estaba de buen humor, un asesino podía salir de apuros; si el dios tenía mal día, un pobre ladronzuelo de gallinas podía terminar en la horca. Dado que quienes interpretaban su voluntad, magistrados y sacerdotes, eran patricios, los plebeyos se sentían indefensos.

Bajo la presión del peligro exterior, de los volscos, de los ecuos, de los veyentes, de los galos y la amenaza de una segunda secesión en el Monte Sacro, el Senado tras muchas resistencias, capituló, y mandó tres de sus miembros a Grecia, para estudiar lo que había hecho Solón en este terreno. Cuando los mensajeros volvieron, fue nombrada una comisión de diez legisladores, llamados por su número *decenviros*. Bajo la presidencia de Apio Claudio, redactaron el código de las Doce Tablas, que constituyó la base, escrita y pública, del derecho romano.

Esta gran conquista lleva la fecha del año 451, que correspondía, aproximadamente, al tricentenario de la fundación de la Urbe.

No anduvo sobre ruedas, pues los plenos poderes que el Senado había conferido a los *decenviros* para realizarla les gustó tanto a éstos, que al finalizar el segundo año, cuando vencían, se negaron a restituirlos a quien se los había dado. Cuentan que la culpa fue de Apio Claudio que quiso continuar ejerciéndose para reducir a esclavitud y vencer la resistencia de una bella y apetitosa plebeya, Virginia, de la que se había enamorado. El padre, Lucio Virginio, fue a protestar. Y, visto que Apio no le hacía caso, antes que dejar su hija a merced de aquel tipejo, le apuñaló. Después de lo cual, como ya hiciera Colatino después del caso de Lucrecia, corrió al cuartel, contó lo acontecido a los soldados y les exhortó a sublevarse contra el déspota. Indignada, la plebe se retiró otra vez al Monte Sacro (ya había aprendido), y el Ejército amenazó con seguirla. Y el Senado, reunido de urgencia, dijo a los *decenviros* (con profunda satisfacción, creemos) que no podía mantenerles en el cargo. Fueron, pues, destituidos por decreto. Apio Claudio se convirtió en bandido, y el poder ejecutivo se devolvió a los cónsules.

No era aún el triunfo de la democracia, que sólo habría de advenir un siglo después, con las leyes de Licinio Sextio, pero era ya un gran paso adelante. La *P* de aquella sigla SPQR comenzaba a ser el *Populus*, tal y como nosotros lo entendemos hoy día.

VII. PIRRO

De la humillación sufrida a causa de los galos y de las convulsiones de la lucha interna entre patricios y plebeyos, Roma salió con dos grandes triunfos en la baraja: la supremacía en la Liga, respecto a las rivales latinas y sabinas que, mucho más devastadas que ella, no encontraron después un Camilo para reconstruirse; y un orden social más equilibrado que garantizara una tregua entre las clases. Así que, apenas se hubo disipado la humareda de los incendios que Breno había dejado en la estela de su retirada hacia el Norte, la Urbe, totalmente nueva y más modestamente urbanizada que antes, comenzó a mirar con interés a su alrededor en busca de botín.

De las tierras limítrofes, la Campania era la más fértil y rica. La habitaban los samnitas, una parte de los cuales, empero, había permanecido en los Abruzos. Y de aquí, acosados por el frío y el hambre, descendían a menudo para saquear los rebaños y las mieses de sus hermanos de la llanura. Bajo la amenaza de una de esas incursiones, los samnitas de Capua se dirigieron en busca de protección a Roma, que de todo corazón se la concedió porque era la mejor manera de dividir en dos aquel pueblo y de meter la nariz en sus asuntos interiores. Así comenzó la primera de las tres guerras samnitas contra los de Abruzo, que duraron, en total, unos cincuenta años.

Fue breve, desde 343 hasta 341, y algunos dicen que ni siquiera tuvo lugar, porque los abruzos no se dejaron ver y los romanos no tuvieron ganas de irles a desanidar en sus montañas. Pero quedó una consecuencia, la «protección» de Roma sobre Capua, que se sintió protegida hasta tal punto como para invitar a los latinos a un frente único contra la común protectora. Los latinos se adhirieron, y Roma, de aliados que eran, se los encontró de improviso como enemigos. Fue un momento feo, que requirió los consabidos episodios heroicos para superar sus dificultades. Para dar un ejemplo de disciplina, el cónsul Tito Manlio Torcuato condenó a muerte a su propio hijo, quien, contrariamente a la orden de no moverse, había salido de las filas para contestar al ultraje de un oficial latino. Y su colega Publio Decio, cuando los agures le dijeron que con el solo sacrificio de su vida salvaría a la Patria, avanzó solo contra el enemigo, gozoso de hacerse matar por él.

Sean ciertos o inventados estos episodios, Roma venció, y deshizo la Liga Latina que la había traicionado. Con esto acabó la política «federalista» usada hasta entonces, y se inauguró la «unitaria» del bloque único. Roma concedió a las diversas ciudades que habían compuesto la Liga formas diversas de autonomía, con objeto de impedir una comunidad de intereses entre ellas. Era la técnica del *divide et impera* que asomaba. Entre las ciudades súbditas no tenían que haber relaciones políticas. Cada una de ellas las mantenía sólo con la Urbe. Se mandaron colonos a la Campania, a los que, como premio, se les entregaron las tierras conquistadas, donde construyeron las avanzadillas de la romanidad en el Sur. Nacía el Imperio.

La segunda guerra samnítica comenzó, sin pretexto alguno, unos quince años después, en 328. Los romanos, que llegaron con la precedente hasta el umbral de Nápoles, capital de las colonias griegas, le echaron los ojos encima y quedaron encantados de sus largas murallas helénicas, de sus palestras, de sus teatros, de sus comercios y de su vivacidad. Y un buen día, la ocuparon.

Los samnitas, tanto los del llano como los de la montaña, comprendieron que, si la dejaba hacer, aquella gente devoraría toda Italia, y concluyeron paces entre ellos, atacando por la espalda a las legiones que habían penetrado tan lejos en el Sur. De momento, su ejército, más de guerrilleros que soldados, fue batido, mas luego, mejor conocedores del terreno que los romanos, les atrajeron a las gargantas de Caudio, cerca de Benevento, donde les estrangularon. Tras repetidas e inútiles tentativas de resistencia, los dos cónsules tuvieron que capitular y sufrir la humillación de pasar bajo el yugo de las lanzas samnitas: fueron éstas las llamadas «horcas caudinas».

Como de costumbre, Roma encajó la afrenta, pero no pidió paz. Aprovechando la experiencia adquirida, reorganizó las legiones de modo a no exponerlas más a semejantes desventuras, convirtiéndolas en un instrumento de más fácil y ágil manejo. Después, en 316, reemprendió la lucha. Una vez más se encontró ante el peligro cuando los etruscos al Norte y los hérnicos al Sudeste trataron de cogerla por sorpresa. Los derrotó separadamente. Luego, dirigió todas sus fuerzas contra los aislados samnitas y en 305, expugnó su capital, Boviano, y por primera vez las legiones, atravesando los Apeninos, alcanzaron la costa adriática de la Apulia.

Estos éxitos preocuparon hondamente a los demás pueblos de la península que, por miedo, hallaron el valor de desafiar, coligados, a Roma. A los samnitas se sumaron esta vez, además de los etruscos, los umbros y los sabinos, decididos a defender con la propia independencia, la propia anarquía. Acopiaron un ejército, que se enfrentó con los romanos en Sentino, en los Apeninos umbros. Eran superiores en número, pero los varios generales que mandaban los distintos contingentes, en vez de colaborar entre sí, tiraban a sacar partido cada cual por su cuenta. Y, naturalmente, fueron derrotados. Decio Mus, hijo del cónsul que se había sacrificado voluntariamente por la Patria durante la campaña precedente, repitió el gesto de su padre y aseguró definitivamente el nombre de la familia en la Historia. La coalición se deshizo. Etruscos, lucanios y umbros pidieron una paz separada. Samnitas y sabinos siguieron combatiendo aún cinco años. Después, en 290 antes de Jesucristo, se rindieron.

Los historiadores modernos sostienen que Roma afrontó ese ciclo de guerras teniendo como mira un objetivo estratégico concreto: el Adriático. Nosotros creemos que sus legiones se encontraron en el Adriático sin saber cómo ni por qué, sólo persiguiendo al enemigo en fuga. Los romanos de la época no tenían mapas, ignoraban que Italia constituía lo que hoy se llamaría «una natural unidad geopolítica», que tenía forma de bota y que, para tenerla sujeta, se necesitaba dominar los mares. Pero, sin conocer ni formular la teoría, practicaban, sencillamente, el principio del *Lebensraum*, o «espacio vital», según el cual, para vivir y respirar, un territorio necesita anexionarse los contiguos. Así, para garantizar la seguridad de Capua, conquistaron Nápoles; para garantizar la seguridad de Nápoles, conquistaron Benevento; hasta que llegaron a Tarento, donde se detuvieron, porque más allá no había más que el mar.

En aquellos tiempos Tarento era una gran metrópoli griega, que había hecho grandes progresos especialmente en el campo de la industria, el comercio y las artes, bajo la guía de Arquitas, uno de los más grandes hombres de la Antigüedad, medio filósofo, medio ingeniero. No era una ciudad belicosa. En 303, había pedido y obtenido de la Urbe la promesa de que las naves romanas no rebasarían jamás el Cabo Colonna, es decir, que los romanos la dejarían en paz por la parte del mar, segura como estaba de que por vía terrestre no podrían llegar hasta allí. En cambio ahora se la veía caer encima precisamente por aquella parte.

El pretexto de guerra fue deparado, como de costumbre, por una petición de ayuda que los de Turios hostigados por los lucanios, dirigieron a Roma, que, como siempre, la acogió con presteza y mandó una guarnición para defenderla, pero por vía marítima. Sin duda lo hizo aposta para armar camorra. Para alcanzar Turios, las naves tuvieron que rebasar el Cabo Colonna, y los tarentinos cerraron los ojos ante esta infracción de los pactos. Pero cuando las diez trirremes de Roma pretendieron fondear en su puerto, consideraron la cosa como una provocación, las asaltaron y hundieron cuatro.

Realizada la empresa, se dieron cuenta de que ello entrañaba la guerra, de que ésta acabaría muy mal para ellos si desde fuera no acudía algún poderoso auxilio. Pero, ¿cuál? En Italia ya no había ningún Estado que pudiese oponerse a Roma. Y entonces mandaron a buscarlo al extranjero, iniciando una costumbre que en nuestro país todavía dura. La encontraron, allende el mar, en Pirro, rey del Epiro.

Pirro era un curioso personaje que, de haberse contentado con su pequeño reino montañés, hubiese podido vivir largamente como un gran señor. Pero había leído en la *Ilíada* la gesta de Aquiles; por sus venas corría sangre macedonia, que había sido la sangre de Alejandro Magno, y todo concurría a hacer de él una figura muy similar a la de nuestros «condottieri» del Cuatrocientos. Era, en suma, como se diría hoy, un tipo que buscaba maraña. La que le ofrecían los tarentinos le iba justo a la medida, y la cogió al vuelo. Embarcó su ejército en las naves de aquéllos y afrontó a los romanos en Heraclea.

Éstos se hallaron por primera vez cara a cara con un arma nueva cuya existencia jamás habían imaginado y que les hizo la misma impresión que hicieron los carros armados ingleses sobre los alemanes, en Flandes, en 1916: los elefantes. De momento, creyeron que eran bueyes, y así los llamaron efectivamente: «bueyes lucanios». Pero al verlos venírseles encima, se sobrecogieron de miedo y perdieron la batalla, pese a haber infligido tales pérdidas al enemigo como para quitarles toda alegría por el triunfo. Las «victorias a lo Pirro» fueron, a partir de entonces, las pagadas a precio demasiado caro.

El epirota repitió al año siguiente (279) en Ascoli Satriano, pero también aquí sus pérdidas fueron tales que, mirando el campo de batalla sembrado de muertos, fue presa de la misma crisis de espanto que dos mil años después había de sobrecoger a Napoleón III al ver el campo de batalla de Solferino. Y mandó a Roma a su secretario Cineas con proposiciones de paz, dándole por compañeros a dos mil prisioneros romanos que, si la paz no se concluía, se habían comprometido a volver. Dicen que el Senado estaba a punto de aceptar aquellas ofertas, cuando se levantó a hablar el censor Apio Claudio *el Ciego*, para recordar a la Asamblea que no era digno tratar con un extranjero mientras su ejército invasor seguía vivaqueando en Italia.

No creemos que sea verdad, porque para Roma, Italia, en aquel momento, era solamente Roma. Pero es cierto que el Senado rechazó las propuestas y que Cineas, al regresar con los dos mil prisioneros, ninguno de los cuales había faltado a la palabra dada, dio un informe tal a Pirro de lo que había visto en Roma, que el epirota prefirió abandonar la empresa, y, aceptando una invitación de los siracusanos para que les ayudase a liberarse de los cartagineses, marchó hacia Sicilia. Tampoco aquí las cosas le anduvieron bien porque las ciudades griegas que venía a defender jamás lograron ponerse de acuerdo ni procurarle los contingentes que le habían prometido. Desalentado, Pirro volvió a cruzar el estrecho para echar de nuevo una mano a Tarento, que las legiones romanas atacaban en aquel momento. Esta vez ya estaban habituadas a los elefantes y no se dejaron asustar. Pirro fue derrotado en Malevento, que por la ocasión, en 275, fue bautizada Benevento por los romanos. Decididamente, Italia no le había traído fortuna. Amargado, volvió a la Patria, fue a buscar un desquite en Grecia y halló la muerte en ella.

Habían transcurrido exactamente setenta años (343-273) desde que Roma, recompuesta como podía interiormente tras el terremoto que siguió a la caída de la Monarquía y superada la lucha por la existencia, se había puesto en pie de verdaderas guerras de conquista. Y hela aquí al fin árbitro de toda la península desde el Apenino toscano-emiliano al estrecho de Mesina. Uno tras otro, todos los pequeños países que la constelaban cayeron en sus manos, incluso los de la Magna Grecia continental, carentes de defensores después de la partida de Pirro. Tarento se rindió en 272 y Regio en 270. Pero después de la experiencia habida con la Liga Latina, Roma comprendió que no había que fiarse de los «protegidos» y de los «aliados a la fuerza». Y un poco por esto, y otro poco empujados por la presión demográfica de la Urbe, los romanos iniciaron la verdadera romanización de Italia con el método de las «colonias» ensayado ya después de la primera guerra samnítica. Las tierras enemigas fueron confiscadas y distribuidas a ciudadanos romanos pobres, basándose especialmente sobre los méritos que hoy llamaríamos «de combatividad». Se las entregaban, sobre todo, a veteranos: gente segura, dispuesta a pelear para defenderse y defender a Roma. Los indígenas, naturalmente, les acogían sin simpatía, como a depredadores opresores. Del nombre de uno de ellos, Cafo, cabo del ejército de César, inventaron más tarde la palabra *cafone*, término despectivo que significaba tosco y vulgar. E inspirado por esa hostilidad fue el uso, nacido entonces, del «corte de mangas», gesto irreverente con el que los pueblos vencidos saludaban a los romanos que entraban en sus ciudades y que al principio, al parecer, fue tomado por una expresión de bienvenida.

Naturalmente, no se puede esperar ensanchar el propio territorio de quinientos a veinticinco mil kilómetros cuadrados, como hizo Roma en aquel período, sin pisar los pies a nadie. Pero en compensación toda la Italia del Centro y del Sur comenzó a hablar una sola lengua y a pensar en términos de nación y de Estado en vez de aldea y tribu.

Contemporáneamente a aquellas largas y sangrientas guerras y bajo su presión, los plebeyos alcanzaban uno tras otro sus objetivos, hasta el último y fundamental garantizado por la Ley Hortensia, llamada así por el nombre del dictador que la impuso: aquella por la cual el plebiscito se tornaba automáticamente ley, sin necesidad de ratificación por parte del Senado. Desde que, con la Ley Canuleya del 445, había sido abolida, al menos sobre el papel, la prohibición de matrimonio entre patricios y plebeyos, éstos no estaban ya, legalmente, excluidos de ningún derecho o magistratura. Y dado que la *pretura*, abierta libremente a ellos, permitía a quien la hubiese ejercitado libre ingreso en el Senado, también esta ciudadela de la aristocracia, pese a mil cautelas y limitaciones, les fue accesible.

Todo eso había sido alcanzado después de infinitas contiendas que de vez en cuando pusieron en peligro la existencia de la Urbe. Mas el hecho de que, bien o mal, se hubiese llegado a ello, demostraba que las clases altas de Roma eran conservadoras, sí, pero con mucho discernimiento. No se avergonzaban de defender abiertamente sus propios intereses de casta, y no fingían coquetear con las «izquierdas», como hacen hoy día muchos príncipes e industriales. Pero pagaban los impuestos, cumplían diez años de duro servicio militar, morían al frente de sus soldados, y cuando se trataba de elegir entre los propios privilegios y el bien de la Patria, no titubeaban. Por esto, aun después de haber aceptado la equiparación de derechos con los plebeyos, permanecieron en el poder, como todavía consigue hacer, pese a este mundo socialista, la nobleza inglesa.

En el período de descanso que se concedió después de la victoria sobre Pirro y que le sirvió para digerir aquella especie de banquete, Roma dio los últimos retoques a su equilibrio interno y orden en el buen pedazo de península del que era dueña. La Vía Apia, que antes Apio Claudio hiciera construir para unir Roma a Capua, fue prolongada hasta Brindisi y Tarento. Y por ella, además de los soldados, se encaminaron los colonos que iban a romanizar Benevento, Isernia, Brindisi y muchas otras ciudades. Roma reconoció a los vencidos pocas autonomías, las respetó menos aún, y fue la primera y mayor responsable del fallido nacimiento, en Italia, de las libertades comunales y cantonales, que, en cambio, se desarrollaron con gran lozanía en el mundo germánico. En compensación, llevó a su más alta expresión el concepto de Estado, del cual fue prácticamente inventora, y lo apoyó sobre cinco pilares que aún lo rigen: el Prefecto, el Juez, el Gendarme, el Código y el Recaudador de impuestos.

Fue con este aparejo que marchó a la conquista del Mundo. Y ahora veamos más de cerca por qué logró realizarla.

VIII. LA EDUCACIÓN

En la Roma de aquellos tiempos, todos «vivían peligrosamente». Y los peligros comenzaban el día en que se venía al mundo. Porque si uno nacía hembra o por cualquier razón disminuido, el padre tenía derecho a arrojarlo a la calle y dejarle morir en ella. Y a menudo así lo hacía.

El hijo varón y sano, en cambio, era generalmente bien acogido, no sólo porque más tarde, con su trabajo, sería una ayuda para sus progenitores, sino también porque éstos creían que si no dejaban a alguien que cuidase de su tumba y celebrase sobre ésta los debidos sacrificios, sus almas no entrarían en el paraíso.

Si todo andaba bien, es decir, si había acertado sexo e integridad física, el nuevo venido era oficialmente recibido, a los ocho días de nacer, por la *gente*, con una solemne ceremonia. La *gente* era un grupo de familias que descendían de un antepasado común que les había dado su propio nombre. De hecho, el niño recibía solamente tres nombres: el individual o «nombre de pila» (como Mario, Antonio, etc.), el de la «*gente*» o «nombre» verdadero y propio, y el de su propia familia o «apellido». Esto por lo que respecta a los hombres. Las mujeres, en cambio, llevaban el «nombre» solo, o sea el de la *gente*. Y en efecto, se llamaban,

Tulia, Julia, Cornelia, etc., en tanto que sus hermanos eran, pongamos por caso, Marco Tulio Emilio, Publio Julio Antonio, Cayo Cornelio Graco.

Esta extraña costumbre ha generado una serie de confusiones, pues, dado que los antepasados fundadores habían sido, como ya hemos dicho, un centenar en total, otros tantos eran los «nombres» de las gentes, por lo que se repetían continuamente, haciendo obligatorio el añadido de un cuarto o un quinto sobrenombre. Por ejemplo, el Publio Cornelio Escipión que destruyó Cartago añadió en su tarjeta de visita un «Emiliano Africano Menor», para distinguirse del Publio Cornelio Escipión que venció a Aníbal y que añadió en la suya un «Africano Mayor».

Eran, como veis, nombres largos, graves e imponentes, que de por sí cargaban un cierto número de deberes en las espaldas del recién nacido. Un Marco Tulio Cornelio no podía permitirse lujos ni abandonarse a los caprichos cuyo derecho se reconoce hoy a un «Fofino» o a un «Pupetto». Y, en efecto, no crecían mimados. Desde la más tierna edad se les enseñaba que la familia de la cual eran miembros constituía una verdadera y auténtica unidad militar, cuyos poderes estaban todos concentrados en la cabeza, o sea en el *paterfamilias*. Sólo él podía comprar o vender, pues sólo él era el propietario de todo, incluida la dote de la esposa. Si ésta le engañaba o le robaba el vino de las cubas, podía matarla sin proceso. Idénticos derechos tenía sobre los hijos, que también podía vender como esclavos. Todo lo que éstos compraban se convertía automáticamente en propiedad de él. Las hembras se sustraían a esta patria potestad sólo cuando el padre las entregaba en matrimonio a otro hombre *cum manu*, es decir, renunciando explícitamente a todo derecho sobre ellas. Mas en tal caso esos derechos pasaban al marido. De modo que la mujer acababa dependiendo siempre de un hombre: o del padre o del marido, o del hijo mayor, si enviudaba, o de un tutor.

Esta dura disciplina, que después lentamente fue suavizándose al correr de los siglos, hallaba su límite en las *pietas*, o sea en los afectos entre cónyuges, y entre éstos y los hijos. Pero éstos no lograban jamás, o casi nunca, mellar la granítica unidad de la familia romana, que incluía también a los nietos, los bisnietos y los esclavos, considerados estos últimos como simples objetos. La madre se llamaba *domina*, o sea señora, y no estaba confinada en un gineceo, como sucedía a las mujeres griegas. Comía con el marido, pero sentada en el triclinio (una especie de rústico diván), en vez de tendida como estaba aquél. En general, no trabajaba mucho manualmente, porque no había crisis de chicas de servir, con todos los esclavos que eran capturados en el campo de batalla y de los cuales cada familia tenía más de uno. La *domina* les dirigía y les vigilaba. Después, para distraerse, tejía lana para las ropas del marido y los hijos. De libros, naipes, teatros o circo, nada. Las visitas eran raras y de rígida pragmática. Un ceremonial escrupuloso las hacía complicadas y difíciles. La *domus*, o sea la casa, era, más que un cuartel, un auténtico fortín. Y allí, en la más absoluta obediencia, se formaban los chicos.

Se les enseñaba que en el hogar la llama no debe extinguirse nunca porque representa a Vesta, la diosa de la vida. Había que alimentarla añadiendo siempre más leña y echando migajas de pan durante las comidas. En las paredes, que eran de adobe o de ladrillos, estaban colgados iconos, en cada uno de los cuales el chico veía un Lar o un Penata, espiritillos domésticos que protegían la prosperidad de la casa y de los campos. En la puerta estaba Juno vigilando, con sus dos caras, una mirando adentro y otra, afuera, quién entraba o salía. Y en torno, montando la guardia, estaban los Manes, las almas de los antepasados, que se quedaban en los parajes después de morir. De modo que nadie podía hacer un movimiento sin tropezarse con algún guardián sobrenatural, que también formaba parte de la familia: una familia compuesta no tan sólo por los vivos, sino también por aquellos que les habían precedido y los que les seguirían. Todos juntos, formaban un microcosmos no solamente económico y moral, sino también religioso, del cual el *pater* era el papa infalible. Hacía los sacrificios sobre el altar de la casa. Y en nombre de los dioses daba las órdenes y repartía los castigos.

La religiosidad en la que crecía el chico romano, más que a mejorarle en el sentido que nosotros damos hoy a esta palabra, tendía a disciplinarle. En efecto, no le impelía hacia los nobles ideales de la bondad y la generosidad, sino a la aceptación de las reglas litúrgicas que hacían de toda su vida un rito. No se le pedía, por ejemplo, ser desinteresado; se le pedía, es más, se le imponía respetar ciertas fórmulas y participar en las ceremonias. Sus plegarias iban todas dirigidas a la consecución de fines prácticos e inmediatos. Se dirigía a Abeona para que le enseñase a dar los primeros pasos, a Fabulino para que le ayudase a pronunciar las primeras palabras, a Pomona para que las peras creciesen bien en su huerto, a Saturno para que le auxiliase a sembrar, a Ceres para que le permitiese segar, a Stérculo para que las vacas hiciesen suficiente abono en la cuadra.

Todos aquellos dioses y espíritus eran personajes sin preocupaciones morales, pero muy quisquillosos en lo concerniente a las fórmulas. Evidentemente, no se hacían ilusiones sobre el alma humana. Y no considerándola capaz de un verdadero mejoramiento, la abandonaban a sí misma. Lo que les interesaba no eran las intenciones, sino los actos de sus fieles que querían tener ordenados en las márgenes de las grandes instituciones, familias y Estado, de las cuales constituían los cimientos. Por lo que exigían obediencia al padre, fidelidad al marido, fecundidad, aceptación de la Ley, respeto a la autoridad, valor hasta el sacrificio en la guerra y firmeza frente a la muerte. Todo ello arropado en sacerdotal solemnidad.

A esta cuidadosa y puntillosa formación del carácter, seguía, hacia los seis o siete años, la de la mente, o sea la instrucción propiamente dicha. Pero no era dirigida por el Estado, como sucede hoy con las escuelas públicas. Quedaba confiada a la familia, y raramente el papá, aun en las casas acomodadas, la delegaba a algún esclavo o liberto. Esta costumbre advino mucho más tarde, cuando Roma fue más grande y más fuerte, pero no más *estoica*. Hasta las guerras púnicas, era el padre quien hacía de maestro al hijo, es decir, que le enseñaba eso que hoy se llama cultura y que entonces se llamaba «disciplina» para hacer destacar mejor el carácter de obediencia absoluta.

Las materias eran pocas y sencillas: lectura, escritura, gramática, aritmética e historia. Los romanos conocían una especie de tinta sacada del zumo de ciertas raíces. Con ella mojaban una punta metálica con la cual componían las palabras sobre tablillas de madera cepillada (sólo más tarde lograron fabricar papel de lino y pergamino). La suya era lengua de sintaxis severa, pero de pocos vocablos y sin matices, que se prestaba más a la compilación de leyes y de códigos que a las novelas y a la poesía. De ese género, los romanos de entonces no sentían necesidad alguna, y quien quería leerlo, tenía que aprender el griego, lengua mucho más rica, matizada y flexible. En griego, en efecto, está compuesto su primer texto de Historia escrita: el de Quinto Fabio Pictor. Pero es del 202 antes de Jesucristo, o sea de una época mucho más avanzada.

Hasta aquel momento la Historia había pasado oralmente de padres a hijos a través de relatos imaginativos que impresionasen la fantasía de los chicos: era la de Eneas, de Amulio y Numitor, de los Horacios y de los Curiacios, de Lucrecia y de Colatino. Estas arbitrarias, pero tonificantes leyendas históricas, estaban reforzadas por la poesía, de entonación sacra y conmemorativa. Estaba condensada en volúmenes que se llamaban *Fastos consulares*, *Libros de los magistrados*, *Anales máximos*, etc., y que celebraban los grandes acontecimientos nacionales: elecciones, victorias, fiestas, milagros.

El primero que se salió de esos temas de estrecha pragmática fue un esclavo griego, Livio Andrónico, que, caído prisionero durante el saqueo de Tarento, fue conducido a Roma, donde se puso a contar la *Odi-*

sea a los amigos de su patrón. Éstos se divirtieron con ello. Y dado que eran gente bien situada, le encargaron que sacase de la *Odisea* un espectáculo para los grandes *ludes*, o juegos, del año 240. Para traducir aquellos versos griegos, Livio los inventó semejantes en latín, de rima tosca e irregular. Y con ellos compuso una tragedia, de la cual él mismo recitó y cantó todos los papeles mientras le quedó un hilo de voz en la garganta. Los romanos, que no habían visto nunca nada parecido, se divirtieron hasta tal punto que el Gobierno reconoció a los poetas como una categoría de ciudadanía y les permitió unirse en una «corporación» con sede en el templo de Minerva del Aventino.

Mas también esto, repito, sucedió mucho más tarde. De momento, los chicos romanos no tuvieron literatura que leer. Tras haber aprendido a deletrear y saber de memoria aquellas leyendas, pasaban a las Matemáticas y la Geometría. Las primeras consistían en sencillas operaciones de cálculo, hechas con los dedos, de los cuales los números escritos no eran más que imitaciones. I es la representación gráfica de un dedo levantado, V es una mano abierta, X dos manos abiertas y cruzadas. Con estos símbolos, prefijos (IV) y sufijos (VI), (XII), los romanos contaban. Después, esta aritmética manual dio paso a un sistema decimal, sobre partes y múltiplos de diez, es decir, de los diez dedos. En cuanto a la Geometría, permaneció arcaica hasta que llegaron los griegos a enseñarla: se reducía al mínimo necesario para las rudimentarias construcciones de la época.

De gimnasia, nada. Las «palestras» y los «gimnasios» son de una época muy posterior y de importación griega también. Los padres romanos preferían fortalecer los músculos de sus hijos poniéndoles a trabajar en el predio con la azada y el arado, y después entregándoles al Ejército que, cuando les dejaba vivos, los devolvía, después de muchos años, a prueba de bomba. Por esto tampoco se enseñaba la Medicina. Los romanos consideraban que no eran los *virus* lo que provocaba las enfermedades, sino los dioses. Y entonces, una de dos: o los dioses querían decir al enfermo con esta señal: «despeja», y en tal caso no había nada que hacer, o solamente querían imponerle un castigo momentáneo, en cuyo caso no había más que esperar. En efecto, para cada dolencia había una oración a tal o cual divinidad. La Virgen de la fiebre, a la que todavía hoy el pueblo romano se dirige, es la versión puesta al día de las diosas Fiebre y Mefitis a las que entonces se encomendaban.

En cuanto a las horas de recreo tampoco eran dejadas al capricho de los chicos, pues tenían que estar reglamentadas. Después de muchas horas de azada y alguna de Gramática, los padres senadores cogían a los hijos de la mano y les conducían a la curia, ante el Foro, donde la Asamblea celebraba sus sesiones o *senatoconsulti*. Y allí, en aquellos bancos, en silencio, los niños romanos desde los siete u ocho años de edad, oían debatir los grandes problemas del Estado, de la Administración, las alianzas, las guerras, y se moldeaban sobre aquel estilo grave y solemne que constituyó su principal característica (y que tan aburridos los hacía).

Mas el definitivo perfeccionamiento a su formación lo daba el Ejército. Cuanto más rico era un ciudadano, tanto más impuestos tenía que pagar y tantos más años de servicio que cumplir. Para quien quisiera ingresar en una carrera pública, el mínimo eran diez. Y, por lo tanto, solamente los ricos podían emprenderla porque sólo ellos podían pasar tanto tiempo lejos de la propiedad o de la tienda. Pero también quien se contentaba con ejercer sus propios derechos políticos, o sea votar, tenía que haber sido soldado. Y, de hecho, era como tal, esto es, como miembro de la *centuria*, que tomaba parte en la Asamblea Centuriada, el máximo cuerpo legislativo del Estado, dividido, como hemos dicho, en sus cinco clases.

La primera tenía noventa y ocho centurias, de las cuales dieciocho eran de Caballería y el resto de Infantería pesada, en la que cada uno se alistaba armado, a sus propias expensas, de dos lanzas, un puñal, una espada, un yelmo de bronce, la coraza y el escudo, que faltaban, en cambio, a la segunda clase, idéntica en todo el resto a la primera. La tercera y la cuarta carecían de todo instrumento de defensa (yelmo, coraza y escudo). Los de la quinta iban armados solamente de palos y piedras. La unidad fundamental de aquel ejército era la legión, constituida por cuatro mil doscientos infantes, trescientos jinetes y varios grupos auxiliares. El cónsul mandaba dos, esto es, cerca de diez mil hombres. Cada legión tenía su estandarte y era cuestión de honor para cada soldado impedir que cayese en manos del enemigo. De hecho, y cuando veían que la cosa se ponía fea, lo empuñaban los oficiales, quienes se lanzaban hacia adelante. La tropa, para defenderlo, le seguía. Y muchas batallas que iban mal, fueron remediadas así, en el último momento.

En los primeros tiempos, la legión estaba dividida en falanges, seis sólidas líneas de quinientos hombres cada una. Después, para hacerla más manejable, en grupos de dos centurias. Mas lo que constituía la fuerza de aquel ejército no era lo orgánico: era la disciplina. El cobarde era azotado hasta morir. Y el general podía decapitar a cualquiera, oficial o soldado, por la menor desobediencia. A los desertores y ladrones se les cortaba la mano derecha. Y el rancho consistía en pan y legumbres. Estaban tan habituados a esta dieta, que los veteranos de César, un año de carestía de trigo, se quejaron de verse obligados a comer carne.

Se ingresaba en filas a los dieciséis años, cuando en nuestros tiempos se comienza a pensar en las chicas. Los romanos de dieciséis años, en cambio, tenían que pensar en el regimiento, donde se les acogía y se les acababa de formar. La disciplina era tan dura y el trabajo tan pesado, que todos preferían el combate. Para aquellos muchachos la muerte no era un gran sacrificio. Y por esto la afrontaban con tanto desenfado.

IX. LA CARRERA

El joven que había sobrevivido a los diez años de vida militar, podía, cuando volvía a casa, emprender la carrera política, que iba por grados y era electiva y sometida a toda suerte de precauciones y controles.

Correspondía a la Asamblea Centuriada cribar las candidaturas a los diversos cargos, que eran todos plurales, esto es, constituidos por varias personas. El primer peldaño era el de «cuestor», especie de ayudante de los magistrados más altos para las finanzas y la justicia. Ayudaba a controlar los gastos del Estado y colaboraba en la investigación de los delitos. No podía permanecer en el cargo más de un año, pero si había cumplido bien con su cometido, podía presentarse nuevamente a la Asamblea Centuriada para ser ascendido.

Si no había satisfecho a los electores, quedaba suspendido y durante diez años no podía volverse a presentar para ningún cargo. Si, por el contrario, les tenía contentos, era elegido «edil» (había cuatro), y como tal, siempre por un año, cuidaba de la superintendencia de los edificios, los teatros, los acueductos, las carreteras, las calles y, en suma, de todos los edificios públicos o de público interés, incluidas las casas de mala nota.

Si también en esas misiones, que eran prácticamente

las de un asesor, cumplía a satisfacción, podía concurrir, siempre con el mismo método electivo y por un año, a uno de los cuatro puestos de «pretor», cargo altísimo, civil y militar. En pasados tiempos habían sido los generales en jefe del Ejército. A la sazón eran más bien presidentes de tribunal o intérpretes de las leyes. Pero cuando estallaba la guerra, volvían a tomar el mando de las grandes unidades a las órdenes de los «cónsules».

Llegados al ápice de esta carrera, que se llamaba *cursus honorum*, o «carrera de honores», se podía aspirar a uno de los dos puestos de «censor», que era elegido por cinco años. La duración de tal cargo se debía al hecho de que sólo cada cinco años se revisaba el censo de ciudadanos, es decir, compilado lo que hoy se llamaría el «módulo Vanoni».

Era éste el principal cometido del censor, quien, además, debía establecer para el quinquenio, basándose en la «indagación», lo que cada ciudadano tenía que pagar de impuestos y cuántos años tenía obligación de estar bajo las armas.

Pero sus misiones no se limitaban solamente a éstas. Las tenía también más delicadas, por lo que el cargo, especialmente cuando lo ejercían ciudadanos de gran fuste como Apio Claudio *el Ciego*, sobrino segundo del famoso decenviro, y Catón, hacían competencia hasta al consulado. El censor debía indagar secretamente los «precedentes» de todo candidato a cualquier cargo público. Tenía que vigilar el honor de las mujeres, la educación de los hijos, el trato a los esclavos. Lo que le autorizaba a meter la nariz en los asuntos privados de cada cual, rebajar o elevar su rango y hasta a echar del Senado a los miembros que no se hubiesen mostrado dignos. Eran, en fin, los censores quienes compilaban el llamado presupuesto del Estado y autorizaban los gastos. Se trataba, pues, como veis, de poderes amplísimos que requerían de quien los ejercía mucho tino y conciencia. Generalmente, en la época republicana, quien fue investido de ellos se mostró a la altura.

En el ápice de la jerarquía, estaban los dos cónsules, es decir, los dos jefes del poder ejecutivo.

En teoría, por lo menos uno de ellos tenía que ser plebeyo. En la realidad, los mismos plebeyos prefirieron siempre un patricio, pues, solamente hombres de elevada educación y de largo aprendizaje les ofrecían la garantía de saber guiar el Estado en medio de problemas cada vez más complejos y difíciles. Además, había elección, la cual se llevaba a cabo según procedimientos que permitían a la aristocracia cualquier fraude. El día del voto de la Asamblea Centuriada, el magistrado en funciones observaba las estrellas para descubrir qué candidatos eran *personae gratae* a los dioses. Y dado que el lenguaje de las estrellas pretendía conocerlo sólo él, podía leer lo que quería. La asamblea, intimidada, aceptaba el veredicto y se aprestaba a limitar su elección solamente entre los concursantes que placían al Padre Eterno, o sea al Senado.

Los candidatos aparecían vestidos con una blanca toga carente de adornos para demostrar la sencillez de su vida y la austeridad de su moral. Y a menudo levantaban un pico de la toga para exhibir a los electores las heridas que habían tenido en la guerra. Si eran elegidos, permanecían un año, con poderes parejos; ocupaban el cargo el 15 de marzo, y cuando lo dejaban, el Senado solía acogerlos como miembros, naturalmente vitalicios.

Dado que el título de senador seguía siendo, pese a todo, el más ambicionado, era natural que el cónsul tratase de no disgustar nunca a los que podían ser designados como tal. Representaba en cierto sentido el brazo secular de aquella alta asamblea que, desde un punto de vista estrictamente constitucional, no contaba nada, mas en la práctica, con varios subterfugios, decidía siempre lo que fuese.

Los cónsules eran, ante todo, como los primeros reyes, jefes del poder religioso cuyos ritos más importantes dirigían. En tiempo de paz presidían las reuniones tanto del Senado como de la Asamblea, y una vez recogidas las decisiones, las ejecutaban promulgando leyes para aplicarlas.

En tiempo de guerra, se transformaban en generales y, repartiéndose el mando en partes iguales, conducían el Ejército: mitad uno y mitad otro. Si uno moría o caía prisionero, el otro resumía en sí todos los poderes; si ambos morían o caían prisioneros, el Senado proclamaba un interregno de cinco días, nombraba un *interrex* para llevar adelante el asunto y procedía a nuevas elecciones. Estas palabras significan también que el cónsul ejercía, durante un año, los mismos poderes que habían ejercido los antiguos reyes, los no absolutos, de antes de los Tarquinos.

Los cometidos del cónsul eran naturalmente los más ambicionados, pero también los más difíciles de ejercer y requerían, además de mucha energía, mucha diplomacia porque exigían continuos escarceos entre el Senado y las Asambleas populares, que lo elegían y a las que habían de contestar.

Estas Asambleas eran tres: los *comicios curiados*, los *comicios centuriados* y los *comicios tribunos*.

Los *comicios curiados* eran los más antiguos, pues remontaban a Rómulo, cuando Roma estaba compuesta de *patres*. Y, en efecto, tan sólo los patricios formaban parte de ellos. En los primeros tiempos de la República tuvieron funciones importantes, como la de elegir a los cónsules. Pero después, poco a poco, tuvieron que ceder casi todos sus poderes a la Asamblea Centuriada, que fue la verdadera Cámara de los Diputados de la Roma republicana. Y, lentamente, se transformaron en una especie de Consulta Heráldica, que decidía sobre todo en cuestiones genealógicas, o sea sobre la pertenencia de un ciudadano a tal o cual *gens*.

La Asamblea Centuriada era, prácticamente, el pueblo en armas. Formaban parte de ella todos los ciudadanos que habían cumplido el servicio militar. Por lo tanto, quedaban excluidos los extranjeros, los esclavos y a quienes, por demasiado pobres, la ley eximía de la leva y de los impuestos. Roma era avara en la concesión de la ciudadanía. Ésta comportaba privilegios como el derecho de apelación a la Asamblea contra las decisiones de cualquier funcionario.

La Asamblea no era permanente. Se reunía a requerimiento de un cónsul o de un tribuno y no podía dictar leyes u ordenanzas por su cuenta. Podía tan sólo votar por mayoría, «sí» o «no», las propuestas que el magistrado le formulaba. Su carácter conservador quedaba garantizado, como ya sabemos, por su división en cinco clases. Es necesario tener siempre en cuenta que la primera, compuesta de noventa y ocho centurias entre patricios, *equites* y millonarios, bastaba para formar la mayoría sobre un total de ciento noventa y tres clasificados. Dado que votaba en primer lugar y que la votación se anunciaba enseguida, a las demás no les quedaba sino inclinar la cabeza.

En ese procedimiento había un criterio de justicia. Los romanos entendían que los derechos tenían que ser parejos a los deberes y viceversa. Por lo que cuanto más rico se era, tantos más impuestos se tenían que pagar y tantos más años se tenía que servir en el Ejército, pero, en compensación, tanto más se influía políticamente.

Pero no hay duda de que el pobre diablo, aunque tuviese la ventaja de pagar pocos impuestos y de servir pocos meses en el cuartel, políticamente no contaba nada y estaba obligado a seguir siempre la voluntad de quien contaba mucho.

Fue entonces cuando esos desheredados comenzaron a unirse por su cuenta en los llamados *concilios* de la plebe, cuya autoridad no era reconocida por la Constitución, pero de los cuales, al correr de los años, se desarrollaron los *comicios tribunos*, que fueron el órgano con el que el proletariado romano llevó a cabo su larga batalla para la conquista de una mayor justicia social.

Inmediatamente después de la secesión de la plebe en el Monte Sacro, cuando le fue permitido elegir a sus propios magistrados, aparecieron los famosos *tribunos*, que tenían derecho de veto contra cualquier ley u ordenanza considerada como lesiva a los intereses proletarios. Y fueron precisamente los *comicios tribunos* los encargados de nombrar a esos magistrados. Después, poco a poco, pidieron y obtuvieron el derecho de nombrar también a otros: los cuestores, los ediles de la plebe y, por fin, los tribunos militares que estaban dotados con potestad consular.

Tampoco esta Asamblea, como la Centuriada, tenía más poder que el de votar «sí» o «no» a las propuestas del magistrado que la convocaba. Pero el voto se emitía individualmente y el de uno valía lo que el de otro, al margen de las condiciones financieras. Era, por lo tanto, un órgano mucho más democrático. El incremento de sus atribuciones subraya el lento crecimiento, a través de infinitas luchas, del proletariado romano en comparación con las otras clases: hasta que sus deliberaciones, llamadas *plebiscitos*, cesaron de ser válidas sólo para la plebe y se hicieron obligatorias para todos los ciudadanos, transformándose así en leyes propiamente dichas.

Con aquellas dos Asambleas, la Centuriada y la Curiada, fatalmente destinadas a combatirse entre sí, una en nombre de la conservación y la otra en nombre del progreso social, y con magistrados como los tribunos elegidos aposta por la plebe para obstaculizar su labor, comprenderéis cuán difícil debía de ser el oficio de los dos cónsules.

Cada uno de ellos tenía, nominalmente, el *imperium*, el mando, y lo ostentaba haciéndose preceder, dondequiera que fuese, por doce lictores, cada uno de los cuales portaba un haz de varas con la segur en medio. Daban conjuntamente el nombre al año durante el cual ejercían el cargo, que quedaba registrado en el índice de los *fastos* consulares. Eran cosas que halagaban las ambiciones de todos. En cuanto al poder efectivo, empero, era harina de otro costal. Ante todo, para ejercerlo tenían que estar de acuerdo entre ellos, porque cada uno tenía el derecho de veto sobre las decisiones del otro. Y luego había que obtener el asenso de las dos Asambleas.

Pero precisamente esa paralización del poder ejecutivo era lo que permitía al Senado ejercer el suyo. Estaba compuesto de trescientos miembros y los censores cuidaban de llenar los vacíos que la muerte producía, nombrando para el puesto del fallecido a un ex cónsul o un ex censor que se hubiese distinguido particularmente. El censor, o el Senado, podían expulsar a los que no se hubiesen mostrado dignos del alto honor.

Aquella venerable Asamblea se reunía también en la Curia, frente al Foro, a requerimiento del cónsul que la presidía. Y sus decisiones, que se tomaban por mayoría, no tenían nominalmente fuerza de ley: eran tan sólo consejos al magistrado. Mas éste casi nunca se atrevía a presentar a los comicios, únicos que podían concederle poder ejecutivo, una propuesta que no hubiese recibido la aprobación previa del Senado. En la práctica, su parecer era decisivo para todas las grandes cuestiones de Estado: guerra y paz, gobierno de las colonias y de las provincias. Cuando, además se producía una grave crisis, el Senado recurría a un decreto especial de emergencia, el *senatusconsultum ultimum*, el cual decidía irrevocablemente.

Sin embargo, más que de la Constitución, que no le reconocía muchos, su poder procedía del prestigio. El mismo tribuno que, dado su origen electoral, no podía ser favorable al Senado, cuando se sentaba en él, como estaba, por derecho, en calidad de silencioso observador, salía, en general, con ideas más conciliatorias que cuando había entrado. Tan verdad es ello que, al correr del tiempo, muchos tribunos se convirtieron en senadores por las actitudes amistosas que habían mantenido durante su cargo hacia lo que hubiera debido ser la trinchera enemiga. En fin, el Senado tenía, en las grandes ocasiones, el arma para resolver las pegas cuando se tiraba de la manta y no se lograba poner de acuerdo entre sí a los magistrados y los ciudadanos. Podía nombrar un dictador por seis meses o por un año, invistiéndolo de plenos poderes, excepto el de disponer de los fondos estatales. La proposición la hacía uno de los dos cónsules sin que el otro pudiese oponerse. Y la persona era elegida entre los *consulares*, esto es, entre los que ya habían ejercido el cargo y que por ende eran ya senadores. Todos los dictadores de la Roma republicana, menos uno, fueron patricios. Todos, menos dos, respetaron los límites de tiempo y de poder que les fueron impuestos. Uno de ellos, Cincinato, que, tras sólo diez días de ejercer el cargo supremo, volvió espontáneamente a labrar el campo con los bueyes, ha pasado a la Historia con los colores de la leyenda.

El Senado recurrió raramente a ese derecho suyo, o sea que no abusó de él, aun cuando no siempre estuviera a la altura de su gran nombre. De vez en cuando se dejaba tentar por la codicia, especialmente en el disfrute de los países conquistados. De vez en cuando, fue ciego y sordo en defensa de los privilegios de su casta frente a la necesidad de una justicia superior. Los que lo componían no eran superhombres, cometieron errores, a veces vacilaron y se contradijeron. Pero, en conjunto, su Asamblea ha representado, en la historia de todos los tiempos y de todos los pueblos, un ejemplo de sensatez política nunca más superado. Procedían todos de familias de estadistas y cada uno de ellos tenía una amplia experiencia sobre el Ejército, la Justicia y la Administración. Eran peores en las victorias cuando se desenfrenaban su orgullo y su codicia, y mejores en las derrotas, cuando la situación requería valor y tenacidad. Cineas, el embajador que Pirro mandó a tratar con ellos, cuando les hubo visto y oído, dijo, admirado, a su soberano: «Apuesto que en Roma no hay un rey. Cada uno de sus trescientos senadores lo es.»

X. LOS DIOSES

Esta ordenación del Estado y de las magistraturas fue posibilitada solamente por la Ley, esto es, por la publicación de las Doce Tablas de los Decenviros, que constituyeron a la vez la causa, su consecuencia y el instrumento.

Hasta entonces, Roma había vivido prácticamente en un régimen de teocracia, en el cual el rey era también Papa. Sólo él tenía, como tal, el derecho de reglamentar las relaciones entre los hombres no según una ley escrita, sino según la voluntad de los dioses, que sólo a él la comunicaban en las ceremonias. Antes, el Papa lo hacía todo él solo. Después, con el aumento de la población ciudadana y el incremento y la complejidad de los problemas, tuvo todo un clero para ayudarle. Y fueron precisamente los sacerdotes los primeros abogados de Roma.

El pobre diablo que había sufrido una injusticia o que creía ser víctima de ella, iba a ver a uno de aquéllos en busca de consejo. Y aquél se lo daba consultando textos secretísimos, en los que tan sólo ellos, los sacerdotes, tenían el derecho de meter la nariz. Nadie sabía, pues, con precisión cuáles eran sus derechos y sus deberes. Se lo decía, en cada caso, el sacerdote. Y los procesos se efectuaban según una liturgia de la que sólo éste sabía los ritos. Dado que el clero, en sus orígenes, fue totalmente aristocrático, o sometido a la aristocracia, es fácil comprender cómo eran los veredictos cuando entraban en liza causas entre patricios y plebeyos.

El primer efecto de las Doce Tablas fue el de separar el derecho civil del divino, o sea desvincular las relaciones entre ciudadanos de la voluble voluntad de los dioses, es decir, de quienes decían representarles. Y desde aquel momento Roma cesó de ser una teocracia. Poco a poco, el patrimonio eclesiástico de las leyes comenzó a caerse a pedazos. Apio Claudio *el Ciego* publicó un calendario de *dies fasti*, indicando en qué días podían ser discutidas las causas y según qué enjuiciamiento: cosa que hasta los curas decían que eran solos en conocer. Más tarde, Coruncanio fundó una auténtica escuela de abogados, que acabaron siendo los técnicos de la ley con exclusión de los sacerdotes. Las Doce Tablas, que proporcionaron los principios básicos de toda la sucesiva legislación de Roma y del mundo, se convirtieron en materia obligatoria de enseñanza para los chicos de las escuelas, que tenían que aprendérselas de memoria y que contribuyeron a formar el carácter romano, ordenado y severo, legalista y pendenciero.

Fue en aquel momento cuando los sacerdotes, obligados a ocuparse tan sólo de cuestiones religiosas, trataron de poner un poco de orden en ellas, sin, por lo demás, lograrlo completamente. Estaban organizados en colegios, cada uno de los cuales tenía al frente un supremo pontífice, elegido por la Asamblea Centuriada. Para ingresar en ellos no hacía falta ningún aprendizaje particular, no formaban una casta separada y no tenían ningún poder político. Eran funcionarios del Estado y basta, y con el Estado, que les pagaba, debían colaborar.

Lo más importante de aquellos colegios eran los nueve *augures*, que tenían por cometido indagar las intenciones de los dioses acerca de las graves decisiones que el Gobierno se disponía a tomar. Vestido con sus sagrados paramentos y precedido por quince *flamines*, el pontífice máximo, en los primeros tiempos, captaba los auspicios observando el vuelo de los pájaros, como hiciera Rómulo para fundar Roma, y más tarde examinando las vísceras de los animales que se ofrendaban en sacrificio (dos sistemas aprendidos de los etruscos). En las crisis más graves se expedía una delegación a Cuma para interrogar a la sibila, que era la sacerdotisa de Apolo. Y en las muy graves, se mandaba a consultar el oráculo de Delfos, cuya fama había llegado a Italia. Ahora bien, dado que los sacerdotes no tenían deberes sino con el Estado, es natural que fuesen sensibles a las solicitaciones que procedían de éste, con promesas de ascenso de grado o de aumento de sueldo.

El rito consistía en un donativo o en un sacrificio a los dioses para granjearse su protección o aplacar sus iras. El procedimiento era minucioso y bastaba un pequeño error para tenerlo que repetir, hasta treinta veces. La palabra «religión» tiene, en latín, un significado externo y de procedimiento; y *sacrificio* quiere decir, literalmente, hacer sagrada una cosa; lo que se ofrendaba a la divinidad. Naturalmente, las ofrendas variaban según las posibilidades del oferente y la importancia de los beneficios a que se aspiraba. El pobre padre de familia que, dentro de su casa, hacía de pontífice máximo para impetrar una buena cosecha, sacrificaba en el hogar un pedazo de pan y de queso o un vaso de vino. Si la sequía se prolongaba, llegaba hasta a un pollo. Si estaba amenazado por un aluvión, era capaz de degollar el cerdo o una oveja. pero cuando era el Estado el que sacrificaba para propiciarse el favor divino para alguna gran empresa nacional, el foro, donde en general se celebraba la ceremonia, quedaba convertido en un auténtico matadero. Rebaños enteros eran degollados mientras los sacerdotes pronunciaban las fórmulas de estricto rigor. A los dioses, que tenían el paladar delicado, se les reservaban los menudillos y, sobre todo, el hígado. El resto se lo comía la población reunida en círculo. Con lo que aquellas ceremonias se convertían en pantagruélicos banquetes intercalados con plegarias. Una ley de 97 antes de Jesucristo prohibió el sacrificio de víctimas humanas. Señal que, en caso de excepción se recurría a ellos, a expensas de los esclavos o de los prisioneros de guerra. Mas hubo también ciudadanos que voluntariamente ofrendaron su propia vida por la salvación de la nación: como aquel Marco Curcio que, para aplacar a los dioses de los Infiernos, en ocasión de un terremoto, se precipitó en una grieta, que enseguida volvió a cerrarse.

Menos truculentas y más gentiles eran las llamadas ceremonias de purificación, sea de una grey, de un ejército que partía a la guerra o de una ciudad entera. Se hacía una procesión alrededor cantando los *carmina*, himnos llenos de fórmulas mágicas. Muy similar era el procedimiento de los *vota*, ofrecidos para obtener algún favor de los dioses.

¿Qué dioses?

El Estado romano que era su empresario, no logró jamás poner orden en esta materia, o tal vez no lo quiso. Júpiter era considerado como el más importante de los inquilinos del Olimpo, pero no su rey, como lo fue Zeus en la antigua Grecia. Permaneció siempre en la vaguedad, como una fuerza impersonal que ora se confundía con el cielo, ora con el sol, con la luna o con el rayo, según los gustos. Y acaso en los primeros tiempos era todo uno con Jano, el dios de las puertas. Sólo más tarde se diferenciaron. Las ricas matronas romanas iban en procesión con los pies desnudos al templo de Júpiter Tonante en el Capitolio, para impetrar la lluvia en las temporadas de sequía, en tanto que en tiempos de guerra se abrían los portones del templo de Jano para permitirle unirse al Ejército y guiarlo en el combate.

De rango parigual al de ellos eran Marte, que daba nombre a un mes del año (marzo), y que está ligado a Roma por vínculos de familia como padre natural de Rómulo, y Saturno, el dios de la siembra, al que la leyenda pintaba como un rey prehistórico, profesor de agricultura y vagamente comunista.

Después de este cuadrunvirato venían las diosas.

Juno era la de la fertilidad, tanto del campo como de los árboles, de los animales y de los hombres, y con su nombre se bautizó un mes (junio), considerado como el más favorable para los matrimonios. Minerva, importada de Grecia a hombros de Eneas, protegía la prudencia y la sabiduría. Venus se ocupaba de la belleza y del amor. Diana, diosa de la luna, administraba la caza y los bosques, en uno de los cuales, Nemi, se alzaba su majestuoso templo, donde se decía que casó con Virbio, el primer rey de la selva.

Luego venía un gran número de dioses menores: los suboficiales, digámoslo así, de aquel ejército celeste. Hércules, dios del vino y de la alegría, era capaz de jugarse una cortesana a los dados con el sacristán de su templo; a Mercurio, le atribuían una debilidad para con los mercaderes, los oradores y los ladrones, tres categorías de personas que evidentemente los romanos consideraban de la misma ralea; Belona tenía la especialidad de la guerra...

Mas es imposible nombrarlos a todos. Se multiplicaron desmesuradamente con el crecimiento de la ciudad y la expansión de sus dominios, pues, cualquiera que fuese el Estado o provincia conquistados, lo primero que hacían los soldados romanos era apoderarse de los dioses locales y llevárselos a la Patria, convencidos de que al quedarse sin dioses los derrotados no podrían intentar un desquite.

Pero, además de éstos, que, si bien sometidos a un trato de privilegio, eran, sin embargo, dioses prisioneros, había los *novensiles*, es decir, aquellos que muchos extranjeros, por iniciativa propia, cuando se trasladaban a Roma y ponían casa en ella, se traían consigo para sentirse menos exiliados y desplazados. Los alojaban en templos construidos con fondos privados. Y los romanos no sólo no negaron jamás a nadie ese derecho, sino que hasta se mostraron extraordinariamente hospitalarios con ellos. El Estado y sus sacerdotes les consideraban en cierto sentido como policías que colaborarían a mantener el orden entre sus fieles sin reclamar siquiera un estipendio. Y a muchos de ellos les asignaron abiertamente un puesto en el Olimpo oficial. En 496 antes de Jesucristo fueron incluidos en el «organismo» Deméter y Dionisio, como colegas y colaboradores de Ceres y de Libero. Pocos años después, Cástor y Pólux, también recién consagrados, se molestaron en bajar del cielo para ayudar a los romanos a resistir en la batalla del lago Regilo.

Hacia 300, Esculapio fue trasladado por decreto de Epidauro a Roma para enseñar Medicina. Y, poco a poco, esos recién llegados, de huéspedes que eran se convirtieron en dueños de la casa, especialmente los griegos, más afables y cordiales, menos fríos, formulistas y remotos que los dioses romanos. Fue por influjo helénico que poco a poco se formó una jerarquía entre ellos, al frente de la cual se reconoció a Júpiter con los primeros atributos que en Atenas tenía Zeus. Éste fue el primer paso hacia las religiones monoteístas, que, primero con el estoicismo y luego con el judaísmo, triunfaron al fin con el cristianismo.

Este proceso, empero, se desarrolló mucho más tarde. Los romanos del período republicano convivieron con una multitud de dioses, de los que Petronio decía que en algunas ciudades eran más numerosos que los habitantes y que Varrón evaluó en cerca de treinta mil. Sus actividades e interferencias hacían difícil la vida a los fieles que no sabían cómo manejarse en sus luchas y rivalidades. Por todas partes se podía tropezar con algún objeto consagrado a uno u otro. Ofendidos, los dioses aparecían en forma de brujas que volaban de noche, comían serpientes, mataban chicos y robaban cadáveres. En Horacio y en Tíbulo, en Virgilio y en Lucano se les encuentra a cada paso. Eran tanto más peligrosos cuanto que, a diferencia de casi todas las otras religiones, la romana no les consideraba confinados en el cielo, por bien que admitiese que también allí los hubiera, sino que pensaba preferentemente que moraban en la Tierra y que eran víctimas de terrestres estímulos: hambre, lujuria, codicia, ambición, envidia, avaricia.

Para tener a los hombres al resguardo de sus maldades, se incrementaron los colegios u órdenes religiosas. Entre éstos hubo también uno femenino, el de las vestales, que, reclutadas entre los seis y los diez años, debían servir durante treinta años en absoluta castidad. Fueron las precursoras de nuestras monjas. Vestidas y tocadas de blanco, su función consistía sobre todo en regar la tierra con agua sacada de la fuente consagrada a la ninfa Egeria. Si eran sorprendidas transgrediendo el voto de virginidad, eran azotadas a vergajazos y enterradas vivas. Los historiadores romanos nos han legado doce casos de esa tortura. Terminado el servicio treintañal, volvían a ser acogidas en sociedad con muchos honores y privilegios y hasta podían casarse. Mas a esa edad difícilmente encontraban marido.

La religión era lo que daba a los romanos, que no conocían el domingo y el *week-end*, los días de fiesta y de descanso. Había un centenar al año, más o menos los que existen ahora. Pero los celebraban con más empeño. Algunas de aquellas «ferias» eran austeras y conmemorativas, como los *lemures* (nuestros muertos) en mayo, que cada padre de familia celebraba en su casa llenándose la boca de alubias blancas que escupía a su alrededor al grito de: «Con estas alubias, yo me redimo y redimo a los míos. ¡Idos, almas de nuestros antepasados!» En febrero había las *parentalias*, o las *feralias*, y las *lupercales*, durante las cuales se tiraban muñecos de madera al Tíber para engañar al dios que reclamaba hombres de verdad. Luego había las *florales*, las *liberales*, las *ambarvalias*, las *saturnales*...

También en este campo reinaba una anarquía tal que la primera razón que impulsó a los romanos a redactar un calendario fue la necesidad de hacer una lista de las fiestas. En los primerísimos tiempos se encargaban de ello los sacerdotes, indicando, mes por mes, y cuándo tenían que celebrarse y cómo. La tradición atribuye a Numa Pompilio haber puesto orden en esta materia con un calendario fijo, que estuvo en vigor hasta César. Dividía el año en doce meses lunares, pero dejaba a los sacerdotes el derecho de prolongar o acortar el mes a su juicio, con tal de que al final se alcanzase la suma de trescientos sesenta y seis días. Y ellos abusaron hasta tal punto para favorecer o perjudicar a tal o cual magistrado, que al final de la República el calendario pompiliano se había tornado totalmente opinable y fuente tan sólo de controversias.

Durante la jornada se medían las horas a ojo, según la posición del sol en el cielo. El primer reloj de sol, de manufactura griega, lo importaron de Catania en 263 y lo emplazaron en el Foro. Pero dado que Catania está a tres grados al este de Roma, la hora no correspondía; los romanos se encolerizaron y durante un siglo hubo gran confusión porque nadie supo entender aquella diablura.

Los días del mes estaban divididos según las *calendas* (el primero), las *nonas* (el cinco o el siete) y los *idus* (el trece y el quince). El año, que se llamaba *annus*, que también quiere decir «anillo», comenzaba en marzo. Después venía abril, mayo, junio, quinto, sexto, setiembre, octubre, noviembre, diciembre, enero y febrero. Un sustituto del domingo era la *nundina*, que caía de nueve días en nueve días y era lo que en nuestros pueblos es todavía el día de mercado. Los campesinos abandonaban el campo para ir a vender en el pueblo sus huevos y frutos, pero no era una fiesta propiamente dicha.

Para divertirse de verdad, los romanos tenían que aguardar las *liberales* y *saturnales*, cuando, dice un personaje de Plauto, «cada cual puede comer lo que quiere, ir a donde le parece, y hacer el amor con quien le apetezca, con tal de que deje en paz a las esposas, las viudas, las chicas y los chicos».

XI. LA CIUDAD

No se sabe con precisión cuántos habitantes tenía Roma en vísperas de las guerras púnicas. Las cifras suministradas por historiadores sobre la base de censos inciertos son contradictorias y acaso no tienen en cuenta el hecho de que la mayor parte de los censados debía habitar no dentro de las murallas de la ciudad, el llamado *pomerio*, sino fuera, en los pueblos diseminados en el campo. En la ciudad propiamente dicha no debía de haber más de cien mil almas: población que a nosotros nos parece modesta, pero que en aquellos tiempos era enorme. Su composición étnica debió ya hacer de ella un centro internacional, pero menos de lo que fuera bajo los reyes Tarquinos, quienes, con la pasión etrusca del comercio y del mar habían requerido a demasiados forasteros, muchos de ellos de difícil asimilación. Con la República, el elemento indígena, latino y sabino, tomó su desquite, se esforzó y posiblemente reguló con más parsimonia la inmigración. Procedía en su mayor parte de las provincias limítrofes y estaba constituida por gente más fácil de fusionarse con los amos de la casa.

Desde el punto de vista urbanístico, la ciudad no había progresado mucho bajo los magistrados republicanos, avaros, toscos y de escasas ambiciones. Dos calles principales se cruzaban dividiéndola en cuatro barrios, cada uno de ellos con dioses tutelares propios, los llamados *lari compitali* a los cuales se elevaban estatuas en todos los rincones. Eran calles estrechas y de tierra apisonada, que sólo más tarde fueron pavimentadas con piedra extraída del arenal del río. La Cloaca Máxima existía ya, al parecer, en tiempos de los Tarquinos. Conducía los detritus de Roma al Tíber, infectando las aguas que habían de servir para beber. En 312, Apio Claudio *el Ciego* afrontó y resolvió este problema construyendo el primer acueducto que suministró a Roma agua fresca y limpia sacada directamente de los pozos. Y por primera vez, los romanos, o al menos los de cierta categoría, dispusieron de suficiente cantidad para poderse lavar. Pero las primeras termas, o baños públicos, fueron construidas tan sólo después de la derrota de Aníbal.

Subsistían, poco más o menos, las casas que habían edificado los arquitectos etruscos. Sólo se habían embellecido los exteriores, que fueron estucados y decorados con grafías.

Los peligros por que habían pasado impelieron a los romanos a construir sobre todo templos para granjearse la simpatía de los dioses. En el Capitolio se alzaban tres de madera, bastante imponentes y revestidos de ladrillo, a Júpiter, Juno y Minerva.

La ciudad vivía aún ante todo de la agricultura, basada en la pequeña propiedad privada. Buena parte de la población, incluso del centro, tras haber dormido hacinada sobre la paja, se levantaba al alba y cargando arado y azada sobre el carro tirado por bueyes, se iba a labrar el campo, que en promedio no rebasaba las dos hectáreas. Eran campesinos tenaces, pero no muy progresivos, que no conocían otro abono más que el estiércol animal, ni otra rotación de cultivo más que la del trigo a las legumbres y viceversa. De éstas, muchas familias aristocráticas sacaron incluso el nombre: los Léntulos eran especialistas en lentejas, los Cepione en cebollas, los Fabio en habichuelas. Otros productos eran los higos, las uvas y el aceite. Cada familia tenía sus gallinas, sus cerdos y, sobre todo, sus ovejas, que proporcionaban la lana para tejer los vestidos.

En vísperas de la guerra púnica este cuadro idílico había sufrido una ligera alteración. Las expediciones contra las poblaciones limítrofes habían despoblado el campo: los caseríos, abandonados, habían caído en ruinas, y el boscaje y la grama enterraron los campos de los veteranos que, para vivir, habían vuelto a la ciudad. El nuevo territorio conquistado a expensas de los vencidos era declarado «agro público» del Estado, que lo revendía a los capitalistas engordados con las contratas de guerra. Así surgieron los latifundios, que los propietarios explotaban con el trabajo de los esclavos, numerosos, y que no costaban casi nada, mientras en la ciudad se formaba un proletariado de ex campesinos pobres en busca de trabajo.

Mas resultaba difícil encontrar trabajo porque la industria, tras la caída de los Tarquinos, en vez de progresar, había retrocedido. El subsuelo, pobre en minerales, era propiedad del Estado, que lo alquilaba a explotadores de escasa conciencia y competencia. La metalurgia había dado pocos pasos adelante, y el bronce seguía siendo más empleado que el acero. Como combustible no se conocía más que la leña, para procurarse la cual fueron talados los hermosos bosques del Lacio. Sólo la industria textil prosperó bastante y a la sazón existían verdaderas empresas que habían iniciado una producción en serie.

Los obstáculos a la expansión industrial y comercial eran cuatro. El primero, de orden psicológico, era la desconfianza de la clase dirigente romana, toda ella agraria, hacia aquellas actividades que pudieran reforzar a las clases medias burguesas. El segundo era la carencia de caminos, que no permitían el transporte de materias primas y de sus productos. El primero de ellos, la *via latina*, construida solamente en 370, casi un siglo y medio después de la instauración de la República, se limitaba a unir la Urbe con los Montes Albanos. Sólo Apio Claudio, el autor del acueducto, sintió la necesidad, cincuenta años después, de construir una, que, efectivamente, llevó su nombre, para alcanzar Capua. Los senadores aprobaron de mala gana grandiosos proyectos sólo porque los generales pedían también un sistema de comunicaciones. El tercer obstáculo era la falta de una flota, desaparecida después de finalizar la supremacía etrusca en Roma. Pequeños armadores particulares habían seguido construyendo algunas naves, pero las dotaciones eran poco valerosas e inexpertas. Desde noviembre hasta marzo no había modo de hacerles salir del puerto de Ostia, donde, por lo demás, el lodo del Tíber bloqueaba las embarcaciones. Una vez, engulló doscientas de un bocado. Además, no se aventuraban más allá del pequeño cabotaje, porque no querían perder de vista la costa, pues piratas griegos a oriente y cartagineses a occidente infestaban aquellos parajes. Todo lo cual hace mucho más admirable el milagro que realizó Roma pocos años después afrontando con sus improvisadas flotas las de Aníbal y de Annón.

Un cuarto embarazo para el comercio fue también, en los primeros tiempos, la falta de un sistema monetario. En el primer siglo de República el signo de cambio fue el ganado. Se comerciaba en términos de gallinas, de cerdos, de ovejas, de asnos, de vacas. Las primeras monedas ostentan, en efecto, las imágenes de estos animales, y se llamaron *pecunia*, de *pecus*, que quiere decir precisamente «ganado». Su primera unidad fue acuñada con el *as*, que era un trozo de cobre de una libra. Apenas acababa de nacer, el Estado la devaluó de casi cinco sextos para hacer frente a los gastos de la primera guerra púnica. Por lo que se ve, el engaño de la inflación ha existido siempre y, con sistemas idénticos, se repite desde que el mundo es mundo. También entonces el Estado lanzó un empréstito entre los ciudadanos que, para ayudarle a armar el Ejército, le entregaron todos sus *ases* de una libra de cobre. El Estado los ingresó, dividió cada uno de ellos por seis y por cada *as* recibido restituyó una sexta parte al acreedor.

Este *as* desvalorizado siguió siendo durante mucho

tiempo la única moneda romana. Su poder adquisitivo era, según parece, igual al de cincuenta liras de 1957. Luego se desenvolvió un sistema más completo: vino el *sextercio* de plata, que era dos *ases* y medio, o sea ciento veinticinco liras; luego el *denario*, también de plata, igual a cuatro *sextercios* (quinientas liras); y, por fin, el *talento* de oro, que debía ser precisamente un lingote, pues valía unos dos millones y medio de nuestras liras, y que el noventa por ciento de los romanos jamás vio cómo estaba hecho.

Al revés que nosotros que consideramos los Bancos como iglesias, los antiguos romanos consideraban Bancos a las iglesias y en éstas depositaron los fondos del Estado porque las creían más al resguardo de los ladrones. No existían Institutos gubernamentales de crédito. Los préstamos eran hechos por *argentarios*, agentes de cambio privados que tenían sus oficinuchas en una callejuela cercana al Foro. Una de las leyes de las Doce Tablas prohibía la usura y fijaba el tipo de interés en el ocho por ciento como máximo. Pero la usura floreció igualmente sobre la miseria y las necesidades de los pobres diablos, que eran muchos y en condiciones desesperadas, porque lo que se llamaba industria era en realidad una profusión de pequeños talleres artesanos que trataban, para vencer la competencia, de rebajar los costos de sus productos escatimando sobre todo los salarios de una mano de obra servil y sin protección de sindicatos. Desorganizada y sin jefes, no hacía huelgas contra los patronos. Hacía, de vez en cuando, verdaderas guerras, que se llamaron precisamente *serviles* y que expusieron a riesgos el Estado. En compensación, había las «corporaciones de oficios», reconocidas también con el nombre de «colegios» desde los tiempos de Numa, al parecer. Había el de los alfareros, de los herreros, de los zapateros, de los carpinteros, de los tocadores de flauta, de los curtidores, de los cocineros, de los albañiles, de los cordeleros, de los fundidores, de los tejedores y de los «artistas de Dioniso», como se llamaba a los actores. Y por ellos podemos deducir cuáles fueron los oficios de los romanos de la ciudad. Estaban, empero, controlados por funcionarios del Estado, los cuales no permitían que en ellos se debatiesen cuestiones de salario o de sueldo y que, cuando observaban que los descontentos aumentaban peligrosamente, procedían a alguna distribución gratuita de trigo. Los miembros se reunían en los colegios para conversar sobre cuestiones de la profesión, jugar a los dados, beber un vaso de vino y ayudarse entre sí. Eran unos pobres diablos, entre los que había también los que eran libres y con derechos políticos. No pagaban impuestos y hacían poco servicio militar, en tiempo de paz, claro. Mas en tiempo de guerra, morían como los demás.

Los escritores romanos cuyas obras han llegado a nosotros y que florecieron mucho tiempo después, embellecieron bastante ese período de la Roma estoica. Lo hicieron por motivos polémicos, para oponer las virtudes antiguas a los defectos de su época. La República no fue inmune a graves defectos y si bien bajo ella fue fundado el Derecho, no puede decirse que la justicia triunfase.

Es verdad, sin embargo, que los ciudadanos vivieron en ella más incómodos y sacrificados, pero más ordenados y sanos que los del Imperio. Tampoco entonces la moralidad era rígida, pero el vicio se mantenía en su «sede» y no contaminaba la vida de la familia basada en la castidad de las muchachas y la fidelidad de las esposas. Los hombres, después de algunos libertinajes con las prostitutas, se casaban pronto, a los veinte años. Y a partir de entonces estaban demasiado atareados en mantener mujer e hijos para entregarse a pasatiempos peligrosos.

El matrimonio era precedido por el noviazgo, que, en general, era decidido por los padres, a menudo sin preguntárselo siquiera a los interesados. Era un verdadero contrato que consideraba especialmente las cuestiones patrimoniales y de dote, el cual se sellaba con un anillo que el joven ponía en el anular de la muchacha, por donde se creía que pasaba un nervio que iba al corazón.

El matrimonio era de dos especies: *con mano* o *sin mano*. Con el primero, el más común y completo, el padre de la novia renunciaba a todos sus derechos sobre ella a favor del yerno, que se convertía prácticamente en el dueño. Con el segundo, que dispensaba de la ceremonia religiosa, los conservaba. El matrimonio *con mano* acaecía por *uso*, o sea después de un año de cohabitación de los novios, por *coemptio*, o sea por adquisición, o por *confarreatio*, cuando comían juntos un dulce. Este último quedaba reservado a los patricios y requería una solemne ceremonia religiosa con cantos y cortejos. Las dos familias se reunían con amigos, siervos y clientes en casa de la novia, desde la cual, con acompañamiento de flautas, cantos de amor y apóstrofes groseramente alusivos, iban en procesión hacia la del novio. Cuando el cortejo llegaba a destinación, el novio, desde detrás de la puerta, preguntaba: «¿Quién eres?» Y la novia contestaba: «Si tú eres Ticio, yo soy Ticia.» Entonces el novio la levantaba en brazos y le presentaba las llaves de la casa. Y ambos, con la cabeza baja, pasaban bajo un yugo por significar que se sometían a un vínculo común.

Teóricamente existía el divorcio. Mas el primero del que tenemos noticia ocurrió dos siglos y medio después de la fundación de la República, si bien una regla de honor lo hiciese obligatorio en caso de adulterio por parte de la mujer (el marido era libre de hacer lo que le pareciese). En aquellos tiempos, las mujeres eran más bien feúchas y toscas, de piernas cortas y de «junturas» pesadas. Las rubias, rarísimas, eran más cotizadas que las morenas. En casa llevaban la *stola*, especie de túnica abisinia larga hasta los pies, de lana blanca, cerrada al pecho con un alfiler. Cuando salían, se ponían encima la *palla*, o capa.

Los varones, más robustos que guapos, de rostro curtido por el sol y nariz recta, llevaban de chicos la *toga pretexta*, orlada de púrpura: y después del servicio militar, la *viril*, enteramente blanca, que cubría todo el cuerpo, con un pico doblado sobre el hombro izquierdo que caía bajo el brazo derecho (que así quedaba libre) y volvía sobre el hombro izquierdo. Los pliegues servían de bolsillos. Hasta el año 300 antes de Jesucristo los hombres llevaron barba y bigote. Luego prevaleció la costumbre de afeitarse, que a muchos les pareció audaz y en contraste con aquella gravedad a que estaban apegados los romanos, como hoy se está apegado, en cambio, al desenfado.

Una sobriedad espartana regía incluso en las casas de los grandes señores. El mismo Senado se reunía en toscos bancos de madera dentro de la Curia, que no tenía calefacción ni en invierno. Los embajadores cartagineses que vinieron a pedir paz después de la primera guerra púnica divirtieron mucho a sus compatriotas derrochadores y sibaritas, contándoles que, en las comidas que les ofrecieron los senadores romanos, habían visto siempre el mismo plato de plata que evidentemente se prestaban unos a otros.

Los primeros signos de lujo aparecieron con la segunda guerra púnica. Y enseguida fue promulgada una ley que prohibía alhajas, vestidos de fantasía y comidas demasiado costosas. El Gobierno quería mantener ante todo una sobria y sana dieta a base de un desayuno de pan, miel, aceitunas y queso, un almuerzo a base de vegetales, pan y fruta, y una cena en la que sólo los ricos comían carne o pescado. Bebían vino, pero casi siempre con agua.

Los jóvenes respetaban a los viejos, y tal vez en el ámbito de la familia y de las amistades había expresiones de amor y de ternura. Mas, en general, las relaciones entre los hombres eran duras. Se moría fácilmente y no tan sólo en la guerra. El trato a los esclavos y prisioneros era despiadado. El Estado era duro con los ciudadanos, y feroz con el enemigo. Sin embargo, ciertos actos suyos fueron de auténtica fuerza moral. Cuando, por ejemplo, un sicario fue a proponer envenenar a Pirro, cuyos ejércitos amenazaban Roma, los senadores no sólo rechazaron tal sugerencia, sino que informaron al rey enemigo del complot que se tramaba contra él. Y cuando, después de haberlos derrotado en Cannas, Aníbal mandó diez prisioneros de guerra a

Roma para tratar del rescate de otros ocho mil, con el compromiso, si no lo lograban, de regresar y uno de ellos lo transgredió quedándose en la Patria, el Senado le puso grilletes y lo devolvió esposado al general cartaginés, cuya alegría por la victoria, dice Polibio, quedó nublada por aquel gesto que le demostró con qué clase de gente se las había.

En suma, el romano de aquella época se parecía bastante al tipo que idealizaron los historiadores a lo Tácito y a lo Plutarco. Le faltaban muchas cosas: el sentido de las libertades individuales, el gusto por el arte y por la ciencia, la conversación, el placer de la especulación filosófica (de la que más bien desconfiaba) y, sobre todo, el humorismo. Pero tuvo lealtad, sobriedad, tenacidad, obediencia y sentido práctico.

No estaba hecho para comprender el Mundo y gozar de él. Estaba hecho tan sólo para conquistarlo y gobernarlo.

Aparte las fiestas religiosas, tenía pocos pasatiempos. Hasta 221 antes de Jesucristo, cuando fue construido el Flaminio, Roma poseyó sólo un Circo: el Circo Máximo, atribuido a Tarquino Prisco, donde se iba a admirar las luchas entre esclavos, que casi siempre terminaban con la muerte del vencido. Las mujeres también podían asistir y la entrada era gratuita. Los gastos fueron al principio a cuenta del Estado; después, de los ediles, para hacerse una propaganda electoral. Alguno de ellos, a copia de financiar espectáculos de calidad, lograba alcanzar el consulado, como ahora ciertos presidentes de sociedades de fútbol se convierten, cuando su equipo gana, en alcaldes o diputados.

Además de esas diversiones, normales por decirlo así, que alegraban la vida austera y fatigada de los romanos, había el «triunfo» que se prodigaba al general superviviente de una victoria en la que hubiese matado al menos cinco mil soldados enemigos. Si había llegado tan sólo a cuatro mil novecientos noventa y nueve, tenía que contentarse con sólo una «ovación», llamada así porque consistía en el sacrificio de una o*vis*, una oveja, en su honor.

Para el «triunfo» se organizaba en cambio una imponente procesión fuera de la ciudad, a cuyas puertas, general y tropas habían de deponer las armas y pasar bajo un arco de madera y de ramajes que sirvió de modelo a los que más adelante se construyeron de tofa calcárea. Una columna de trompeteros abría el cortejo. Detrás iban los carros cargados con el botín de guerra; y después, rebaños y manadas enteras destinados al matarife; luego, los jefes enemigos encadenados. Y, por fin, precedido de lictores y flautistas, el general, de pie sobre una cuadriga pintada con vivos colores, con una toga purpúrea sobre los hombros, una corona de oro en la cabeza, un cetro de marfil y un ramo de laurel. Le rodeaban sus hijos y le seguían a caballo, parientes, secretarios, consejeros y amigos. El general subía a los templos de Júpiter, Juno y Minerva en el Capitolio, depositaba el botín a sus pies, hacía reunir los animales que tenían que degollarse y, como ofrenda supletoria, ordenaba la decapitación de los comandantes enemigos prisioneros.

El pueblo se regocijaba y aplaudía. Pero por parte de los soldados era costumbre lanzar palabras y pullas mordaces a su general, denunciando sus debilidades, defectos y ridiculeces, para que no se ensoberbeciera y llegase a creerse un padre eterno infalible. A César, por ejemplo, le gritaban: «Déjate de mirar a las matronas, calabaza monda. ¡Confórmate con las prostitutas...!»

Si se pudiera hacer otro tanto con los dictadores de nuestro tiempo, tal vez la democracia no tendría ya nada que temer.

XII. CARTAGO

Como todas las ciudades de aquel tiempo, Cartago también hacía remontar sus orígenes a una especie de milagro y contaba su historia como una novela. Según la cual fue fundada por Dido, a quien más tarde sus conciudadanos veneraron como diosa, hija del rey de Tiro. Enviudó por culpa de su hermano que le mató al marido, luego se puso al frente de un grupo de secuaces en busca de aventuras y, desde el extremo oriental del Mediterráneo, zarpó con ellos hacia el Oeste a bordo de una nave. Haciendo cabotaje a lo largo de la costa meridional de África, rebasó Egipto, Cirenaica y Libia. Y al llegar por fin a una docena de millas del lugar donde hoy se alza Túnez, desembarcó y dijo a sus amigos: «Aquí construiremos la Ciudad Nueva.» Así la llamaron, efectivamente: Ciudad Nueva, como Nápoles y Nueva York, que en su lengua se decía *Kart Hadasht* y que luego los griegos tradujeron *Karchedon* y los romanos *Carthago*.

Naturalmente, las cosas no acontecieron precisamente así. Pero es difícil saber cómo se desarrollaron en realidad, porque de Cartago, que tuvo la desgracia de cruzarse en su camino, también los romanos hicieron lo que habían hecho de Etruria: la redujeron a un cieno tal como para hacer casi imposible hoy, por falta de materiales, una reconstrucción exacta de su historia y de su civilización.

Con seguridad la fundaron los fenicios, pueblo de raza y lengua semita como los hebreos, grandes mercaderes y navegantes que iban de un lado para otro con sus embarcaciones, vendiendo y comprando un poco de todo. No tenían miedo ni al diablo. Fueron los primeros marinos del Mundo que rebasaron las llamadas Columnas de Hércules, es decir, el estrecho de Gibraltar, para bajar por el Atlántico a lo largo de la costa de África y remontarlo a lo largo de la de España y Portugal. Sobre este itinerario habían fundado ya, cuando nació Roma, varios pueblos, que al principio debieron ser tan sólo un astillero y un bazar, o sea un mercado. Leptis Magna, Útica, Bizerta, Bona, tuvieron sin duda ese origen. Y Cartago fue su hermanita, acaso entre las más humildes, hasta que las circunstancias la hicieron más conspicua.

Esas circunstancias fueron, sobre todo, el declive militar y comercial de Tiro y de Sidón, que, por desgracia suya, se encontraron en el camino de Alejandro de Macedonia, quien, mientras Roma era aún una aldea, quería convertirse en emperador del Mundo y por poco no lo logró. Amenazados por sus ejércitos, los millonarios de aquellas dos ciudades que, como todos los millonarios, tenían más miedo que los demás, pensaron en poner a salvo sus personas y sus capitales. Y así como hoy está de moda refugiarse en Tánger, entonces lo era refugiarse en Cartago.

La ciudad se acrecentó con nuevos habitantes, llenos de dinero y de iniciativas. Empujaron cada vez hacia el interior a la población indígena, formada de pobres negros, muchos de los cuales fueron reducidos a siervos y esclavos. Y no contentándose ya con el comercio y el mar, se dedicaron también a la tierra. El detalle es interesante porque, hasta entonces, se había creído siempre que los hebreos eran, por su modo de ser, refractarios a la tierra. Los de Cartago, en cambio, demostraron lo contrario. Fueron los maestros de muchos cultivos, especialmente de viñas, olivares y árboles frutales, y los mismos romanos hubieron de aprender mucho de ellos. Fue un cartaginés, Magón, el más grande profesor de agricultura de la Antigüedad.

Cartago poseía una economía perfectamente equilibrada. En la ciudad florecía una excelente industria metalúrgica que suministraba las mejores herramientas para labrar la tierra, canalizarla y transformarla en huertos y jardines. Gran parte de sus productos se cargaban en las naves, a la sazón las mayores del Mundo, las cuales eran dirigidas hacia España o Grecia. Los armadores financiaban exploradores para descubrir nuevos mercados. Uno de ellos, Annón, con una galera solitaria, descendió dos mil kilómetros por las costas atlánticas de África.

Otros viajantes de comercio, que recorrían los itinerarios de tierra a lomo de mulas, camellos y elefantes, encontraron oro y marfil y lo llevaron a la Patria. Atravesaron el Sahara con la indiferencia con que nosotros atravesamos el Arno. Y a consecuencia de sus informes, como más tarde había de hacerlo Venecia, el Gobierno mandaba un poco de flota o un poco de ejército a tomar posesión de los puntos estratégicos.

Su sistema económico y financiero era el más avanzado de la época. Cuando Roma había comenzado apenas a acuñar toscas monedas de metal, Cartago tenía ya billetes de Banco: unas tiras de cuero, diversamente estampilladas según su valor. Eran en la cuenca mediterránea lo que más tarde habían de ser la libra esterlina y, más tarde aún, el dólar. Su valor nominal estaba garantizado por el oro que rebosaba de las cajas del Estado, pues, a medida que realizaba una nueva conquista, la primera cosa que Cartago imponía a sus vencidos era un tributo y no de los más livianos. Leptis, por ejemplo, pagaba el gran honor de ser vasallo de Cartago con trescientos sesenta y cinco talentos al año, que corresponderían a casi mil millones de liras.

Ese disfrute del propio imperio colonial fue, probablemente, una de las razones de la derrota de Cartago cuando entró en conflicto con Roma. Mas, mientras se perfiló esta amenaza, ello fue lo que garantizó a la ciudad fenicia una lozanía jamás vista hasta entonces. Contaba a la sazón dos o tres mil habitantes, que no vivían en cabañas como en Roma, sino en rascacielos que alcanzaban hasta doce plantas, los más pobres, y en palacios con jardín y piscina, los más ricos. Abundaban los templos y los baños públicos. El puerto tenía doscientos veinte muelles y cuatrocientas cuarenta columnas de mármol. En el centro de la aglomeración había la *city*, como en Londres, con el Ministerio del Tesoro. Y a su alrededor, un triple bastión de murallas almenadas, una especie de *línea Maginot* que podía contener hasta veinte mil soldados con todo su armamento, cuatro mil caballos y trescientos elefantes.

Del pueblo y de sus costumbres, el único testimonio que nos queda es el de los historiadores romanos, que, naturalmente, no podían ser ecuánimes para con aquél. Su lengua debía ser muy parecida a la hebraica; en efecto, sus magistrados se llamaban *shofetes*, derivado, seguramente, del hebraico *shofetim*. Sus rasgos delataban también el origen semítico. Eran gente de tez olivácea, en general de luengas barbas, pero sin bigotes, y ya entonces llevaban turbante. Los más pobres, que probablemente procedían de mezclas con el elemento indígena y que por tanto también tenían la piel más oscura, vestían lo que hoy se llaman en Egipto *galabia*, un camisón suelto y largo hasta los pies, calzados con sandalias. Los señores seguían, en cambio, la moda griega, como hoy se sigue la inglesa, y llevaban trajes elegantes, orlados de púrpura, y se adornaban con un anillo en la nariz. La condición de las mujeres era inferior a la de las atenienses, mas superior a la de las romanas. En general, iban veladas y estaban confinadas en sus casas, pero la carrera eclesiástica les estaba abierta y podían alcanzar altos grados en ella. O bien podían darse a la prostitución, que florecía esplendorosamente y constituía un oficio apreciado, o por lo menos, no vilipendiado, como lo es aún hoy en día en el Japón.

Polibio y Plutarco concuerdan en asegurar que el nivel moral era muy bajo, lo que nos sorprende bastante tratándose de un pueblo de raza semita, donde las costumbres en general son severas, cuando no puritanas. Nos los presentan como vigorosos comilones y bebedores, impenitentes juerguistas, dispuestos siempre a francachelas en los *clubs* y tabernas. La *fides punica*, es decir, la palabra cartaginesa, ha quedado como sinónimo, en latín, de traición. Pero no hay que olvidar que la historia de las traiciones cartaginesas fue escrita por historiadores romanos. Plutarco nos presenta a esos antiguos e irreductibles enemigos de Roma como *serviles* para con los inferiores; y oscilantes entre la cobardía, en la derrota, y la crueldad, en la victoria. Polibio agrega que entre ellos todo se medía con el metro del provecho. Pero es ya sabido que Polibio era amigo íntimo de Escipión, el que destruyó Cartago incendiándola.

Naturalmente, los cartagineses tenían también sus dioses. Se los habían traído consigo de la madre patria, Fenicia, pero les cambiaron el nombre. En vez de Baal-Moloch y de Astarté, como los llamaban en Tiro y en Sidón, los llamaron Baal-Haman y Tanit. Debajo de éstos estaban Melkart, que quiere decir «llave de la ciudad», Eshmun, señor de la riqueza y de la buena salud, y, por fin, Dido, la fundadora, que en Cartago ocupaba el mismo puesto que Quirino en Roma.

A todos estos dioses les ofrecían sacrificios, especialmente en los momentos de necesidad. Se trataba de cabras o de vacas para los dioses menores. Pero cuando había que aplacar o congraciarse con Baal-Haman, se recurría a los niños, que eran colocados entre los brazos de la gran estatua de bronce que le representaba, y de allí les dejaban rodar sobre el fuego que ardía abajo. Hasta trescientos en un día quemaron en medio de una bacanal de trompetas y tambores para sofocar sus gritos. Parece ser que era costumbre, por parte de las familias ricas, cuando eran requeridas para facilitar un niño que asar a la parrilla, comprarlo a los pobres. Mas cuando Agatocles de Siracusa puso sitio a la ciudad, haciendo necesario, además del auxilio de los dioses, también el buen acuerdo entre las clases sociales, la costumbre fue prohibida para no alimentar los odios entre afortunados y desheredados.

El régimen político no era, en conjunto, muy diferente del de Roma. Aristóteles escribió un gran elogio, acaso por haberlo oído decir y porque jamás atisbó serias amenazas de dictadura, que él aborrecía. Como en Roma, el órgano supremo era el Senado, compuesto igualmente de trescientos miembros, cuya mayoría fue al principio constituida por la aristocracia agraria y que luego, poco a poco, pasó a la del dinero, o sea a la plutocracia. Tomaba las decisiones más importantes, cuya ejecución encomendaba a los dos *sciofetes*, que correspondían, más o menos, a los cónsules romanos. Sólo cuando éstos no lograban ponerse de acuerdo, se pedía el parecer de una especie de Cámara de Diputados, que tenía el poder de decir «sí» o «no», pero no el de presentar proposiciones por su cuenta.

El Senado era, también, teóricamente, electivo. Pero en la práctica, teniendo en la mano todas las palancas de mando, conseguía, mediante la corrupción o la intriga, imponer sus candidatos. Sobre él había solamente una especie de Corte constitucional, formada por cuatrocientos jueces que controlaban un poco de todo: no sólo la constitucionalidad de las leyes, sino también las cuentas de la Administración. Durante las guerras con Roma, esta Corte fue convirtiéndose poco a poco en el verdadero Gobierno.

Cartago no daba gran importancia al Ejército, en parte porque sus vecinos de África no la inquietaban. A los cartagineses no les gustaban los cuarteles, que, en efecto, tan sólo estaban llenos de mercenarios, reclutados entre los indígenas y, sobre todo, entre libios. De las grandes empresas que ejecutó en el siglo de luchas contra Roma, el mérito corresponde, pues, casi exclusivamente al genio de sus Aníbales, Amílcares y Asdrúbales, que fueron unos de los más brillantes generales de la Antigüedad.

En el mar, en cambio, era fuerte, la más fuerte de las potencias navales de aquel tiempo. Su *home fleet* contaba en tiempo de paz quinientos *quinquerremes*, que eran un poco los acorazados de entonces, pero rápidos y ligeros, vistosamente pintados de rojo, verde y amarillo. Los almirantes que los mandaban se las sabían todas y aun sin brújula ni compás conocían el Mediterráneo como el estanque de su jardín. En todos los parajes adecuados de las costas españolas y francesas, poseían astilleros, almacenes de aprovisionamiento e informadores. Su Instituto Cartográfico era el más corriente y moderno. Hasta que Roma, ocupadísima en consolidar su hegemonía sobre la península, no hubo botado una flota propia, la cartaginesa no admitió intrusiones de nadie, entre Cerdeña y Gibraltar. Cualquier nave extranjera que se pusiera a tiro de las suyas, era requisada o hundida, ahogando a los marineros, sin preguntarles siquiera de dónde venían ni qué pabellón enarbolaban.

Ésta era, en conjunto, Cartago, cuando los romanos, habiéndose desembarazado, uno tras otro, de todos los rivales italianos y unificado la península bajo su mando, comenzaron a ocuparse en las cosas del mar.

Pero, fijaos bien, todo lo que hemos dicho de Cartago ha sido reconstruido con elementos muy livianos. Escipión, cuando arrasó la ciudad sin dejar piedra sobre piedra, encontró, entre otras cosas, varias bibliotecas. Mas en vez de llevárselas a Roma, las repartió entre sus aliados africanos (lo que sorprende tratándose de un hombre culto como él), los cuales, por la poca pasión que sentían por los libros, dejaron que se perdieran. He aquí por qué no tenemos siquiera un manual de su Historia, y hemos de contentarnos con lo poco que lograron reconstruir Salustio y Juba. Algún fragmento de Magón y un testimonio de san Agustín nos aseguran, sin embargo, que Cartago tuvo una cultura propia y de buena calidad.

Los griegos, que no obstante tenían Atenas ante los ojos, decían que Cartago era una de las más bellas capitales del Mundo. Pero lo que de ella nos queda es muy poco para confirmárnoslo. Sus más importantes restos son los que los arqueólogos han desenterrado en las Baleares, donde los cartagineses habían fundado una colonia y donde, tal vez, cuando las matanzas, algunos de ellos se refugiaron, trayéndose alguna obra de arte. Todo el resto está reunido en el museo de Túnez, donde los arqueólogos siguen acumulando lo que poco a poco van excavando diez millas más hacia el Oeste, donde se alzaba la ciudad.

En el museo pueden admirarse algunos fragmentos de escultura, sacados de los sarcófagos. El estilo es una mezcla grecofenicia. Contiene, además, la cerámica de la época, aunque de escaso valor: género utilitario fabricado en serie. Nada nos queda de lo que, al parecer, fue el orgullo de Cartago: la artesanía. Dícese que sobre todo los orfebres eran grandes maestros. Desgraciadamente, la joyería ha sido, en todos los tiempos, el botín de guerra más codiciado.

XIII. RÉGULO

El pacto estipulado con Cartago en 508 antes de Jesucristo, cuando se encontraron presos entre la revolución, en el interior, y la guerra con los etruscos, latinos y sabinos, en el exterior, comprometía a los romanos a no avanzar nunca sus naves, por ninguna razón, más allá del estrecho de Sicilia y a no desembarcar en Cerdeña y en Córcega más que en caso de «fuerza mayor», es decir, para abastecerse o para efectuar alguna reparación en los astilleros.

Eran, ciertamente, limitaciones graves, pero Roma no había sufrido mucho de ellas porque su flota, que apenas podía llamarse tal, estaba totalmente en manos de los armadores etruscos, que, con la constitución de la República, habían perdido dinero e influencia política. En el mar, del que los senadores latino-sabinos, todos «rurales», se les daba un ardite y no comprendían nada, Roma contaba bien poco en aquel tiempo y, por tanto, había renunciado a lo que no tenía. Tal vez incluso ignoraba los grandes cambios que, precisamente en aquellos años, se habían producido en el llamado «equilibrio de las potencias navales» del Mediterráneo. Veámoslo a grandes rasgos.

En la cuenca oriental, al este del estrecho de Sicilia, se había sostenido, durante siglos, una guerra entre las flotas fenicia y griega que ahora se estaba resolviendo a favor de la segunda. Primero el Egeo y después el Jónico habían caído en manos helénicas, de lo cual Italia se dio cuenta cuando los vencedores, cada vez en mayor número, comenzaron a desembarcar en las costas meridionales y sicilianas, donde fundaron colonias que más tarde se convirtieron en un verdadero imperio: la Magna Grecia, Catania, Siracusa, Heraclea, Crotona, Mesina, Síbari, Reggio, Naxos, fueron, en sus tiempos, flor de metrópolis. Desgraciadamente, junto con sus dioses, su filosofía, su teatro y su cultura, aquellos pioneros se llevaron consigo de la madre patria también el vicio de litigar. Vicio que debería perderles en la lucha contra Roma. Pero, de momento, eran los dueños de la zona.

En la cuenca occidental, en cambio, los fenicios habían vencido por obra y gracia de la más joven de sus colonias: Cartago, que, a su vez había fundado numerosísimas colonias más, no solamente en la costa norteafricana, sino también en las portuguesas, españolas, francesas, corsas y sardas, de tal modo que todo el Mediterráneo quedó convertido en un lago cartaginés.

Cuando Roma, bajo los reyes, había sido dueña de Etruria y, por tanto, también de su flota, estuvo varias veces en contacto con Cartago, contactos que probablemente no siempre fueron de lo más corteses. En aquellos tiempos la «guerra en corso» era corriente y no comprometía más que a los capitanes y a las tripulaciones que la hacían. Una nave abordaba a otra, aun de compatriotas, la despojaba, echaba al mar los marineros, y ahí terminaba todo.

Después, Roma desapareció como potencia mediterránea. No quedaban frente a frente más que los griegos de la Magna Grecia y los fenicios de Cartago: unos al este y otros al oeste de Sicilia, cuyas costas se habían repartido: las orientales eran griegas y las occidentales, cartaginesas. Se miraban entre sí de reojo y vivían en perpetuo estado de «guerra fría», con episodios de guerra caliente, seguidos por armisticios y «distensiones». Unos y otros estaban convencidos de que tarde o temprano tendrían que llegar a un ajuste de cuentas, pero no se imaginaban que éste acabaría en beneficio de un tercero.

Nadie puede decir con certeza si Roma sabía lo que se hacía y si midió las consecuencias de su gesto cuando decidió aceptar las ofertas de los mamertinos.

Eran éstos una banda de mercenarios, enrolados en todas partes de Italia por Agatocles de Siracusa para combatir a los cartagineses. En el momento de licenciarse, en 289, en vez de regresar a sus casas, donde acaso les aguardaba una orden de detención, formaron una banda, asaltaron Mesina, la saquearon, exterminaron su población y se establecieron como dueños, arrogándose aquel bufo y presuntuoso nombre de «mamertinos» que quería decir nada menos que «hijos de Marte».

Durante una veintena de años las hicieron de todos los colores. Cruzaban el estrecho para incendiar y destruir las poblaciones de la costa calabresa de enfrente. Habían causado molestias a Pirro, habían causado molestias a los romanos. Y ahora, a fines de 270, se encontraban sitiados por Hierón, que quería acabar con ellos de una vez para siempre.

Para sustraerse al castigo, que sin duda hubiera sido ejemplar, los mamertinos pidieron ayuda a los cartagineses, quienes mandaron un ejército y ocuparon la ciudad. Visto que la regla «un clavo saca otro clavo» había funcionado, los mamertinos pensaron aplicarla una vez más y poco después llamaron a los romanos para que acudiesen a liberarles de los «liberadores» cartagineses. Corría el año 264. Y habían transcurrido dos siglos y medio desde que Roma y Cartago concluyeron aquel solemne pacto de alianza que, a fin de cuentas, funcionaba bien y que había sido confirmado veinte años antes, cuando Cartago acudió en ayuda de Roma en su lucha contra Pirro.

Pero Sicilia, donde querían poner pie, era para los romanos el Eldorado. Los que habían estado allí no hacían sino alabar sus riquezas y bellezas. La invitación de los mamertinos era de las que cuesta rehusar.

Tal vez, sin embargo, habría sido declinada, si los senadores hubiesen tenido la libertad de decidir por sí mismos: sabían adonde había de conducirles aquella intervención. Pero ya entonces, ciertas elecciones tenían que estar reservadas a la Asamblea Centuriada, en la cual predominaban las clases burguesa-industriales y mercantiles que en las guerras habían mojado siempre el pan y que precisamente por esto, eran nacionalistas y patrioteras a ultranza. Quien nada tenía esperaba obtener algo, acaso una granja en alguna nueva colonia: quien poseía esperaba multiplicarlo. Y es difícil poner objeciones contra quien habla, o dice hablar, en nombre de la Patria y de los Destinos Infalibles.

La Asamblea Centuriada decidió aceptar la oferta y encomendó la ejecución de la empresa al cónsul Apio Claudio. En la primavera de 264, tras algunas tentativas infructuosas, una pequeña escuadra romana a las órdenes del tribuno Cayo Claudio, logró cruzar el estrecho y entró por sorpresa, con la ayuda de los mamertinos, en Mesina, donde hizo prisionero al general cartaginés Annón, dándole a elegir: la cárcel o la retirada de sus hombres de la ciudad.

Annón debía de ser un hombre acomodaticio. Pocos meses antes había devuelto a Apio Claudio unas trirremes romanas que a causa de una tempestad naufragaron en las costas sicilianas, como queriéndole decir: «¡Cuidado, no hagáis tonterías!» Ahora, frente a aquella amenazadora alternativa, no vaciló, y a la cabeza de su pequeño ejército volvió a casa, donde, como recompensa, le crucificaron. Cartago no estaba evidentemente dispuesta en absoluto a tragar aquello, y, en efecto, enseguida puso en campaña otro Annón al frente de otro ejército. El nuevo general desembarcó en Sicilia y como primera medida se propuso llegar a un acuerdo con los griegos. Enseguida se entendió con los de Agrigento e inmediatamente después, en Selinonte, recibió una embajada de Hierón de Siracusa que aceptaba una alianza con él. Estaba claro que los griegos preferían el viejo enemigo al nuevo.

Apio Claudio, que contaba con la secular discordia

grecofenicia, se encontró cogido por sorpresa con el grueso de su ejército todavía en Calabria. Y entonces, recurrió a la astucia. Hizo cundir la noticia de que la situación le obligaba a regresar a Roma para recibir órdenes y, en efecto, mandó algunas embarcaciones a navegar rumbo al Norte. Tranquilizados, los cartagineses disminuyeron la vigilancia en el estrecho. Y Apio lo aprovechó para desembarcar sus fuerzas, veinte mil hombres, un poco más al sur de Mesina, a la vista del campamento siracusano, que asaltó.

Hierón salió de apuros bastante bien. Pero la aparición imprevista de aquel ejército le hizo sospechar una traición por parte de Annón, a quien dejó plantado, para volver rápidamente a Siracusa. Aislados así los cartagineses, Apio se les echó enseguida encima, mas esta vez sin triunfar en la empresa. Entonces, dejando un destacamento para rodear Mesina, corrió detrás del otro enemigo por considerarlo más débil. Pero Hierón era un buen capitán e infligió una severa derrota a los romanos. Apio salvó el pellejo de milagro y hubo de darse cuenta de que la empresa era menos fácil de lo que se había pensado en Roma. Por lo que, dejando parte de sus fuerzas vigilando a Annón, volvió a la Urbe para informar y pedir refuerzos.

Los refuerzos se los dio, sobre todo, la diplomacia que reanudó las relaciones con Hierón, atrayéndole nuevamente al campo romano. Era un buen golpe. Pero después de Siracusa, había que conseguir también Agrigento, y ahí la diplomacia nada podía porque en Agrigento había una guarnición cartaginesa. Los romanos la sitiaron y, al cabo de siete meses, obligaron a los ocupantes a intentar una salida desesperada por el hambre, y los derrotaron.

Los cartagineses pusieron inmediatamente un segundo ejército en campaña y se lo confiaron a Amílcar (que no tiene nada que ver con su homónimo, padre de Aníbal). Éste comprendió que con los romanos, por tierra, no había nada que hacer y se puso a atacar con la escuadra todas sus plazas fuertes marítimas, alcanzando una victoria tras otra.

Aquí fue donde se vio lo que Roma era. No tenía naves ni marinos. En pocos meses, gracias al esfuerzo común de todos los ciudadanos, botó ciento veinte unidades. Amílcar, que poseía ciento tres, fue a su encuentro sin tomar siquiera las habituales medidas de prudencia. Y se encontró frente a los «cuervos», extraños artilugios que, izados a proa de las naves romanas, impedían maniobrar a las enemigas. Perdió un tercio de sus fuerzas y huyó.

Cuando en Cartago lo supieron se quedaron atónitos, convencidos como estaban de poder dar lecciones a todos en el mar. En Roma se enorgullecieron y decidieron llevar la guerra, a través del Mediterráneo, hasta el corazón del enemigo. A la primera escuadra se sumó otra: en total trescientos treinta bajeles con ciento cincuenta mil hombres, a las órdenes del cónsul Atilio Régulo. Contra ella, Cartago puso en pie de guerra otra de fuerzas iguales, a las órdenes de Amílcar. El encuentro tuvo lugar en el litoral de Marsala. Los romanos pagaron sus victorias con veinticuatro naves, y los cartagineses su derrota, con treinta. Pero Régulo pudo desembarcar en África, en cabo Bon.

Ahora le tocaba a Cartago demostrar lo que era. Y lo demostró. Tuvo algunos titubeos ante los primeros éxitos de los romanos que, con la ayuda de los númidas sublevados, habían llegado a treinta kilómetros de su ciudad. Y mandaron una embajada para pedir paz. Régulo impuso por cuenta propia condiciones inaceptables. Y entonces los cartagineses se dispusieron al duelo mortal. Perdida la confianza en sus generales, confiaron el mando a un griego de Esparta, que equivale a decir lo que hoy un alemán de Prusia: Jantipo. Éste reorganizó con métodos expeditivos y «fusilamientos» sumarios el Ejército, aportando los nuevos criterios sobre el empleo de la caballería y de los elefantes que Aníbal había de aprovechar después admirablemente.

La batalla decisiva tuvo lugar cerca de Túnez. Del ejército romano sólo se salvaron dos mil hombres que se encerraron en cabo Bon. Régulo fue hecho prisionero. Era el año 225 antes de Jesucristo.

Roma necesitó cinco años para rehacerse, material y moralmente, de aquel desastre, que había vuelto a llevar la guerra a Sicilia. En aquel lustro, las vicisitudes fueron alternas, pero en general, favorables a los cartagineses. Hasta que un día, su general Asdrúbal, en una tentativa para recuperar Palermo, fue derrotado, dejando veinte mil hombres en el campo. Cartago, cansada y pensando que también el adversario lo estaría, liberó de la prisión a Régulo y le mandó a Roma con sus embajadores para fomentar allí proposiciones de paz. De haber sido rechazadas, él se comprometía bajo palabra a volver. El Senado le invitó a expresar su parecer ante los plenipotenciarios enemigos. Régulo sostuvo que era preciso continuar la guerra de Cartago. Y cuando fue aceptado su parecer, reemprendió el camino de Cartago a pesar de las súplicas de su mujer. Le torturaron a muerte, impidiéndole dormir. Sus hijos, en Roma, cogieron dos prisioneros cartagineses de alto rango y les mantuvieron despiertos hasta que, a su vez, murieron. Eran las costumbres de la época.

Reanudóse la guerra, mas esta vez apareció, por parte cartaginesa, un nuevo protagonista: Amílcar Barca, padre de Aníbal, comandante supremo del Ejército y de la Armada. Fue el inventor de lo que ahora se llama *comandos* y comenzó a lanzarlos, con efectos devastadores, hasta en las costas de la península, dando a los romanos la impresión de que se avecinaba un desembarco.

El Senado, aterrado, no quería arriesgar otra flota contra él. Las levas militares habían llegado al límite y las cajas del Tesoro estaban vacías. Entonces, los ciudadanos más ricos construyeron, de su propio peculio, una armada de doscientas naves y las pusieron a disposición del cónsul Lutacio Catulo, que bloqueó los puertos del Drepano y Lilibeo. Los cartagineses mandaron por su parte otra, de cuatrocientas unidades, cargada de refuerzos, armas y municiones. Si conseguía desembarcar, ello sería el fin para los romanos en Sicilia. Contra las órdenes del Senado, que le prohibían iniciativas marítimas Catulo, aunque gravemente herido, mandó atacar a su escuadra. Las naves cartaginesas, entorpecidas por la carga que llevaban, no lograron maniobrar, y ciento veinte de ellas fueron hundidas, en tanto que las otras ponían de nuevo rumbo a Cartago. Amílcar quedóse cortado de la madre patria y tras tantos éxitos no le restaba más que la rendición.

Lutacio Catulo no quiso repetir la experiencia de Régulo y enseguida acogió la propuesta, concediendo a Amílcar el honor de las armas y la retirada con sus hombres, remitiendo a la competencia del Senado las demás condiciones.

En Roma, algunos reprocharon a Catulo tanta indulgencia y propusieron reemprender las hostilidades hasta lo que hoy se llamaría «rendición incondicional» del enemigo. Mas las «rendiciones incondicionales» son casi siempre pretextos groseros y el Senado hizo muy bien en rechazar la idea. Exigió a los cartagineses el abandono de Sicilia, la restitución sin rescate de los prisioneros y el pago de tres mil doscientos talentos en diez años. Eran condiciones razonables, y Cartago se apresuró a aceptarlas.

Así, tras casi un cuarto de siglo de lucha, acabó la primera guerra púnica, que duró desde el 265 al 241 antes de Jesucristo.

Pero todos sabían, tanto en Roma como en Cartago, que aquella paz era solamente un armisticio.

XIV. ANÍBAL

Ambos contendientes salieron maltrechos de aquel cuarto de siglo de lucha, pero las consecuencias fueron más graves para Cartago que para Roma. No sólo tuvo que ceder toda Sicilia, comprometerse al pago de una crecida indemnización y aceptar la competencia del comercio romano en todo el Mediterráneo, sino que cayó en la anarquía, por el desencadenamiento de los conflictos internos.

Su Gobierno se negó a pagar los «atrasos» a los mercenarios que habían servido bajo las banderas de Amílcar. Éstos se sublevaron bajo la guía de Magón —un cabo que se las sabía todas—, encontraron enseguida apoyo en los pueblos sometidos y especialmente en los libios, que se insurreccionaron, y formaron un ejército bajo el mando de Spendio, que era un esclavo napolitano. Y todos juntos pusieron sitio a la ciudad.

Los ricos mercaderes de Cartago se echaron a temblar y solicitaron de Amílcar que les liberase de aquella amenaza. Amílcar vaciló: le disgustaba combatir contra sus antiguos soldados. Mas cuando éstos hubieron cortado las manos y despedazado las piernas a su colega Cesco y enterrado vivos a setecientos cartagineses, se decidió a actuar. Llamó a las armas a todos los jóvenes que halló dentro de los muros de la ciudad asediada y les sometió a un duro y sintético adiestramiento militar. Atacó con diez mil hombres al enemigo, que contaba con cuarenta mil, rompió su asedio, lo alcanzó en un angosto valle, cuyas dos salidas obstruyó, y se puso a aguardar su muerte por hambre.

Aquéllos se comieron primeramente los caballos: luego, los prisioneros y después, los esclavos. Y, finalmente, desesperados, mandaron a Spendio en demanda de paz. Por toda respuesta, Amílcar le hizo crucificar. Los mercenarios intentaron una salida y fueron degollados. Magón, hecho prisionero, fue matado a lentos zurriagazos. *Fue* —dice Polibio— *la más sangrienta y despiadada guerra de la Historia*. Duró más de tres años. Y cuando terminó, Cartago supo que Roma había ocupado también Cerdeña. Protestó, y Roma, sabiendo en qué condiciones se hallaba el adversario, respondió con una declaración de guerra. Para evitarla, Cartago aceptó la pérdida de Cerdeña, añadió la de Córcega y se resignó a pagar otros mil doscientos talentos. Es decir, que para evitar la guerra aceptó, sin más la derrota. Mas esa vez no protestó.

Mientras tanto, también Roma estaba lamiéndose las heridas. El Ejército casi carecía de efectivos y la moneda había sido desvalorizada en un ochenta y tres por ciento. La política unitaria inaugurada en la península había dado, en conjunto, buenos frutos, porque ninguno de los pueblos sometidos se había aprovechado de las desgracias de la Urbe para rebelarse. Pero la frontera del Norte no estaba segura. Los ligures, incapaces de fundar un Estado, habían sido, empero, capaces de hacer cabotaje con sus embarcaciones a lo largo del mar Tirreno, impidiendo el tráfico en él y saqueando sus costas, especialmente las toscanas. En el norte del Adriático, los ilirios, agazapados en los arrecifes de la Dalmacia, hacían otro tanto. Y desde Bolonia a los Alpes, en toda la llanura del Po, los galos se estaban reforzando ante la llegada de improviso de sus hermanos de Francia que, no conociendo todavía a los romanos, no les temían. De dejarles crecer, cabía el riesgo de que cayeran otra vez encima, como ya había ocurrido cuando Breno.

Rastrillada Sicilia de los restos de cartagineses y ocupada con guarniciones y «colonias», menos el reino de Siracusa que fue dejado al fiel Hierón, los romanos la proclamaron «provincia». Fue la primera de las muchas que más tarde formaron el Imperio. La segunda consistió en Cerdeña y Córcega unidas. Después, habiendo instaurado así un cierto orden administrativo, la Urbe decidió extenderlo más allá de los Apeninos, que constituía su confín septentrional.

Comenzó con los ligures, que eran los más aislados y los menos peligrosos. Y tal vez tampoco se trató de una guerra verdadera, sino de una serie de operaciones «anfibias», es decir, llevadas a cabo simultáneamente por tierra y por mar. Duraron cinco años, desde 238 a 233, y no tuvieron necesidad de los habituales episodios heroicos. Cuando terminaron, los ligures se habían convertido en vasallos y no disponían siquiera de una embarcación con la que perturbar el tráfico entre Cerdeña y Córcega.

Luego, fue la vez de los galos, que, en realidad, habían tomado ya la iniciativa, organizando con la ayuda francesa un ejército de cincuenta mil infantes y veinte mil jinetes. A los romanos nunca les habían gustado aquellos soldados que Polibio nos describe como: *Altos y bellos, siempre deseosos de guerras que hacían desnudos salvo algún collar o amuleto*. El Senado se quedó tan aterrado ante el nuevo ataque que, volviendo a una costumbre que ya estaba en desuso, decidió congraciarse a los dioses con un sacrificio humano, enterrando vivas a dos víctimas. Pero las escogió entre los galos. De todos modos, se ve que los dioses estuvieron contentos, pues, en Talamón, las legiones lograron cercar al enemigo y prácticamente lo destruyeron de una vez para siempre. Cuarenta mil galos se quedaron en el campo de batalla y diez mil fueron hechos prisioneros. Toda Italia, hasta los Alpes, estaba a merced de Roma. Ésta llamó Galia Cisalpina a la nueva y riquísima provincia, ocupó la capital, Mediolanum, y fundó dos importantes colonias: Cremona y Placencia.

Después, se volvió hacia el Este y en pocos años,

con expediciones similares a las que había organizado contra los ligures, redujo a pueblo tributario a la Iliria de la reina Teuta. Y con esto puso pie por primera vez en la otra orilla del Adriático, la cual sirvió de trampolín para lanzarse a sucesivas conquistas en Oriente.

Mientras Roma completaba así la ocupación de la península y se ponía en seguridad al Este y al Norte, Amílcar sometía a sangre y fuego a Cartago para preparar el desquite. Inmediatamente después de haber dominado la revuelta pidió a su Gobierno que le proporcionase un ejército para restablecer el vacilante prestigio fenicio en España y constituir allí una base de operaciones contra Italia. Tuvo de su parte a las clases medias, que querían reconquistar en el Mediterráneo un monopolio comercial de que dependía su futuro, y en contra, a la aristocracia agraria, que no quería arriesgarse de nuevo a perder sus privilegios en aventuras peligrosas.

Finalmente, se llegó a un compromiso: en vez de un Cuerpo de Ejército, sólo se concedió a Amílcar una División. Pero le bastó. Amílcar era, sin duda, un gran general y no sin motivo le habían dado el sobrenombre de «Barca», que en lengua fenicia significaba «fulgor». Antes de partir al frente de aquellos pocos hombres, condujo al templo a sus «leoncillos», como llamaba a su yerno Asdrúbal y a sus tres hijos: Aníbal, Asdrúbal y Magón. Y allí les hizo jurar, ante el altar de Baal-Haman, que un día vengarían a Cartago. Después de lo cual les embarcó con las tropas y se los llevó consigo.

En pocos meses redujo a la obediencia las ciudades españolas que se le habían rebelado y se puso a reclutar indígenas para formar un verdadero ejército. La madre patria no movió ni un dedo para ayudarle, pero Amílcar lo hizo todo solo. Excavó minas, extrajo el hierro, lo labró para fabricar armas y monopolizó el comercio para obtener recursos. Desgraciadamente, la muerte le sorprendió, todavía joven, durante un combate con las tribus rebeldes. Al expirar, recomendó como sucesor a su yerno Asdrúbal, que ejerció el mando durante ocho años sin que nadie echara de menos al suegro y construyó de nueva planta una ciudad nueva, la que hoy se llama Cartagena, en el distrito minero. Cuando a su vez murió, bajo el puñal de un asesino, los soldados aclamaron como general en jefe a Aníbal, el mayor de los tres hijos de Amílcar. Contaba entonces veintisiete años y había pasado ya diecisiete bajo la tienda, con los soldados. Pero recordaba muy bien el juramento que su padre le había hecho prestar.

Aníbal fue, si no el más grande en sentido absoluto, seguramente el más brillante caudillo de la Antigüedad. Muchos le sitúan al mismo nivel que Napoleón. Antes de que su padre le llevase a España, había recibido una educación perfecta. Perfecta para aquellos tiempos, se entiende. Sabía Historia, lenguas (griego y latín), y por los relatos de Amílcar se había hecho una idea bastante clara de Roma, de su fuerza y de sus flaquezas. Estaba convencido, por ejemplo, de que una derrota en Italia separaría de la Urbe a sus aliados, porque esto había sucedido en tiempos de su padre. Ignoraba totalmente que la política romana ya no era federalista. Aníbal era robusto, frugal y de una astucia y un valor sin límites. Tito Livio cuenta que siempre era el primero en entrar en combate y el último en salir de él. Pero acaso tenía una confianza excesiva en su propia capacidad de improvisación. Los historiadores romanos, incluyendo a Livio, han insistido mucho sobre su avaricia, crueldad y falta de escrúpulos. En efecto, las trampas que tendió a los romanos fueron muchas y diabólicas. Pero también por esto los soldados le adoraban y creían ciegamente en él. No tenía necesidades de galones para afirmar su prestigio. Vestía como sus soldados y compartía todas sus incomodidades. Además de gran maestro de estrategia, se mostró excelente diplomático y campeón del espionaje.

Desconocido como era de sus compatriotas, entre los cuales no había vuelto a estar desde que tenía nueve años, Aníbal no podía ciertamente aguardar su consentimiento para iniciar las hostilidades. La guerra, por lo tanto, en vez de declararla, había que hacérsela declarar. Por lo que, en 218, asaltó Sagunto.

Sagunto era una ciudad aliada de Roma, pero que ya en tiempos de Asdrúbal se había comprometido a reconocer como zona de influencia cartaginesa toda la del sur del Ebro. Y dado que la ciudad se encontraba precisamente en aquella zona, Aníbal pudo fácilmente rechazar la protesta que en términos de ultimátum le llegó de Roma, convencida de que Cartago seguía siendo la ciudad asustada y trastornada de las revueltas mercenarias. Así comenzó, con mucha habilidad de una parte y mucha ligereza de otra, la segunda campaña.

Aníbal permaneció ocho meses rodeando las murallas de Sagunto antes de expugnarlas. No se fiaba de dejar a las espaldas aquel excelente puerto, abierto a la flota romana. Después, dando a su hermano Asdrúbal la orden de vigilar y preparar los refuerzos, cruzó el Ebro con treinta elefantes, cincuenta mil infantes y nueve mil jinetes. Éstos, entre los que no había ningún mercenario, eran casi todos españoles y libios.

Las dificultades comenzaron enseguida allende los Pirineos, las tribus gálicas aliadas de Marsella, que a su vez era aliada de Roma, le opusieron resistencia, haciendo caso omiso de la suerte que Roma había reservado a sus hermanas padanas. Y tres mil de sus hombres se negaron a seguir a Aníbal cuando supieron que quería cruzar los Alpes. Barca no les obligó. Al contrario, libró de su compromiso a otros siete mil que se mostraron titubeantes y les mandó a sus casas. Aligerando así la tropa asustadiza e irresoluta, marchó hacia el Norte, sobre Vienne, e inició la escalada.

No se sabe con precisión por dónde pasó. Hay quien dice que por San Bernardo y quien por el Monginevro. Los más propenden por el Monginevro. Sea como fuere, a primeros de setiembre de 218 llegó a las cumbres, las halló cubiertas de nieve y concedió dos días de descanso a sus hombres. Había perdido ya algunos miles de ellos, vencidos por el frío y la fatiga, los precipicios y los guerrilleros célticos. Después, tras aquella pausa, emprendió el descenso, que fue aún más difícil, especialmente para los elefantes. En el ánimo de aquellos temerarios hubo horas de crisis y de desesperación. Aníbal las superó, indicándoles, en lontananza, la hermosa llanura padana, y prometiéndosela como presa. Los que llegaron por fin a las estribaciones eran en total veintiséis mil hombres, menos de la mitad de los que partieron. En compensación, los boianos y demás galos les acogieron amistosamente, les abastecieron de víveres y se aliaron con ellos, destrozando y poniendo en fuga a los romanos de Cremona y Placencia.

Aterrorizado por tanta audacia, el Senado se dio cuenta, súbitamente, de que aquella guerra se anunciaba mucho más peligrosa que la primera. Llamó a las armas a trescientos mil hombres y catorce mil caballos y confió una parte al primero de los muchos Escipiones que habían de hacer célebre el nombre de la familia. Éste se enfrentó con Aníbal en el Tesino, no logró mantener la formación de la caballería númida y perdió la batalla. Gravemente herido, hubiera muerto en ella de no haberle salvado su hijo que, dieciséis años después, habría de vengarle en Zama. Era en octubre de 218 antes de Jesucristo.

Transcurrieron dos meses y otro ejército fue mandado a enfrentarse con Aníbal en Trebia. Segunda batalla y segunda derrota. Transcurrieron ocho más y al encuentro de Barca, dueño ya de toda la Galia Cisalpina, marchó Cayo Flaminio, al frente de treinta mil hombres. Estaba tan seguro de vencer que se había traído consigo un cargamento de cadenas para poner en los pies de los prisioneros. Aníbal pareció eludir la batalla campal. Con un hábil despliegue de patrullas y de escaramuzas, atrajo al enemigo a una llanura a orillas del Trasimeno, rodeada de colinas y de bosques donde había ocultado su Caballería. Los romanos quedaron envueltos, y casi nadie salvó la vida, ni siquiera Flaminio.

Tito Livio cuenta que la noticia sumió a Roma en el pánico. Sin embargo, el Senado afrontó la situación con viril firmeza. El pretor Marco Pomponio no trató de quitarle dramatismo al leer, desde la rostra[1], el co-

---

1. Tribuna de los oradores romanos.

municado que informaba del desastre. «Hemos sido vencidos en una gran batalla —dijo—. El peligro es grave.»

Pero tampoco todo eran rosas para Aníbal. A medida que se acercaba a Roma, se daba cuenta de que la esperanza de separarle de sus aliados era infundada. En Toscana y en Umbría las ciudades se cerraron ante su ejército, que no sabía cómo abastecerse. En vano mandó a sus casas, libres, a los prisioneros no romanos. Desde los Apeninos al Sannio, Italia formaba un bloque con la Urbe. Y a Aníbal no le cupo más que desviarse hacia el Adriático en busca de tierras más hospitalarias. Después de tres batallas consecutivas sus soldados estaban cansados y él mismo sufría un agudo tracoma. Los aliados galos, que no veían más allá de las narices, ahora que él se alejaba de sus regiones comenzaron a desertar. Aníbal mandó mensaje a Cartago pidiendo refuerzos: se los negaron. Se los mandó a Asdrúbal; pero éste estaba clavado en España por los romanos, que mientras tanto habían desembarcado allí.

Reanudó su marcha hacia el Sur, pero se encontró frente a un nuevo y embarazoso estratega.

Quinto Fabio Máximo hasta sido nombrado «dictador» e inaugurado aquella «magistral inacción» por la que pasó a la Historia con el nombre de «Temporizador». Emprendía escaramuzas, tendía emboscadas, pero no se dejaba atraer a una batalla. Esperaba que las dificultades, el hambre y el cansancio cumpliesen su obra entre los soldados enemigos, que en efecto, estaban al borde de la desesperación. Desgraciadamente, antes que ellos se cansaron los romanos, que querían una victoria rápida, y que prestaron oídos a las malignidades de Minucio Rufo, lugarteniente y detractor de Fabio. Éste se vio desposeído del cargo, y su mando repartido entre dos cónsules recién nombrados: Terencio Varrón y Emilio Paulo. Éste era una aristócrata de mesurado juicio, perfectamente consciente de que contra la estrategia de Aníbal, la romana no había elaborado aún criterios adecuados. Varrón era plebeyo, mejor patriota que general, y quería lo que sus electores querían: un éxito inmediato. Hablando en nombre del orgullo y del nacionalismo, tuvo como de costumbre, razón. Y condujo sus ochenta mil infantes y seis mil jinetes contra Aníbal que, pese a contar tan sólo con veinte mil veteranos, quince mil galos dudosos y diez mil jinetes, exhaló un suspiro de alivio. Él temía solamente a Fabio Máximo.

La batalla, que fue la más gigantesca de la Antigüedad, tuvo lugar en Cannas, a orillas del Ofanto. Barca, como de costumbre, atrajo al enemigo a un terreno llano, adecuado para la acción de la Caballería. Luego, puso sus fuerzas en línea, colocando en el centro a los galos, pues estaba seguro de que éstos cederían. Así lo hicieron, en efecto. Varrón se introdujo en la brecha y las alas de Aníbal se cerraron sobre él. Emilio Paulo, que no había querido el encuentro, combatió valerosamente y cayó con otros cuarenta mil romanos, entre ellos, ochenta senadores. Varrón logró salvarse en compañía del Escipión que ya había salido bien librado en el Tesino, escapó a Chiusi y de allí volvió a Roma.

El pueblo le aguardaba, enlutado, a las puertas de la ciudad. Cuando le vieron aparecer, fueron todos a su encuentro, con los magistrados en cabeza, y le dieron las gracias por no haber dudado de la Patria. Así respondió la Urbe a la catástrofe.

XV. ESCIPIÓN

Según los entendidos, Cannas permanece, en la historia de la estrategia, como un ejemplo jamás superado. Aníbal, único capitán que fue capaz de derrotar a los romanos cuatro veces consecutivas, perdió en ella solamente seis mil hombres, de los cuales, cuatro mil eran galos. Pero perdió también el secreto de su triunfo, que, finalmente, el enemigo comprendió: la superioridad de su Caballería.

De momento pareció que el invasor había ganado la partida: samnitas, abruzos y lucanos se sublevaron; en Crotona, en Locri, en Capua y en Metaponto la población dio muerte a las guarniciones romanas; Filipo V de Macedonia se alió con Barca; Cartago, engallada, anunció un envío de refuerzos, y algunos jóvenes patricios romanos, corrompidos ya por la cultura helénica, pensaron huir a Grecia, su patria ideal. Mas estos últimos fueron casos aislados. El joven Escipión, superviviente de las dos derrotas de Tesino y Cannas, les denunció con encendidas palabras. El pueblo aceptó nuevos tributos y nuevas levas, las nobles matronas llevaron sus alhajas al Tesoro y fueron a barrer con sus cabelleras el pavimento de los templos; el Gobierno ordenó otro sacrificio humano, no ya de dos, sino de cuatro víctimas, y enterró vivos a dos griegos y a dos galos. Los soldados renunciaron a la paga. Y de las casas salieron voluntarios de trece y de catorce años para engrosar la débil guarnición, que se preparaba a defender Roma en la última batalla contra Aníbal.

Pero Aníbal no se presentó, y aún hoy nos preguntamos por qué razones no quiso atreverse. Como Hitler después de Dunkerque, aquel gran soldado que, sin embargo, tanto valor derrochaba en el combate, no encontró el suficiente para afrontar el último obstáculo, a pesar de que lo sabía carente de defensa. ¿Se ilusionó con recibir refuerzos a tiempo para la gran empresa? ¿Esperó que el enemigo pidiese la paz? ¿O bien Roma, pese a haberla derrotado cuatro veces, le infundía todavía hondo respeto? Sea lo que fuere, en vez de aprovechar el enorme éxito de Cannas, decidió descansar. Devolvió a sus casas a los prisioneros no romanos, y a los romanos les ofreció restituirlos a la Urbe a cambio de una pequeña indemnización. El Senado, orgullosamente, rehusó. Aníbal mandó a Cartago cierto número de ellos y a los demás los utilizó como gladiadores para diversión de sus soldados. Luego, se acercó hasta pocos kilómetros de Roma, haciéndola temblar, pero se desvió al Este, hacia Capua.

De momento, los romanos no le persiguieron. Estaban organizando penosamente un nuevo ejército de doscientos mil hombres. Cuando estuvo listo, confiaron parte de él al cónsul Claudio Marcelo para que restableciese el orden en Sicilia; otra parte se quedó en la ciudad y otra marchó a España bajo la guía de los dos Escipiones más viejos para inmovilizar a Asdrúbal.

Al año siguiente, Claudio Marcelo conquistó Siracusa que, después de la muerte del fiel Hierón, había traicionado la alianza e intentado resistir con los inventos de Arquímedes, el más grande matemático y técnico de la Antigüedad. Entre otras cosas construyó las «manos de hierro» que, según las confusas y estupefactas descripciones que nos han dejado los historiadores, debían de ser grúas que levantaban las naves romanas, y los «espejos ustorios» que las incendiaban concentrando sobre ellas los rayos solares. Acaso tan sólo fueron brillantes ideas que en la práctica se quedaron en el papel. Así debió de ocurrir, pues la ciudad cayó igualmente y en la matanza que siguió el propio Arquímedes perdió la vida.

A este triunfo, que aumentó el prestigio de Roma en el Sur, se añadieron los de los dos Escipiones, que derrotaron varias veces a Asdrúbal en España, y la reconquista de Capua que cayó en 211, en un momento en que Aníbal se había alejado de ella con la esperanza de engañar a los romanos, fingiendo marchar contra la Urbe. El castigo de la ciudad infiel fue ejemplar: todos los jefes fueron muertos y la población, deportada en masa. En toda Italia cundió el terror y la fe en el «liberador» Aníbal vaciló.

Y he aquí que precisamente en aquel momento surgió el gran caudillo que había de vengar todas las humillaciones de Roma. Por bien que victoriosos, los dos Escipiones que guerreaban contra Asdrúbal cayeron en combate. Para sustituirles fue enviado, a los veinticuatro años de edad, su respectivo hijo y sobrino, Publio Cornelio, el superviviente de Tesino y Cannas. No había alcanzado todavía la edad suficiente para un mando tan elevado, pero el Senado y la Asamblea se pusieron de acuerdo para derogar la ley en una coyuntura tan grave. Publio Cornelio Escipión había sido un soldado valeroso y un excelente comandante de falange y de cohorte. Vuelto a Roma con Varrón en el momento más trágico, el que siguió al desastre de Cannas, había sido el galvanizador de la resistencia. Era bello. Era elocuente. Llevaba un gran nombre. Gozaba fama de piadoso, cortés y justo. No emprendía nada, ni en público ni en privado, sin pedir primeramente el parecer de los dioses, recogiéndose a rezar en el templo. Y por si fuera poco, había conseguido que sus compatriotas le considerasen hombre afortunado, es decir, «recomendadísimo» por el cielo.

En efecto, apenas llegado a España, donde encontró el Ejército empeñado en sitiar Cartagena, enseguida dio una prueba de los particulares favores que le asistían. Para expugnar la ciudad, había que cruzar un pantano que comunicaba con el mar, dándose la circunstancia además, por la profundidad del agua, que había que hacerlo nadando: operación imposible para hombres abrumados por la coraza, el yelmo y las armas. Una buena mañana Publio Cornelio convoca a sus soldados y les cuenta que Neptuno se le apareció en sueños y le prometió ayudarles haciendo bajar el nivel del pantano. Los soldados lo creen y no lo creen. Mas cuando en un momento dado ven a su general saltar al pantano y cruzarlo corriendo, gritan que se trata de un milagro, se lanzan en pos de su jefe y, para mostrarse más dignos del dios que de él, conquistan el objetivo en un embate.

En realidad, no hubo nada de milagroso. Publio Cornelio había, sencillamente, aprendido, hablando con los pescadores de Tarragona, el juego de la marea alta y la baja que sus veteranos, todos campesinos, ignoraban. Pero las energías y los entusiasmos de una tropa redoblan cuando está convencida de seguir a un general que lleva a Neptuno en el bolsillo. De Publio Cornelio se murmuraba ya que su verdadero padre no había sido en absoluto Escipión, sino una monstruosa serpiente que se había metamorfoseado en Júpiter en persona. O, mejor dicho, lo había murmurado él mismo. En aquellos tiempos, con tal de vencer, los romanos estaban dispuestos a labrar mala reputación hasta a sus mamás. De todos modos, esta vez el juego salió bien.

Con aquel golpe, casi toda España cayó en manos de Roma. Pero Asdrúbal, que no tenía ninguna razón para quedarse, logró escapar y se lanzó con su ejército tras las huellas de su hermano, para unirse con él a través de Francia y de los Alpes. Bien o mal, también logró pasarlos. Pero un mensaje suyo a Aníbal, en el que le informaba de su llegada y por dónde pasaría, cayó en manos de los romanos que así vinieron a conocer todo su plan de operaciones. Dos nuevos ejércitos fueron preparados apresuradamente. Uno de ellos, mandado por Claudio Nerón, cuidó de inmovilizar en la Apulia a Aníbal, que no se movió porque lo ignoraba todo. El otro, a las órdenes de Livio Salinator, aguardó a Asdrúbal en el punto más favorable, en el Metauro, cerca de Senigallia, y lo exterminó. Se cuenta que la cabeza del general, caído en el campo de batalla, fue separada del cuerpo, llevada a Abruzo y arrojada por encima de las murallas del valle detrás del cual, con los suyos, descansaba Aníbal. Éste había perdido ya un ojo a causa del tracoma. Pero el que le quedaba le bastó para reconocer los míseros restos del hermano que había querido como a un hijo.

El cartaginés sentíase ya hombre acabado. Filipo de Macedonia, tras una platónica declaración de guerra, se había dejado reconquistar por la diplomacia de Roma y hecho las paces. Los rebeldes italianos, espantados por el ejemplo de Capua, demostraban simpatía a Barca, pero no le ayudaban. De las cien naves cargadas de refuerzos que Cartago había mandado, ochenta se habían ido a pique en las costas de Cerdeña. Y los «ocios de Capua», que a partir de entonces se hicieron proverbiales, habían relajado física y moralmente al orgulloso ejército de Cannas. «Los dioses —había dicho un lugarteniente a Aníbal, cuando éste se negó a marchar sobre Roma— no conceden todos sus dones a una sola persona. Tú sabes conseguir las victorias, pero no sabes emplearlas.» Este juicio no carecía, sin duda, de verdad.

En 204, Escipión, veterano de los triunfos españoles, fue puesto al frente de un nuevo y más poderoso ejército que, embarcado en la escuadra, navegó hacia las costas africanas. Para Cartago, la guerra ofensiva se tornaba defensiva. Asustada, reclamó apresuradamente a su Aníbal para defenderla. Pero el que volvió, al cabo de treinta y seis años de ausencia, medio ciego y maltrecho por las fatigas y los desengaños, era todavía un gran capitán, sí, pero no ya el joven demonio de veintinueve años que había salido de Cartagena. La mitad de sus tropas se negó a seguirle allí. Los historiadores romanos dicen que él mató, por desobediencia, a veinte mil hombres. Con los demás, desembarcó en 202, reconoció su ciudad, de la que había partido a los nueve años apenas, y fue a alinearse, con sus veteranos supervivientes, en la llanura de Zama, unas cincuenta millas al sur de Cartago.

Los dos ejércitos podían equipararse en cuanto a fuerzas. Durante muchos meses se estuvieron observando, reforzando cada uno las propias posiciones. Después, el romano encontró una ayuda inesperada: Masinisa, rey de Numidia, desposeído por su rival Sirax, que era amigo y protegido de los cartagineses, fue con su Caballería a ponerse al lado de Escipión. Y precisamente en la Caballería, como siempre, ponía sus esperanzas Aníbal.

Tal vez fue por esto que, antes del encuentro, quiso probar la carta de un entendimiento amistoso. Solicitó una entrevista con el adversario, que se la concedió. Los dos grandes generales se encontraban finalmente cara a cara. La conversación fue breve y, al parecer, sumamente cortés. Los dos interlocutores convinieron en la imposibilidad de llegar a un acuerdo, pero, por el cariz de los acontecimientos, diríase que experimentaron una viva simpatía recíproca (en cuanto a la estima, no podía faltar). Se separaron sin rencor, y enseguida después bajaron al combate.

Por primera vez en su vida, Aníbal, en vez de imponer la iniciativa, hubo de soportar la del adversario que, para batirlo, usó la misma táctica de tenaza. A los cuarenta y cinco años, Barca encontró de nuevo, en el desastre, las energías de cuando tenía veinte años. Se enfrentó con Escipión en duelo individual y le hirió. Atacó a Masinisa. Formó y reformó cinco, seis, diez veces a sus falanges desbaratadas para llevarlas al contraataque. Pero no se podía hacer nada. Veinte mil de sus hombres yacían en el campo. Y a él no le cupo más que montar a caballo y galopar hacia Cartago. Llegó cubierto de sangre, reunió al Senado, anunció que había perdido no una batalla, sino la guerra, y aconsejó mandar una embajada para pedir la paz. Así se hizo.

Escipión se mostró generoso. Pidió la entrega de toda la flota cartaginesa, excepto diez trirremes, la renuncia a toda conquista en Europa, el reconocimiento de Masinisa en una Numidia independiente y una indemnización de diez mil talentos. Pero dejó a Cartago sus posesiones tunecinas y argelinas, aunque prohibiéndoles agregar otras, y renunció a la entrega de Aníbal, que el pueblo de Roma hubiera querido ver uncido al carro del vencedor el día del triunfo.

A tanta caballerosidad por parte del ex enemigo, no correspondió ni pizca, a Aníbal, de parte de sus compatriotas. El tratado de paz no estaba ratificado aún, cuando algunos cartagineses informaban ya secretamente a Roma que Aníbal pensaba en el desquite y que se había entregado en cuerpo y alma a organizarlo. En realidad, lo que él buscaba era solamente poner orden de nuevo en su Patria y, al frente del partido popular, trataba de destruir los privilegios de la corrompida oligarquía senatorial y mercantil, que era la verdadera responsable del desastre.

Escipión usó de toda su influencia para disuadir a sus compatriotas de que pidiesen la cabeza de su gran enemigo. Mas en vano. Para rehuir la detención y la entrega, Aníbal escapó de noche a caballo, galopó más de doscientos kilómetros hasta Tapso, y de aquí embarcó para Antioquía. A la sazón, el rey Antíoco titubeaba entre la paz y la guerra con Roma. Aníbal le aconsejó la guerra y se convirtió en uno de sus expertos militares. Pero no obstante su pericia, Antíoco fue derrotado en Magnesia[1] y los romanos, entre otras condiciones, impusieron la entrega de Barca. Éste volvió a huir: primero a Creta y luego a Bitinia. Los romanos no le dieron tregua y al fin rodearon su escondrijo. El viejo general prefirió la muerte a la captura. Livio cuenta que, al llevarse el veneno a la boca, dijo irónicamente: «Devolvamos la tranquilidad a los romanos, visto que no tienen paciencia para aguardar el fin de un viejo como yo.» Tenía sesenta y siete años. Pocos meses después, su vencedor y admirador Cornelio, le siguió a la tumba.

Fue esta segunda guerra púnica la que decidió du-

1. Hoy, Manisa.

rante siglos la suerte del Mediterráneo y de la Europa occidental, pues la tercera no fue sino un *post scriptum*, superfluo del todo. Dio a Roma: España, África del Norte, el dominio del mar y la riqueza.

Mas de estas ganancias también partió una transformación de la vida romana que no había de revelarse beneficiosa para los destinos de la Urbe. En total, se habían quedado en los campos de batalla trescientos mil hombres, que constituían la flor y nata de la agricultura y del Ejército. Cuatrocientas ciudades quedaron destruidas. La mitad de las granjas saqueadas, especialmente en la Italia meridional, que, precisamente desde entonces, no se ha vuelto a recobrar por completo.

Los romanos de doscientos años antes hubiesen puesto remedio a esos daños en pocos decenios. Pero los sucesores no eran del mismo temple. Lo que les tentaba no era ya el trabajo en el campo, sino el comercio internacional. La riqueza, en vez de fatigarla con paciencia y tenacidad, con una vida frugal y ahorrativa, era más cómodo irla a buscar hecha ya en España, por ejemplo, donde bastaba rascar el suelo para encontrar hierro y oro. Las expoliaciones a los pueblos vencidos habían llenado las cajas del Tesoro. Los tributos que pagaban los Estados sometidos, a base de miles de millones, año tras año, hacían prácticamente de cada romano un *rentier* y le apartaban del trabajo.

Aquel *boom* económico, como lo hubiesen llamado los americanos, trastornó la sociedad, haciendo inadecuada la armadura sobre la que se había sostenido hasta entonces. Comenzó a formarse una nueva burguesía de traficantes y contratistas. Surgió lo que hoy se llamaría una *social life*, con salones intelectuales y progresistas. Se debilitó la fe en los dioses y en la democracia, que en los momentos de peligro había tenido que recurrir, para salvar a la Patria, a los dictadores y a los «plenos poderes».

La crisis no se produjo enseguida. Pero fue en aquellos años que siguieron a la catástrofe de Cartago cuando se crearon sus premisas.

XVI. «GRAECIA CAPTA...»

Uno de los primeros cargamentos de botín que, cuando se decidió a hacerle la guerra, Roma trajo de Grecia, fue un grupo de casi mil intelectuales, que se habían distinguido en la resistencia a la Urbe. Entre ellos figuraba Polibio, un apasionado de la Historia, que enseñó a los romanos cómo se escribe. «¿Con qué sistemas políticos –preguntó al llegar— esta ciudad ha logrado en menos de cincuenta y tres años subyugar al mundo, empresa que nadie hasta ahora había llevado a cabo?»

En realidad, Roma había empleado mucho más de cincuenta y tres años. Mas para el griego Polibio, el «mundo» era tan sólo Grecia, cuya conquista, en efecto, no había requerido más de medio siglo; si bien no eran en modo alguno las diabluras políticas del Senado y de los generales romanos lo que hizo tan fácil aquel éxito, sino el hecho de que Grecia, antes de ser conquistada, se había destruido ya a sí misma. Su desintegración vino desde dentro. Roma se limitó a recoger los frutos.

Las primeras relaciones que la Urbe tuvo con Grecia se remontan, en efecto, a los tiempos de Pirro, que tomó la iniciativa de establecerlas, desembarcando en Italia en 281 con sus soldados y sus elefantes para defender Tarento y las otras ciudades griegas de la península de la agresión romana. Pero en aquel momento, Grecia, como nación, había cesado ya de existir, o, mejor dicho, había abandonado toda esperanza de serlo. Las varias ciudades que la componían pasaban el tiempo peleándose entre sí, y ya no había ninguna que fuese capaz de mantener unidas a las otras en la defensa de los intereses comunes.

La última tentativa de crear una nación griega había procedido del exterior, es decir, de Macedonia, una tierra que los griegos de Atenas, de Corinto, de Tebas, etc., consideraban bárbara y extranjera. En realidad tenía poco de griego. Las impracticables cadenas de montañas que la encerraban al Sur habían cortado el paso a la cultura y a las costumbres, es decir, a la civilización de las metrópolis de la costa, que, por lo demás, era una civilización demasiado ciudadana y mercantil para poderse aclimatar en aquella severa y tosca región de valles cerrados, de rebaños diseminados y de arcaicas y aisladas aldeas. En compensación, la población se había conservado sana, ruda y fuerte. No sabía de Gramática ni de Filosofía, creía en sus dioses y obedecía a sus amos. Éstos formaban una aristocracia de grandes terratenientes, cuya única ocupación era la administración de las tierras y cuyos solos esparcimientos eran los torneos y la caza. A Pella, la capital, iban rara vez y a desgana: no sólo porque el viaje era fatigoso, sino también porque en aquel burgo campestre y sin atractivos residía el rey, del cual querían permanecer lo más independientes posible. Tan sólo Filipo y su hijo Alejandro lograron desarmar su desconfianza y unirles para una gran aventura de conquista. Cada uno de ellos aportó al ejército común un contingente propio de fuerzas, de las cuales Filipo fue el general, y todos juntos, bajo el mando único, primero del padre y luego del hijo, ocuparon Grecia, pusieron orden en ella y trataron de coordinar sus fuerzas con las macedonias para la conquista del mundo.

Fue tan sólo una maravillosa aventura, que no sobrevivió a sus dos protagonistas. Cuando en 323, contando sólo treinta años, y tras haber conducido su ejército de victoria en victoria hasta Egipto y la India a través de Asia Menor, Mesopotamia y Persia, murió Alejandro en Babilonia, su efímero imperio se cayó en pedazos. A sus generales que, reunidos en torno a la cabecera, le preguntaron a quién designaba por heredero, respondió: «Al más fuerte»; pero olvidó precisar quién era éste, o tal vez no lo sabía. Por lo que ellos se dividieron la herencia en cinco partes: Antípater tuvo Macedonia y Grecia; Lisímaco, Tracia; Antígono, Asia Menor; Seleuco, Babilonia y Tolomeo, Egipto. Y, enseguida, naturalmente, se pusieron a hacerse la guerra entre sí.

Dejemos a esos «diadocos», como fueron llamados los cinco sucesores, a sus disputas, que después redundaron todas en definitiva ventaja de Roma. Y limitémonos a las que enseguida estallaron en el interior del reino de Antípater, que debía mantener unidas Macedonia y Grecia. Si esta unión se hubiese llevado a cabo, Roma habría encontrado un hueso duro de roer. Mas los griegos no la querían y lo hicieron todo para sabotearla. Cuando Alejandro murió, cuenta Plutarco, el pueblo ateniense, que no había sacado más que beneficios de él, desfiló por las calles cantando himnos de victoria «como si hubiesen sido ellos los que abatieron al tirano». Demóstenes, que había sido el adalid de la «resistencia», una resistencia tan sólo de palabras, tuvo su momento de gloria e incitó a sus conciudadanos a organizar un ejército para resistir a Antípater. El Ejército fue organizado y, naturalmente, derrotado por el nuevo rey macedonio. El cual, ignorante como era, no tenía las debilidades de Alejandro por la civilizadísima Atenas y la trató como solía tratar a sus soldados cuando le desobedecían.

Cuando también murió Antípater dejó el trono a su hijo Casandro, Atenas se rebeló de nuevo. Y de nuevo fue derrotada y castigada. Durante decenios se fue adelante a fuerza de revueltas y de represiones. Después, Demetrio Poliorcetes (que quiere decir «conquistador de ciudades»), hijo de Antígono, vino de Asia

Menor a echar a los macedonios de Grecia. En Atenas le acogieron como un triunfador y le pusieron un piso en el Partenón, que él llenó de prostitutas y de efebos. Luego, se cansó de aquellos ocios, se proclamó rey de Macedonia y, como tal, abolió la independencia ateniense que él mismo había restaurado, entregando otra vez la ciudad a una guarnición macedonia.

De este régimen de anarquía, que duró un siglo y que estuvo complicado con una aterradora invasión de galos, Grecia salió políticamente acabada. Sobre la estela de su flota mercante y por las espadas de Filipo, de Alejandro y de sus diadocos, su civilización había penetrado por doquier, desde el Epiro al Asia Menor, a Palestina, a Egipto, a Persia y hasta la India; y por doquier, las clases dirigentes e intelectuales eran griegas o grecizantes. Su Filosofía, su cultura, su literatura, su ciencia, trasplantadas en aquellos países de conquista, creaban en ellos una cultura nueva. Pero, políticamente, Grecia había muerto y así debía seguir durante dos mil años.

Cuando Roma, una vez librada de Cartago, volvió los ojos hacia Grecia, no vio más que una Vía Láctea de pequeños Estados en continuas reyertas unos con otros. Polibio no tenía razón alguna para maravillarse del poco tiempo que Roma empleó para conquistarlos. En realidad, podía haber empleado mucho menos.

Todo empezó por culpa de Filipo V, rey de Macedonia. Este Estado, desangrado por Alejandro, no era ya el de antes. Pero era todavía el más sólido de Grecia, cuyas ciudades estaban entonces divididas en dos Ligas, la Aquea y la Etolia, que solamente hacían la paz para unirse contra él.

En 216, Filipo, al tener conocimiento de que Aníbal había aplastado a los romanos en Cannas, firmó un pacto de alianza con él y pidió a los griegos que le ayudasen a destruir Roma, que podía volverse peligrosa para todos. Fue convocada una conferencia en Naupactos, donde el delegado de los etolios, Agelao, hablando en nombre de todos los presentes, incitó a Filipo a ponerse al frente de todos los griegos en aquella cruzada. Sólo que, inmediatamente después, en Atenas y en las demás ciudades comenzó a circular la voz de que Aníbal daría manos libres al macedonio sobre ellas a cambio de la ayuda recibida por él. De golpe, renacieron las desconfianzas momentáneamente amortiguadas y la Liga Etolia mandó mensajeros a Roma para pedir ayuda contra Filipo. El cual, para hacer frente a Grecia, hubo de renunciar a Italia y establecer también un pacto con Roma, poniendo fin así, aun antes de haberla comenzado, a aquella primera guerra macedonia.

Después de Zama, Pérgamo, Egipto y Rodas pidieron ayuda a la Urbe contra Filipo que las incomodaba. La Urbe, que tenía buena memoria y recordaba la tentativa del rey macedonio cuando lo de Cannas, mandó un ejército a las órdenes de Tito Quincio Flaminino, que en Cinoscéfalos, en 197, lo aplastó. La ruta de Grecia quedaba abierta.

Pero Flaminino era un tipo extraño. De familia patricia, había estudiado en Tarento, donde aprendió el griego, y era un enamorado de la civilización helénica. Además, tenía ideas «progresistas». No mató a Filipo, sino que le repuso en el trono no obstante las protestas de sus aliados griegos, los cuales pretendían haber sido ellos los que derrotaron a Germania. Después, en ocasión de los grandes Juegos Ístmicos, que reunían en Corinto a los delegados de toda Grecia, proclamó que todos sus pueblos y ciudades eran libres, no sujetos ya ni a guarniciones ni a tributos, y que podían gobernarse con sus propias leyes. Los auditores, que se esperaban una sustitución del yugo macedonio por el romano, se quedaron pasmados. Y Plutarco cuenta que después estallaron en tal gritería de entusiasmo, que una bandada de cuervos que volaba sobre sus cabezas se desplomó al suelo, muerta. Si Plutarco nos ha contado también todas sus otras historias con igual escrúpulo de la verdad, hay motivo para estar contentos.

Los escépticos de Atenas y de las demás ciudades no tuvieron tiempo de poner en duda las honradas intenciones de Flaminino, porque éste las puso en práctica inmediatamente retirando su ejército de Grecia. Mas después de haberlo despedido como «salvador y liberador» se pararon en pelillos por el hecho de que se llevó consigo un conspicuo botín de guerra en forma de obras de arte, y porque hubiese emancipado algunas ciudades de la Liga Etolia, donde estaban de mala gana. Y llamaron a Antíoco, último heredero de Seleuco, rey de Babilonia, para que les «reliberase». No se sabe a «reliberarles» de qué, visto que Flaminino les había dejado libérrimos.

Pérgamo y Lampsaco que, siendo más vecinas de Antíoco le conocían mejor, y sabían, por tanto, lo que se podía esperar de él, pidieron ayuda a Roma. Y el Senado, que no había creído jamás en el experimento liberal y progresista de Flaminino, mandó otro ejército a las órdenes del héroe de Zama. Con pocos hombres, éste atacó a Antíoco, en Magnesia, lo descalabró, a pesar de los sabios consejos estratégicos que le había dado Aníbal, su huésped, y aseguró a Roma casi toda la costa mediterránea del Asia Menor. Luego, se dirigió hacia el Norte, derrotó a los galos que todavía vivaqueaban en aquellos parajes, y volvió a Roma sin tocar las ciudades griegas.

Durante algunos años, Roma insistió en sus relaciones con ellas, en esa política de tolerancia y respeto, muy similar a la que Estados Unidos ha practicado en Europa después de la Segunda Guerra Mundial. Intervenía en sus asuntos internos sólo si era solicitada, y procuraba apuntalar el orden constituido. Por esto, recogía las antipatías de todos los descontentos, que la acusaban de reaccionaria.

De ese estado de ánimo de las «masas» creyó poder aprovecharse Perseo de Macedonia quien, habiendo sucedido a Filipo en 179, las llamó a unirse para una guerra santa contra la Urbe. Había casado con la hija del heredero de Antíoco, Seleuco, que se alió con él y arrastró consigo también a Iliria y al Epiro. Estos últimos Estados fueron los únicos que prácticamente prestaron auxilio, cuando un tercer ejército romano, mandado por Emilio Paulo, hijo del cónsul caído en

Cannas, desbarató en Pidna, en 168, a Perseo, al que trasladaron encadenado a Roma para adornar el carro del vencedor.

Entre otras cosas, cayó en manos de Emilio Paulo el archivo secreto del vencido, donde se encontraron los documentos relativos a la conjura con las pruebas de las diversas responsabilidades. Como castigo, setenta ciudades macedonias fueron arrasadas y el Epiro y la Iliria devastadas; Rodas, que había conspirado sin tomar parte activa en la guerra, quedó privada de sus posesiones en Asia Menor y mil simpatizantes griegos de Perseo, entre ellos Polibio, conducidos como rehenes a Roma.

Era ya la señal de que el Senado, abandonadas las ilusiones de Flaminino y de los demás filohelenos de la Urbe, entre ellos los mismos Escipiones, había vencido al complejo de inferioridad hacia Grecia y de que estaba volviendo a sus tradicionales sistemas de trato a los vencidos. Mas tampoco esta vez los turbulentos griegos quisieron comprender. Al cabo de pocos años subieron al poder en las diversas ciudades nuevas clases proletarias, para las cuales socialismo y nacionalismo eran una misma cosa. La Liga Aquea fue reconstituida y, cuando supo que Roma estaba empeñada en la tercera guerra contra Cartago, llamó a Grecia para la liberación.

Mas ahora, Roma podía llevar a cabo tranquilamente una guerra en dos frentes. Mientras Escipión Emiliano embarcaba para África, el cónsul Mumio cayó sobre Corinto, que era una de las ciudades más pendencieras. La sitió, la conquistó, mató a todos sus hombres, redujo a esclavitud a las mujeres y, embarcando todo lo transportable a Roma, la entregó a las llamas. Grecia y Macedonia quedaron unidas en una sola «provincia» bajo un gobernador romano, a excepción de Atenas y de Esparta, a las que se les reconoció cierta autonomía.

Grecia había encontrado por fin su paz: la paz del cementerio.

La tercera y última guerra púnica fue querida por

Catón *el Censor* y provocada por Masinisa. Ninguno de los dos estaba destinado a vencer al fin de ella.

Masinisa fue uno de los más extraños personajes de la Antigüedad. Vivió hasta los noventa años, tuvo el último hijo a los ochenta y seis, y a los ochenta y ocho galopaba todavía al frente de sus tropas. Después de Zama, había recuperado el trono de Numidia y, dado que Cartago se había comprometido con Roma a no hacer más guerras, no se cansaba de hostigarla con incursiones y rapiñas. Cartago protestaba, y Roma la hacía callar. Mas cuando hubo pagado la última de las cincuenta indemnizaciones que debía anualmente a la Urbe, se rebeló ante aquellos abusos y atacó a Masinisa.

Mandaba, entonces, el partido de Catón. Éste terminaba siempre sus discursos, cualquiera que fuese el tema, con el habitual estribillo. «En cuanto al resto, creo que Cartago ha de ser destruida.» El Senado, ayudado por él, vio en el incidente una buena ocasión, y no sólo intimó a los cartagineses a no tomar iniciativas, sino que exigió trescientos niños de familia noble para tenerlos como rehenes. Los niños fueron entregados entre los lamentos de las madres, algunas de las cuales se lanzaron a nado detrás de las naves que se los llevaban, pereciendo ahogadas. A poco, visto que la provocación no había bastado, los romanos pidieron la entrega de todas las armas, de toda la flota y de gran parte del trigo. Cuando también estas peticiones fueron aceptadas, el Senado exigió que toda la población se retirase a diez millas de la ciudad, que debía ser arrasada. Los embajadores cartagineses objetaron en vano que la Historia no había visto jamás semejante atrocidad y se echaron al suelo mesándose los cabellos y ofreciendo a cambio sus vidas.

No había nada que hacer. Roma quería la guerra y tenía que hacer la guerra a toda costa.

Cuando estas cosas se supieron en Cartago, la muchedumbre enfurecida linchó a los dirigentes que habían entregado los niños, a los embajadores, a los ministros y a todos los italianos que encontraron a mano. Después, enfurecidos y llenos de odio, llamaron a las armas a todos los hombres incluidos los esclavos, convirtiendo cada casa en un fortín y en dos meses fabricaron ocho mil escudos, dieciocho mil espadas y treinta mil lanzas y construyeron ciento veinte naves. El asedio, por tierra y por mar, duró tres años. Escipión Emiliano, hijo adoptivo del hijo del vencedor de Zama, alcanzó una cierta gloria, expugnando por fin la ciudad, donde durante seis días más, calle por calle, casa por casa, se siguió combatiendo. Hostigado por los francotiradores que combatían desde tejados y ventanas, Escipión destruyó todos los edificios.

Los que por fin se rindieron fueron solamente cincuenta y cinco mil de los quinientos mil habitantes de Cartago. Todos los demás murieron. Su general, que por no cambiar se llamaba Asdrúbal, imploró por sí mismo la misericordia de Escipión, quien se la concedió. Su mujer, avergonzada, se precipitó con los hijos entre las llamas de un incendio.

Escipión pidió al Senado permiso para poner fin a aquella carnicería. Le fue contestado que no tan sólo Cartago, sino todas sus dependencias debían ser destruidas. La ciudad siguió ardiendo durante diecisiete días. Los pocos supervivientes fueron vendidos como esclavos. Y su territorio fue, a partir de entonces, una «provincia» designada con el nombre genérico de África.

No hubo tratado de paz porque no se hubiera sabido con quién concertarlo. Los embajadores cartagineses habían tenido razón: jamás se había visto en la Historia semejante atrocidad.

Por suerte para ellos, Catón y Masinisa no tuvieron tiempo de sentir remordimientos. Estaban ya bajo tierra.

XVII. CATÓN

En 195, inmediatamente después de la primera guerra púnica, las mujeres de Roma, formando cortejo, se dirigieron al Foro y pidieron al Parlamento la abrogación de la Ley Oppia, promulgada durante el régimen de austeridad impuesto por la amenaza de Aníbal, que prohibía al bello sexo los adornos de oro, los vestidos coloreados y el uso de vehículos.

Por primera vez en la historia de Roma, las mujeres eran protagonistas de algo, tomaban una iniciativa política y, en suma, afirmaban sus derechos. Hasta entonces, no había sucedido jamás. Durante cinco siglos y medio, o sea desde el día en que fue fundada, la historia de Roma había sido una historia de hombres, en la que las mujeres actuaron, en masa y anónimamente, de coro. Las pocas cuyos nombres se conocen, Tarpeya, Lucrecia, Virginia, acaso no existieron nunca y no encarnan personajes verosímiles, sino monumentos a la Traición o a la Virtud. La vida pública romana era solamente masculina. Las mujeres no contaban más que en la vida privada, es decir, en el ámbito familiar de la casa, donde su influencia quedaba circunscrita exclusivamente a sus funciones de madre, de esposa, de hija o de hermana de los hombres.

En el Senado, Marco Porcio Catón, en su calidad de

«censor» encargado de vigilar las costumbres, se opuso a la petición. Y su discurso, que nos ha sido dado a conocer por Livio, dice mucho sobre las transformaciones acaecidas aquellos últimos años en la vida familiar y social de la Urbe.

«Si cada uno de nosotros, señores, hubiese mantenido la autoridad y los derechos del marido en el interior de la propia casa, no hubiéramos llegado a este punto. Ahora henos aquí: la prepotencia femenina, tras haber anulado nuestra libertad de acción en familia, nos la está destruyendo también en el Foro. Recordad lo que nos costaba sujetar a las mujeres y frenar sus licencias, cuando las leyes nos permitían hacerlo. E imaginad qué sucederá de ahora en adelante, si esas leyes son revocadas y las mujeres quedan puestas, hasta legalmente, en pie de igualdad con nosotros. Vosotros conocéis a las mujeres: hacedlas vuestros iguales. Al final veremos esto: los hombres de todo el mundo, que en todo el mundo gobiernan a las mujeres, están gobernadas por los únicos hombres que se dejan gobernar por las mujeres: los romanos.»

Las manifestantes rubricaron con una burlona risotada las últimas palabras del orador, que, por lo demás, estaba habituado a ello como todos los que dicen la verdad. La Ley Oppia fue revocada y Catón trató inútilmente de recobrarse decuplicando los impuestos sobre artículos de lujo. Ciertas ventoleras, cuando empiezan a soplar, no hay barba de censor que pueda pararlas.

Y las sufragistas, conseguida la iniciativa, no estaban dispuestas a dejársela arrancar de las manos. Poco a poco obtuvieron el derecho de administrar su propia dote, lo que las hacía económicamente independientes y libres, como se diría hoy, de «vivir su vida»; después, el divorciarse y de vez en cuando, si no lo conseguían, de envenenar al marido. Y cada vez más se entregaron a la práctica del maltusianismo para evitar el «fastidio» de los hijos.

Contrariamente a lo que se cree y a como nos lo han pintado, el hombre que trataba de cerrar el paso a estas modas nuevas, todas de origen griego, no era en absoluto un insoportable moralista de boca acerba y de hígado enfermo. Todo lo contrario. Marco Porcio Catón era un campesino plebeyo de los alrededores de Rieti, lleno de salud y de buen humor, que llegó a los ochenta y cinco años (edad, para aquellos tiempos, casi legendaria), y murió después de haber conseguido todas las satisfacciones, incluida la de hacerse muchos enemigos, cosa que le agradaba particularmente.

Debióse a la casualidad que llegara a ser un relevante hombre político y acaso el personaje más interesante de aquel período. Vivía con estoica sencillez en su pequeña granja que cultivaba con sus propias manos, cuando, muy cerca, estableció su residencia un viejo senador jubilado, Valerio Flaco, que se retiró allí por el desagrado que le producía la corrupción de Roma. Patricio a la antigua, es decir, de aquellos que sentían horror por los refinamientos, enseguida simpatizó con aquel muchacho desdentado, de manos callosas, de costumbres rústicas y pelo rojo, que leía a los clásicos, pero a escondidas porque se avergonzaba de ello como de un vicio poco menos que impúdico, con los cuales había aprendido a escribir y a hablar con un estilo seco y escueto. Se hicieron amigos, compartiendo costumbres e ideas. Y Valerio estimuló a Marco, que se llamaba Porcio porque su familia había criado siempre puercos, y Catón porque todos sus antepasados habían sido astutos, a que se hiciera abogado. Era la profesión con la que se debutaba en la vida política. Y acaso el senador le lanzó precisamente con este objeto, con la esperanza de dejar un heredero en la polémica antimodernista, que la edad no le permitía ya sostener a él.

Catón lo intentó y ganó, una tras otra, doce causas ante el tribunal local. Después, con una clientela segura, abrió un bufete, como se diría hoy, en Roma, se presentó a las elecciones y batió el llamado «curso de los honores» con anibálico ceño. Edil a los treinta años, en 199, y pretor en 198, tres años más tarde era cónsul. Luego volvió a empezar: tribuno en 191 y censor en 184, prácticamente continuó ejerciendo magistraturas hasta muy avanzada edad, distinguiéndose sobre todo en tiempo de guerra, cuando cambiaba por los militares sus galones civiles. El campamento le convenía más que el Foro, porque con más pertinencia podía apelar a la disciplina, que él consideraba como la condición de los valores morales. Al parecer, era un general tacaño. Pero los soldados se lo perdonaban porque caminaba a pie como ellos, combatía con sereno valor y, en el momento del saqueo, que figuraba en los derechos del vencedor, concedía a cada uno una libra de plata sobre el botín, que después entregaba enteramente al Senado sin guardarse ni una onza para él.

Esta regla, que los generales romanos habían observado casi siempre hasta las guerras púnicas, hacía algún tiempo que constituía una excepción. El Gobierno no se fijaba demasiado en la parte que el vencedor se había embolsado del botín, cuando éste era rico. Quinto Minucio había traído a España treinta mil libras de plata y treinta y cinco mil denarios; Manlio Vulson, cuatro mil quinientas libras de oro de Asia y cuatrocientos mil sestercios, y algo así como dos mil millones de liras fueron extorsionados a Antíoco y a Perseo... Bajo aquella lluvia de oro, la honradez de los magistrados y de los generales romanos, estrechamente ligadas a la pobreza, al ahorro y a la avaricia, era natural que se hundiese. Y la batalla que condujo Catón para impedirlo estaba destinada al fracaso. De todos modos, él la llevó a cabo igualmente.

En 187, cuando era tribuno, pidió a Escipión Emiliano y a su hermano Lucio, que regresaban vencedores de Asia, que rindiesen cuentas al Senado de las sumas pagadas como indemnización de guerra por Antíoco. Era una petición perfectamente legítima, pero que sorprendió a Roma porque ponía en entredicho la corrección del triunfador de Zama, que, en realidad estaba por encima de toda sospecha. No se comprende bien qué impulsó a dar aquel paso a Catón, que no podía ciertamente ignorar la integridad de *el Africano* y su inmensa popularidad. Tal vez quiso simplemente restablecer el principio, que estaba cayendo en desuso, de que los generales, cualesquiera que fuesen su nombradía y sus méritos, debían rendir esas cuentas; ¿o tal vez fue por una violenta antipatía hacia el *clan* de los Escipiones, esteticistas, helenizantes y modernistas?

Acaso una y otra cosa. Como fuere, el pretexto coligó contra quien presentaba la petición a aquella oligarquía de familias dominantes que, en el ámbito de la aristocracia senatorial, detentaba prácticamente el monopolio del poder. Hasta Sila, la historia de Roma se resume en la de algunas dinastías, y, de hecho, presenta siempre los mismos nombres. De los últimos doscientos cónsules de la República, la mitad pertenece a sólo diez linajes y la otra mitad, a dieciséis. Y de ellos, el de los Escipiones era acaso el más insigne, desde el que cayó en Trebia hasta el que había triunfado en Zama y que era padre adoptivo del que más tarde destruyó Cartago.

El Africano, aun cuando herido en su orgullo, se disponía a responder. Pero su hermano Lucio se lo impidió. Y, sacándose de la cartera los documentos que comprobaban las percepciones habidas y los pagos correspondientes, los hizo pedazos delante del Senado. Por este gesto fue llevado ante la Asamblea y condenado por fraude. Mas el castigo le fue ahorrado por veto de un tribuno, un tal Tiberio Sempronio Graco, de quien pronto oiremos hablar, lo que venía a confirmar más la regla supradicha de la política por dinastías, pues era pariente del acusado, por haber casado con la hija de *el Africano*, Cornelia. El héroe de Zama fue convidado a la Asamblea para ser sometido a juicio. Interrumpió el debate invitando a los diputados al templo de Júpiter para celebrar el aniversario de su gran victoria, que caía precisamente en aquel día. Los diputados le siguieron y asistieron a las funciones que allí se celebraron. Mas, de vuelta en el Parlamento, convocaron de nuevo al general. Éste se opuso a ello y, amargado por aquella insistencia, se retiró a su villa de Liternum, donde permaneció hasta la muerte. Sus seguidores le dejaron finalmente en paz. Pero Catón deploró, justamente, que por primera vez en la historia de Roma los méritos de combatiente de un acusado obstaculizaran la justicia, y en este episodio denunció el primer vislumbre de un individualismo que pronto corrompería la sociedad con el culto del héroe y había de destruir la democracia. Los hechos se encargarían de darle plena razón.

Alguien se preguntará cómo, teniendo en contra adversarios poderosos como las mujeres y la «mafia» de las familias aristocráticas, aquel implacable debelador logró, sin embargo, seguir en el machito y ganar las elecciones cada vez que se presentaba candidato a cualquier magistratura. Pocos le querían ciertamente. Su honestidad en aquellos tiempos de corrupción, su ascetismo en aquella época de molicie, eran sentidos por todos como un remordimiento. Representaba lo que cada uno hubiera debido, y acaso querido ser, pero que, desgraciadamente no era. Y precisamente por esto, pese a detestarle, le respetaban y le concedían el voto. Era, además, un gran orador. Y la cosa era bastante extraña, pues había debutado en las Letras publicando un tratado contra los retóricos y anticipando la famosa frase de Verlaine: *Cuando veas la oratoria, tuércele el cuello.* Pero precisamente a fuerza de enseñar a los demás cómo «no» se debía hablar, había aprendido él mismo a hablar perfectamente. Lo poco que nos queda de sus discursos basta para que le reconozcamos como más grande que Cicerón, ciertamente más rotundo, enfático y sincero. Lo que demuestra que no hay elocuencia, como no hay literatura, como no hay música ni pintura, como no hay nada, sin una fuerza moral y una convicción sincera que las sostengan.

Catón sazonaba con notas de humor incluso sus más severas requisitorias. Y cuando, por ejemplo, como censor, hizo expulsar del Senado a Manilio por haber besado a su mujer en público, alguien le preguntó si él no lo había hecho nunca, respondió: «Sí, pero solamente cuando truena. Por esto el mal tiempo me pone siempre de buen humor.» Hasta cuando intentaban procesarle, y lo hicieron, al parecer, cuarenta y cuatro veces, con las más variadas acusaciones, conservaba su jovialidad y se reía en igual medida que mordía. Con aquel sarcasmo siempre a punto, con aquellos chistes populares, con aquel rostro surcado de cicatrices, el pelo rojo y los dientes separados, no era agradable encontrárselo enfrente como contradictor. Y nadie hubiese conseguido arrinconarle, si él mismo no se hubiera cansado, en un momento dado, de aquel inútil combate; así que retiróse espontáneamente a escribir libros, ocupación que, en su fuero interno, despreciaba.

Lo hizo porque quería oponer algún texto escrito en latín a los que entonces todos los literatos se habían puesto a componer en griego, lengua que iba en camino de alcanzar el monopolio de la cultura romana. El *De agricultura*, el único, en efecto, que nos queda de él, es el primer libro en prosa propiamente dicho que apareció en Roma. Es un curioso manual práctico en el que, junto a ideas vagamente filosóficas, se mezclan consejos sobre el sistema de curar los reumatismos y la diarrea. En cuanto a los criterios sobre el modo de explotar las tierras, helos aquí: *Lo mejor* —dice— *es una provechosa cría de ganado. ¿Después? Una cría de ganado moderadamente provechosa. ¿Después? Una cría de ganado ni siquiera moderadamente provechosa. ¿Después? Después..., después, la labranza y la siembra.* Catón no quería ni siquiera volver a la agricultura, sino al pastoreo.

Nadie tuvo más vivo que él el presentimiento de la decadencia de Roma y nadie mejor que él diagnosticó el foco de infección: Grecia. Había estudiado la lengua y, culto y avisado como era bajo sus toscos hábitos, había comprendido que la cultura helénica era mucho más alta y refinada que la romana para no corromperla. Llamaba a Sócrates «una solterona chismosa», y aprobaba a los jueces que le condenaron a muerte por saboteador de las leyes y del carácter de Atenas. Pero le odiaba precisamente tanto como le admiraba, y se daba cuenta de que sus ideas conquistarían también la Urbe. *Créeme bajo palabra* —escribía a su hijo—: *si este pueblo consigue contaminarnos con su cultura, estamos perdidos. De momento, ha comenzado con sus médicos que, con la excusa de curarnos, han venido aquí a destruir a los «bárbaros». Te prohíbo que tengas tratos con ellos.* Le prefería muerto antes que sanado con las aspirinas y las vitaminas griegas.

Fue probablemente ese error lo que le sugirió la insistencia, que le ha hecho célebre, sobre la *delenda Carthago*. Más que impedir un renacimiento de Roma, él propendía a distraer Roma de las tentaciones de una conquista de Grecia. Quería que su Patria mirase a Occidente, no a Oriente, de donde, según él, sólo vendrían vicios y males. Y acaso quedóse muy decepcionado por la rapidez con que Escipión llevó a cabo la empresa. Hubiese preferido una guerra defensiva contra diez Aníbales a una ofensiva contra la Hélade. Y cuando vio a los cónsules Marcelo, Fulvio y Emilio Paulo volver de allí con carros cargados de estatuas, pinturas, copas de metal, espejos, muebles de precio y telas recamadas, y al pueblo apiñarse ante aquellas maravillas y discutir de modas, de estilos, de sombreritos, de sandalias, de vajilla y de cosméticos, debió de llevarse las manos a la cabeza.

Murió en 149, cuando el Senado había ya decidido mandar el último Escipión *ad delendam Carthaginem*. Tal vez aquel gesto le devolvió un soplo de esperanza, o por lo menos nos complace pensarlo. De haber vivido un poco más, habría advertido que la destrucción de Cartago no había servido verdaderamente para nada. Al contrario, una vez derrotada aquella ciudad del África asomada al Mediterráneo, los romanos no tuvieron ya ojos, oídos ni pensamientos más que para Fidias, Praxíteles, Aristóteles, Platón, la cocina, los afeites y las «hetairas» de Atenas.

XVIII. «...FERUM VICTOREM CEPIT»

Horacio, mucho más tarde, convalidó *a posteriori* los temores que Catón había expresado *a priori*, con un famoso verso: *Graecia capta ferum victorem cepit*, «la Grecia conquistada conquistó al bárbaro conquistador». Y para hacerlo, usó varias armas: la religión y el teatro para la plebe, y la Filosofía y las artes para las clases superiores, que todavía no eran cultas, pero que, desgraciadamente, se tornarían tales.

A Polibio, cuando lo llevaron prisionero, la religión de Roma le pareció todavía sólida. *La peculiaridad* —escribe— *por la cual a mi juicio el Imperio romano es superior a todos los demás, es la religión que en él se practica. Lo que en otras naciones sería considerado reprobable superstición, aquí en Roma, constituye los cimientos del Estado. Todo lo que le atañe se reviste de tal pompa y hasta tal punto condiciona la vida pública y privada, que nada podrá nunca hacerle competencia. Creo que el Gobierno lo ha hecho aposta, para las masas. No sería necesario si un pueblo estuviese compuesto exclusivamente de gente ilustrada, pero para las multitudes, que siempre son obtusas y fáciles a las pasiones ciegas, es bueno que por lo menos exista el miedo para tenerlas sujetas.*

A un hombre como él, recién llegado de Grecia, donde el escepticismo y la incredulidad no tenía ya límites, se comprende que los romanos, que conservaban un vislumbre de fe, le debían hacer el efecto de unos monjes. Mas se trataba verdaderamente de un vislumbre, aunque ciertas fórmulas litúrgicas (la «pompa», decía Polibio) seguían siendo, por la fuerza de la costumbre, respetadas. Catón, que, sin embargo, se inclinaba a salvar todas las viejas costumbres y creencias, se preguntó, en un discurso público, cómo se las componían los *augures*, conociendo cada uno los trucos del otro, para no reírse en la cara cuando se encontraban por la calle. Y en la escena, Plauto podía ridiculizar impunemente a Júpiter en el papel de seductor de Alcmena y presentar a Mercurio como un payaso.

El público que aplaudía esas impías comedias era el mismo que pocos años antes, a la noticia del desastre de Cannas, se había precipitado a la plaza gritando: «¿A qué dios hemos de rezar para la salvación de Roma?» Evidentemente, sólo en los momentos de peligro se acordaban los romanos de tener un dios, pero no sabían cuál era el bueno, entre tantos como poblaban su paraíso. Y curiosa fue la respuesta del Gobierno, que decidió confiar la salvación de la Urbe no a un dios romano, como siempre había sucedido hasta entonces, sino a una diosa griega, Cibeles, por lo que ordenó que su estatua fuese transportada desde Pesinunte, donde se hallaba, en Asia Menor, a Roma. Atalo, rey de Pérgamo, permitió el traslado. Y así *Magna Mater*, como fue rebautizada la diosa, llegó un buen día a Ostia, donde le estaba aguardando Escipión *el Africano* a la cabeza de un comité de nobles matronas. En Roma, se esparció la voz de que la nave, encallada en los arenales de la desembocadura del Tíber, fue puesta a flote y conducida a lo largo del río hasta el corazón de la ciudad por la vestal Virginia Claudia, gracias a su castidad. Y todos, lo creyesen o no, quemaron incienso al paso de la diosa, que las matronas llevaron en procesión hasta el templo de la Victoria. El Senado quedó un poco escandalizado y perplejo cuando supo que la Gran Madre tenía que ser atendida por sacerdotes autocastrados. En los Colegios sacerdotales de Roma no los había. Al fin encontraron algunos entre los prisioneros de guerra, y les hicieron sacerdotes para la ocasión.

Desde aquel momento, la liturgia griega se difundió y fue aplicada no tan sólo a los dioses que venían de allí, sino también a los romanos. El resultado fue que, de austera y más bien lúgubre, como había sido hasta entonces, se volvió alegre y carnavalesca. En 186, el Senado se enteró, con alarmado estupor, de que el pueblo llano se había aficionado particularmente a Dioniso, había hecho de él su santo preferido, llenaba su templo y le ofrecía sacrificios con particular entusiasmo. Se comprende fácilmente la razón: los sacrificios consistían en pantagruélicas comilonas, en copiosas libaciones y en un desenfreno de las relaciones entre hombres y mujeres. En suma, lo eran todo menos «sacrificios». La policía hizo una redada de participantes a aquellas fiestas; detuvo a siete mil, condenó a muerte a algunos centenares, encarceló a los demás y suprimió el culto. Pero cuando han de intervenir los agentes de la autoridad para salvar las costumbres de un pueblo, esto quiere decir precisamente que tales costumbres están en la agonía.

Eso veíase, además, en el teatro, que se iba convirtiendo en el verdadero templo de Roma.

El primer intento de espectáculo había sido el de Livio Andrónico, el prisionero de guerra tarentino, de origen griego, que en 240 escenificó, recitó y cantó en toscos versos «saturninos» la *Odisea*. Como ya hemos dicho, público y Gobierno quedaron tan complacidos, que permitieron a los actores constituirse en «corporación» y organizar, para las grandes fiestas del año, los llamados *ludes* escénicos.

Cinco años después de aquella histórica *première*, otro prisionero de guerra, napolitano esta vez, Cneo Nevio, produjo otra comedia que, con visos aristofanescos, ridiculizaba los abusos y la hipocresía de la sociedad romana. El pueblo se divirtió. Pero las familias influyentes, que se sentían aludidas, protestaron. Eran demasiado toscas y zafias para aceptar la sátira, que sólo encuentra carta de ciudadanía en los pueblos muy civilizados. El pobre Nevio fue detenido y tuvo que retractarse. Escribió otra comedia, seguramente con la intención de no volver a ofender a nadie, pero como era un hombre de ingenio no lo consiguió. También esta vez le salió de la pluma alguna pulla, y la pagó con la deportación. Roma perdió así a la vez un comediógrafo que podía ser el germen de una producción original y no ya calcada de modelos extranjeros, y un humorista que podía enseñar a aquel pueblo tétrico y grave el arte de sonreír, de darse cuenta de los propios defectos y de remediarlos. En el exilio, Nevio continuó escribiendo. Y dejó un feo poema dramático sobre la Historia romana que revelaba en él un arrebatado patriotismo.

A partir de entonces, el teatro romano continuó copiando al griego, hasta que un tercer forastero vino a darle un hálito de originalidad. Quinto Ennio era un apuliano de padre italiano y de madre griega. Había estudiado en Tarento, donde se representaban los dramas de Eurípides, de los que estaba enamorado. Después fue a hacer el servicio militar. En Cerdeña había llamado la atención, por su valor, de Catón, que estaba allí de cuestor, el cual se lo llevó consigo a Roma. Sus *Anales*, una historia épica de Roma, desde Eneas a las guerras púnicas, fueron, hasta Virgilio, el poema nacional de la Urbe. Pero su pasión era el teatro, para el que escribió una treintena de tragedias en las que se metía sobre todo con el celo de los beatos. He aquí, en boca de un protagonista suyo, sus convicciones religiosas: «Os aseguro, amigos, que los dioses existen, pero que les importa un comino lo que hacen los mortales. ¿Cómo, de no ser así, explicaríais que el bien no sea siempre pagado con el bien y el mal con el mal?» Cicerón, que cita esta frase en la que se vislumbran ya las teorías de Epicuro, y dice haberla oído él mismo, asegura que fue larga y ruidosamente aplaudida desde la platea.

Ennio aconsejó a sus seguidores que hicieran en las

comedias un poco de filosofía, pero no demasiado. Desdichadamente, fue el primero en no tener en cuenta esta sensata máxima; quiso escribir dramas de «ideas», como se dice hoy, y el público, aburrido, le volvió la espalda para acudir a las farsas de Plauto, que fue el primer verdadero comediógrafo de Roma.

Vino de Umbría donde naciera en 254, y su nombre ya movía a risa. Tito Maccio Plauto quería decir: Tito, el payaso de los pies planos. Comenzó como «comparsa», ahorró algún dinero, lo invirtió en un negocio arriesgado, y lo perdió. Entonces, para comer, se puso a escribir. Primero, adaptó comedias griegas, intercalando frases sobre los sucesos de actualidad romanos. Mas cuando vio que el público se reía sobre todo de aquéllas, abandonó los modelos extranjeros y se puso a componer obras originales, echando mano de la crónica de sucesos de la ciudad e inaugurando un verdadero teatro «de costumbres». No tardó en ser el ídolo del público, que celebraba su buen humor cordial y su abierta risa rabelesiana. Su *Miles gloriosus* hizo delirar a la platea. Todos le querían y de él aceptaron también el *Amphitrion*, que contenía aquella irreverente sátira de Júpiter, presentado como un vulgar Don Juan que, para seducir a Alcmena, se hacía pasar por su marido y se invocaba a sí mismo ofrendándose sacrificios.

El año que murió Plauto, el 184, llegó a Roma, como esclavo, Terencio, un cartaginés, que tuvo la suerte de ir a parar a casa de Terencio Lucano, senador culto y afable que descubrió el talento de su siervo y le liberó. Terencio, que originariamente se llamaba Publio Afro, tomó su nombre en agradecimiento. Cuando hubo escrito la primera comedia, *Andria*, fue a leérsela a Cecilio Estacio, autor ya consagrado que en aquel momento hacía furor, pero del que no ha quedado nada. Suetonio cuenta que Estacio quedó tan impresionado que invitó a comer a su visitante, aunque éste vistiera como un mendigo. Terencio frecuentó los salones y se puso de moda entre las clases altas, pero no alcanzó jamás la popularidad de Plauto. Su segunda comedia, *Hecyra*, fracasó porque el público abandonó el teatro al enterarse de que en el Circo había dado comienzo el combate de un gladiador contra un oso. La fortuna le sonrió en el *Eunuco*, que en dos representaciones dadas el mismo día, le proporcionó ocho mil sestercios, cerca de cuatro millones de liras. En Roma se murmuraba que el verdadero autor de aquellas obras era Lelio, hermano de Escipión, gran amigo y protector de Terencio. El cual, con mucho tacto, no desmintió ni confirmó jamás ese chismorreo. Y tal vez precisamente por sustraerse a él decidió partir para Grecia. No volvió más. En el camino de retorno, murió de enfermedad en Arcadia.

Los ambientes intelectuales y sofisticados de entonces tuvieron por Terencio la misma pasión que los franceses contemporáneos han tenido por Gide. Cicerón le definió «el más exquisito poeta de la República». César, que era entendido en literatura, y más sencillo, le consideraba un perfecto estilista, pero un *dimidiatus Menander*, un Menandro partido en dos, en la escena. Sus comedias, en efecto, no caen nunca en la ordinariez de las de Plauto. Sus personajes son más complejos y matizados, y el diálogo es más ceñido y lleno de segundas intenciones. Pero, desgraciadamente, desarrollado en un lenguaje que ya no era el del pueblo, al que le sonó a artificio. Y le silbó.

Aquel pueblo iba entonces al teatro cada vez en mayor número, en parte porque no se pagaba entrada. Los locales eran rudimentarios y se montaban tan sólo con ocasión de las fiestas, después de las cuales quedaban desafectados. Consistían en una armadura de madera que sostenía el escenario, delante del cual había una «orquesta» circular para los ballets que acompañaban el espectáculo. Los espectadores estaban parte de pie, parte tumbados en el suelo, parte sentados en escabeles que se traían de casa. Sólo en 145 fue construido un teatro inamovible, también de madera y sin techo, pero con asientos dispuestos circularmente, en torno al escenario, a estilo griego. Todo el mundo era admitido: hasta los esclavos, que, empero, no podían tomar asiento, y las mujeres, confinadas, sin embargo, al fondo.

Los prólogos que el actor recitaba antes de que se alzase el telón, contenían recomendaciones a las mamás para que les sonasen las narices a sus niños antes de que empezase el espectáculo, o de llevarse a casa a los que gimoteaban. Debía de tratarse de plateas ruidosas e indisciplinadas, que interrumpían frecuentemente el recitado con frases mordaces y pullas groseras y que a menudo ni siquiera se daban cuenta de cuando terminaba el espectáculo, que, efectivamente, concluía con un *nunc plaudite omnes*, o sea con una invitación al aplauso.

Los actores eran, en general, esclavos griegos, menos el protagonista que podía ser un ciudadano romano. El cual, empero, al entregarse a aquella carrera perdía sus derechos políticos, como ocurría en Francia hasta el Seiscientos. Los papeles femeninos eran interpretados también por hombres. Mientras el público fue limitado, se contentaban con una somera caracterización. Mas cuando, en el siglo II antes de Jesucristo, las plateas comenzaron a rebosar de público, se introdujo, para distinguir los caracteres, el uso de las máscaras, que se llamaban *personae*, del etrusco *phersus*. Así que *dramatis personae* significa literalmente «máscaras del drama». Cuando se trataba de tragedias, los actores que las encarnaban calzaban los *coturnos*, que eran zapatos con tacones, y cuando se trataba de comedias, llevaban el *soccus*, o sea zapato bajo. También entonces, como hoy, hubo continuos conflictos entre público y censura, que vigilaba atentamente la obra. Fue basándose en una ley de las Doce Tablas, que prohibía la sátira política y preveía hasta la pena de muerte, que el pobre Nevio había sido expulsado y, para no seguir su suerte, sus sucesores lo tomaron todo prestado a Grecia: escenas, caracteres, situaciones, indumentaria y hasta los nombres de las monedas. Los criterios en que se inspiraba aquella policíaca censura eran, como siempre, burocráticos y obtusos. Permitían cualquier obscenidad, con tal de que no surgiesen críticas contra el Gobierno y los ciudadanos de posición.

Afortunadamente, los ediles que organizaban aquellos espectáculos para complacer a la masa y granjearse sus votos, estaban siempre de parte de los autores y les protegían. Plauto debió tener de la suya uno muy poderoso para permitirse todo lo que se le permitió. De no haber sido por él, el teatro romano no hubiera nacido siquiera. Se habría quedado en una imitación del griego y nosotros no encontraríamos en él ese espejo de una sociedad que, bien o mal, nos ha proporcionado.

Mas aquel relajamiento de frenos se produjo sobre todo porque soplaba un viento de «libre pensamiento». Lo habían traído los «gréculos», como les llamaban por mofa los romanos, escarnio que no les impedía tomarles por maestros. Prisioneros de guerra importados de Grecia en calidad de rehenes o de esclavos, fueron efectivamente los primeros *gramáticos, retóricos y filósofos* que abrieron escuela en Roma. En 172, el Senado descubrió entre ellos a dos seguidores de Epicuro y les expulsó. Pocos años después, Crates de Males, director de la Biblioteca del Estado en Pérgamo y jefe de la escuela estoica, fue a Roma como embajador, se rompió una pierna y, en espera de curar, se puso a dar conferencias. En 155, Atenas mandó en misión diplomática tres filósofos (ya no tenía más que aquéllos): Carnéades el platónico, Critolao el aristotélico, y Diógenes el estoico. También dieron conferencias, y Catón, cuando oyó a Carnéades afirmar que los dioses no existían y que justicia e injusticia no eran sino convencionalismos, corrió al Senado y pidió la repatriación de los tres atenienses.

La obtuvo, pero de poco sirvió, visto que el pensamiento y la cultura griegos estaban patrocinados por muchos de los propios romanos, y de los más influyentes, que los habían ya absorbido. Flaminino poseía en su casa una galería llena de estatuas de Policleto, Fidias, Scopas y Praxíteles. Emilio Paulo, del botín acopiado a expensas de Perseo, había separado la biblioteca del rey, y con ella educaba a sus hijos. El más joven de éstos, cuando él murió, fue adoptado por Publio Cornelio Escipión, hijo de *el Africano*. Tomó el nombre y, como Publio Cornelio Escipión Emiliano, emuló al abuelo destruyendo Cartago, fue jefe de aquel poderoso linaje y lo convirtió todo el helenismo. Guapo y rico como era, de modales afables, inteligencia pronta y honradez incorruptible (al morir, dejó tan sólo treinta y tres libras de plata y dos de oro), estaba perfectamente indicado para convertirse en el ídolo de los salones que en aquel momento comenzaban a pulular. Polibio vivió durante años como huésped en su casa, donde acudía también cotidianamente Panecio, otro griego de Rodas, de sangre aristocrática y de escuela estoica. Su libro *De los deberes*, que Escipión probablemente sugirió e inspiró, fue el texto sobre el cual se formó la «juventud dorada» de Roma. A diferencia de los antiguos, los nuevos estoicos no predicaban la virtud absoluta y no invocaban una completa indiferencia a la suerte y a la desgracia. Querían tan sólo proponer un equivalente, lleno de compromisos, pero decente, a una fe que ya no regía las costumbres de Roma. Era la indulgencia que sustituía al severo puritanismo de un tiempo.

El salón de Escipión tuvo una influencia enorme. Descollaron en él, además de Flaminino, Gayo Lucilio y Gayo Lelio, cuya fraternidad con el dueño de la casa inspiró a Cicerón el libro *De amicitia*. Se debatían ideas aladas. Se entusiasmaban por lo bello. Eran obligatorios modales refinados, ideas originales y valiosas, y sobre todo, una lengua pulcra, brillante, sin acento: una lengua que, después, en manos de Catulo, que frecuentó aquellos ambientes, tornóse en la literaria y culta de Roma, pero que, en boca de los personajes de Terencio, el público silbó porque la notaba artificial y alejada de la suya.

XIX. LOS GRACOS

Fue en uno de aquellos salones donde se preparó la revolución. La cual, contrariamente a lo que se cree, no nace jamás en las clases proletarias, que después le prestan la mano de obra, sino en las altas, aristocráticas y burguesas, que luego la pagan. Siempre es, más o menos, una forma de suicidio. Una clase no se elimina sino cuando ya se ha eliminado a sí misma.

Cornelia, hija de Escipión *el Africano*, había casado con Tiberio Sempronio Graco, el tribuno que puso el veto a la condena de Lucio, el hermano del héroe de Zama. Había sido una manifestación de nepotismo al revés porque, al hacerlo, salvó en resumidas cuentas, al tío de su mujer. Mas, no obstante esta comprensible flaqueza, Sempronio había seguido gozando fama de hombre íntegro, y la merecía. Elegido censor y después cónsul por dos veces, administró España con criterios liberales y métodos ilustrados. De Cornelia tuvo doce hijos, nueve de los cuales fallecieron a temprana edad. Cuando a su vez murió él, a Cornelia sólo le quedaban tres: dos varones, Tiberio y Cayo, y una hembra, Cornelia, deforme, no se sabe si de nacimiento o a causa de parálisis infantil.

Mamá Cornelia fue una viuda ejemplar y una gran educadora. Debía de ser también guapetona, porque, según el decir de Plutarco, un rey egipcio la pidió por esposa. Ella respondió orgullosamente que prefería quedarse en hija de un Escipión, suegra de otro y en madre de los Graco. En aquel momento la segunda Cornelia se había casado ya, en efecto, con el destructor de Cartago. No fue, según parece, un matrimonio de amor, sino sólo de conveniencia, como se solía hacer en aquella sociedad de familias y de dinastías para robustecer las alianzas.

Pero Cornelia era también algo que en Roma jamás se había visto antes: una gran «intelectual» y una exquisita *maîtresse de maison*. Su salón, donde se reunían las más ilustres personalidades de la Política, las Artes y la Filosofía, semejaba a los de ciertas damas francesas del Setecientos y asumió, aproximadamente, las mismas funciones. Dominaba en él, también por razones de parentesco, el llamado «círculo de los Escipiones» con Lelio, Flaminino, Polibio, Cayo Lucilio, Mucio Escévola y Metelo *el Macedonio*. Por la sangre, la inteligencia y la experiencia era lo mejor que había en Roma en aquel tiempo. ¡Pero cuán diferentes eran aquellos nuevos *leaders* de sus padres y abuelos! De momento, aceptaban como inspiradora a una mujer. Después, se bañaban todos los días, cuidaban mucho del vestir y no estaban en absoluto convencidos de que Roma tuviese que dar lecciones al Mundo. Es más, estaban convencidos de lo contrario: o sea, de que tenía que ir a la escuela. A la escuela de Grecia.

Las conversaciones que se sostenían en aquel salón no eran revolucionarias, sino «progresistas». Debían de parecerse vagamente a las que ahora se mantienen entre «liberales de izquierdas», radicales y activistas. Y dado que todas eran de personas bien introducidas, sabían lo que se decían, y lo que decían tenía eco después en el Senado y el Gobierno.

La situación de Roma no era, en efecto, grata y autorizaba las más profundas críticas y las más sombrías previsiones. La Urbe digería mal el inmenso imperio que con tanta rapidez había engullido. El trigo de Sicilia, de Cerdeña, de España y de África, volcado en sus mercados a bajo precio porque estaba producido a bajo costo con el trabajo gratuito de los esclavos, estaba llevando a la ruina económica a aquella Italia rústica de cultivadores directos, pequeños y propietarios medios, que había constituido el mejor baluarte contra Aníbal y proporcionado los mejores soldados para derrotarle. No pudiendo soportar la competencia, procedían a vender sus modestas fincas que quedaban absorbidas en los latifundios. Una ley de 220, que prohibía el comercio a los senadores, les obligaba a invertir en la agricultura los capitales que habían acumulado con el botín de guerra. Y mucha parte de las tierras confiscadas al enemigo eran concedidas a especuladores para resarcirles del dinero que éstos habían prestado al Estado. Pero ni especuladores ni senadores eran ya hidalgos campesinos. Habituados a vivir en la ciudad, entre sus comodidades y molicies, entre la política y los negocios, no estaban dispuestos a abandonarla para volver a la vida sencilla y frugal de sus estoicos antepasados. Así que hacían lo que todavía hacen hoy ciertos barones de la Italia meridional: una vez adquirido un latifundio, lo daban en arriendo a un administrador, que con el trabajo gratuito de los esclavos trataba de hacerlo producir lo más posible para el dueño y para sí, explotando al máximo el vigor de los hombres y los recursos del suelo, sin pensar en el mañana.

Sobre esta crisis económica se injertaba otra, social y moral: la de una sociedad que, habituada a basarse sobre sus pequeños y libres cultivadores, ahora se iba confiando cada vez más en el saqueo en el exterior y en la esclavitud en el interior. Volcábanse esclavos en Roma como un caudaloso torrente. Cuarenta mil sardos fueron importados de golpe en 177 y ciento cincuenta mil epirotas, diez años después. Los «mayoristas» de esta mercancía humana iban a acapararla siguiendo a las legiones que la suministraban y que ya habían alcanzado, al socaire de las catástrofes de los imperios griego y macedonio, Asia, el Danubio y hasta los confines de Rusia. La abundancia era tal que transacciones de diez mil cabezas a la vez eran normales en el mercado intercontinental de Delos, y el precio bajaba hasta quinientas libras cada una.

En la ciudad, los esclavos suministraban ya la mano de obra en los talleres de los artesanos, en las oficinas, en los Bancos, en las fábricas, condenando a la desocupación y a la indigencia a los ciudadanos que antes estaban empleados en ellos. Las relaciones con los contratistas variaban según el temperamento de cada uno de éstos. Alguno había que pese a no estar obligado a nada con el esclavo, procuraba tratarle humanamente. Pero la ley económica de los precios y de la competencia ponía un límite a esas humanas disposiciones. Quería que se exigiese cada vez más y que se concediese cada vez menos.

En el campo, la miseria del esclavo era todavía más extrema que en los tiempos en que eran una mercancía rara, y una vez en la casa acababa por formar parte de ella como un pariente pobre. La modestia de las propiedades y la escasez de los brazos hacían directas y humanas las relaciones con el amo. Pero en los latifundios, donde los esclavos eran contratados a cuadrillas, el amo no se dejaba ver, y en su puesto estaba un cómitre escogido entre la peor canalla, que procuraba ahorrar hasta lo imposible en comida y andrajos, que era el único salario de aquellos desdichados; los cuales, si desobedecían o se quejaban, eran echados, cargados de cadenas, a un *ergástulo* bajo tierra.

En 196, hubo una rebelión de ellos en Etruria. Fueron muertos todos por las legiones y muchos, crucificados. Diez años después estalló otra revuelta en Apulia: los pocos que sobrevivieron a la represión fueron internados en las minas. En 139 estalló una auténtica guerra «servil», encabezada por Euno, que degolló a la población de Enne, ocupó Agrigento y en breve, con un ejército de sesenta mil hombres, todos esclavos rebeldes, se adueñó de casi toda Sicilia, derrotando incluso a un ejército romano. Hubo que luchar seis años para someterle. Pero el castigo fue, como siempre, adecuado a los esfuerzos.

Precisamente en aquel año de 133 antes de Jesucristo, Tiberio Graco, hijo de Sempronio y de Cornelia, fue elegido tribuno.

En el salón de su madre, había crecido con ideas radicales, que le remachó en la cabeza su preceptor Blosio, un filósofo griego de Cumas. Y a la edad en que se piensa en las chicas, él sólo pensaba en política. Era lo que se suele decir un «idealista». Pero hasta qué punto sus ideas, que eran excelentes, estaban al servicio de su ambición, que era grandísima, o viceversa, lo ignoraba él mismo, como, por lo demás, ocurre a todos los idealistas. La situación del país la conocía un poco porque en el salón siempre se hablaba de ella y con gran competencia, y otro poco porque, según lo dicho por su hermana, había ido personalmente a estudiarla en Etruria, quedando horrorizado. Comprendió que Italia corría a la ruina si su agricultura caía definitivamente en manos de especuladores y esclavos, y que en la misma Roma no podía triunfar ninguna democracia sana con un proletariado que se corrompía diariamente en el ocio y con la percepción de subsidios.

El único remedio que oponer a la esclavitud, al urbanismo y a la decadencia militar, le pareció ser una audaz reforma agraria que, apenas fue elegido, propuso a la Asamblea. Consistía en tres propuestas: 1) Ningún ciudadano debía poseer más de ciento veinticuatro hectáreas del agro público, que podían convertirse en doscientas cincuenta sólo en el caso de que tuviera dos o más hijos. 2) Todas las tierras distribuidas o arrendadas por el Estado debían serle devueltas al mismo precio, más un reembolso por las eventuales mejoras aportadas. 3) Éstas debían ser repartidas y redistribuidas entre los ciudadanos pobres en parcelas de cinco o seis hectáreas cada una, con compromiso de no venderlas y de pagar un reducido impuesto sobre ellas.

Eran propuestas razonables y plenamente coherente con las Leyes Licinias, que ya habían sido aprobadas doscientos años antes. Pero Tiberio cometió el error de aliñarlas con una oratoria demagógica y de «barricada» que, además, desentonaba con su condición social. Pues esos «progresistas», de elevada extracción, fuesen nobles o burgueses, no sabían rehuir, entonces como ahora, una contradicción entre hábitos de vida refinados y sofisticados y actitudes políticas populistas y callejeras. «Nuestros generales —dijo hablando en la rostra— nos incitan a combatir por los templos y las tumbas de vuestros antepasados. Ocioso y vano llamamiento. Vosotros no tenéis altares paternos. Vosotros no tenéis tumbas ancestrales. Vosotros no tenéis nada. Combatís y morís sólo para procurar lujo y riqueza a los otros.»

Estaba bien dicho porque, por desgracia, Tiberio era también un excelente orador. Pero había los extremismos del sabotaje. El Senado declaró ilegales las propuestas, acusó a su autor de ambiciones dictatoriales y persuadió a Octavio, otro tribuno, a que opusiese el veto. Tiberio contestó con un proyecto de ley según el cual un tribuno, cuando obraba contra la voluntad del Parlamento, debía ser depuesto inmediatamente. La Asamblea aprobó la propuesta y los lictores de Tiberio echaron a la fuerza de su banco a Octavio. Después, el proyecto de ley fue votado, y la Asamblea, temiendo por la vida de Graco, le escoltó hasta su casa.

Tenemos la impresión de que aquel día no fue recibido con el unánime entusiasmo que acaso esperaba. Tal vez solamente Cornelia siguió reconociéndole una de sus «alhajas», como un día les definiera a él y a Cayo. Los demás debieron de quedarse un poco sobresaltados, no tanto por la ley que había impuesto y que expresaba plenamente los puntos de vista políticos del «salón», cuanto por los medios anticonstitucionales que habían empleado contra Octavio. Pero sin duda se escandalizaron y se desolidarizaron de él cuando, a pesar de una norma precisa que lo vedaba, Tiberio entró nuevamente en liza para el tribunado.

Se vio obligado a hacerlo porque el Senado amenazaba, apenas expiraba su cargo, con procesarle. Pero era un gesto de rebelión. Abandonado así por sus propios amigos de casa, Tiberio acentuó más la desviación a la izquierda para granjearse el favor de la plebe. Prometió, si era reelegido, abreviar el servicio militar, abolir el monopolio de los senadores en los jurados de los tribunales y, dado que en aquel momento Atalo II de Pérgamo murió dejando su reino a Roma, propuso vender la propiedad mobiliaria de aquél para ayudar con lo recaudado a los campesinos a equipar sus fincas. Y ahí desembocó en la pura demagogia, proporcionando argumentos válidos al adversario.

El día de las elecciones, Tiberio apareció en el Foro con una guardia armada y vestido de luto para dar a entender que el votar en contra significaba para él la condena a muerte. Pero, mientras se votaba, irrumpió un grupo de senadores blandiendo garrotes, encabezados por Escipión Násica. El prestigio de que todavía gozaba el Senado y que Graco había neciamente descuidado, queda demostrado por el hecho de que, ante aquellas togas patricias, los amigos de Tiberio cedieron respetuosamente el paso, dejándole solo. Le mataron de un mazazo en la nuca. Y su cuerpo, junto con el de un centenar de adictos, fue arrojado al Tíber.

Su hermano Cayo pidió permiso para rescatar el cadáver y darle sepultura. Se lo negaron.

Esto sucedió en 132. Nueve años después, o sea en 123, la segunda de las «alhajas» de Cornelia había ocupado el puesto de su hermano como tribuno. Le conocemos mejor y le estimamos más porque nos parece de inteligencia más realista que su hermano y también más sincero. Había sido asimismo un orador magnífico: Cicerón le consideraba el más grande (después de él, se entiende); había militado valerosamente a las órdenes de su cuñado Escipión Emiliano en Numancia y poseía un gran dominio de sí mismo. Efectivamente, siguió adelante con moderación, sin querer quemar las etapas el primer momento.

En aquellos nueve años las leyes agrarias de Tiberio que el Senado, después de haber dado muerte a su autor, no se atrevió a abrogar, habían dado sus buenos frutos, a pesar de que su aplicación había topado con muchas dificultades prácticas. El censo de vecinos constaba de ochenta mil nuevos ciudadanos, que lo fueron precisamente por haber poseído una parcela de tierra. Pero se elevaron muchas protestas de los antiguos propietarios que no querían ni merma de capital ni confiscación y que confiaron su causa a Escipión Emiliano. No se sabe por qué, éste aceptó la defensa de aquellos intereses que eran contrarios a sus ideas. Pero se avino a ello tal vez, precisamente, por razones de familia, según las cuales hubiera debido abstenerse de hacerlo. Sus relaciones con su esposa Cornelia habían ido empeorando cada vez más. Y una mañana del 129 fue hallado asesinado en su lecho. No se ha sabido nunca quién le mató, pero, naturalmente, los chismógrafos de las casas aristocráticas, donde eran odiadas, acusaban a la esposa y a la suegra.

Crecido en medio de tantas desdichas y en una casa abandonada ya por los más íntimos amigos, Cayo llevó adelante con cautela la aplicación de las leyes de Tiberio; creó nuevas colonias agrícolas en la Italia meridional y en África; se ganó a los soldados prescribiendo que a partir de entonces estarían equipados a expensas del Estado; y fijó un «precio político» para el trigo, que era la mitad del que regía en el mercado. Y con esta última medida, que después había de ser el arma más fuerte en manos de Mario y de César, tuvo de su parte a todo el pueblo llano de la Urbe.

Pertrechado con esos éxitos, pudo volver a presentarse al tribunado del año siguiente sin arriesgar la vida, como le había sucedido a su hermano, y salir triunfante. Entonces, creyó poder jugar las cartas grandes y ahí se equivocó. Propuso agregar a los trescientos senadores de derecho otros trescientos elegidos por la Asamblea y extender la ciudadanía a todos los hombres libres del Lacio y a buena parte de los del resto de la península.

Pero había echado mal las cuentas con los egoísmos del proletariado romano, cuyos cofrades del Lacio y de la península le importaban un comino. El Senado obró prontamente para aprovechar este error táctico de su adversario. Empujó al otro tribuno, Livio Druso, a proposiciones más radicales aún: que se aboliesen los tributos impuestos por la ley de Tiberio a los nuevos propietarios, y que a cuarenta y dos mil pobres de solemnidad de Roma les distribuyeran nuevas tierras en doce nuevas colonias. La Asamblea aprobó enseguida el proyecto. Y cuando Cayo volvió, se encontró con que todos los favores los monopolizaba Druso.

Se presentó a una tercera elección y fue derrotado. Sus secuaces dijeron que había habido fraude, pero él les aconsejó moderación y se retiró a la vida privada.

Cuando se trató de hacer frente a los compromisos contraídos para liquidar a Cayo, el Senado se encontró en un apuro y trató de tergiversar. La Asamblea se dio cuenta de que era un primer paso para el sabotaje de la legislación de los Gracos, cuyos simpatizantes se presentaron armados a la reunión siguiente. Uno de ellos descalabró a un conservador que había pronunciado palabras de amenaza contra Cayo.

El día siguiente, los senadores comparecieron en plan de batalla, seguido cada uno de ellos por dos esclavos. Los graquistas se atrincheraron en el Aventino y Cayo intentó interponerse para restablecer la paz. Como no pudo conseguirlo, se arrojó al Tíber, cruzándolo a nado. En la otra orilla, cuando estaba a punto de ser alcanzado por sus perseguidores, ordenó a un siervo suyo que le matara. El siervo obedeció. Después, extrajo el puñal teñido de sangre del pecho de su amo y se lo clavó en el propio. Un secuaz de Cayo cercenó la cabeza al cadáver, la rellenó de plomo y la llevó al Senado, que había ofrecido su peso en oro. Embolsó la recompensa y se rehízo una «virginidad política». El pueblo llano que tanto le había aplaudido ni siquiera pestañeó ante el asesinato de su héroe: estaba demasiado ocupado saqueándole la casa.

Cornelia, la madre de los dos hijos asesinados y de una viuda sospechosa de asesinato, se puso de luto. El Senado le ordenó que se lo quitase.

XX. MARIO

Con Cayo fueron asesinados doscientos cincuenta de sus partidarios, y otros tres mil, encarcelados. De momento, pareció que los conservadores habían ganado y se esperaba una tremenda represión. Pero ésta no llegó. El Senado archivó la reforma agraria, pero no modificó la tasa del trigo ni trató de restablecer el monopolio de la aristocracia en los jurados de los tribunales. Se daba cuenta de que a pesar de aquella victoria momentánea, la situación no era propicia a restauraciones radicales.

Durante algunos años se vivió al día sin sustituir ningún remedio al que los Gracos habían intentado, siquiera prematuramente y cometiendo muchos errores tácticos. Con la excusa de favorecer más aún a los pequeños propietarios creados al socaire de las leyes agrarias, se les permitió vender las tierras que les fueron asignadas. Ellos, huérfanos de ayuda, lo hicieron. Y volvieron a formarse los latifundios sobre la consabida base del trabajo servil. Apiano, que era un demócrata de los más modernos, reconocía por aquellos años que en toda Roma había aproximadamente dos mil propietarios. Todos los demás eran pobres y su condición empeoraba de día en día.

Lo que hizo caer la balanza y dio pretexto a la gran

rebelión, fue el llamado «escándalo de África», que comenzó en 112. Micipsa, que había sucedido a Masinisa en el Trono de Numidia y que murió seis años antes, había dejado a Yugurta, hijo natural suyo, como regente y tutor de sus dos legítimos herederos, menores de edad. Yugurta mató a uno de ellos y guerreó con el otro, que pidió ayuda a la Urbe, protectora de aquel reino. La Urbe mandó una comisión investigadora, que Yugurta compró con una espléndida recompensa. Llamado a Roma, corrompió a los senadores que tenían que juzgarle. Y, finalmente, hubo que esperar la elección a cónsul de Quinto Metelo, que era un mediocre hombre de bien, para ver a un general dispuesto a hacer la guerra al usurpador y a rechazar los «sobrecitos».

Aunque en aquellos tiempos no había periódicos, la gente estaba igualmente informada y conocía muy bien los hechos y lo que ocurría entre bastidores. El odio que incubaba contra la aristocracia desde el día en que fueron asesinados los Gracos, estalló con violencia cuando se supo que Metelo, pese a ser de los mejores, se oponía a la elección al consulado de Cayo Mario, lugarteniente suyo, sólo porque no era aristócrata. Y, sin siquiera saber exactamente quién era, la Asamblea votó unánimemente por él y le confió el mando de las legiones. Pues en Roma se decía a la sazón lo que dondequiera y en todos los tiempos se dice cuando la democracia entra en la agonía: «Hace falta un hombre...»

Y, por casualidad, con aquella elección, lo encontró.

Mario era un personaje a la antigua, como entonces ya sólo se encontraban en provincias. Como Cicerón, nació, en efecto, en Arpino, hijo de un pobre bracero, y por universidad tuvo el cuartel, donde ingresó jovencísimo. Se ganó los galones, las medallas y las cicatrices que tatuaban su cuerpo en el sitio de Numancia. Al volver, hizo un buen matrimonio. Casó con Julia, hermana de un Cayo Julio César, que como familia no era nada excepcional, pues tan sólo pertenecía a la pequeña aristocracia agraria, pero que ya tenía por hijo a otro Cayo Julio César destinado a hacer hablar de él durante milenios. En gracia a sus gestas militares, Mario fue elegido tribuno. Y lo aprovechó no para hacer política y demostrar toda su incapacidad, sino para volver con poderes acrecentados al frente de sus soldados, bajo el mando de Metelo. Éste daba largas a la guerra yugurtina. Y cuando supo que su subalterno quería irse a Roma para concurrir al Consulado, se escandalizó como de una pretensión fuera de lugar para un pobre campesino como aquel: el Consulado, es cierto, estaba abierto a los plebeyos, pero tan sólo en teoría...

Mario, que era susceptible y rencoroso, se ofendió. Y, una vez elegido, reclamó el puesto de Metelo, que tuvo que cedérselo. La guerra tomó enseguida otro ritmo. En pocos meses, Yugurta se vio obligado a rendirse y adornó el carro del vencedor, que en Roma fue recompensado con un soberbio triunfo por el pueblo que veía en él a su adalid. Aquel pueblo no sabía que el golpe decisivo al usurpador de Numidia no lo había dado Mario, sino un cuestor suyo llamado Sila, que era un poco respecto a Mario lo que Mario había sido respecto a Metelo.

De momento, sin embargo, Mario era el héroe de la ciudad que, por ignorar una Constitución que ya estaba a las últimas y advirtiendo en él al «hombre que hacía falta», le ratificó durante seis años seguidos en el Consulado. De hecho, el peligro exterior no había acabado en Yugurta; al contrario, adquirió más gravedad que antes, debido a que los galos volvían en masa a la ofensiva. Cimbros y teutones, más numerosos y agresivos que nunca, volvían a dar señales de vida, precipitándose como un alud desde Germania a Francia. Un ejército romano que se encontró con ellos en Carintia quedó destruido. Después, destruyeron otro en el Rin, y un tercero y un cuarto, hasta que el Senado mandó el quinto a las órdenes de dos aristócratas, Servilio Cepión y Manlio Máximo. Los cuales no supieron hacer nada mejor que pelear entre sí, por celos, y deshacer cada uno lo que hacía el otro. En Orange, ochenta mil legionarios, el prestigio de la aristocracia de la que procedían aquellos ineptos generales, y cuarenta mil auxiliares se quedaron en el campo de batalla. Y Roma quedóse sin aliento, aterrorizada, al verse echársele encima aquella horda. A Dios gracias, en vez de los Alpes, franquearon los Pirineos para saquear España. Y cuando volvieron sobre sus pasos para atacar a Italia, Mario, cónsul hacía años, estaba presto a recibirles.

Había preparado un nuevo ejército, que constituyó su verdadera gran revolución, la que más tarde proporcionó las armas a su sobrino César. Había comprendido que ya no se podía contar con los ciudadanos que se llamaban «aptos para las armas» sólo porque, inscritos en una de las cinco clases, estaban sujetos al servicio militar, pero que no querían prestarlo. Y se dirigió a los otros, a los pobres de solemnidad, a los desesperados, atrayéndoles con una buena paga y con la promesa de botín y de generosa entrega de tierras después de la victoria. Era la sustitución de un ejército mercenario al nacional: operación arriesgada y catastrófica a la larga, pero que se hizo necesaria debido a la decadencia de la sociedad romana.

Condujo sus reclutas proletarios, encuadrados por suboficiales veteranos, allende los Alpes. Les endureció con marchas. Les adiestró en el combate con escaramuzas sobre objetivos menores. Y al final, les hizo construir un campo atrincherado en las cercanías de Aix en Provence, punto de paso obligatorio para los teutones.

Éstos, tan numerosos eran, desfilaron por aquellos parajes durante seis días seguidos, y, con irrisión, preguntaron a los soldados romanos de centinela en los glacis si querían algún recado para sus esposas que estaban en la Patria. Seguían siendo los de tres siglos antes: altos, rubios, fortísimos, valerosísimos, pero sin ninguna noción de estrategia, pues de lo contrario, no se hubiesen dejado a las espaldas aquel exiguo enemigo. Y, en efecto, lo pagaron caro. Pocas horas después, Mario se les echó encima y exterminó cien mil de ellos. Plutarco dice que los habitantes de Marsella levantaron empalizadas con los esqueletos, y que, abonadas por tantos cadáveres, las tierras dieron aquel año una cosecha jamás vista.

Tras aquella victoria, Mario regresó a Italia y aguardó a los cimbros cerca de Vercelli, allí donde Aníbal había conseguido su primer triunfo. Como sus hermanos teutones, también aquéllos demostraron más valor que cerebro. Avanzaron fanfarronamente descalzos por la nieve, y se sirvieron de sus escudos como trineos para deslizarse sobre los romanos a lo largo de las pendientes heladas, alborotando alegremente como si se tratase de un ejercicio deportivo. También allí, como en Aix, más que una batalla tuvo lugar una monstruosa carnicería.

En Roma, Mario fue acogido como un «segundo Camilo». Y, en señal de gratitud, le regalaron todo el botín capturado al enemigo. Con lo que él se hizo riquísimo y propietario de tierras «extensas como un reino». Y por sexta vez consecutiva le eligieron cónsul.

En el juego político, que por primera vez le tocaba entonces afrontar, el héroe, como suele acontecer a los héroes, se mostró menos ilustrado que en el manejo de las legiones. Había hecho promesas a sus soldados que ahora había que mantener. Y para mantenerlas, tuvo que coligarse con los jefes del partido popular: Saturnino, tribuno de la plebe y Glaucia, pretor. Eran dos canallas, expertísimos en todos los embrollos parlamentarios, que, a la sombra del popularísimo Mario, querían, sencillamente, hacer sus negocios. Las tierras fueron efectivamente distribuidas en aplicación de las leyes de los Gracos, pero, al mismo tiempo, para ganar votos para su partido, la tasa del trigo, ya bajísima, fue reducida otra vez en nueve décimas. Era una medida absurda que ponía en peligro el presupuesto del Estado. Los más moderados de los propios populares vacilaron, el Senado persuadió a un tribuno para que opusiese el veto, pero Saturnino, en contra de la legislación, presentó la ley de todos modos. Se produjeron incidentes. Para el Consulado del año 99, se presentaron candidatos para hacer de colega con Mario, Glaucia por los populares y Cayo Memmio, uno de los pocos aristócratas todavía respetados, por los conservadores. Ambos fueron asesinados por las bandas de Saturnino. Y entonces el Senado, recurriendo a las medidas de emergencia del *senato consulto* para la defensa del Estado, ordenó a Mario que hiciese justicia y restableciese el orden. Mario titubeó. No hacía otra cosa, por lo demás, desde que se había metido en política. Había envejecido, engordado, y bebía mucho. Ahora se trataba de escoger entre una rebelión abierta y la eliminación de sus amigos. Escogió el segundo camino y dejó que Saturnino, Glaucia y sus secuaces fuesen lapidados hasta morir por los conservadores que él mismo capitaneó para la ocasión. Luego, sabedor ya de que estaba mal visto por todos, por la aristocracia, que veía en él a un aliado infiel, y por la plebe, que venía en él a un traidor seguro, se retiró lleno de rencor y partió en viaje hacia Oriente.

No habían transcurrido dos años desde que Roma le recibiera triunfalmente como un «segundo Camilo». Y de haber aceptado con más filosofía aquella ingratitud, habría pasado a la Historia con un nombre inmaculado. Pero era tosco, pasional, lleno de ambiciones insatisfechas y muy convencido de ser el «hombre que hacía falta». Por lo que, cuando los acontecimientos le reclamaron en escena, volvió a presentarse sin vacilación alguna para interpretar en ella un papel más bien ambiguo.

En 91, Marco Livio Druso fue elegido tribuno. Era un aristócrata, hijo de aquel que se había opuesto a Tiberio Graco y padre de una muchacha que más tarde casaría con un tal Octaviano, destinado a convertirse en César Augusto. Propuso a la Asamblea tres reformas fundamentales: repartir nuevas tierras entre los pobres; devolver el monopolio sobre los jurados al Senado, pero después de haber añadido trescientos miembros más, y conceder la ciudadanía romana a todos los italianos libres. La Asamblea aprobó los dos primeros proyectos. El tercero no llegó a discutirse porque una mano asesina suprimió al autor.

Inmediatamente después, toda la península se alzó en armas. Tras siglos de unión con Roma, seguía siendo tratada como una provincia conquistada. Se la exprimía con los impuestos y las levas militares. Se la sometía a leyes aprobadas por un Parlamento en el que no tenía ninguna representación. Y el gran esfuerzo de los prefectos romanos en las cabezas de distrito consistió en fomentar en ellas el contraste entre ricos y pobres de manera a tenerles perpetuamente desunidos. Tan sólo algún millonario, intrigando y distribuyendo gratificaciones, obtuvo la ciudadanía romana. Pero en 126, la Asamblea prohibió a los italianos de provincias emigrar a la Urbe y, en 95, expulsó a los que ya estaban en ella.

La rebelión se extendió en un abrir y cerrar de ojos, salvo en Etruria y Umbría que permanecieron fieles. Y reclutó un ejército armado más de desesperación que de lanzas y escudos, especialmente entre los esclavos, que en seguida unieron su suerte a la de los rebeldes. Proclamaron una República federal con capital en Corfinio, que convirtió en «guerra social» esta segunda «guerra servil». Con el pánico que cundió en Roma, donde nadie se hacía ilusiones sobre la venganza que aquellos desheredados habían de incubar hacia quienes les habían oprimido durante tantos siglos, resurgió el mito de Mario, «el hombre que hacía falta». Éste improvisó un ejército con su sistema habitual, y lo condujo de victoria en victoria, pero sin reparar en gastos, devastando y matando por toda la península. Cuando ya hubieron caído más de trescientos mil hombres entre ambas partes, el Senado, con el fin de que depusieran las armas, se decidió a conceder la ciudadanía a los etruscos y a los umbros en premio a su fidelidad, y a todos aquellos que estaban dispuestos a jurarla.

La paz que siguió fue la de un cementerio, y poca gloria procuró a quien la impuso. Además, Roma mantuvo su palabra englobando los nuevos ciudadanos en diez nuevas *tribus*, que tenían que votar *después* de las treinta y cinco romanas que formaban los *comicios tri-*

bunos: o sea sin ninguna posibilidad de revocar el veredicto de éstos. Para obtener los plenos derechos democráticos, tuvieron que aguardar a César, a quien, efectivamente abrieron las puertas con mucho entusiasmo, sin darse cuenta de que él significaba el fin de la democracia.

Y he aquí que al año siguiente se reanuda la guerra: no ya «servil», no ya «social», sino *civil*. Y esta vez Mario no se limitó a aprovecharse de ella, sino que fue quien la provocó, convencido de seguir siendo «el hombre que hacía falta».

Un hombre continuaba, en efecto y por desgracia, haciendo falta. Pero ya no era él. Era el que, también por casualidad, como sucediera a los populares, habían encontrado los conservadores: el antiguo subalterno y cuestor de Mario en Numidia: Sila.

XXI. SILA

Sila fue elegido cónsul el año 88 antes de Jesucristo; es decir, poco después de la revolución social y servil que Mario había reprimido tan sanguinariamente. La elección, querida por los conservadores, resultó un poco al margen de la Constitución y de la usanza, por cuanto era la de un hombre que no había seguido un *cursus honorum* regular.

Lucio Cornelio Sila procedía de la pequeña y pobre aristocracia y siempre se había mostrado refractario a las dos grandes pasiones de sus contemporáneos: la del uniforme militar y la de la toga de magistrado. Había tenido una juventud disoluta. Se hizo mantener por una prostituta griega más vieja que él, a la cual engañó y maltrató. No se había ocupado jamás en política ni en cosas serias y tal vez ni siquiera cursó estudios regulares. Pero había leído mucho, conocía perfectamente la lengua y literatura griegas, y tenía un gusto refinado en cosas de arte.

Sus cualidades fundamentales, que eran sobresalientes, acaso no hubiesen surgido nunca si, elegido no se sabe cómo cuestor y destinado con el grado más o menos de capitán en el ejército de Mario en Numidia, no se hubiere encontrado directamente implicado en la liquidación de Yugurta. Fue él, en efecto, quien persuadió al rey de los moros, Bocco, a que le entregase el usurpador. Era un brillante operación que coronaba las ya realizadas empuñando la espada. Sila se había mostrado un magnífico comandante, sereno, sagaz, valerosísimo y con gran ascendiente sobre sus soldados. Había tomado interés por la guerra y se divertía en ella porque entrañaba juego y riesgo, dos cosas que siempre le habían agradado. Por esto siguió a Mario también en las campañas contra teutones y cimbros, contribuyendo poderosamente a sus victorias.

De vuelta a Roma, con esos méritos en su activo, hubiera podido muy bien optar a magistraturas más altas. En cambio, nada: se había aburrido. Y durante cuatro años se sumió en la vida de antes entre prostitutas, gladiadores del Circo, poetas malditos y actores sin dinero. Luego, de improviso, se presentó candidato a la pretura y fue derrotado. Entonces, roído por el orgullo que en él ocupaba el sitio de la ambición, concurrió como edil, fue elegido y encantó a los romanos ofreciéndoles, en el anfiteatro, el espectáculo del primer combate entre leones. Al año siguiente era, naturalmente, pretor; y como tal, tuvo el mando de una División en Capadocia para reponer el trono a Ariobarzanes, desposeído por Mitrídates. Con la victoria, trajo a Roma un gran botín. Pero más grande parece que fue el que se había embolsado. Estaba cansado de deudas y, antes de depender de un partido, prefería financiarse por su cuenta las campañas electorales. En efecto, no estaba adscrito a ninguno. Habiendo nacido aristócrata, pero pobre, sentía la misma indiferencia y el mismo desprecio por la aristocracia que le había «aupado» que por la plebe que le consideraba de los suyos. Había vivido siempre para sí mismo, en compañía de gentes al margen de la política. Y su litigio con Mario no se debió a cuestiones políticas, sino sólo porque se había hecho regalar por Bocco un bajorrelieve de oro en el que figuraba el rey de los moros entregando Yugurta a él, Sila, en vez de a Mario. Miserias, como se ve.

Sila se presentó al Consulado de 88, no para hacer política, sino para tener el mando del ejército que se estaba aprontando contra Mitríades en la misma turbulenta provincia de Asia Menor, donde ya había combatido contra Ariobarzanes de Capadocia. Y ganó a causa, sobre todo, de las mujeres. En efecto, se divorció, cubriéndola de regalos, de su tercera mujer, Clelia, para casarse con una cuarta: Cecilia Metela, viuda de Escauro e hija de Metelo *el Dálmata*, pontífice máximo y príncipe, esto es, presidente del Senado. Por este parentesco con una de sus más poderosas familias, la aristocracia comenzó a ver en Sila a su propio adalid. Y favoreció su elección, asignándole enseguida el codiciado mando.

El tribuno Sulpicio Rufo trató de invalidar este nombramiento y propuso a la Asamblea transferirlo a Mario quien, pese a sus setenta años, todavía solicitaba puestos, cargos y honores. Pero Sila no era un hombre dispuesto a renuncias. Corrió a Nola, donde se estaba organizando el Ejército. Y, en vez de embarcarlo para Asia Menor, lo condujo sobre Roma, donde Mario había improvisado otro para resistirle. Sila venció fácil y rápidamente, Mario huyó a África y Sulpicio fue muerto por un esclavo suyo. Sila expuso la cabeza decapitada en la rostra y recompensó al asesino libertándole primero a cambio del servicio prestado y matándole después a cambio de la traición cometida.

Después de esta primera restauración no hubo represalias, o fueron pocas. Con sus treinta y cinco mil hombres acampados en el Foro, Sila proclamó que, en adelante, ningún proyecto de ley podría ser presentado en la Asamblea sin el previo consenso del Senado y que el voto en los comicios tenía que ser dado por centurias, según la vieja Constitución serviana. Después de haberse hecho confirmar el mando militar con el título de procónsul, permitió la elección de los cónsules para el despacho de los asuntos en la Patria: el aristócrata Cneo Octavio y el plebeyo Cornelio Cinna. Y partió para la empresa que le atraía.

No avistaba todavía las costas griegas, cuando ya Octavio y Cinna andaban a la greña. Y detrás de ello, entraban en liza por las calles los conservadores, *opti-*

mates, de una parte, y los demócratas o *populares*, de la otra. La guerra social y servil de dos años antes desemboca en la guerra civil. Octavio venció y Cinna huyó, pero en un solo día se habían amontonado sobre los empedrados de la Urbe más de diez mil cadáveres.

Mario se dispuso a regresar precipitadamente de África para unirse a Cinna, que recorría las provincias para incitarlas a la sublevación. Melodramáticamente se presentó con una toga hecha jirones, sandalias deterioradas, barba larga y las cicatrices de sus heridas bien a la vista. Y en un abrir y cerrar de ojos reunió un ejército de seis mil hombres, casi todos esclavos, con los que marchó sobre la capital, quedada ya sin defensa. Fue una matanza. Octavio aguardó la muerte con calma, sentado en su sillón de cónsul. Las cabezas de los senadores, izadas en picas, fueron paseadas por las calles. Un tribunal revolucionario condenó a millares de patricios a la pena capital. Sila fue declarado desposeído del mando, todas sus propiedades quedaron confiscadas y todos sus amigos fueron muertos. Se salvó solamente Cecilia porque logró huir y reunirse con su marido en Grecia. Bajo el nuevo Consulado de Mario y Cinna, el terror continuó implacable durante un año. Buitres y perros comían en las calles los cadáveres a los que se les negaba sepultura. Los esclavos liberados siguieron saqueando, incendiando y robando hasta que Cinna, con un destacamento de soldados galos, los aisló, rodeó y degolló a todos. Por primera vez en la historia de Roma se emplearon tropas extranjeras para restablecer el orden en la ciudad.

Fueron éstas las últimas hazañas de Mario, que murió en plena carnicería, roído por el alcohol, los rencores, los complejos de inferioridad y las ambiciones defraudadas que se los habían inspirado. Lástima, para un capitán tan grande, que, antes de sumirla en la guerra civil, había salvado muchas veces a la Patria.

Quedaba Cinna, ahora prácticamente dictador, pues Valerio Flaco, elegido para el puesto de Mario, fue enviado con doce mil hombres a Oriente para deponer a Sila.

Incomunicado con la madre Patria, éste se encontraba sitiando Atenas que se había aliado con Mitrídates, el cual venía de Asia con un ejército cinco veces mayor. Era una situación casi desesperada, que podía convertirse en sin salida, si él se dejaba sorprender bajo las murallas de la ciudad por Mitrídates y por Flaco a un tiempo. Más en Sila, decía quien le conocía, dormitaban juntos un león y un zorro, y el zorro era mucho más peligroso que el león. Cierto número de «milagros», que él mismo había expresamente provocado, habían convencido a sus soldados de que era un dios y, como tal, infalible. Era tan sólo, se comprende, un formidable general que conocía perfectamente a los hombres y los medios para explotarles, con frío y lúcido cálculo, la fuerza y las debilidades. Quedado sin ayuda de dinero, se había allegado la soldada para sus tropas, permitiendo que éstas saquearan Olimpia, Epidauro y Delfos, pero siempre, acto seguido, había restablecido la disciplina. La inexpugnable Atenas fue tomada de sorpresa por asalto. Y Sila recompensó a sus soldados dejándoles la ciudad a su merced. *No se sabe cuánta gente mataron* —dice Plutarco—. *Pero la sangre corrió a ríos por las calles e inundó los suburbios.*

Después de días y más días de matanza, Sila, que con todo su amor por Grecia, su cultura y su arte asistió a ella con absoluta indiferencia, dijo que en nombre de los muertos había que perdonar a los supervivientes. Reagrupó las falanges y las condujo contra el ejército de Mitrídates que avanzaba sobre Queronea y Orcómenes. Le derrotó en una magistral batalla, y persiguió los restos a través del Heleponto hasta el corazón del Asia. Y cuando se disponía a aniquilar definitivamente las últimas fuerzas enemigas, sobrevino Flaco con la orden de sustituirle en el mando.

Los dos generales celebraron una entrevista. Y al final de la conversación, Flaco no sólo había renunciado a cumplir las órdenes, sino que se puso espontáneamente bajo las de Sila. Su lugarteniente Fimbria intentó rebelarse. Y entonces, Sila ofreció una ventajosa paz a Mitrídates, garantizándole respetar su reino dentro de los antiguos confines, y exigiendo solamente, como indemnización, ochenta naves y dos mil talentos con los que pagar a la tropa y conducirla de nuevo a la Patria. Luego, marchó hacia Lidia al encuentro de Fimbria, mas no tuvo necesidad de luchar con él, pues la tropa, apenas le vio, se unió a la suya, tal era ya el prestigio del nombre de Sila. Y Fimbria, al verse solo, se mató.

Sila volvió sobre sus pasos sin descuidar el saqueo de tesoros ni de exprimir dinero en todas las provincias por las que pasaba. Atravesó Grecia, embarcó su ejército en Patrás y el año 83 llegó a Brindisi. Cinna, que se precipitó a su encuentro para detenerlo, fue muerto por sus soldados. En Roma, estalló la revolución.

Sila traía al Gobierno un pingüe botín: quince mil libras de oro y cien mil de plata. Pero el Gobierno, todavía en manos de los populares guiados por el hijo de Mario, Mario *el Joven*, le proclamó enemigo público y mandó a su encuentro un ejército para combatirle. Muchos aristócratas huyeron de la Urbe para unirse a Sila. Uno de ellos, Cneo Pompeyo, considerado como el más brillante adalid de la «juventud dorada», le aportó un pequeño ejército personal, compuesto exclusivamente de amigos, clientes y siervos de su familia.

En combate, Mario *el Joven* fue estrepitosamente derrotado. Mas, antes de huir a Preneste, dio orden a sus partidarios de que mataran a todos los patricios que todavía quedaban en la capital. El pretor convocó al Senado, como era su derecho. Y los senadores señalados en la «lista negra» fueron degollados en sus sillones. Después, los asesinos desvalijaron la ciudad para reunirse con Mario y las demás fuerzas populares que se disponían a jugar la última carta contra Sila. La batalla de la Puerta Colina fue una de las más sangrientas de la Antigüedad. De los cien mil y pico de hombres de Mario, más de la mitad yacieron sobre el terreno. Ocho mil prisioneros fueron degollados sin discriminación. Y las cabezas decapitadas de los generales, izadas en picas, fueron llevadas en procesión bajo los muros de Preneste, último bastión de la resistencia popular que poco después se rindió. Mario se había matado ya. También su cabeza fue cortada, mandada a Roma e izada en el Foro.

El triunfo que la capital dispensó a Sila el 27 y 28 de enero del 81 fue inmenso. El general iba seguido por el cortejo entusiasta de los proscritos por Mario, todos con coronas de flores en la cabeza, que le aclamaban como padre y salvador de la Patria. Y los soldados no se mofaban esa vez de su capitán: lanzaban hosannas. Sila celebró los sacrificios de ritual en el Capitolio y después arengó a la muchedumbre en el Foro refiriendo con hipócrita modestia la increíble serie de éxitos que le habían conducido hasta allí y atribuyéndolos solamente a la suerte, en honor de la cual pidió, o, mejor, impuso, que se le reconociese el título de *felix*, que, literalmente, quería decir feliz, pero que en aquel caso significaba besado por el destino, ungido por el Señor, en una palabra «el hombre de la Providencia». El pueblo se inclinó y, en gratitud, decidió erigirle la primera estatua ecuestre, de bronce dorado, que se había visto en Roma, donde jamás se toleró que nadie fuese representado más que a pie.

No fue ésta la única novedad que Sila introdujo para subrayar lo absoluto de sus poderes. Fue el verdadero inventor del «culto a la personalidad». Hizo acuñar nuevas monedas con su perfil e introdujo en el calendario, como obligatorias, las «fiestas de la victoria de Sila». Desde lo alto de su totalitarismo de dictador, trató a Roma como a una ciudad cualquiera conquistada, dejándola bajo la guardia de su ejército en armas y sometiéndola a la más feroz represión. Cuarenta senadores y dos mil seiscientos caballeros que se habían puesto de parte de Mario fueron condenados a muerte y ajusticiados. Premios de hasta cinco millones de liras fueron otorgados a quienes entregaban, vivo o muerto, a un proscrito fugitivo. El Foro y las calles se adornaron con cabezas decapitadas, alegremente, como hoy se hace con globos de colores. *Maridos* —dice Plutarco— *fueron degollados en brazos de sus mujeres, e hijos entre los de sus madres*. Hasta muchos de los que trataron de contemporizar sin tomar partido por nadie fueron suprimidos o deportados, especialmente si eran ricos: Sila tenía necesidad de sus patrimonios para cebar a sus soldados. Uno de los sospechosos era un jovenzuelo llamado Cayo Julio César, que, sobrino de Mario por parte de la mujer de éste, rehusó renegar de su tío. Algunos amigos se interpusieron y el joven salió del paso con una condena a confinamiento. Al firmar la sentencia, Sila dijo, como para sus adentros: «Cometo una tontería, porque en ese chico hay muchos Marios.» A pesar de lo cual la firmó igualmente.

Pocos días después de haberse instalado definitivamente en el poder, Sila se enfrentó, en una ceremonia pública, con el gesto de insubordinación de uno de sus más fieles lugartenientes, Lucrecio Ofella, el conquistador de Preneste, un bravo soldado, pero fanfarrón e indisciplinado. Delante de las tropas, que, sin embargo, le adoraban, Sila le hizo apuñalar por un guardia, como Hitler habría de hacer, dos mil años más tarde, con Roehm, y Stalin, con docenas de amigos suyos. Era la señal de la «normalización».

Sila gobernó en autócrata durante dos años. Para colmar los vacíos provocados por la guerra civil en la ciudadanía, concedió ese derecho a extranjeros, sobre todo españoles y galos. Distribuyó tierras a más de cien mil veteranos, especialmente en Cumas, donde él mismo poseía una finca. Para desanimar el urbanismo, abolió las distribuciones gratuitas de trigo. Rebajó el prestigio de los tribunos y restableció la regla de los diez años de intervalo para quien concurriera por segunda vez al Consulado. Dio sangre nueva al Senado, vaciado por las matanzas, con trescientos nuevos miembros de la gran burguesía fieles a él; y le restituyó todos los derechos y privilegios de que había gozado antes de los Gracos. Era, verdaderamente, una «restauración aristocrática». La llevó a fondo y licenció al Ejército decretando que a partir de entonces ninguna fuerza armada podía apostarse más en Italia. Después, considerando concluida su misión, y en medio del pasmo general, volvió a poner sus poderes en manos del Senado, restableciendo el gobierno consular. Y, como un particular cualquiera, se retiró a su villa de Cumas.

A la sazón, Cecilia Metela había muerto ya. Enfermó poco después del triunfo de su marido, quien, como se trataba de una dolencia infecciosa, la hizo trasladar a otra casa donde dejó que reventara como un perro sarnoso.

Poco antes de la abdicación, Sila, ya sobre la sesentena, había conocido a Valeria, una hermosa muchacha de veinticinco años. El azar la puso a su lado, en el Circo. Ella vio un pelo en la toga del dictador y se lo quitó. Sila se volvió a mirarla, asombrado primeramente por su osadía y después, por su primorosa belleza. «No te preocupes, dictador —le dijo ella—, también yo quiero participar, aunque sea por un pelo, de tu suerte.» Al parecer, fue el único amor desinteresado y verdadero de Sila, demasiado egoísta para alimentar esos sentimient. Casóse con ella poco después y nadie puede saber cuánto influyó sobre sus propósitos de abdicación el deseo de gozar plenamente de aquella joven y bella esposa.

El día en que, depuesto el poder y las insignias de mando, volvió a casa como un particular cualquiera, en medio del aterrorizado y empavorecido silencio de los transeúntes, uno de éstos se puso a seguirle, injuriándole. Sila no se volvió, ni menos cuando el marrano le dirigió un grosero ademán. Sólo dijo a los pocos amigos que le acompañaban: «¡Qué imbécil! Después de ese ademán, no habrá ya dictador en el mundo dispuesto a abandonar el poder.»

Pasó los últimos dos años de su vida haciendo el amor con Valeria, cazando, discurriendo de filosofía con los amigos y escribiendo sus *Memorias*, que nos han llegado sólo a trozos. El «Feliz» parece ser que lo fue y de veras en aquel crepúsculo de su existencia, que había sido plena y sin decepciones ni lamentos (no era capaz de remordimientos), tal como la había soñado al asomarse a ella. Entre sus veteranos de Cumas, permaneció lúcido y vigoroso hasta el último día, dirimiendo sus controversias con su habitual manera imperiosa y expedita. Cuando un tal Granio le desobedeció a propósito de no sé qué bagatela, le hizo acudir a su habitación y estrangular por los siervos, como en los tiempos en que era dictador. Su orgullo y su prepotencia no menguaron ni siquiera cuando se vio cara a cara con la muerte, que llamaba a su puerta en forma de una úlcera maligna que tal vez fuese cáncer. Con sus ojos celestes y fríos bajo la cabellera dorada, con aquel rostro pálido que semejaba «una baya de morera salpicada de harina», como decía Plutarco, siguió ocultando sus sufrimientos bajo una sonrisa alegre y palabras jocosas. Antes de expirar, dictó su propio epitafio:

«Ningún amigo me ha hecho favores, ningún enemigo me ha inferido ofensa, que yo no haya devuelto con creces.»

Era verdad.

XXII. UNA CENA EN ROMA

La restauración de Sila tenía un defecto fundamental: era, precisamente, una «restauración», o sea algo que negaba las exigencias o, como se diría hoy, las «instancias» que habían provocado la revolución. Para llevar a cabo una obra vital y duradera, no le faltó a su autor lo más necesario: la confianza en los hombres. Los cuales no se la merecen, pero la exigen en aquellos que se proponen guiarles. Sila no creía en nada y mucho menos en la posibilidad de mejorar a sus semejantes. El amor que tenía por sí mismo era tan grande que no le quedaba para ellos. Les despreciaba y estaba convencido de que la única cosa a hacer era mantenerles en orden. Por esto creó un formidable aparato policíaco y lo dejó en arriendo a la aristocracia: no porque la estimase, sino porque estaba convencido de que los otros, los *populares*, eran aún más despreciables y de que cada reforma suya habría empeorado las cosas.

La consecuencia fue que diez años después de su muerte su obra política estaba hecha añicos.

Los patricios, que se encontraban de nuevo con todo el poder en sus manos, en vez de usarlo para poner de nuevo orden en el Gobierno y en la sociedad, lo aprovecharon para robar, corromper y matar. Todo, entonces, no era más que cuestión de dinero. Comprar la elección a un cargo era una operación normal, y había una industria apropiada para procurar votos, con técnicos especializados: los *intérpretes*, los *divisores* y los *embargadores*. Para conseguir la elección de su amigo Afranio, Pompeyo invitó a su palacio a los jefes de tribu y contrató sus sufragios como si fuesen sacos de manzanas. En los tribunales ocurrían cosas peores. Léntulo Sura, absuelto por los jueces por dos votos de mayoría, dijo, dándose una palmada en la frente: «Mala suerte, he comprado uno de más. ¡Y al precio que me han salido…!»

Puesto que todo dependía del dinero, el dinero se había convertido en la única preocupación de todos. En la burocracia había aún, se comprende, funcionarios competentes y honrados. Mas la mayoría eran ladrones incompetentes que, por ejercer un cargo en la administración de una provincia, no sólo renunciaban a los honorarios, sino que los pagaban, seguros de que en un año se resarcirían sobradamente. Y, en efecto, se resarcían: con los impuestos, con la rapiña, con la venta de los habitantes como esclavos. César, cuando le fue asignada España, debía a sus acreedores algo así como quinientos millones de liras. En un año lo devolvió todo. Cicerón se ganó el título de «hombre de bien» porque en su año de gobierno en Cilicia, puso de lado tan sólo setenta millones y, en sus cartas, lo pregonó a todos como un ejemplo.

Los militares no se comportaban mejor. De sus empresas en Oriente, Lúculo volvió millonario a su casa. Pompeyo trajo de las mismas regiones un botín de seis o siete mil millones al tesoro del Estado y de quince, al suyo particular. Era tal la facilidad de multiplicar el capital cuando se tenía el suficiente para comprarse un cargo, que los banqueros se lo prestaban a quien no lo tenía al tipo de un cincuenta por ciento de interés. El Senado prohibió a sus miembros practicar esa innoble usura. Pero la prohibición fue soslayada con nombres prestados. Incluso hombres de gran dignidad como Bruto estaban asociados con usureros que administraban su dinero prestándolo en aquellas condiciones. En manos de una clase dirigente tan corrupta, Roma se había convertido ya en una bomba que aspiraba dinero en todo su imperio para permitir a una categoría de sátrapas una vida cada vez más fastuosa y un lujo cada vez más insolente.

Una noche, Cicerón comenzó a tomar el pelo a Lúculo por la fama que éste había adquirido de refinado glotón. Cicerón era un joven abogado de Arpino, hijo de un agricultor acomodado, que le había dado una buena educación. A los veintisiete años apenas y aún casi del todo desconocido, afrontó un proceso célebre y muy peligroso para él: se trataba de defender a Roscio contra Crisógeno, que era un gran favorito de Sila, a la sazón todavía dictador. Resultó triunfador con un discurso magistral. Después, por temer acaso alguna represalia por parte de Sila, partió a Grecia donde permaneció tres años estudiando la lengua, la oratoria de Demóstenes y la filosofía de Posidonio, mediocre epígono de Sócrates y de la escuela estoica.

Volvió tres años después —cuando Sila había muerto ya—, se casó con Terencia y su dote, que era conspicua, y con su profesión de abogado se dedicó a la política, que, por lo demás, estaba estrechamente ligada a aquélla. A poco, se hizo cargo de otro célebre proceso, contra Verres, un senador que siendo gobernador de Sicilia cometió toda suerte de latrocinios y bribonadas, pero que contaba con el apoyo de toda la aristocracia. Se encontró frente a Hortensio, el príncipe del Foro romano, abogado de confianza de la aristocracia y del Senado. Aquella causa fue un poco el *affaire* Dreyfus de la época, con los patricios de una parte, y el pueblo, mas sobre todo la gran burguesía *equestre*, de la otra. Y una vez más venció Cicerón, quitándole el cetro de las manos a Hortensio y convirtiéndose así en el ídolo de una clase social que era, además, aquella en que él mismo había nacido.

Lúculo era un ex lugarteniente de Sila, que durante ocho años había continuado su obra en Oriente, combatiendo a Mitrídates. Procedía de una familia aristocrática, pobre y mal reputada. Decían que su padre se había dejado corromper por los esclavos insurrectos de Sicilia, que su abuelo había robado estatuas y que su madre tenía más amantes que pelos en la cabeza. Tal vez todo eran calumnias. Como fuere, Lúculo no había manifestado desde joven ninguno de esos vicios; tenía solamente una gran ambición y todas las cualidades para satisfacerla: inteligencia, elocuencia, cultura y valor. Mientras vivió Sila, que tenía una debilidad para con él, la carrera le fue fácil. Muerto el protector, no vaciló, para continuarla, en procurarse los favores de una mujer, Precia, muy influyente por sus intrigas amorosas, gracias a la cual obtuvo el proconsulado de Cilicia, o sea la posibilidad de seguir mandando, de guerrear, de vencer y de enriquecerse con los despojos del enemigo. Para alcanzar, como capitán, la talla de los Mario, los Sila o los César, le faltó una sola cualidad: la intuición psicológica. Condujo a sus soldados de victoria en victoria, pero los fatigó hasta el punto de provocar motines. Y así como obtuvo el mando mediante intrigas, por intrigas lo perdió. Reclamado en Roma, se retiró de la vida pública dedicándose a gozar de sus riquezas, que eran inmensas, de las cuales alardeaba con insolencia. La villa de Miseno le había costado más de mil millones de liras, la finca de Túsculo tenía más de veinte mil hectáreas y el palacio que se hizo construir en el Pincio era célebre por la galería de estatuas, por los valiosos manuscritos que había saqueado en Oriente, por los jardines donde cultivaba con interés de botánico apasionado plantas hasta entonces ignoradas en Roma, como el cerezo, y, sobre todo, por su cocina, laboratorio de las más refinadas exquisiteces. Decíamos, pues, que Cicerón, una noche, en una reunión de amigos, se puso a tomarle el pelo a Lúculo por su glotonería diciendo que se trataba de una «pose» y apostando que si se iba a su casa sin avisar a los cocineros, se encontraría con una cena frugal, de campesinos o de soldados. Lúculo aceptó el desafío, invitó a todos a hacer una visita y sólo pidió permiso para dar a su servidores la orden de que pusieran la mesa para todos en la sala de Apolo. Esto bastaba para hacer comprender a su personal de qué se trataba; en la sala de Apolo, una cena no podía costar menos de doscientos mil sestercios. Eran obligatorios, como entremeses, mariscos, pajaritos de nido con espárragos, pastel de ostra, etc. Después, venía el yantar propiamente dicho: tetas de lechona, pescado, ánades, liebres, guanajos, pavos reales de Samos, perdices de Frigia, morenas de Gabes y esturiones de Rodas. Quesos, dulces y vinos.

Plutarco, que nos cuenta el episodio, no dice quiénes tomaron parte en el banquete. Pero debían de participar en él la flor y nata de la sociedad romana. No faltaba, ciertamente, Marco Licinio Craso, un aristócrata, hijo de un famoso lugarteniente de Sila, que se quitó la vida antes de rendirse a Mario. Sila recompensó al huérfano permitiendo que comprara a precios de saldo los bienes de los marionistas proscritos y permitiéndole organizar el primer cuerpo de bomberos que existió en Roma. Cuando estallaba un incendio, Craso corría al sitio, pero en vez de apagar las llamas, contrataba sobre la marcha el edificio que ardía al propietario, que siempre consentía librarse de aquél. Y sólo cuando era suyo ponía en acción las bombas. De lo contrario, dejaba arder el edificio.

Otro que sin duda debió de estar presente era Tito Pompeyo Ático, que, si bien de ascendencia burguesa, representaba un tipo de aristócrata más refinado. No teniendo necesidad de mancharse con negocios sucios porque ya era riquísimo de familia, había cuidado tan sólo de perfeccionar su cultura en Atenas. Allí le conoció Sila y quedó tan seducido que quiso que fuera colaborador suyo. Mas Ático había renunciado para seguir estudiando. Después invirtió su patrimonio, que ascendía a casi mil millones, en una finca ganadera en Epiro, en adquirir viviendas en Roma, en una escuela de gladiadores y en una casa editorial para libros de alta cultura. Cicerón, Hortensio, Catón y muchos otros grandes personajes de la época se servían de él, además de como consejero financiero, como banca de depósito. Y tales eran la estima y el prestigio de que gozaba que, si bien vivía frugalmente, en verdadero epicúreo, no había salón de la sociedad romana donde no estuviese invitado, ni fiesta en la que no participase.

Y también debió de hallarse seguramente Pompeyo, el favorito y yerno de Sila, quien, con cierta ironía, le llamaban *el Grande*. De linaje ecuestre, o sea burgués, también él era el «príncipe azul» de la «juventud dorada» de Roma. Se había ganado la victoria en el campo de batalla y un triunfo, aún antes de alcanzar la mayoría de edad. Y era tan bello que la cortesana Flora decía no poder separarse de él sin darle un mordisco. Pasaba por ser un joven íntegro y, para aquel tiempo, lo era: procuraba hacer el bien de todos con el mismo empeño con que buscaba el suyo propio. Se le atribuían muchas ambiciones. En realidad, tenía una sola: la de estar, en todo, por encima de todos. Pero, más que una ambición, era una vanidad.

Eran todos personajes que, en la Roma estoica de tres siglos antes, no se habrían encontrado. Y no sólo por su modo de vestir refinado, por los platos que comían y por las conversaciones que sostenían en un hermoso latín, terso y limpio, aderezado con citas literarias, sino también porque en aquellas fiestas participaban mujeres salidas ya de su estado de sumisión. Clodia, la mujer de Quinto Cecilio Metelo, era en aquellos tiempos la «primera dama» de la ciudad y hacía escuela sobre las demás. Era feminista, salía sola de noche y cuando encontraba a un conocido, en vez de bajar púdicamente los ojos como todavía se estilaba, le abrazaba y le besaba. Invitaba a cenar a los amigos cuando su marido estaba ausente, afirmaba el derecho a la poligamia también para las mujeres y lo practicó sin tacañería, tomando amantes a docenas y plantándoles con mucha gracia, pero sin remordimientos. Uno de ellos fue Catulo, que no consiguió olvidarla jamás y mordido por los celos los desahogó en sus versos, donde ella aparece con el nombre de Lesbia. Celio, otro abandonado, para vengarse, la acusó ante el tribunal de haberle querido envenenar y la llamó públicamente *quadrantaria*, que quiere decir «cuarto de centésimo»: la tarifa de las prostitutas pobres. Clodia fue condenada a una multa: no porque fuese culpable, sino por ser hermana de Publio Clodio, uno de los jefes del partido radical, aborrecido por los aristócratas entonces omnipotentes y enemigo jurado de Cicerón, que defendió a Celio diciendo que le fastidiaba acusar a una mujer y especialmente a aquella que se había mostrado tan buen amiga de tantos hombres.

Con esos ejemplos ante la vista, era difícil a las muchachas convertirse en buenas madres de familia. Dictados únicamente por cálculos políticos y de intereses, los matrimonios se hacían y se deshacían con gran desenfado. Para hacer carrera, Pompeyo se divorció de la primera mujer para casarse con Emilia, hijastra de Sila. Después, habiendo enviudado, se desposó con Julia, hija de César, quien cambió de esposa cinco veces y las engañó regularmente a todas. «Esta ciudad —decía Catón— ya no es más que una agencia de matrimonios políticos enmendados por los cuernos.» Y Metelo *el Macedonio*, en su acongojado discurso de sus compatriotas, les invitó a poner orden en su vida familiar, diciendo: «Yo también comprendo que una mujer es tan sólo una molestia...» El matrimonio *con mano*, o sea, el que no admitía divorcio, había prácticamente desaparecido para permitir a los cónyuges repudiarlo cuando quisieran. Y bastaba, para hacerlo, una simple carta. No se quería tener hijos, porque hubieran sido un estorbo. Se habían convertido en un lujo que sólo los pobres podían ya permitirse. Sin las preocupaciones del embarazo, la lactancia y las enfermedades de los hijos, las esposas buscaban, como se diría hoy, «evasiones». Y las hallaban sobre todo en las intrigas amorosas y en la cultura, que entonces comenzaba ya a convertirse en un hecho mundano y de salón.

Los gustos literarios de aquella sociedad rica y frívola no se orientaron hacia el más gran poeta y escritor de la época, Lucrecio. El autor de *De rerum natura* fue, probablemente, un aristócrata, mas vivió muy retirado también por razones de salud: parece ser que estaba afligido por una forma cíclica de manía depresiva y su inspiración era demasiado elevada, trágica y profunda para estar de moda. El que hacía furor era Catulo, poeta fácil y sentimental, algo entre Gozzano y Géraldy. Era un burgués de Verona, acomodado y avaro, quejumbroso siempre de su pobreza, pero que poseía una casa en Roma, una villa en Tívoli y otra a orillas del Garda. Gustaba a las señoras porque hablaba solamente de amor y había convertido en flexible y elegante una lengua que parecía hecha tan sólo para códigos de leyes y proclamas de victoria.

Con él iban frecuentemente Marco Celio, un aristócrata desdinerado, simpatizante con las ideas comunistas; Licinio Calvo, un dilettante de poesía y de oratoria no carente de ingenio, y Helvio Cinna, quien, después de la muerte de César, fue confundido con uno de los asesinos y muerto por la multitud. Eran todos intelectuales «de izquierda», que se oponían a la dictadura sin hacer nada para defender la democracia. Pero ejercieron una influencia tal vez superior a sus méritos, porque entonces tenían a su disposición, además de los salones y las mujeres, una verdadera editorial para propagar sus propias obras.

Ático había introducido el pergamino y hacía «volúmenes» (que quiere decir «rollos») con páginas compuestas de dos o tres «columnas» de manuscrito. Dedicados a llenarlos a mano estaban esclavos especializados, a los que se pagaba solamente la manutención. Tampoco los autores eran retribuidos más que con algún donativo ocasional, por lo que, prácticamente, sólo los ricos podían dedicarse a la literatura. Una edición alcanzaba casi siempre el millar de ejemplares que se distribuían entre los libreros en cuyas tiendas iban a comprarlos los aficionados. Fue uno de éstos, Cayo Asinio Polión, quien instituyó la primera biblioteca pública de Roma.

Este progreso técnico estimuló la producción. Terencio Varrón publicó sus ensayos sobre la lengua latina y sobre la vida rural. Salustio, entre una batalla política y otra, dio a la estampa sus *Historias*, magníficamente escritas, pero más bien partidistas. Y Cicerón, convertido ya en «el maestro» por excelencia del arte oratoria, tradujo en libros sus discursos, de los que solamente cincuenta y siete han llegado hasta nosotros.

La cultura, en suma, no era ya el monopolio de algún especialista solitario, sino que había comenzado a difundirse en aquella sociedad que a la sazón ya le volvía resueltamente la espalda a las rudas costumbres y a la sana ignorancia de la primera era republicana. Se acercaba a la que suele llamarse «la edad de oro» de Roma y que, como todas las «edades de oro», preludió la agonía de su civilización.

XXIII. CICERÓN

Pompeyo y Craso, a quienes hemos encontrado en el capítulo precedente, no eran tan sólo unos intrigantes y buenos vividores, sino también hombres políticos que pretendían desempeñar un papel de primer plano. Y lo consiguieron, aun cuando, después, ambos tuvieron que pagarlo con su vida.

Como favoritos de Sila, su carrera fue al principio fácil. A ellos, en efecto, después de retirarse el dictador, recurrió el Senado poniéndoles al frente de sendos ejércitos para dominar las revueltas de España y de Italia.

España se había rebelado ya varias veces contra las depredaciones de los gobernadores romanos. Mas a la sazón, a las depredaciones se habían agregado crueldades inútiles. En 98, el general Didio, a ejemplo de su predecesor Sulpicio Galba, atrajo a su campamento a una tribu entera de indígenas con la promesa de un reparto de tierras y la exterminó. Un oficial suyo, Quinto Sertorio, indignado por una barbarie tan inútil, desertó, llamó a las armas a las otras tribus, organizó con ellas un ejército y durante ocho años lo condujo de victoria en victoria contra los romanos, gobernando sabiamente la «provincia» otros tantos. Metelo, el general que el Senado mandó para combatirle, al no conseguir reducirlo, prometió algo así como doscientos millones de liras y diez mil hectáreas de tierras a quien lograse matarle. Perpena, otro refugiado romano en el campo de Sertorio, le apuñaló. Mas, en vez de ir a cobrar el premio, prefirió hacerse cargo de la herencia del muerto y continuar la guerra por su cuenta. Entonces el Senado mandó a Pompeyo, que derrotó fácilmente al renegado, lo capturó y lo suprimió, devolviendo España a las depredaciones de los gobernadores.

Más grave era la revuelta que mientras tanto estaba ensangrentando a Italia. Léntulo Baciate poseía en Capua una escuela de gladiadores, frecuentada, naturalmente, por esclavos, que en ella se preparaban, prácticamente, a morir en el Circo para diversión de los espectadores. Un día, doscientos de ellos intentaron huir, setenta y ocho lo consiguieron, saquearon los contornos y eligieron como jefe a un tracio llamado Espartaco, que debía de ser hombre de buen linaje y de notables cualidades. Lanzó un llamamiento a todos los esclavos de Italia, que se contaban por millones, organizó a setenta mil de ellos en un ejército sediento de libertad y de venganza, les enseñó a fabricarse las armas y derrotó a los generales que el Senado le mandó para reducirle.

Estas victorias no le embriagaron. Era un político avisado y sabía muy bien que la suya era, a la larga, una lucha sin esperanza. Por lo que encaminó a su horda hacia los Alpes, con el propósito, una vez cruzados, de disolverla y de mandar a cada cual a su casa. Así al menos lo cuenta Plutarco. Mas sus secuaces quisieron volver atrás, se pusieron a saquear ciudades y campos, y Espartaco, que debía de ser hombre de conciencia y que trataba de impedir aquellos actos de bandidaje, no tuvo el valor de abandonarles. Perdió una batalla y ganó todavía otra a Casio. Y, finalmente, se encontró frente por frente con la Urbe, que se quedó sin resuello, aterrada, al ver que todos los esclavos de Italia y los de la misma Roma, donde constituían una peligrosa quinta columna, se unían a los insurrectos y formaban un alud con ellos.

Entonces fue entregado el mando a Craso, bajo cuyas banderas se alistó voluntariamente la flor de la aristocracia. Espartaco se dio cuenta de que tenía frente a sí el Imperio y se retiró hacia el Sur, con el propósito de trasladar sus fuerzas a Sicilia y de allí, a África. Craso le persiguió, alcanzó su retaguardia y la destruyó. Le acosó. A marchas forzadas, Pompeyo estaba llegando a España con sus legiones. Consciente de haber llegado ya el fin, Espartaco atacó, se lanzó personalmente en medio de la refriega, mató con su mano a dos centuriones y fue a su vez talmente acribillado a heridas que no hubo después posibilidad de identificar su cadáver.

La mayor parte de sus hombres perecieron con él. Cerca de seis mil, desalojados de los bosques donde se ocultaban, fueron crucificados en los bordes de la Vía Apia.

Corría el año 71 y los dos victoriosos generales, de retorno a Roma, no licenciaron sus ejércitos, como prescribía la ley y como deseaba el Senado. No se querían entre sí: eran ambos demasiado ricos, demasiado afortunados y demasiado ambiciosos. Pero cuando el Senado negó el triunfo a Pompeyo y la distribución de tierras que éste había prometido a sus veteranos, se aliaron y acamparon amenazadoramente a sus hombres en los contornos de la misma ciudad.

Inmediatamente, los *populares*, que desde la muerte de Sila acechaban el momento de vengarse de las vejaciones de la aristocracia, se pusieron de su parte, les nombraron adalides propios y les eligieron cónsules para el año 70. Pompeyo y Craso no eran en absoluto *populares*: pertenecían, por contra, por su nacimiento, a la alta burguesía. Mas el ciego egoísmo de la aristocracia había surtido precisamente este efecto: empujar a la alta burguesía al lado del proletariado. En efecto, los dos cónsules adoptaron, como medidas previas, la de restablecer el poder de los tribunos, que Sila había desautorizado, y de suprimir a los patricios el monopolio de los jurados en los tribunales, readmitiendo a la vez a los caballeros. Después de lo cual renovaron su alianza para el reparto de las ventajas personales.

Pompeyo tendría el mando supremo de las operaciones en Oriente, sustituyendo a Lúculo y añadiendo a sus poderes de general los de almirante, para la represión de los piratas del Mediterráneo que hacían inseguras las rutas hacia Asia Menor; en compensación, se comprometía a abrir de nuevo los mercados orientales a las inversiones de los banqueros aliados de Craso, que se convertía así en su patrón supremo.

En el Senado, que se opuso unánimemente a esta medida, una sola voz se elevó para defenderla: la de un joven, todavía casi desconocido y poco querido por sus aristocráticos correligionarios: Julio César. La Asamblea la aprobó con igual unanimidad, arrastrada por otro joven: Cicerón. La victoria de la Asamblea y de Pompeyo marcó el fin de la supremacía patricia y de la restauración silana que se apoyaba en aquélla y tuvo consecuencias decisivas sobre el desarrollo de los acontecimientos. A poco de la partida de Pompeyo al frente de ciento veinticinco mil hombres, quinientas naves y ciento cincuenta millones de sestercios, restablecióse el comercio con Oriente y como consecuencia bajó el precio del trigo, sostén de la aristocracia agraria.

Sólo un acontecimiento turbó aquel pacífico y progresivo retorno a la democracia, insuflando oxígeno a la reacción. Nosotros sólo conocemos a Lucio Sergio Catilina más por las descripciones de sus enemigos y, particularmente, por las de Salustio y Cicerón. Este último nos lo pinta como un *turbio individuo en perpetuo litigio con Dios y con los hombres, que no lograba hallar paz ni en el sueño ni despierto: de ahí su tez terrosa, sus ojos inyectados en sangre, su andar epiléptico: en suma, su aspecto de loco.* Lo malo es que Cicerón era, por parte de su mujer, concuñado de una vestal, de cuya desfloración Catilina había sido acusado. En el proceso fue absuelto. Mas en los salones se decía que era verdad y que no constituía ninguna sorpresa puesto que ya había asesinado a su propio hijo para complacer a la amante.

Tal vez también por esa hostilidad que encontraba por doquier, Catilina, por bien que de ascendencia aristocrática, se pasó al grupo de los más ardorosos *popula-*

res y se tiñó de jacobinismo. Su programa era radical: reclamaba la abolición de todas las deudas para todos los ciudadanos. Y se empezó a susurrar que ya había organizado una banda de cuatrocientos desesperados para matar a los cónsules y adueñarse del Gobierno.

En realidad, nadie vio jamás a esa famosa banda, y Catilina se contentó con presentar muy democráticamente su candidatura al Consulado, esperando, evidentemente, que con su nombre se lograse la unanimidad antisenatorial que tan bien había funcionado para Craso y Pompeyo. Pero la alta burguesía, a la que pertenecían los acreedores y que recelaba mucho de aquella especie de comunista, esa vez no tragó. Estaba con la plebe cuando se trataba de mermar los monopolios de la aristocracia, pero estaba con la aristocracia, y por ende con el Senado, cuando entraban en juego el Estado y el capitalismo.

Advirtióse en la actitud de Cicerón que opuso su propia candidatura a la de Catilina y venció predicando la «concordia de los órdenes», es decir, la Santa Alianza de la aristocracia con la alta burguesía, de la cual fue durante aquel año el gran intérprete.

Cateado en las elecciones, como hoy se diría, Catilina se puso a organizar la famosa conjuración, reuniendo secretamente en Fiésole a algunos millares de partidarios y constituyendo una quinta columna en el interior de la ciudad. Integraban ésta un poco de todo: esclavos, senadores y dos pretores, Cetego y Léntulo. Arropado con esta fuerza volvió a presentarse el año siguiente a las elecciones y, para asegurarse el triunfo, tramó el asesinato de su rival y de Cicerón.

Ésta fue al menos la versión que aquél nos dio cuando, para el recuento de votos, se presentó en el Campo de Marte seguido de sus hombres armados. Catilina resultó derrotado una vez más.

El 7 de noviembre del 63, Cicerón dijo que durante la noche los conspiradores habían ido a su casa para matarle, pero que fueron rechazados por sus guardias. Y el día siguiente, al encontrar a Catalina en el Senado, pronunció contra él aquel célebre discurso («¿Hasta cuándo, Catilina, abusará de nuestra paciencia...?») que todavía constituye la cruz y la delicia de los estudiantes de Bachillerato. Para aquella requisitoria no le bastó un día, necesitó tres. Fue su obra maestra, en la que prodigó en igual medida todos los tesoros de su elocuencia rotunda y cantarina, de su vanidad y de su marrullería.

El 3 de diciembre, consiguió arrancar una orden de detención contra Léntulo, Cetego y otros cinco conspiradores de alto rango. Pero ya Catilina, de noche y sigilosamente, había abandonado Roma y reunídose con sus tropas en Toscana. El 5, Cicerón pidió que los prisioneros fuesen condenados a muerte. Silano y Catón *el Joven* le apoyaron. Y para defender a los acusados, de nuevo elevóse una sola voz, una voz fresca y joven: la de César, fiel abogado de los *populares*, que pidió una simple prisión preventiva. Su oratoria, en oposición a la de Cicerón, era sobria y descarnada. Cuando hubo terminado de hablar, algunos jóvenes aristócratas intentaron matarle. César logró escapar, mientras Cicerón se dirigía a la cárcel para hacer cumplir la sentencia, y el otro cónsul, Marco Antonio, padre de un muchacho destinado a ser más famoso que él, partía al frente del Ejército para aniquilar a Catilina.

La batalla tuvo lugar cerca de Pistoia y ninguno de los insurgentes se rindió. Aplastados por el número, combatieron hasta el último hombre, en torno a su bandera, las águilas de Mario, y de Catilina, que siguió su suerte.

El primer sorprendido y entusiasmado por la energía que había demostrado fue Cicerón, que no sospechaba tuviese tanta. En un discurso al Senado dijo, modestamente, que la empresa realizada era tan grande que rebasaba los límites de las posibilidades humanas. Y presentando de tal manera la candidatura a la divinización, añadió que se habría parangonado a sí mismo con Rómulo si la salvación de Roma no hubiese sido un acontecimiento más glorioso que su fundación.

Los senadores se rieron de aquel lenguaje, pero le

otorgaron gustosamente el título de «Padre de la Patria». Y cuando, a fines del 63 dejó el cargo, le escoltaron en signo de homenaje hasta su casa. Todo esto contribuyó aún más a que se le subiesen los humos a la cabeza al gran orador, que ya se consideró como el árbitro de Roma. Poseía villas en Arpino, Pozzuoli y Pompeya, una finca de cincuenta mil sestercios en Formia, otra de quinientos mil en Túsculo y un palacio de tres millones y medio en el Palatino. Todo era comprado con préstamos de los clientes, pues la Ley prohibía a los abogados presentar «minutas». Y los «préstamos», que, naturalmente, no se rembolsaban, sustituían a aquéllas. Pero Cicerón imaginó, además, otro medio para enriquecerse: los testamentos, en los que se hacía nombrar heredero. En treinta años heredó de su clientela veinte millones de sestercios, mil millones de liras.

Era lógico que un hombre semejante predicase la «concordia de los órdenes», buscando un punto de equilibrio que no fuese la ceñuda reacción de una casta aristocrática a la que no pertenecía, ni tampoco el progresismo de quienes abogaban por una nivelación general.

Rico como era, príncipe del Foro y «Padre de la Patria», parecía que ya no había de faltarle nada. En cambio, le faltaba la cosa más importante: paz en la familia. Terencia era una esposa virtuosa e insoportable que le emponzoñó la vida con sus nervios, sus achaques reumáticos y una elocuencia no inferior a la del marido. En una casa, dos oradores son demasiados. El príncipe del Foro, en la suya, cedía el cetro a su mujer, que lo usaba a propósito y despropósito para lamentarse continuamente de algo. Cuando por fin se decidió a dejarlo viudo, Cicerón la remplazó con Publilia, que le aportó una dote no inferior a la de la pobre difunta. Pero luego la echó porque no le caía en gracia a su hija Tulia, su único, verdadero y desinteresado afecto.

Después del asunto Catilina, su estrella política comenzó a declinar, si bien algún resplandor le quedase todavía reservado bajo César, del cual fue alternadamente amigo y enemigo, como veremos, pero a quien no le perdonó el hecho de ser un orador por lo menos tan grande como él, aunque en un estilo distinto. Sus ocios literarios se tornaron cada vez más intensos y a ellos debemos algunas de las más bellas páginas de la lengua latina. A nosotros nos agradan, sobre todo, por su prontitud, las cartas, llenas de anécdotas autobiográficas. Las escribió en profusión y se describió en ellas tal cual era: un trabajador asiduo, un tierno padre, un avisado administrador de las finanzas públicas y de las privadas, buen amigo de los amigos que podían serle útiles, y un vanidoso tan inconsciente de su propia vanidad como para inmortalizarla con una prosa impecable y una especie de candor que redime el defecto transformándolo casi en virtud.

XXIV. CÉSAR

En el momento en que Catilina caía, llegaba a Roma Metelo Nepote, lugarteniente y vanguardia de Pompeyo. Había desembarcado en Brindisi, de regreso de una serie de brillantes victorias en Asia Menor, anticipando el viaje para concurrir al cargo de pretor y, una vez elegido, prestar su apoyo a una nueva candidatura de Pompeyo al Consulado.

El primer objetivo lo alcanzó con los votos de los *populares*, pero se encontró al lado como colega a Marco Catón, representante de los más intransigentes conservadores, los cuales, tras la victoria sobre Catilina, creían ser nuevamente dueños de la situación. No vieron por qué debían apoyar las ambiciones de Pompeyo, quien no habría pedido nada mejor que convertirse en su adalid. De haberle escogido como tal, acaso se hubiesen salvado, o por lo menos habrían retrasado su propio desastre, visto el prestigio de que gozaba Pompeyo. Pero la mayor parte sentían envidia de él, de su riqueza, de sus éxitos, y creyeron no necesitarle.

Una vez más, sólo una voz en el Senado hizo un «gallo» en el coro, apoyando a Pompeyo: la de César, pretor también. Aquel día, la Asamblea fue tumultuosa. César, destituido a la par que Nepote, fue salvado por la multitud que acudió a protegerle y que quería sublevarse. Él la calmó y la hizo volver a casa. Por primera vez el Senado se dio cuenta de que aquel jovenzuelo significaba algo y se tragó la destitución.

Cayo Julio César tenía entonces veintiséis años y procedía, como Sila, de una familia aristócrata pobre que hacía remontar sus orígenes a Anco Marcio y a Venus, pero que, después de estos discutibles antepasados, no había vuelto a dar personajes notorios a la historia de Roma. Hubo Julios pretores, cuestores y hasta cónsules. Pero de ordinaria administración. Su casa se alzaba en el Suburra, el barrio popular y mal reputado de Roma, donde él nació, unos dicen que en el 100 y otros que en 102 antes de Jesucristo.

No sabemos nada de su infancia, excepto que tuvo por preceptor a un galo, Antonio Grifón, el cual, además de latín y griego, le enseñó tal vez algo muy útil sobre el carácter de sus compatriotas. Parece que en la pubertad le afligían ya jaquecas y ataques de epilepsia y que su ambición era entonces hacerse escritor. Fue calvo ya de joven, y, avergonzándose de ello, trató de remediarlo con «traslados», peinándose el pelo de la nuca hasta la frente. Todas las mañanas perdía mucho tiempo en esta complicada operación.

Suetonio dice que era alto, más bien rechoncho, de piel clara y ojos negros y vivos. Plutarco dice que era delgado y de mediana estatura. Acaso tengan razón los dos. Uno le describe de joven, el otro de hombre maduro, cuando se suele engordar un poco. Los largos períodos de vida militar debieron de robustecerle. Fue desde muchacho un excelente jinete y solía galopar con las manos cruzadas a la espalda. Pero caminaba mucho a pie al frente de sus soldados, dormía en los carros, comía sobriamente, y conservaba siempre su sangre fría y la lucidez de su cerebro. No tenía un rostro bello. Bajo aquel cráneo mondo y un poco demasiado macizo, presentaba una barbilla cuadrada y una boca arqueada y acerba, enmarcada por dos arrugas rectas y profundas y con el labio inferior más saliente que el superior. Sin embargo, siempre fue afortunado con las mujeres. Casó con cuatro y tuvo muchísimas otras por amantes. Sus soldados le llamaban *moechus calvus*, el adúltero calvo y, cuando desfilaban por las calles de Roma en ocasión de un triunfo, gritaban: «Eh, hombres, encerrad en casa a vuestras mujeres: ¡ha vuelto el seductor calabaza monda!» Y César era el primero en reírse de ello.

Contrariamente a cierta leyenda que le reviste de una seria y entonada solemnidad, César era un perfecto hombre de mundo, galante, elegante, despreocupado, lleno de humor, capaz de encajar las pullas de los demás y de replicarlas con mordaz sarcasmo. Era indulgente con los vicios ajenos porque tenía necesidad de que los demás lo fuesen con los suyos. Curión le llamaba «el marido de todas las esposas y la esposa de todos los maridos». Y una de las razones por la que los aristócratas le odiaron tanto era que él seducía regularmente a sus esposas, las cuales, a decir verdad, competían entre sí para ser seducidas. Entre ellas estaba Servilia, hermanastra de Catón, que también por esto le fue irreductiblemente hostil. Servilia le era tan devota que le sacrificó incluso su hija Tercia, a la que dejó el puesto cuando los años la obligaron a retirarse. César recompensó a la generosa madre haciéndole otorgar los bienes de ciertos senadores proscritos a un precio que era un tercio de su valor. Y Cicerón bordó sobre aquello un juego de palabras, diciendo que aquella venta había sido hecho *Tertia deducta*. El mismo Pompeyo, por bien que más guapo, rico y, en aquel momento, más famoso que César, se vio llevarse la mujer por él y la repudió. César se hizo perdonar, dándole por esposa a una hija suya.

Este extraordinario personaje en torno al cual, en adelante, toda la historia de Roma y del Mundo comienza a girar, era pues, en cuanto a moralidad, hijo del tiempo. Y, en efecto, debutó de una manera que nada bueno permitía presagiar. Acabados los estudios a los dieciséis años, partió en seguimiento de Marco Termo que se iba a Asia a hacer una de tantas guerras. Mas, en vez de buen soldado, se hizo favorito de Nicomedes, rey de Bitinia, que tenía una debilidad por los chicos guapos. Vuelto a Roma a los dieciocho años, se casó con Consucia, porque así lo quería su padre. Pero cuando éste murió, la repudió reemplazándola por Cornelia, hija de aquel Cinna que en su tiempo había tomado la sucesión de su tío Mario. Y así vino en consolidar los vínculos que ya le ligaban al partido democrático.

Sila, cuando instauró la dictadura, le ordenó que se divorciase. César, aunque habituado a cambiar de mujer como quien se cambia de vestido, se negó bravuconamente. Fue condenado a muerte, siéndole confiscada la dote de Cornelia. Después, intervinieron amigos comunes y Sila permitió que marchara al exilio. César pagó aquel gesto de clemencia definiéndolo como una «bobada». Pero se engañaba. Sila había comprendido muy bien la «bobada» que estaba haciendo y lo dijo a algunos de sus íntimos: «Ese muchacho vale muchos Marios.» Pero tal vez sentía por él una oculta simpatía.

Cuando el dictador se hubo retirado, César volvió a Roma. Pero al encontrarla todavía a merced de los reaccionarios, que le detestaban como sobrino de Mario y yerno de Cinna, partió de nuevo hacia Sicilia. Una embarcación pirata lo apresó en el mar y pidió veinte talentos por su rescate, algo así como cuarenta millones de liras. César contestó con insolencia que era un precio demasiado bajo para su valía y que preferiría entregar cincuenta. Mandó a sus siervos a buscarlos y engañó la espera escribiendo versos y leyéndolos a sus raptores, a quienes no les gustaron en absoluto. César les llamó «bárbaros» y «cretinos», y les prometió ahorcarles a la primera ocasión. Mantuvo la palabra, pues apenas liberado, corrió a Mileto, fletó una flotilla, persiguió y capturó a aquellos filibusteros, recuperó su dinero, es decir, el de sus acreedores (a quienes no se lo restituyó) y —manifestación de clemencia— antes de colgarles, les degolló.

Él mismo contó esta aventura en algunas cartas a los amigos, y de cuya autenticidad puede dudarse. César no era aún, a la sazón, el sobrio y apasionado autor de *De bello gallico*, que, habiendo ganado realmente muchas batallas, no tenía ya necesidad de novelarlas. Era un mozalbete charlatán, arrogante y disoluto, que al llegar a Roma, en 68, estaba ya cargado de deudas. Las había contraído con Craso, tras haber seducido también a su mujer Tértula. Con aquel dinero compró los votos, fue elegido, tuvo una gobernación y un mando militar en España, combatió a los rebeldes y volvió a Roma con fama de buen soldado y de experto administrador.

En 65 volvió a presentarse a las elecciones, fue elegido edil y dio las gracias a sus secuaces financiando espectáculos jamás vistos. Pero también hizo otra cosa: transferir de nuevo al Capitolio los trofeos de victoria de Mario, que Sila había depurado. Tres días después fue nombrado propretor en España. Sus acreedores se reunieron y pidieron al Gobierno que no le dejase marchar antes de haber pagado. Él mismo reconoció deberles veinticinco millones de sestercios. Y Craso, como de costumbre, se los prestó. César volvió entre los iberos, los sometió casi completamente y trajo a Roma un botín tal que el Senado le otorgó el triunfo. O tal vez lo hizo tan sólo para impedirle que concurriese al Consulado, en vistas de que la candidatura no podía ser presentada hallándose ausente y que al triunfador la ley le impedía volver a Roma antes de la ceremonia, pero César acudió de todos modos, dejando el Ejército fuera de las puertas de la ciudad. Y justamente durante aquella campaña electoral comenzó su gran acción política.

Los conservadores detestaban a César, que había defendido a Catilina, vuelto a colocar los trofeos de Mario en el Capitolio y que ahora se presentaba como jefe de los populares. Y podían muy bien impedirle el éxito oponiéndole un hombre del prestigio de Pompeyo, a quien, por contra, decepcionaron, como hemos dicho, porque estaban celosos de sus victorias y de sus riquezas. Éstas eran tales que le permitían tener un ejército propio: aquel con el que desembarcó en Brindisi al retorno de Oriente y que podía elegir dictador mediante la fuerza. Generosamente, Pompeyo lo licenció y solamente con un pequeño séquito de oficiales entró en Roma y celebró el triunfo. Valeroso en el combate, Pompeyo era muy tímido en cuestiones de responsabilidad política y no quería hacer nunca nada en contra de la legalidad y del «reglamento». El Senado lo sabía y se aprovechó de ello para tratarle con frialdad y para negarse a repartir entre sus soldados las tierras que él les había prometido. César vio en ello una buena ocasión para atraerle de su parte y de Craso.

Esta obra maestra de diplomacia se consolidó con un acuerdo tripartito: el primer triunvirato. Pompeyo y Craso ponían su influencia, que era grande, y sus riquezas, que eran inmensas, al servicio de César para hacerle elegir cónsul. Éste, una vez alcanzado el poder, distribuiría las tierras a los soldados de Pompeyo y concedería a Craso las contratas a las que aspiraba.

Así fue rota la famosa «concordia de los órdenes» auspiciada por Cicerón, o sea la alianza entre la aristocracia y la alta burguesía. Esta última, que veía en Craso y Pompeyo a sus legítimos representantes, se coligó, en cambio, con los *populares* de César. Y la aristocracia, estúpida y arrogantemente convencida de no tener necesidad de ayuda y de no tener que compartir sus privilegios con nadie, se quedó aislada. Presentó como candidato a un personaje insignificante, Bíbulo, que fue elegido. Pero no puedo impedir que también fuese elegido César, figura de muy otro relieve.

César cumplió los compromisos adquiridos con los aliados. Propuso en seguida la distribución de tierras y la ratificación de las medidas adoptadas por Pompeyo en Oriente. El Senado se opuso. Y entonces César llevó los proyectos de Ley ante la Asamblea. Era lo que también habían hecho los Gracos, jugándose el pellejo. Mas los tiempos habían cambiado. Bíbulo puso el veto diciendo que los dioses, interrogados, se habían mostrado contrarios. La Asamblea se le rió en la cara y un *popular* le volcó un orinal en la cabeza. Los proyectos fueron aprobados por gran mayoría. Pompeyo se convirtió en yerno de César, al casarse con su hija Julia, burgueses y proletarios se estrecharon en un gran abrazo, y durante meses y meses se divirtieron a expensas de los triunviros, que ofrecieron magníficos espectáculos en el Circo.

En aquella atmósfera de favor popular le fue fácil a César llevar a efecto sus reformas económicas y sociales, que por lo demás eran las de los Gracos. El Senado hizo oposición a todas mandando regularmente a Bíbulo a la Asamblea para manifestar que los dioses las desaprobaban. La Asamblea se burlaba de los dioses y se reía de Bíbulo, que al final se encerró en su casa y no volvió a salir más. Como era costumbre bautizar el año con el nombre de los dos cónsules, los romanos llamaron el quincuagésimo noveno «el de Julio y César».

Éste lo terminó haciéndose elegir por sucesores para el 58 a Gabinio y Pisón, con cuya hija Calpurnia casó tras el divorcio regular de su tercera mujer Pompeya, que estaba a punto de ser procesada por ultraje al pudor y a la religión: la acusaban de haber introducido a su amante Clodio, disfrazado de mujer, en el recinto consagrado a la diosa Bona, de la cual Pompeya era sacerdotisa. El hecho es cierto. Clodio, joven aristócrata, guapo, ambicioso y sin escrúpulos frecuentaba la casa de César, admiraba la política de éste y aún más a su mujer. No se sabe, empero, si ésta era su cómplice, cuando le pillaron en aquella impía tentativa. César, llamado a declarar, proclamó la inocencia de Pompeya. Cuando el juez le preguntó por qué, en tal caso, se había divorciado de ella, respondió: «Porque la mujer de César no puede estar mancillada ni siquiera por una sospecha.» Y testimonió también a favor de Clodio diciendo que no le consideraba capaz de un acto semejante, aun cuando resultaba que había cometido otros peores: por ejemplo, seducir a su propia hermana, la famosa Clodia, mujer de Quinto Cecilio Metelo, a la cual Catulo llamaba Lesbia y Cicerón perseguía con su mala lengua. Rencoroso y entrometido como era, el gran abogado fue también a testimoniar contra el hermano. Pero César puso en movimiento a Craso, que compró a los jueces. Y Clodio fue absuelto.

El porqué César tuviese tanto empeño en salvar a aquel disoluto que, como hoy se diría, le deshonró a la esposa, viose inmediatamente después, cuando Clodio se presentó candidato al tribunal de la plebe y César le apoyó. Evidentemente, después de haber instalado al suegro y a un amigo íntimo en el cargo de cónsul, quería a un deudor a la cabeza del proletariado, César se burlaba del honor conyugal. Con todo aquel asunto Clodio le había proporcionado el pretexto para librarse de una esposa que ya no le servía para nada y para reemplazarla con otra que le servía de mucho por su parentela. En el momento de dejar el cargo se autonombró procónsul por cinco años de la Galia Cisalpina y Narbonense. Dado que la ley prohibía estacionar tropas de los Apeninos para abajo, quien tenía el mando de los Apeninos para arriba era prácticamente dueño de la península. Y César quería ser en adelante ese dueño.

Sabía muy bien que el Senado haría lo posible por impedírselo. Mas César había demostrado que se podía gobernar también sin él, haciendo aprobar directamente las leyes por la Asamblea. En los últimos tiempos había ido más lejos aún: impuso que todos los debates que se desarrollaban en aquella solemne y aristocrática junta fuesen registrados y publicados día a día. Así nació el primer diario. Se llamó *Acta diurna* y era gratuito, pues en vez de venderlo, lo fijaban en los muros de modo que todos los ciudadanos pudiesen leerlo y controlar lo que hacían y decían sus gobernantes. La intervención fue de enorme alcance porque sancionó el más democrático de todos los derechos. El Senado, que sacaba prestigio hasta de su reserva, quedó así sometido a la opinión pública, y no volvió a recobrarse de ese golpe.

Con Gabinio y Pisón guardándole las espaldas; con un aventurero fácilmente sobornable al frente de la plebe; con la amistad de Pompeyo y el apoyo financiero de Craso; con el Senado embriagado y constreñido a rendir cuentas de sus decisiones, César podía ahora incluso alejarse de Roma para procurarse lo que todavía le faltaba: la gloria militar y un ejército fiel.

XXV. LA CONQUISTA DE LAS GALIAS

Cuando César llegó, en 58, Francia era para los romanos tan sólo un nombre: Galia. No conocían más que sus provincias meridionales, las que habían sometido a vasallaje para asegurarse las comunicaciones terrestres con España. Lo que pudiera haber más al Norte, lo ignoraban.

Más al Norte no existía lo que hoy se llama una nación. Diseminadas por distintas regiones, vivían tribus de raza céltica que pasaban el tiempo haciéndose la guerra entre sí. César, que entre otras cosas era un gran periodista y poseía el don de la observación, vio que cada una de esas tribus estaba dividida en tres clases: los nobles o caballeros, que tenían el monopolio del Ejército; los sacerdotes o *druidas*, que tenían el monopolio de la religión y de la instrucción; y el pueblo, que tenía el monopolio del hambre y del miedo. César creyó que para dominar a aquellas tribus bastaba con tenerlas divididas, y que para tenerlas divididas, bastaba con oponer los caballeros a los caballeros. Cada uno, para pelear con otro, se llevaría consigo un pedazo de pueblo. Había un solo peligro: que los *druidas* se pusiesen de acuerdo entre ellos y constituyesen el centro espiritual de una unidad nacional. Y por esto era preciso tenerles a todos de parte de Roma.

César les tenía simpatía a los galos por dos razones: ante todo, porque uno de ellos había sido preceptor suyo; y después, porque eran hermanos de sangre de los celtas del Piamonte y la Lombardía que Roma había sometido ya y que constituían su mejor Infantería. Si lograba extender ese sometimiento a toda Francia, encontraría en ella una mina inagotable para sus ejércitos.

César no contaba con fuerzas suficientes para una guerra de conquista. Para aquel considerable territorio, sólo le habían dado cuatro legiones, menos de treinta mil hombres. Y precisamente en el momento en que asumía su mando, cuatrocientos mil helvecios se desparramaban desde Suiza sobre la Galia Narbonense, amenazando anegarla, y ciento treinta mil germanos cruzaban el Rin para reforzar en Flandes a su hermano de raza Ariovisto, que se había establecido allí trece años antes. Toda la Galia, aterrada, pidió protección a César quien, sin siquiera advertirlo al Senado, alistó a sus propias expensas otras cuatro legiones y conminó a Ariovisto a que viniese para discutir un convenio con él. Ariovisto rehusó, y César para afianzar su prestigio a los ojos de sus nuevos súbditos, no tuvo más elección que la guerra contra aquél y contra los helvecios.

Fueron dos campañas temerarias y fulgurantes. Batidos, pese a su enorme superioridad numérica, los helvecios pidieron poder retirarse a su Patria, lo que César les permitió con tal de que aceptasen el vasallaje a Roma. Los germanos fueron completamente aniquilados cerca de Ostheim. Ariovisto huyó, mas para morir poco después. El depravado y endeudado mujeriego se revelaba, en el campo de batalla, como un formidable general.

Aprovechando aquel éxito que dejó boquiabierta a toda la Galia, César le pidió que se uniera a él bajo su mando para protegerse en adelante de otras invasiones. Pero los galos estaban dispuestos a todo, menos a ponerse de acuerdo entre ellos. Muchas tribus se rebelaron y pidieron ayuda a los belgas, que acudieron. César les derrotó, después venció a los que les habían llamado y anunció a Roma, más bien prematuramente, que toda la Galia quedaba sometida. El pueblo se regocijó, la Asamblea prorrumpió en aclamaciones, pero el Senado torció el gesto. César olfateó que los conservadores le estaban preparando alguna mala pasada, volvió a Italia y convocó a Luca Pompeyo y a Craso para consolidar con ellos, en defensa común, el triunvirato.

Desde que César había dejado el Consulado, Roma era, en efecto, presa de convulsiones. Hasta aquel momento, el adalid de los aristócratas había sido Catón, un reaccionario más bien obtuso, pero hombre de bien. Tal vez hubiera tenido hasta ideas más abiertas de no haber llevado el nombre de su abuelo, el gran Censor, que las tuvo cerradísimas. Aquel nombre le arruinó, obligándole a interpretar un papel en el que tal vez no creía. Para defender la austeridad de las antiguas costumbres, se paseaba descalzo y sin túnica, rezongando siempre contra las nuevas. Lo había hecho también el primer Catón, pero mezclando a sus murmuraciones francas y ruidosas risotadas, sarcasmos punzantes, panzadas de judías y tragos de chianti. Su nieto tenía un rostro ceñudo y picajoso, una tez ictérica de pastor protestante y una boca acerba de solterona obsesionada por pecados no cometidos. Acaso rompía tanto los cascos a los demás porque se rompía también los suyos al ejercer constantemente aquella profesión de aguafiestas. Pero además era un moralista a su manera, que no encontró nada que objetar, por ejemplo, al hecho de que su mujer Marcia, aburrida también de un marido tan aburrido (¿y quién podría culparla, pobre mujer?), tomase como amigo al abogado Hortensio, rival de Cicerón, que era guapo y facundo como un Giovanni Porzio joven. Es más, cuando se enteró, dijo al adúltero: «¿La quieres? Te la presto» (así al menos lo cuenta Plutarco). Y eso no es todo. Pues cuando poco después murió Hortensio, Catón volvió a admitir a Marcia y siguió viviendo con ella como si nada hubiese ocurrido.

Este curioso hombre tenía, sin embargo, sus cualidades. Era, ante todo, honesto. Y esto explica por qué, en una época en que todo estaba en venta, pero especialmente los votos de los electores, no logró rebasar en su carrera el grado de pretor. Los senadores, cuyo monopolio político defendía a quienes no les importaba la honestidad, hubiesen preferido que luchase con armas más adecuadas a la general corrupción y al enemigo que entonces tenía enfrente: aquel Clodio que, tras la partida de César, se había hecho el dueño de Roma y que, entre otras cosas, obtuvo de la Asamblea que Catón fuese enviado como alto comisario a Chipre. Catón obedeció y los conservadores se encontraron sin jefe (la cabeza la habían perdido hacía ya varios años).

Afortunadamente para ellos Clodio era, más que un gran político, un gran demagogo y, por tanto, no tenía el sentido de la mesura. En su ciego odio contra Cicerón se puso a perseguirle, obligándole a huir a Grecia, confiscó su patrimonio y mandó arrasar su palacio del Palatino.

Ahora bien, Cicerón no era en Roma lo que creía ser. Pero como, sin embargo, representaba una especie de institución nacional, César y Pompeyo fueron los primeros en desaprobar aquellas medidas. No obstante, Clodio no se dio por entendido, se rebeló contra sus dos poderosos amos, formó una partida de la porra y se puso a aterrorizar a la ciudad. Quinto, hermano de Cicerón, que había pedido a la Asamblea que reclamase al proscrito, fue objeto de un atentado y se salvó de milagro. Mas para que su petición fuese acogida, Pompeyo tuvo que contratar a su vez a una pandilla de delincuentes comunes al mando de Annio Milón, un aristócrata con pocos cuartos y ningún escrúpulo como Clodio, con el cual armó guerra. Roma se convirtió entonces en lo que hace cuarenta años era Chicago.

Cicerón, acogido a su regreso con grandes festejos, tornóse entonces en abogado de los triunviros que le habían salvado, apoyó su causa frente al Senado e hizo conceder a César nuevos fondos para sus tropas de la Galia y a Pompeyo un comisariado con plenos poderes por seis años para resolver el problema alimenticio de la península. Pero en 57, Catón volvió de Chipre, donde había llevado a cabo brillantemente su misión, y bajo su guía los conservadores reemprendieron la lucha contra los triunvirus. Calvo y Catulo llenaron Roma de epigramas contra ellos. Al presentarse candidato al Consulado del 56, el aristócrata Domicio basó su campaña electoral en la renovación de las leyes agrarias de César. Cicerón olfateó, como de costumbre, el viento, creyó que soplaba a favor de las derechas, se puso de parte de Domicio y denunció, por malversaciones, a Pisón, suegro de César.

Para poner arreglo a todo esto los triunviros se reunieron en Lucca, donde se decidió que Craso y Pompeyo se volviesen a presentar para el Consulado y, después del triunfo, confirmasen a César gobernador de la Galia por otros cinco años. Expirado el plazo, Craso obtendría Siria, y Pompeyo, España. Así, entre los tres, serían dueños de todo con el Ejército.

El plan funcionó porque las riquezas de Craso y de Pompeyo, aumentadas por la contribución de César que ahora tenía en mano la cartera de toda la Galia, bastaron para comprar una mayoría. Y así, el procónsul pudo volver a sus provincias, donde mientras tanto se insinuaba una nueva invasión germánica. César destruyó a los intrusos rechazándoles allende el Rin, luego atravesó el canal de la Mancha con un pequeño destacamento y por primera vez los romanos pisaron con él suelo inglés. No se sabe con precisión por qué fue allí: acaso tan sólo para ver qué era. Permaneció pocos días, venció a las pocas tribus que halló en su camino, tomó algunas notas y se volvió atrás. Mas al año siguiente, intentó de nuevo la aventura con fuerzas mayores, derrotó a un ejército indígena conducido por Casivelauno, avanzó hasta el Támesis, y tal vez habría seguido más allá de no haber recibido la noticia de que había estallado una revuelta en la Galia.

César lo consideró de momento como un episodio de orden administrativo. Desembarcó en el Continente, desbarató a los eburones que habían tomado la iniciativa revolucionaria y dejó en las provincias septentrionales, para guarecerlas, el grueso de su ejército, volviendo con una pequeña escolta a Lombardía. Pero a poco de llegar supo que toda la Galia, unida por primera vez a las órdenes de un hábil jefe, Vercingetórix, era un hervidero. César le conocía: era un guerrero de Auvernia, tierra de soldados montaraces y robustos, hijo de un tal Celtilo que había aspirado a convertirse en rey de toda la Galia y por esto los suyos le mataron. Tal vez el joven alimentaba las mismas ambiciones que su padre y había esperado recibir la investidura de César, del cual se mostrara amigo. Decepcionado, se rebeló. Pero, más juicioso que los otros, hizo un llamamiento al sentimiento nacional asegurándose el apoyo de los *druidas*, que le comunicaron su aprobación.

A la sazón Vercingetórix disponía de poderosas fuerzas entre César al Sur y el ejército de éste en el Norte. La situación no podía ser peor. César la afrontó con su audacia habitual. Con sus mermados pelotones, volvió a cruzar los Alpes y se puso a remontar Francia, país entonces totalmente enemigo. Al frente de sus soldados, caminó a pie día y noche entre las nieves de las Cevennes, en dirección a la capital enemiga. Vercingetórix acudió a ella para defenderla. César dejó el mando a Décimo Bruto y con una escolta de pocos jinetes se infiltró entre las líneas enemigas hacia el grueso de sus fuerzas. Las reunió, derrotó separadamente a las ávaros y los cenabios, saqueando sus ciudades, pero ante Gergovia hubo de retirarse, acosado por los eduos, a quienes había considerado los más fieles de sus aliados y que ahora le abandonaban.

Se dio cuenta de que estaba solo, a uno contra diez, en un país hostil y se consideró perdido. Jugándose el todo por el todo, marchó sobre Alesia, donde Vercingetórix había reunido su ejército, y la sitió. Enseguida acudieron los galos de todas partes para liberar a su capitán. Eran doscientos cincuenta mil los que se concentraron contra las cuatro legiones romanas. César ordenó a los suyos que levantaran dos empalizadas: una hacia la ciudad asediada y otra frente a las fuerzas que acudían en su auxilio. Y entre los dos bastiones situó a los suyos con las escasas municiones y vituallas que todavía poseían. Tras una semana de desesperada resistencia en dos frentes, los romanos estaban hambrientos, pero los galos a su vez habían caído en la anarquía y comenzaron a retirarse en desorden. César cuenta que si hubiesen insistido un día más habrían vencido.

Vercingetórix en persona salió de la ciudad extenuada a pedir gracia. César la concedió a la ciudad, mas los rebeldes pasaron a propiedad de los legionarios, que les revendieron como esclavos haciendo su negocito. El desventurado capitán fue conducido a Roma, donde al año siguiente siguió encadenado al carro del triunfador, que le «sacrificó a los dioses», como se decía en aquellos tiempos.

César quedóse aún aquel año en la Galia para liquidar los restos de la revuelta. Lo hizo con una severidad que no era habitual en él, que siempre se mostró generoso con el adversario vencido. Pero una vez infligido el castigo con la supresión de los jefes, volvió a sus métodos de clemencia y de comprensión. Y así, dosificando con sabiduría la mano dura con la caricia, convirtió a los galos en un pueblo respetuoso y adicto a Roma, como se vio durante la guerra civil contra Pompeyo, cuando ni siquiera intentaron liberarse del vacilante yugo que les tenía sujetos.

Roma no comprendió la grandeza del don que su procónsul le había hecho. Sólo vio en la Galia una nueva provincia que explotar, dos veces mayor que Italia y poblada por cinco millones de habitantes. Cierto que no podía suponer que César había fundado una nación destinada a perpetuar y difundir la civilización y la lengua de Roma en toda Europa. Además, en aquel entonces, empeñada como estaba en sus discordias, no tenía tiempo de ocuparse en aquellos asuntos.

Craso, después del Consulado, había partido para Siria, según se acordó en Lucca; en su manía de gloria militar declaró la guerra a los partos, fue derrotado por ellos en Carre y mientras trataba con el general vencedor, éste le mató y mandó su cabeza cortada a adornar en un teatro una escena de Eurípides. Pompeyo, en cambio, que consiguió le concedieran un ejército para gobernar España, se quedó con él en Italia en una actitud que no dejaba presagiar nada bueno. El vínculo más fuerte que le unía a César había desaparecido con la muerte de Julia. César le ofreció reemplazarla con su sobrina Octavia. Y habiendo rehusado el viudo, se ofreció a sí mismo como esposo de su hija en el puesto de Calpurnia de la que se divorciaría. Pero Pompeyo rechazó también esta proposición: no le interesaba un parentesco con César, porque finalmente se había puesto de acuerdo con los conservadores convirtiéndose en su caudillo. Sabiendo que el Proconsulado de César terminaría en 49, se hizo prorrogar el suyo hasta el 46. Así quedaría él solo de los dos en tener un ejército.

La democracia, bajo los golpes de Clodio y de Milón que la habían reducido a una cuestión de garrotazos, agonizaba. Finalmente, Milón mató a Clodio, que poco antes le había incendiado la casa. La plebe tributó al difunto honores de mártir, llevó su cadáver al senado y pegó fuego al palacio. Pompeyo llamó a sus soldados para aplacar el tumulto y así logró hacerse dueño de la ciudad. Cicerón saludó en él al «cónsul sin colega» y la fórmula agradó a los conservadores, que la adoptaron porque permitía atribuir a Pompeyo los poderes de dictador evitando la desagradable palabra. Pompeyo acuarteló en Roma a todo su ejército, a la sombra del cual la Asamblea tuvo sus sesiones y los tribunales celebraron sus procesos. Entre éstos, el famoso de Milón que fue condenado por el asesinato de Clodio, pese a la defensa de Cicerón, que después publicó su alegato. Cuando Milón, huido a Marsella, la leyó, exclamó: «¡Oh, Cicerón, si tú hubieses pronunciado de verdad las palabras que has escrito, yo no estaría aquí comiendo pescado!» Lo que nos hace abrigar muchas dudas sobre la relación de los escritos del gran abogado con sus discursos auténticos.

Pompeyo volvió a promover la ley que exigía la presencia en la ciudad para concurrir al Consulado. La Asamblea, guarnecida por sus tropas, la aprobó. Era la exclusión de César, que no podía volver antes del día fijado para el triunfo. Corría el año 49, el cargo de César expiraba el 1 de marzo, pero Marco Marcelo sostuvo que era necesario anticipar la fecha. Los tribunos de la plebe opusieron el veto, pero el veto presuponía una legalidad democrática que ya no existía. Y Catón aumentó la dosis proclamando que César debía ser procesado y expulsado de Italia.

Como agradecimiento por la conquista de la Galia, no estaba mal.

XXVI. EL RUBICÓN

Los titubeos de César antes de desencadenar la guerra civil han constituido el gozo de muchos escritores y la fortuna de un riachuelo del que, de otro modo, nadie conocería el nombre: el Rubicón. Éste marcaba, cerca de Rímini, la frontera entre la Galia Cisalpina, donde el procónsul tenía derecho de apostar sus soldados, y la verdadera Italia, donde la Ley le vedaba conducirlos; y fue en sus orillas que los historiadores describieron a César meditabundo y roído por las dudas. Pero el hecho es que cuando César llegó allí, había tomado ya la decisión o, mejor dicho, se la habían impuesto ya.

Con tal de evitar una lucha entre romanos, había aceptado todas las proposiciones presentadas por Pompeyo y por el Senado, que ya no eran más que una sola cosa: mandar una de sus escasas legiones a Oriente para vengar a Craso y devolver otra a Pompeyo que se la había prestado para las operaciones en la Galia. Pero cuando el Senado le contestó definitivamente, impidiéndole concurrir al Consulado y poniéndole en el dilema: o dispersar al Ejército, o ser declarado enemigo público, comprendió que, de escoger la primera alternativa, se entregaba inerme en manos de un Estado que quería su pellejo. Presentó otra propuesta más, que sus lugartenientes Curión y Antonio fueron a leer, en forma de carta, en el Senado: él licenciaría a ocho de sus diez legiones si se le prolongaba la gobernación de la Galia hasta el 48. Pompeyo y Cicerón se pronunciaron a favor, pero el cónsul Léntulo echó de la sala a los dos mensajeros y Catón y Marcelo pidieron al Senado, que asintió a desgana, que otorgase a Pompeyo los poderes necesarios para impedir que «se causara perjuicio a la cosa pública». Era la fórmula de aplicación de la ley marcial. Que ponía definitivamente a César entre la espada y la pared.

César reunió a su legión favorita, la decimotercera, y habló a los soldados, llamándoles no *milites*, sino *conmilitones*. Podía hacerlo. Además de su general, había sido su compañero. Hacía diez años que les conducía de fatiga en fatiga y de victoria en victoria, alternando sabiamente la indulgencia y el rigor. Aquellos veteranos eran verdaderos profesionales de la guerra, entendían de ella y sabían calibrar a sus oficiales. Sentían hacia César, que raramente había tenido que recurrir a su propia autoridad para afianzar su prestigio, un respetuoso afecto. Y cuando les hubo explicado cómo andaban las cosas y les preguntó si estaban dispuestos a enfrentarse en Roma, su Patria, en una guerra que, de perderla, les calificaría de traidores, respondieron que sí unánimemente. Eran casi todos galos del Piamonte y de Lombardía, gente a quien César había dado la ciudadanía que el Senado se obstinaba en no reconocerles. Su patria era él, el general. Y cuando éste les advirtió que no tenía dinero ni para pagarles la soldada, contestaron entregando sus ahorros a las cajas de la legión. Uno solo desertó para ponerse al lado de Pompeyo: Tito Labieno. César le consideraba el más hábil y fiel de sus lugartenientes. Le envió el equipaje y el estipendio que el fugitivo no había retirado.

El 1.º de enero de aquel año, 49, «echó el dado» como hubo de decir él mismo, esto es, pasó el Rubicón con aquella legión, seis mil hombres, contra los sesenta mil que Pompeyo había reunido ya. Formó otras tres con voluntarios del país que no habían olvidado a Mario y veían en César, su sobrino, el continuador. *Las ciudades se abren ante él y le saludan como a un dios*, escribió Cicerón, que empezaba a no estar muy seguro de haber elegido bien al ponerse de parte de los conservadores. En realidad, Italia estaba cansada de éstos y no oponía resistencia al rebelde, que la recompensaba con previsora clemencia: nada de saqueos, nada de prisioneros, nada de depuraciones.

Durante esa incruenta marcha sobre Roma, César siguió buscando un compromiso, o por lo menos, haciendo que lo buscaba. Escribió a Léntulo haciéndole observar los desastres a cuyo encuentro podía ir Roma con aquella lucha fratricida; escribió a Cicerón diciéndole que informara a Pompeyo de que, si se le garantizaba la seguridad, él estaba dispuesto a retirarse a la vida privada. Mas, sin aguardar las respuestas, siguió avanzando contra Pompeyo, que también avanzaba, pero hacia el Sur.

No obstante haber rechazado las ofertas de César, los conservadores abandonaron Roma, tras haber declarado que considerarían enemigos a los senadores que se quedasen en la ciudad. Cargados de dinero, de pretensiones y de insolencia, cada uno con siervos, mujeres, amigas, efebos, tiendas de lujo, lencería de lino, uniformes y penachos, aquellos aristócratas hacían un alborotado acompañamiento a Pompeyo, trastornándole el cerebro con sus cháchoras. Pompeyo no había tenido mucho carácter ni cuando era joven y delgado. Ahora, envejecido y con asma, perdió el poco que le quedaba: y para no afrontar una decisión, siguió retirándose hasta Brindisi, donde embarcó a todo su ejército y lo trasladó a Durazzo. Curiosa táctica para un general que contaba con un ejército doble que el adversario. Pero dijo que antes de afrontar la batalla decisiva quería adiestrarlo y disciplinarlo.

César entró en Roma el 16 de marzo, dejando el Ejército fuera de la ciudad. Se había rebelado contra el Estado, pero respetaba sus reglamentos. Pidió el título de dictador, y el Senado se negó. Pidió que fuesen enviados mensajeros de paz a Pompeyo, y el tribuno Lucio Metelo opuso el veto. César dijo: «Tan difícil me es pronunciar amenazas, como fácil cumplirlas.» En seguida el Tesoro fue puesto a su disposición. César, antes de vaciarlo para llenar las cajas de sus regimientos, echó en él todo el botín acumulado en las últimas campañas. El hurto, sí, pero antes, la legalidad.

Los conservadores preparaban el desquite concentrando tres ejércitos: el de Pompeyo, en Albania, el de Catón, en Sicilia, y otro, en España. Contaban con hacer capitular a César y a Italia por hambre, sin necesidad de una batalla que les atemorizaba. César mandó dos legiones a Sicilia al mando de Curión, que persiguió a Catón embarcado para África, le atacó sin preparación adecuada, fue derrotado y murió en combate, pidiendo perdón a César por el daño que le había causado. Contra España fue César en persona para asegurarse los abastecimientos de trigo. Creía que los pompeyanos serían allí menos fuertes y se encontró frente a dificultades imprevistas. Pero César daba lo mejor de sí en los momentos de peligro. Un día, sitiado, vadeó un río y se convirtió en sitiador. El enemigo capituló y España quedó de nuevo bajo el control de Roma. El pueblo, librado del espectro de la escasez, le aclamó, y el Senado le otorgó el título de dictador. Pero entonces fue César quien rehusó: le bastaba el de cónsul, que le confirieron los electores.

Con la habitual prontitud, repuso el orden en los asuntos internos del Estado, pero sin procesos, ni expulsiones ni confiscaciones. Después, reunió el Ejército en Brindisi, embarcó veinte mil hombres en las doce naves de que podía disponer y les desembarcó en Albania tras las huellas de Pompeyo, que se quedó petrificado, pues estaba convencido de que en invierno nadie habría osado cruzar aquel brazo de mar patrullado por su poderosa escuadra. Por qué no atacó en seguida a aquel temerario enemigo, no se ha sabido jamás. Y, sin embargo, tuvo a su favor incluso la tempestad que echó a pique la escuadra de César, impidiéndole transportar el resto de su ejército. En la barca con que trató, sin embargo, de alcanzar la costa italiana, César gritaba a los aterrados remeros: «No tengáis miedo: estáis transportando a César y a su estrella.» Pero el huracán rechazó contra los escollos a uno y otra; así, si en aquel momento Pompeyo hubiese tomado la iniciativa, no habrían salido de allí nunca más.

Finalmente, el tiempo mejoró y en apoyo de las desmoralizadas tropas de César acudió Marco Antonio, el mejor de sus lugartenientes, con otros hombres y abastecimientos. Antes de atacar, César, dice él, envió otra proposición de paz a Pompeyo, que no surtió efecto. Pero tampoco el ataque de César surtió efecto. Pompeyo resistió, hizo algunos prisioneros y los mató. También César hizo prisioneros, pero los enroló. Sus veteranos reconocieron que la batalla había ido mal porque no habían puesto empeño en ella y pidieron ser castigados. César se negó y entonces le suplicaron que les condujera de nuevo al ataque. En cambio, él les condujo a Tesalia a descansar y a refocilarse en aquel granero.

En el campo de Pompeyo, Afranio aconsejaba volver a la indefensa Roma, abandonando a César a su destino. Pero la mayoría estuvo por darle el golpe de gracia porque ya le consideraba vencido. Pompeyo, que, por no tener ideas, seguía las de los demás, marchó en pos del enemigo y lo alcanzó en la llanura de Farsalia. Tenía cincuenta mil infantes y siete mil jinetes; César, veintidós mil infantes y mil jinetes. La víspera de la batalla, en el campamento de Pompeyo hubo grandes banquetes, discursos, tragos y brindis por la victoria. César comió un rancho de trigo y col con sus soldados, en el fango de la trinchera. Frente a él, que daba órdenes indiscutibles a sus oficiales, estaban mil estrategas charlatanes con mil planes diversos y un general que esperaba que le sugiriesen uno.

Farsalia fue la obra maestra de César, que perdió

solamente doscientos hombres, mató a quince mil, capturó veinte mil, ordenó salvaguardarlos y celebró la victoria consumiendo, bajo la suntuosa tienda de Pompeyo, la comida que los cocineros le habían preparado a éste para festejar su triunfo. El desventurado general cabalgaba en aquel momento hacia Larisa, seguido siempre por aquella turba de aristócratas holgazanes, entre los cuales había un tal Bruto, cuyo cadáver había buscado César en el campo de batalla con el terror de encontrárselo. Era hijo de su antigua amante Servilia, la hermanastra de Catón, y tal vez él mismo fuera su padre. Respiró al recibir una carta suya de Larisa pidiéndole perdón, que también impetraba para su cuñado Casio, que había casado con su hermana Tercia (sucesora de su madre Servilia en los favores de César) y que había caído prisionero con los otros pompeyanos.

César absolvió inmediatamente a ambos porque Roma era entonces lo que Ennio Flaiano dice que hoy es Italia: un país no sólo de poetas, de héroes y de navegantes, sino también de tíos, de sobrinos y de primos.

Pero volvamos a Pompeyo, quien, reunido en Mitilene con su mujer, se embarcaba con ella en dirección a África, probablemente con el propósito de ponerse al frente del último ejército senatorial: el que Catón y Labieno habían estado organizando en Útica. La nave echó el ancla en aguas de Egipto, Estado vasallo de Roma, que lo administraba a través de su joven rey, Tolomeo XII. Era un señorón medio degenerado y medio bobo, a merced de un visir, o sea de un primer ministro eunuco y canalla: Potino. Éste sabía ya lo de Farsalia y creyó asegurarse la gratitud del vencedor asesinando al vencido. Pompeyo fue apuñalado por la espalda ante los ojos de su mujer, mientras desembarcaba de una chalupa. Y su cabeza fue presentada a César, que volvió la propia con horror, cuando llegó y la vio. César no amaba la sangre, ni siquiera la de sus enemigos. Y no cabe duda de que habría indultado a Pompeyo si le hubiese capturado vivo.

Ya que estaba allí, César quiso, antes de volver a Roma, poner orden en las cosas de aquel país, que hacía tiempo se estaba yendo al traste. Tolomeo hubiese debido, según el testamento de su padre, compartir el trono con su hermana Cleopatra, tras haberla desposado (estos amores entre hermanos han seguido siendo frecuentes en Egipto hasta Faruk: forman parte del «color local»). Pero cuando llegó César, Cleopatra no estaba: Potino la había confinado y encerrado para poder actuar a su antojo. César la mandó llamar a escondidas. Para reunirse con él, se ocultó entre las mantas de un lecho que el siervo Apolodoro debía llevar a las habitaciones del ilustre huésped en el palacio real. Éste la encontró en el momento de acostarse: un momento particularmente propicio a una mujer de aquella índole.

No muy guapa, pero rebosante de *sex-appeal*, rubia, serpentina, sabia maestra en polvos de arroz y cosméticos, con una voz melodiosa que no correspondía en absoluto, como a menudo sucede, a su temperamento ambicioso y calculador, lo suficientemente intelectual para sostener con brío una conversación y absolutamente ignorante de todo lo que pudiera parecerse al pudor, era justamente lo que hacía falta para un mujeriego sin prejuicios como César, después de todos aquellos meses de trinchera y de abstinencia. Pues en cuanto a mujeres, César había permanecido el de antes y el de siempre: para él, lo que se dejaba, se perdía.

El día siguiente volvió a poner de acuerdo a hermano y hermana, o sea que prácticamente devolvió todo el poder a éstos en perjuicio de Potino que fue suprimido discretamente, con la excusa, tal vez auténtica, de que estaba tramando un complot. Desgraciadamente, la ciudad se sublevó contra César y la guarnición romana que la vigilaba se sumó a los rebeldes. César, con sus pocos hombres, transformó el palacio real en un fortín, expidió un mensajero a Asia Menor en demanda de refuerzos, ordenó quemar la flota para que no cayese en manos del enemigo (desgraciadamente el incendio se propagó también a la biblioteca, honor y orgullo de Alejandría), y con un golpe de mano que él mismo guió echándose a nado, se adueñó del islote de Faro, donde aguardó los refuerzos que venían por mar. Tolomeo creyó que estaba perdido, se unió a los rebeldes y no se supo más de él. Cleopatra se quedó valientemente con César, quien, al arribar los suyos, dispersó a los egipcios y la repuso en el trono.

Quedóse nueve meses con ella, los que necesitó para echar al mundo un niño que fue llamado, para que no hubiese dudas sobre su paternidad, Cesarión. El de Cleopatra debió de ser un gran amor para César, pues hizo oídos sordos a las llamadas de Roma, caída durante su ausencia en presa de las «cuadrillas» de Milón, vuelto de Marsella. Finalmente, a la noticia de que estaba a punto de emprender con ella un largo viaje por el Nilo, sus propios soldados se rebelaron: entre ellos había corrido la voz de que el general quería casarse con Cleopatra y quedarse en Egipto como rey del Mediterráneo.

Entonces César reaccionó, se puso de nuevo a la cabeza de los suyos, corrió a Asia Menor donde «llegó, vio y venció» en Zela contra Farnaces, el rebelde hijo de Mitrídates.

Después, desembarcó hacia Tarento, donde Cicerón y otros ex conservadores fueron a su encuentro con la cabeza cubierta de ceniza. Con su habitual magnanimidad, César les atajó las palabras de contrición y tendióles la mano. Todos quedaron tan contentos, que no tuvieron tiempo ni ganas de escandalizarse con el hecho que el amo volviese a una Roma llena de estragos y de lutos, trayéndose consigo a una mujer vestida y pintada como una cupletista que empujaba un cochecillo con un mamoncete llorón dentro.

Con esta viviente «presa bélica» volvió a presentarse en la Urbe y a su propia mujer Calpurnia, que no pestañeó porque ya estaba acostumbrada. Fue ella la única, probablemente, en darse cuenta de que Cleopatra tenía la nariz un poco larga. Y estamos seguros de que ello le gustó mucho.

XXVII. LOS IDUS DE MARZO

La situación en Roma no era alegre. El trigo ya no llegaba de España, donde el hijo de Pompeyo había organizado otro ejército, ni de África, donde Catón y Labieno eran dueños del terreno y tenían a sus órdenes fuerzas iguales a las que habían sido derrotadas en Farsalia. En el interior cundía el caos. El yerno de Cicerón, Dolabela, se había coaligado con Celio, sucesor de Clodio y jefe de los extremistas. Juntos habían ordenado la cancelación de todas las deudas, lo que significaba el marasmo económico, y reclamado de Marsella a Milón, el gran maestro de la demagogia y del garrotazo. Marco Antonio que, en representación de César, tenía que mantener el orden, lo llevó a cabo con las maneras expeditivas del soldadote, desenfrenó a la tropa, un millar de romanos fueron degollados en el Foro, y Celio y Milón huyeron para organizar la revuelta en provincias, donde varias legiones se habían sublevado.

César, habituado a pelear con las derechas, o sea contra los reaccionarios, detestaba tener enemigos en la izquierda y no quería acabar como Mario, obligado, para mantener el orden, a aniquilar a los suyos. Se puso a desenredar la madeja política de sus soldados «porque –dijo– dependen del dinero, que depende de la fuerza, que depende de ellos». Se presentó una sola vez y desarmado ante las legiones sublevadas y, con su calma habitual, dijo que consideraba legítimas sus reivindicaciones y que las satisfaría al retorno de África, adonde iba a combatir «con otros soldados». A estas palabras, dice Suetonio, los veteranos se estremecieron de vergüenza y de arrepentimiento, gritaron que aquello no podía ser, que los soldados de César eran ellos y entendían seguir siéndolo. César, tras simular algunas dificultades, se sometió por el simple motivo de que no disponía de otros soldados. Aquel general era, también como se diría hoy, un gran filón. Cargó en naves aquella tropa que rebullía de ardores de redención, desembarcó en África en abril del 46, en Tapso, y halló aguardándole ochenta mil hombres al mando de Catón, Metelo Escipión, su ex lugarteniente Labieno, y Juba, rey de Numidia.

Una vez más le acaeció tener que luchar a uno contra tres. Una vez más, perdió el primer encuentro. Una vez más, ganó la batalla decisiva, que fue terrible. En aquella ocasión sus soldados no respetaron las órdenes de clemencia y degollaron a los prisioneros. Juba se mató en el campo. Escipión fue alcanzado en el mar y ejecutado. Catón se encerró en Útica con un pequeño destacamento, aconsejó a su hijo que se sometiera a César, repartió el dinero que le quedaba en casa a cuantos se lo pidieron para huir, ofreció una comida a sus más íntimos amigos y conversó con ellos acerca de Sócrates y Platón. Después, se retiró a sus aposentos y se clavó un puñal en el vientre. Los siervos se dieron cuenta y llamaron a un doctor, que volvió y lo vendó. Catón fingió haber entrado ya en coma. Después, cuando le dejaron solo, se quitó el vendaje y volvió a abrirse la herida con sus propias manos.

Le encontraron muerto, con la cabeza reclinada sobre páginas del *Fedón* de Platón. César, dolido, dijo que no podía perdonarle que le hubiese quitado la ocasión de perdonarle. Le hizo solemnes funerales y volcó su clemencia sobre su hijo. Tal vez tenía la impresión de que aquel hombre desagradable y en muchos aspectos antipático, se llevaba a la tumba las virtudes de la Roma republicana. Hubiera trocado gustosamente la vida de aquel enemigo por la de muchos amigos: la de Cicerón, por ejemplo.

Tras una breve pausa en Roma, fue a dar el golpe de gracia al último ejército pompeyano, el de España. Lo descalabró en Munda y, finalmente, pudo dedicarse por entero a la obra de reorganizar el Estado. Tenía ya los poderes para ello, pues el Senado le había concedido el título de dictador; primero, por diez años y después, vitalicio. Pero la empresa era gigantesca y requería una clase dirigente de que César no disponía. Invitó a sus antiguos adversarios aristócratas, que eran los más competentes, a colaborar con él. Le respondieron con sarcasmos y conjuras, sacando a relucir la vieja fábula del proyectado matrimonio con Cleopatra y el traslado de la capital a Alejandría. César no pudo contar más que con un grupo de algunos amigos de confianza, pero inexpertos en Administración, con los que formó una especie de ministerio: Balbo, Marco Antonio, Dolabela, Oppio, etc. La Asamblea estaba de su parte. Al Senado lo redujo a un cuerpo puramente consultivo, tras haber aumentado los miembros de seiscientos a novecientos con la incorporación de nuevos elementos, elegidos, parte entre la burguesía de Roma, parte entre la de provincias y parte entre sus viejos oficiales celtas, muchos de los cuales eran hijos de esclavos.

Esta maniobra formaba parte de un proyecto más vasto que César había esbozado cuando concedió la ciudadanía a la Galia Cisalpina. El Senado no había convalidado jamás aquella medida, pero ahora tenía que aceptar que fuese extendida a toda Italia. César había comprendido que nada podía ya esperarse de los romanos de Roma, reblandecidos, bastardeados y sólo capaces de proporcionar entorpecedores y desertores. Sabía que lo bueno radicaba en provincias, donde la institución familiar seguía manifestándose firme, las costumbres, sanas y la educación, severa. Y con esos provincianos de origen campesino o pequeñoburgués se proponía reformar los cuadros de la burocracia y del Ejército.

Ésta era su verdadera revolución, que trató de llevar a cabo mediante la gran reforma agraria proyectada por los Gracos. Para lograrlo, llamó a colaborar a la alta burguesía industrial y mercantil, que financió la operación. Grandes capitalistas como Balbo y Ático se convirtieron en sus banqueros y consejeros. César desplegó en este cometido la misma energía de que diera muestras como general en el campo de batalla. Quería verlo todo, saberlo todo, decidirlo todo. No admitía despilfarros e incompetencias. Y para excluir unos y otras, el tiempo no le bastaba jamás. La política del pleno empleo de la mano de obra se conciliaba perfectamente con el mal de piedra que le afligía. César era un constructor nato y pasaba gozosamente sus atareadísimas jornadas. Los chismorreos de sus enemigos contra él, en vez de irritarle le divertían. Se los hacía contar para después volvérselos a contar él mismo a Calpurnia, con la cual había vuelto a vivir tras el paréntesis de Cleopatra. Era, a su manera, un buen marido que compensaba a su mujer de todos los cuernos que le había puesto con mil atenciones, una profunda estimación y una afectuosa camaradería. Siempre tenía algo que contarle cuando volvía de la oficina, donde trataba a colaboradores y subalternos con la señorial distancia que le era habitual. Era cuidadoso en el vestir, y de las facultades implícitas en su título de dictador sólo aprovechaba la que le permitía llevar la corona de laurel en la cabeza para ocultar su calvicie. Lo hacía todo con elegancia: hasta el regalo del perdón a quien le había inferido ofensas. Es más, de poder ser, prefería ignorar las injurias. Por esto quemó, sin leerla, la correspondencia que Pompeyo había dejado en su tienda de Farsalia, y la de Escipión, en Tapso. A saber cuántas porquerías, traiciones y dobleces hubiera descubierto. Cuando supo que Sexto se aprestaba a vengar a su padre en España, le mandó los sobrinos que residían en Roma.

Y a sus dos adversarios, Bruto y Casio, los nombró gobernadores de provincia. Tal vez en esta magnanimidad había también un poco de desprecio por los hombres: característica que casi siempre acompaña a la grandeza. Y tal vez en ese desprecio reside también la razón de su absoluta indiferencia por los peligros que le amenazaban. No podía ignorar que en torno a él se complotaba y que la generosidad es un estimulante, no un sedante, del odio. Pero no consideraba lo bastante valerosos a sus enemigos para atreverse. Y soñaba con nuevas empresas: vengar a Craso contra los partos, extender el Imperio hacia Germania y Escitia, y refundir definitivamente toda la sociedad italiana en el nivel de una clase media provincial y rural, más vigorosa y apegada a la antigua usanza.

En febrero del año 44, estaba ya redactando los planes para aquellas campañas, cuando Casio se puso a la cabeza de la conspiración y procuró atraerse a Bruto, a quien César seguía queriendo como a un hijo, acaso por saber que lo era. Novelistas y dramaturgos hicieron después de aquel joven un héroe de la libertad republicana. Nosotros dudamos que lo fuese. El complot iba arropado de nobles ideales: su propósito era dar muerte a un tirano que aspiraba a la corona de rey para compartirla con Cleopatra, la meretriz extranjera, para dejarla después al bastardo Cesarión, tras haber trasladado la capitalidad a Egipto. ¿No se había hecho erigir una estatua junto a las de los antiguos reyes? ¿No había hecho grabar la efigie en las nuevas monedas? El poder se le había subido a la cabeza, perturbada ya por una recaída en los ataques epilépticos. Mejor, hasta para él, y su recuerdo, suprimirle, antes de que tuviese ocasión de destruir de un solo golpe la libertad y la supremacía de Roma.

Fueron ésos, probablemente, los argumentos que el «pálido y flaco» Casio, según le describe Plutarco, empleó para convencer a su cuñado. Mas tal vez los que triunfaron fueron otros, más personales e íntimos. Bruto detestaba a César, no porque ignoraba que fuera su hijo, sino porque sabía que lo era. Tal vez no había perdonado jamás a su madre que hubiese hecho de él un bastardo. Mas todo eso son suposiciones, pues Bruto era taciturno y hermético. Una fuente muy dudosa ha referido que escribió en una carta a un amigo suyo: *Nuestros antepasados nos han enseñado que no se debe soportar a un tirano, aunque sea nuestro padre*. Pero es demasiado fácil atribuir pensamientos semejantes a un hombre después de que los ha puesto en práctica.

Era un hombre culto, que sabía griego y filosofía. Había gobernado con honradez y competencia la Galia Cisalpina que le confiara César. Casó con su prima Porcia, hija de su tío Catón, que sin duda no debía disponerle favorablemente hacia el dictador. Pero la cosa que más preocupaba de él era que escribía ensayos sobre la Virtud. La Virtud es una de esas señoras honestas a las que se quieren, cuando se quieren, sin hablar de ellas.

A primeros de marzo, tras haberlo «elaborado» bien, Casio fue a decirle que en los próximos idus, o sea el 15, César daría el gran golpe. Su lugarteniente Lucio Cotta propondría a la Asamblea, decidida ya a aprobarlo, proclamar rey al dictador porque la Sibila había vaticinado que sólo por un rey podían ser vencidos los partos, contra los que se estaba aprestando la expedición. Con la oposición del Senado no cabía esperar: su reciente reforma había dado la mayoría a los cesaristas. No quedaba, pues, más que un puñal, antes de que fuese demasiado tarde. Esta conversación se desarrolló en presencia de Porcia, que apoyó la tesis de Casio y, por mostrar que sabría mantener el secreto incluso bajo tortura, se clavó el puñal en un muslo. Bruto acabó por dar su asentimiento, aunque fuese por no ser menos que su esposa.

Aquella noche, César cenaba en casa de algunos amigos. Según la costumbre de los anfitriones romanos, propuso un tema de conversación: «¿Qué muerte preferiríais?» Cada cual se pronunció por un fin rápido y violento. El día siguiente, por la mañana, Calpurnia le dijo que había soñado con él cubierto de sangre y le rogó que no fuese al Senado. Pero un amigo comprometido en la conjura fue en cambio a buscarle y César le siguió, fallando de poco a otro fiel que fue a informarle del complot. Por la calle, un quiromante les gritó que se guardase de los idus de marzo. «Ya estamos en ellos», respondió César. «Pero no han pasado», replicó el otro. En el momento de entrar en la sala, alguien le dio un papiro enrollado. César creyó que se trataba de una de las habituales súplicas y no lo desenvolvió. Lo tenía aún en la mano al morir: era una denuncia detallada.

Apenas entró en la sala, los conjurados se abalanzaron contra él con el puñal. El único que podía defenderle, Marco Antonio, había sido retenido por Trebonio en la antesala. César trató al instante de protegerse con el brazo, pero lo apartó al ver que entre los asesinos estaba también Bruto. Es muy probable que, en efecto, dijera: «¿Tú también, hijo mío?», como ha contado Suetonio. Es una frase que, en aquellas circunstancias, cualquier padre habría pronunciado.

Cayó cosido a puñaladas al pie de la estatua de Pompeyo que él mismo había hecho colocar allí, y ante la que solía inclinarse al pasar.

El golpe dejó asustados y vacilantes a los mismos que lo habían dado. Agitando el puñal ensangrentado, Bruto lanzó un retumbante vítor a Cicerón llamándole «Padre de la Patria», e invitándole a pronunciar un discurso. Aterrado ante la idea de verse mezclado en aquel suceso y advirtiendo la inoportunidad de toda retórica, el gran abogado quedóse, por vez primera en su vida, sin habla. Marco Antonio entró en la sala, vio el cadáver tendido en el suelo y todos esperaron de él un estallido de ira vengadora. En cambio, el «fidelísimo» calló y salió silenciosamente. Fuera, la muchedumbre se apiñaba inquieta por la noticia que ya había comenzado a circular. Atemorizados, los conjurados se situaron en el portón y alguno de ellos trató de explicar lo ocurrido justificándolo como un triunfo de la libertad. Pero la palabra no ejercía ya ninguna fascinación sobre los romanos, que la acogieron con amenazadores murmullos. Los conjurados se retiraron, atrincherándose en el Capitolio y poniendo de guardia a sus esclavos armados; luego, mandaron un mensaje a Marco Antonio para que acudiese a sacarles de apuros.

El «fidelísimo» fue al día siguiente, cuando Bruto y Casio habían pronunciado ya, inútilmente, un segundo discurso para calmar a la muchedumbre, cada vez más amenazadora. Marco Antonio lo consiguió como pudo, con un hábil discurso, en el que pidió el mantenimiento del orden, prometiendo a cambio el castigo de los culpables. Luego, fue a ver a Calpurnia, anonadada por el dolor, y se hizo entregar, sellado en un sobre, el testamento de César. Lo entregó a las vestales, como era de uso en Roma, sin abrirlo, tan seguro estaba de ser designado en él como heredero; mandó llamar en secreto a las tropas acampadas fuera de la ciudad y, de vuelta en el Senado, pronunció una alocución de cesáreo equilibrio que era ya un programa de gobierno y tendía a menguar la tirantez. Aprobó la propuesta de amnistía general presentada por Cicerón, a condición de que el Senado ratificase todos los proyectos dejados en suspenso por César. Prometió a Casio y a Bruto una gobernación que les permitiese alejarse de Roma y les retuvo aquella noche a cenar consigo.

El día 18, fue encargado de pronunciar el elogio de César en ocasión de su funeral, que fue lo más solemne que jamás se había visto en Roma. La comunidad israelita, agradecida a César por el amistoso trato que había recibido de él, seguía el féretro mezclada con los veteranos y cantando sus antiguos y solemnes himnos. Los soldados echaron las armas sobre la pira, y los actores y gladiadores, sus ropas. Toda la noche, la entera ciudadanía permaneció reunida en torno al féretro.

Al día siguiente, Antonio se hizo entregar el testamento por las vestales, abriólo solemnemente entre los altos cargos del Estado y le dio pública lectura.

De su fortuna privada, que ascendía a cerca de cien millones de sestercios, César dejaba algo a todo ciudadano romano, y al municipio le donaba sus maravillosos jardines para parque público. El resto debía ser repartido entre sus tres sobrinos, uno de los cuales, Cayo Octavio, quedaba adoptado como hijo y designado sucesor.

El «fidelísimo», que cuarenta y ocho horas después del asesinato de su jefe había invitado a cenar a los asesinos, quedaba recompensado de su extraña fidelidad.

XXVIII. ANTONIO Y CLEOPATRA

Salvo los más íntimos amigos de la casa, que le habían visto adolescente, nadie en Roma conocía a este Cayo Octavio, destinado a cambiar dos veces de nombre y con el último, Augusto, a pasar a la Historia como el más grande hombre de Estado de Roma. Su abuela era Julia, hermana de César, que casó con un provinciano de Velletri, zafio y adinerado. Su padre había hecho una discreta carrera y acabó de gobernador de Macedonia. En cuanto a él, el chico, había crecido bajo una disciplina casi espartana y estudiado con provecho. El tío César, que a pesar de todas las esposas que tuvo se había quedado sin hijos legítimos, se lo llevó a casa y le tomó afecto. Se lo llevó consigo a España, cuando fue, en 45, para destrozar los últimos restos de las fuerzas pompeyanas. Y en aquella ocasión admiró la fuerza de voluntad del jovenzuelo imberbe y delicado al afrontar las fatigas desproporcionadas con su salud. Efectivamente, padecía de colitis, eccema y bronquitis: dolencias que con el tiempo se fueron enconando cada vez más hasta obligarle a vivir como un polluelo en la estopa, con fajas, bufandas, gorros de lana, un arsenal de píldoras, ungüentos y jarabes y un médico al alcance de la mano, aun en combate. No bebía, comía como un pajarillo, tenía un sacrosanto terror a las corrientes de aire, pero afrontaba al enemigo con el más frío valor, y no acometía una acción, hasta la más intrascendente, sin haber sopesado antes cuidadosamente el pro y el contra. A César, el brillante improvisador, calavera y de manga ancha, de irreflexiva generosidad, palabra pronta y gesto vivaz, debió de serle simpático, tal vez por el contraste. Le siguió los estudios, le encaminó por la estrategia y administración, y cuando contaba apenas diecisiete años le confió un pequeño mando en Iliria para que practicase la milicia y el gobierno. Fue allí donde un mensajero se le presentó a fines de marzo con la noticia de la muerte de su tío y de su testamento. Acudió a Roma y, contra el parecer de su madre que desconfiaba de Marco Antonio, fue a ver a éste que le trató con desprecio llamándole «chiquillo».

El chiquillo no rechistó. Pero preguntó sosegadamente si el dinero que César había dejado a ciudadanos y soldados había sido efectivamente distribuido. Antonio respondió que había cosas más urgentes en qué pensar. Y Cayo Octavio, que ahora, por la adopción, había tomado el nombre de Cayo Julio César Octaviano, se hizo prestar fondos por ricos amigos del difunto y los distribuyó como éste había ordenado. Los veteranos comenzaron a mirar con simpatía al «chiquillo» que parecía saber dónde iba.

Irritado, Antonio declaró unos días después que había sido víctima de un atentado y que supo por el ejecutor que Octaviano organizó el golpe. Octaviano pidió pruebas. Y dado que éstas no fueron aducidas, se unió a las dos legiones que entretanto había reclamado de Iliria, las juntó con las de dos cónsules en funciones, Ircio y Pansa, y con ellas marchó contra Antonio.

A la sazón no tenía más que dieciocho años, y por esto el Senado se puso de su parte. Los aristócratas estaban alarmados por las prepotencias de Antonio, quien, defraudado por la sucesión de César, trataba de adueñarse de ella por la fuerza. En los pocos días que ejerció el poder, había saqueado el Tesoro, apropiándose de quince mil millones, ocupando arbitrariamente el palacio de Pompeyo y nombrándose a sí mismo gobernador de la Galia Cisalpina, lo que le permitía poseer un ejército en Italia y convertirse así en dueño del país. El Senado se dio cuenta de que, si se le dejaba hacer, al César muerto le sustituiría otro peor. Por esto decidió favorecer a Octaviano, un «chiquillo» que haría menos sombra. Cicerón prestó su oratoria a esta lucha contra Antonio en una serie de *filípicas* que apuntaban, sobre todo, a su vida privada. Había materia. Antonio, que entonces tenía treinta y ocho años, les había llenado de proezas militares, de abusos, de generosidades y de indecencia. El propio César, pese a tener la manga ancha y a quererle, hubo de escandalizarse por el harén de ambos sexos que su general llevaba tras de sí, incluso en la guerra. Antonio era un aristócrata ignorante y amoral, robusto, sanguíneo y pendenciero. Cicerón, hurgando en su conducta, halló pretextos para todas las acusaciones.

El encuentro entre los dos ejércitos tuvo efecto cerca de Módena. Y la fortuna asistió tan descaradamente a Octaviano que le dejó como único general superviviente: Irco y Pansa cayeron, y Antonio, derrotado por primera vez en su vida, huyó. Así el «chiquillo» volvió a Roma al frente de todas las tropas acampadas en Italia, fue al Senado, impuso su propio nombramiento como cónsul, la anulación de la amnistía a los conspiradores de los idus de marzo y su condena a muerte. El Senado, que había contado con utilizarle como instrumento suyo, se indignó y resistió. Octaviano convocó a otro lugarteniente de César, Lépido, le mandó como embajador de paz a Antonio y estableció con los dos el segundo triunvirato, demostrando también así haber sacado provecho de las lecciones de su tío. El Senado inclinó la cabeza y tuvo oportunidad de reflexionar que el sucesor de un dictador siempre hace añorar al precedente.

Patrullas de soldados fueron destacadas a todas las puertas de la ciudad y comenzó la gran venganza. Trescientos senadores y dos mil funcionarios fueron inculpados del asesinato, y, tras el secuestro de todos sus bienes, procesados y ejecutados. Veinticinco mil dracmas, casi diez millones de liras, era la tarifa por la cabeza de quienes huían. Pero la mayoría prefirió suicidarse, y en el gesto encontraron el estilo de los grandes romanos antiguos. El tribuno Salvio dio un banquete, bebió el veneno y su última voluntad fue que la comida continuase con su cadáver presente. Le dieron satisfacción. Fulvia, la mujer de Antonio, hizo ahorcar en la puerta de la casa al inocente Rufo, sólo porque éste no quiso vendérsela. Su marido no pudo impedírselo porque en aquel momento estaba acostado con la mujer de Coponio, quien, gracias a esta circunstancia, salvó la vida.

Mas, para Antonio, la presa más apetitosa fue Cicerón, no sólo porque todavía tenía atragantadas las *filípicas* del gran abogado, sino también porque tenía que vengar a Clodio, con cuya viuda se había casado, y a Léntulo, que Cicerón hizo morir en galeras en tiempos de Catilina y de quien Antonio era hijastro. El «Padre de la Patria» trató de huir embarcándose en Anzio. Mas, ¡ay!, que el mareo le pareció peor que la muerte y le obligó a desembarcar en Formia. Las patrullas de Antonio se le echaron encima. Cicerón prohibió a sus servidores que hiciesen resistencia y ofreció dócilmente el cuello. Su cabeza cortada fue llevada, junto con la mano derecha, a los triunviros. Antonio brincó de gozo. Octaviano se indignó, o fingió indignarse. No había tenido nunca simpatía por Cicerón, que se había mostrado ambiguo con su tío y con cuyos asesinos se ligó después de haberle exaltado en vida. En cuanto a él, Octaviano, le había definido como *laudandum adolescentem, ornandum, tollendum*. Parecían elogios. Pero *tollendum* quería decir no tan sólo «a loar», sino también «a matar». Y en boca de Cicerón esos dobles sentidos se sabía muy bien cómo había que interpretarlos.

Así acabó, víctima de su propia oratoria, el más grande orador de Roma.

Ahora quedaban por castigar los dos principales

culpables, Bruto y Casio, que, gobernadores respectivamente de Macedonia y Siria, habían unido sus fuerzas y formado con ellas el último ejército de la Roma republicana, que no estaba destinado a dejar gran recuerdo en aquellas provincias. Palestina, Cilicia y Tracia fueron literalmente depredadas. Poblaciones enteras, especialmente hebreas, que no tenían con qué pagar los tributos, fueron reducidas a esclavitud y vendidas. La virtud no le impidió a Bruto asediar, hambrear y reducir al suicidio en masa a los habitantes de Xanto. Cuando llegaron los ejércitos de Antonio y Octaviano, fueron recibidos como «liberadores».

El encuentro ocurrió en Filipos, el 12 de setiembre del 42. Bruto rompió la formación de Octaviano, pero Antonio desfondó la de Casio que se hizo dar muerte por un asistente. Octaviano estaba en cama, dentro de su tienda, con una de sus habituales gripes. Antonio aguardó a que sanase para echarse con él en persecución de Bruto. Éste, viendo desbandarse a sus hombres, se arrojó contra la espada de un amigo y quedó clavado en ella. Antonio buscó el cadáver y lo cubrió piadosamente con su túnica de púrpura. Recordaba que Bruto había puesto una sola condición a su participación en el complot contra César: que Antonio fuese indultado.

En Filipos cayeron, con la República, los mejores hombres de la aristocracia que constituía su puntal. Los que no hallaron la muerte en el campo de batalla, la buscaron en el suicidio, como hicieron el hijo de Hortensio y el de Catón. Eran lo mejor de cuanto quedaba del antiguo patriarcado romano: por lo menos, se mostraron hasta el último momento como soldados valerosos. En casa, se quedaron los emboscados y los contemporizadores, gente dispuesta, con tal de no trabajar ni arriesgar nada, a aceptarlo todo, hasta el reparto que los vencedores hicieron del Imperio. A Octaviano le tocó la tajada europea; a Lépido, la africana; y Antonio eligió Egipto, Grecia y Oriente Medio. Cada uno de estos tres hombres sabían que el arreglo era provisional, excepto uno, Lépido, que se conformaba esperando echar, tarde o temprano, a los otros dos. El que tenía más probabilidades de triunfar era Antonio, que creía solamente en la fuerza militar y sabía ser, como general, superior a los otros.

Como primera medida, mandó un mensaje a Cleopatra, instándola a reunirse con él en Tarso para responder a las acusaciones, que algunos le hacían, de haber ayudado y financiado a Casio. Cleopatra obedeció. El día fijado para su comparecencia, Antonio se dispuso a recibirla desde lo alto de un majestuoso trono en medio del Foro, ante la población excitada por el inminente proceso. Cleopatra llegó en una nave de velas rojas, espolón dorado y quilla laminada de plata. La dotación estaba formada por sus doncellas, vestidas de ninfas, que hacían corona a un dosel de lamé bajo el cual ella yacía en un provocador vestido de Venus, escuchando las arias que le tocaban en torno con pífanos y flautas. Cuando la noticia de aquella extraordinaria aparición sobre las aguas del río Cidno se difundió por la ciudad, todos acudieron al puerto, para verla, como hoy acuden a ver a Sofía Loren, dejando a Antonio solo y fuera de quicio. La mandó llamar. Ella le envió recado de que le esperaba a bordo para comer. Furioso, Antonio fue, considerándose todavía a sí mismo como juez y a ella, como acusada. Mas al verla, se quedó petrificado. La había conocido de chiquilla en Alejandría, luego no la volvió a ver más y ahora se la encontraba delante, toda una mujer radiante de belleza, lo que explicaba muy bien por qué hasta César se había quedado prendado. Sus generales ya estaban todos acurrucados a los pies de ella. En el aperitivo, se puso a acusarla con arrogancia. A los postres, le había regalado Fenicia, Chipre y grandes bocados de Arabia y Palestina. Ella le recompensó la misma noche y los generales tuvieron que conformarse con las ninfas. Luego se lo remolcó hasta Alejandría, donde él pareció haberse olvidado del todo de lo provisional de su situación. Cleopatra, en cambio, se daba muy buena cuenta de ello. Sabía que el

Imperio no toleraba tres amos. No quería a Antonio, tal vez no había querido nunca a nadie. Pero pensó en hacer de él el instrumento del golpe que no había logrado con César.

Mientras esto sucedía en Alejandría, Octaviano, en Roma, echaba los cimientos de la reunificación. La tarea no era fácil. Sexto Pompeyo, en España, había empezado a agitarse de nuevo; bloqueaba los aprovisionamientos, el paro cundía, la inflación amenazaba y el Senado estaba malhumorado y había que comprarlo una y otra vez. Por si fuera poco, la mujer de Antonio, Fulvia, tal vez para sustraer el marido a los hechizos de Cleopatra y reclamarle a Roma, organizó un complot con el hermano de aquél, Lucio. Alistaron un ejército e hicieron un llamamiento a la rebelión a los italianos. Tuvo que intervenir Marco Agripa, el más fiel lugarteniente de Octaviano, para desbaratar la intentona. Lucio se rindió en Perusa. Fulvia murió de rabia, decepción y celos.

Cleopatra vio en aquel acontecimiento el pretexto para empujar a Antonio a jugar la gran carta. Reunió el Ejército y lo embarcó en la flota. Y, desembarcando en Brindisi, puso sitio a la guarnición de Octaviano. Pero los soldados se negaron a batirse, tanto los de un bando como los del otro, obligando a sus generales a hacer las paces, que fueron selladas con un matrimonio: el de Antonio con la hermana de Octaviano, una mujer honesta, de la que era desatinado esperar que aquel calavera se dejase embridar.

La Historia no ha registrado las reacciones de Cleopatra ante este episodio, que convertía en humo todos sus planes. Antonio, lejos de ella, pareció haber vuelto a recobrar un poco la sensatez. Llevó a su esposa a Atenas, donde ella, mujer instruida, le hizo visitar los museos y escuchar lecciones de filósofos, con la esperanza de que se aficionara a la cultura. Antonio fingía mirar y escuchar. En realidad pensaba en Cleopatra y en la guerra, las dos únicas cosas en el mundo que verdaderamente le gustaban. Tal vez reflexionó que, de las dos, la guerra era la menos peligrosa. Y, cansado de bondad y de virtudes caseras, mandó a Octavia a Roma y se dirigió con su ejército contra Persia, donde Labieno, hijo del general traidor a César, estaba organizando otro al servicio de aquel rey rebelde. Cleopatra se reunió con Antonio en Antioquía, desaprobó la empresa y se negó a financiarla, pero siguió a su amante. Éste corrió inútilmente tras del enemigo durante quinientos kilómetros, perdió buena parte de sus cien mil hombres, impuso un teórico vasallaje en Armenia, se proclamó vencedor, se ofreció a sí mismo un solemne triunfo en Alejandría, escandalizando a Roma que se consideraba única depositaria de aquellas ceremonias, mandó una intimación de divorcio a Octavia, rompiendo así el único vínculo que le ligaba a Octaviano, casó con Cleopatra, dando en dote todo el Oriente Medio a los dos hijos que había tenido de ella y nombró a Cesarión príncipe heredero de Egipto y de Chipre.

Así tornó inevitable él mismo el conflicto con Octaviano, que lo iba preparando con su habitual y cauta tenacidad. También él había tenido sus complicaciones sentimentales. Se enamoró, figuraos, de una mujer encinta de cinco meses, Livia, esposa de Tiberio Claudio Nerón. Antes, aunque no contaba treinta años, se había casado ya dos veces: la primera, con Claudia y después, con Escribonia, que le había dado una hija: Julia. Divorcióse, pues, de la segunda esposa y convenció amigablemente a Tiberio Claudio Nerón a hacer otro tanto con Livia, para quedarse con ella, con dos hijos: Tiberio, ya mayorcito, y Druso, que estaba a punto de nacer. Los adoptó como si hubiesen sido suyos.

Pero liquidadas esas pendencias conyugales, se puso de buen talante a la labor de reconstrucción. El bloqueo de Sexto fue levantado con la destrucción de su escuadra, el orden quedó restablecido y una renacida confianza descongeló los capitales emboscados. Marco Agripa, además de buen general, se reveló como un incomparable ministro de la Guerra. Fue el verdadero reorganizador del gran ejército que había de devolver la unidad de mando al Imperio romano.

XXIX. AUGUSTO

En la primavera del año 32 antes de Jesucristo llegó a Roma un mensajero de Antonio con una carta del Senado en la que el triunviro proponía a sus dos colegas deponer, todos a la vez, el poder y las armas y retirarse a la vida privada tras haber restaurado las instituciones republicanas. Nos parece imposible que un insensato de su calaña haya podido concebir un gesto tan avisado. Debían de andar por medio las artes de Cleopatra.

Octaviano se encontró en un atolladero. Para superarlo, sacó el testamento de Antonio, diciendo que lo había recibido de las vestales que lo tenían en custodia. Designaba como únicos herederos suyos a los hijos habidos con Cleopatra, y a ésta como regente. Tenemos muchas dudas acerca de la autenticidad de tal documento. Pero sirvió para confirmar las sospechas que toda Roma sentía hacia aquella intrigante, y permitió a Octavio abandonar una guerra «de independencia», que, con mucha perspicacia, no la declaró a Antonio, sino a Cleopatra.

Fue una guerra marítima. Las dos flotas se enfrentaron en Accio. Y la de Octaviano, mandada por Agripa, aun cuando inferior en número, puso en fuga a la adversaria, que se replegó desordenadamente hacia

Alejandría. Octaviano no la persiguió. Sabía que el tiempo trabajaba en favor suyo y que cuanto más permaneciese Antonio en Egipto más se malograba con orgías y molicies. Desembarcó en Atenas para poner orden de nuevo en las costas de Grecia. Volvió a Italia a aplacar una revuelta. Luego, se abrió paso hasta Asia para destruir las alianzas que allí dejara Antonio, aislándole. Por último, marchó hacia Alejandría. En el camino recibió tres cartas: una de Cleopatra, unida a un cetro y una corona, prendas de sumisión; y dos de Antonio, que impetraba paz. A éste no le contestó. A ella le replicó que le dejaría el trono si mataba a su amante. Dado el tipo, nos asombra que no lo hubiese hecho.

Con el valor de la desesperación, Antonio lanzó un ataque y obtuvo una victoria parcial, que no impidió a Octaviano encerrar la ciudad en una tenaza. Pero al día siguiente, los mercenarios de Cleopatra se rindieron y a Antonio le llegó la noticia de que la reina había muerto. Intentó suicidarse de una puñalada. Y cuando, agonizante, supo que aquélla aún vivía se hizo trasladar a la torre donde se había atrincherado con sus doncellas y expiró entre sus brazos. Cleopatra pidió permiso a Octaviano para dar sepultura al cadáver, y que le concediese una audiencia. Octaviano se lo concedió. Se le presentó como se presentara a Antonio: perfumada, pintada y envuelta solamente en exquisitos velos. Mas, ¡ay!, que bajo aquellos velos había ahora una mujer de cuarenta años, no ya de veintinueve. Su nariz ya no encontraba compensación en el frescor de las carnes y en la luminosidad de la sonrisa. Augusto no tuvo necesidad de recurrir a una gran fuerza de carácter para tratarla con frialdad y comunicarle que la conducía a Roma como adorno de su carro triunfador. Tal vez, más que como reina, Cleopatra se sintió perdida como mujer, y esto fue lo que la impulsó al suicidio. Se arrimó un áspid al seno y se dejó envenenar por él, lo que también hicieron sus doncellas.

Octaviano liquidó la herencia suya y la de Antonio

con un «tacto» por el cual se puede reconstruir todo su carácter. Permitió que sus cadáveres fueran sepultados uno al lado del otro. Mató al joven Cesarión, mandó los dos hijos de los difuntos a Octavia, que los crió como si hubiesen sido suyos, se proclamó rey de Egipto para no humillarlo proclamándolo provincia romana, se embolsó su inmenso tesoro, dejó allí un prefecto y se volvió para casa; sigilosamente, hizo suprimir también al mayor de los hijos habidos por Antonio de Fulvia. Y con la conciencia tranquila de quien ha cumplido con su deber con aquellos infanticidios, se puso de nuevo al trabajo.

A la sazón, tenía escasamente treinta años y se encontraba siendo dueño de toda la herencia de César. El Senado no tenía ya ganas ni fuerza para disputársela, y sólo por cautela él no le pidió la investidura al trono. Se la hubiese concedido. Pero Octaviano conocía el peso de las palabras y sabía que la de rey era desagradable. ¿Para qué despertar ciertas manías que ya no hacían sino dormitar en las conciencias entumecidas? Los romanos habían dejado de crear instituciones democráticas y republicanas porque conocían su corrupción, pero estaban apegados a las formas. Pedían orden, paz y seguridad, una buena administración, una moneda saneada y los ahorros garantizados. Y Octaviano se aprestó a darle todas estas cosas.

Con el oro traído de Egipto liquidó al Ejército, que contaba con medio millón de hombres y costaba demasiado, manteniendo a doscientos mil en servicio, de los cuales se proclamó *imperator*, título puramente militar, y afincó a los demás como labradores en tierras compradas exprofeso; anuló las deudas de los particulares al Estado y emprendió grandes obras públicas. Mas éstos fueron tan sólo los primeros pasos, los más fáciles. Como César, Octaviano no cuidaba tan sólo de administrar, sino que quería realizar una gigantesca reforma que refundiese a toda la sociedad según el modelo diseñado por su tío. Para hacerlo, necesitaba una burocracia, de la que él fue el verdadero inventor. En torno suyo, formó una especie de gabinete ministerial, compuesto de técnicos, en cuya selección estuvo afortunado. Había un gran organizador, como Agripa; un gran financiero, como Mecenas; y varios generales, entre los cuales pronto descolló su hijastro Tiberio.

Porque éstos pertenecían casi todos a la alta burguesía y los aristócratas se lamentaban de quedar excluidos, Octaviano escogió una veintena de ellos, todos senadores, con los que formó una especie de Consejo de la Corona, que poco a poco se convirtió en el portavoz del Senado y garantizó sus decisiones. La Asamblea o Parlamento siguió reuniéndose y discutiendo, pero cada vez con menor frecuencia y sin intentar jamás bloquear ninguna decisión de Octaviano. Éste concurrió por trece veces consecutivas al Consulado y, naturalmente, salió triunfante otras tantas veces. En 27, de improviso, remitió todos sus poderes al Senado, proclamó la restauración de la República y anunció que quería reiterarse a la vida privada. No tenía entonces más que treinta y cinco años y el único título que había aceptado era el nuevo de príncipe. El Senado respondió abdicando a su vez y remitiéndole a él todos los poderes, suplicándole que los asumiera y confiriéndole aquel apelativo de Augusto, que literalmente quiere decir «el aumentador», y era un adjetivo que después con el uso se tornó sustantivo. Y Octaviano aceptó con aire resignado. Fue una escena perfectamente representada por ambas partes y demostró que la fronda conservadora y republicana había terminado ya: hasta los orgullosos senadores preferían un amo al caos.

Pero el amo siguió mostrándose discreto en el uso de sus poderes. Habitaba el palacio de Hortensio, que era muy hermoso, pero no lo transformó en un alcázar, y como alojamiento personal se reservó una pequeña estancia en la planta baja, con un despacho, monacalmente amueblado. Hasta cuando, muchos años después, el edificio cayó en ruinas por un incendio y él construyó otro igual, se empeñó en que rehiciesen idénticas las dos estancias. Pues era un hombre de costumbres, sobrio y puntual. Trabajaba esforzadamente, considerándose el primer servidor del Estado. Y lo escribía todo: no sólo los discursos que había de pronunciar en público, sino hasta lo que decía en casa, con la mujer y los familiares. Habrá que aguardar a Francisco José de Austria, con el que se asemeja en muchas cosas, para hallar en la Historia a un soberano parecidamente sujeto al deber, tan respetable, prosaico, poco amable e infortunado en los afectos domésticos.

Éstos estaban representados por Julia, la hija habida con Escribonia; por Livia, su tercera esposa, y por los dos hijastros que ésta había traído a casa: Druso y Tiberio. Livia fue, como esposa, irreprochable, aunque algo pesada por su ostentosa virtud. Educó bien a los chicos y llevó con desenfado los cuernos que su marido le iba poniendo sucesivamente. Todo permite creer que ella tenía interés, más que en el amor, en el poderío de Augusto y en la carrera de los hijos, que, efectivamente, la hicieron rápidamente. Generales a los veinte años, fueron mandados a sojuzgar Iliria y Panonia. Augusto, que realzó la *pax romana*, renunció pronto a la guerra y a nuevas anexiones. Pero quería asegurar los confines del Imperio, constantemente amenazados. Druso, su preferido, los extendió del Rin al Elba para mayor seguridad, derrotando brillantemente a los germanos. Pero sufrió una gravísima caída de caballo. Tiberio, que le adoraba y se hallaba en la Galia, galopó cuatrocientas millas por reunirse con él y llegó a tiempo de cerrarle los ojos. Augusto quedó muy afectado por la muerte de aquel muchacho alegre, impetuoso y expansivo, a quien pensaba designar como sucesor. Luego, esperó a que Julia le diese otro heredero.

Aquella muchacha vivaz, sensual y guasona era su ojo derecho. A los catorce años, la casó con Marcelo, hijo de su hermana Octavia, la viuda de Antonio. Pero Marcelo murió poco después y Julia se había convertido en la «viuda alegre» de Roma. Se divertía no sólo haciendolo, sino diciéndolo. Y su padre, que había comenzado a publicar leyes para el restablecimiento de la moral, creyó ponerla de nuevo en el buen camino con otro marido: aquel Marco Agripa, ministro de la Guerra, que, tras haberle dado la victoria en Accio, se había convertido en su más fiel y hábil colaborador. Gran caballero, gran soldado, gran ingeniero, pacificó España y las Galias, reorganizó el comercio, construyó carreteras y era el único pez gordo de quien no murmuraban siquiera los que especulaban en ello. Augusto, que tenía fuste de «planificador» y se consideraba con derecho a reglamentar hasta la felicidad ajena, no se fijó en el hecho de que tuviese cuarenta y seis años, en tanto que Julia sólo tenía dieciocho, y en que fuese marido de una mujer que le hacía feliz. Le impuso el divorcio y el nuevo matrimonio.

La pareja no podía estar peor avenida, por bien que echasen al mundo cinco hijos, que se parecían extrañamente a Agripa. Cuando le pidieron descaradamente la explicación a Julia, ésta contestó con no menos descaro: «Yo no hago subir más marineros en la nave cuando ya está cargada.» Ocho años después falleció en África, y Julia volvió a ser la viuda alegre de Roma. De nuevo Augusto quiso poner remedio y le impuso un tercer matrimonio: con Tiberio esta vez, en quien veía ahora, o en quien Livia le hacía ver, un posible regente del Imperio hasta la mayoría de edad de los hijos de Julia, Gayo y Lucio. También Tiberio estaba ya casado, y precisamente con la hija de Agripa, Vipsania, que le hacía feliz. Pero esta felicidad no coincidía con la planificada por Augusto, que la destruyó para crear en su lugar una infelicidad. Convertido en sucesor de Agripa tras haber sido su yerno, Tiberio aguantó a Julia todo lo que el más desgraciado de los maridos puede aguantarle a la mujer. Cuando ya no pudo más, se retiró a la vida privada, en Rodas, donde vivió siete años, dedicado exclusivamente al estudio, mientras Julia oscurecía con sus escándalos el recuerdo de Clodia. Gayo y Lucio habían muerto; uno, de tifus y el otro, en campaña.

Augusto, sesentón ya, abatido por esas desdichas, roído por el eccema y el reumatismo y cada vez más bajo la zapatilla de Livia, por fin expulsó a su hija por inmoral, haciéndola encerrar en Ventotene, reclamó a Tiberio y le adoptó por hijo y heredero aunque seguía sin quererle.

Tal vez creyó en aquel momento estar al borde de la muerte. La colitis y las gripes no le daban tregua y no daba un paso sin su médico personal, Antonio Musa. Se había vuelto puntilloso, suspicaz y cruel. Por una indiscreción, hizo quebrar las piernas a su secretario Talo. Y para protegerse de inexistentes complots, inventó la policía, o sea aquellos «pretorianos» o guardias de corps, que habrían de representar tan nefasto papel bajo sus sucesores. Vuelto más escéptico y amargo por los sufrimientos, veía con claridad la bancarrota de su obra de reconstrucción. Había la *paz augusta*, sí, y los marinos del Oriente venían a darle las gracias por la seguridad con que ahora navegaban; pero en el Elba, Varo, con tres legiones, había sido exterminado por Arminio, la frontera hubo de ser retirada hasta el Rin y Augusto intuía que más allá de este río, en la oscuridad de sus bosques, las tribus germánicas estaban en ebullición. Sí, el comercio reorganizado por Agripa volvía a florecer, y la moneda saneada por Mecenas era segura. La burocracia funcionaba. El Ejército era fuerte. Mas la gran reforma de las costumbres había fracasado. Divorcios y maltusianismo habían matado a la familia y el tronco romano estaba casi extinguido. El último censo revelaba que las tres cuartas partes de ciudadanos eran libertos o hijos de libertos extranjeros. Se habían construido centenares de nuevos templos, mas dentro no había dioses porque nadie creía que existiesen. Una moral no se rehace sin una base religiosa. Augusto había tratado de reanimar la fe antigua, sin compartirla, y el pueblo le respondió fingiendo adorarle a él como dios.

Julia, que murió en el exilio, había dejado a Augusto una nietecita, que se llamaba Julia como ella, y que, desgraciadamente, demostró en seguida querer imitar a su madre no sólo en el nombre. También el abuelo tuvo que confinarla por inmoral. Destrozado por este nuevo dolor, pensó en dejarse morir de hambre. Pero luego, los deberes de oficina, a los que había permanecido apegadísimo, y la certeza de que no le quedaba ya mucho de vida llevaron las de ganar. En cambio, como todos los que sostienen el alma con los dientes, él, para aquellos tiempos, rindió la suya muy tarde.

Tenía setenta y seis años cuando, convaleciente en Nola después de una bronquitis, le sorprendió el fin. Aquella mañana, había trabajado como de costumbre, desde las ocho a mediodía, firmando todos los decretos, contestando todas las cartas, como buen funcionario que era. Hizo llamar a Livia, con quien estaba a punto de celebrar las bodas de oro, y se despidió de ella afectuosamente. Después, como verdadero gran romano, se volvió a los circunstantes y dijo: «He representado bien mi papel. Despedidme, pues, de la escena, amigos, con vuestros aplausos.»

Los senadores condujeron el féretro a hombros por toda Roma, antes de quemar el cadáver en el Campo de Marte. Tal vez se hubieran mostrado satisfechos de su muerte de no haber sabido que para sucederle estaba ya designado Tiberio.

XXX. HORACIO Y LIVIO

Años antes, cuando volvió victorioso de la campaña contra Antonio, Augusto había encontrado, esperándole en Brindisi, a Mecenas con un joven poeta mantuano, Virgilio. Era hijo de un empleado del Estado de sangre céltica, a quien los legionarios habían requisado la pequeña granja donde había invertido sus ahorros. El muchacho fue a Roma, publicó un libro de poesías, las *Églogas*, que tuvieron un buen éxito. Mecenas le protegía y a la sazón quería hacer de él un instrumento para la propaganda de Augusto, a quien venía a presentarle.

Augusto se hizo leer por el autor el manuscrito de las *Geórgicas*, inéditas aún, y le tomó simpatía por dos razones que con el arte, que le importaba un ardite, tenían poco que ver: en primer lugar, porque Virgilio era enfermizo y enclenque como él y, por lo tanto, podía conversar a placer de bronquitis, amigdalitis y colitis; y después, porque sus poesías celebraban los placeres de la vida rural y frugal a la que Augusto quería que volviesen todos los romanos. En realidad, como después dijo Séneca, Virgilio describía la campiña con el tono y el sabor de quien vive en la ciudad, o sea sobre una nota falsa. Pero Augusto no tenía oído para advertirlo. Lo que le importaba era que la poesía de Virgilio tuviese cualidades didácticas. Recompensó al autor haciéndole restituir la alquería que habían requisado a su padre. Virgilio no volvió a ella porque prefería escribir sobre el campo permaneciendo en Roma, pero quedó agradecido a Augusto y en su honor compuso la *Eneida*, destinada a celebrar sus victorias. Escribía despacio, con mucha diligencia y escrupuloso estilo, dedicando a la labor la mayor parte del día, porque con las rentas de la finca y las liberalidades de Mecenas no tenía necesidad de trabajar para vivir, y otras distracciones no las conocía. No se había casado por motivos de salud, y sus amigos de Nápoles, donde de vez en cuando iba a invernar, le llamaban *la virgencita*. Augusto estaba ansioso de ver el trabajo acabado. Virgilio le leía un fragmento de vez en cuando, pero no llegaba nunca a terminarlo. En 19, interrumpió el veraneo para reunirse con el emperador en Atenas, sufrió una insolación, y en trance de morir en Brindisi, donde le trasladaron, recomendó que quemasen el manuscrito del poema. Tal vez se había dado cuenta de que la épica no era su cuerda, y prefería confiar su recuerdo a los otros escritos, fragmentarios y elegíacos. Augusto prohibió que se cumpliera la voluntad del difunto. Queriendo conservar a su propia gloria aquel monumento inacabado, salvó a la poesía una auténtica obra maestra de artificio.

Las solicitudes de Augusto para con la literatura no se pararon en Virgilio, sino que se extendieron también a muchos otros escritores, entre ellos Horacio y Propercio. Se los presentaba Mecenas, que era su empresario y dio nombre a la categoría de los protectores del arte, haciéndose perdonar con ellos los malos versos que él mismo se jactaba de componer. Pero esa actitud ya estaba entonces muy difundida entre los romanos ricos, vueltos sensibles a la «cultura» aun cuando carecían de ella. Después de la primera casa editorial de Arien, nacieron otras muchas, que dieron impulso a un floreciente comercio. Ediciones de cinco a diez mil ejemplares, a mil o dos mil liras el ejemplar, todos escritos a mano por esclavos; quedaban agotados en pocos meses. El libro se había convertido en ornato obligatorio de toda casa que se respetase aunque después no se leyese, y desde provincias llovían los pedidos.

Esta moda produjo gran efecto en la sociedad que, de guerrera e inculta, se fue aficionando cada vez más a los salones literarios. Y precisamente por esto, Augusto vio en ello un instrumento de reforma moral. Hasta que la vejez y las dolencias no le hubieron convertido en susceptible y quisquilloso, se mostró muy tolerante incluso para los epigramas y las sátiras que le afectaban personalmente. Hizo construir bibliotecas públicas, recomendó siempre a Tiberio que se abstuviese de castigar y que se guardase de la censura, y él mismo compuso una vez algún verso que otro para mandarlo a un griego que cada día le aguardaba a la puerta de palacio para leerle los suyos. El griego le recompensó con una gratificación de pocos dineros y una carta cortés en la que se excusaba, dada su pobreza, de no poder pagar mejor. Augusto se divirtió bastante con aquella réplica ingeniosa y le hizo entregar cien mil sestercios.

Los escritores y los poetas, empero, decepcionaron las esperanzas del emperador, dando a la propaganda del Estado lo peor de sus producciones, y secundando con lo mejor las deplorables tendencias de una sociedad que cada vez se volvía más libertina y más burlesca, y renegaba de los grandes tiempos de la gloria, de la religión y de la Naturaleza, a los que prefería el del amor y de la galantería. El bardo de estos nuevos motivos fue Ovidio, un abogado de Abruzos que amargó a su padre negándose a seguir una carrera política y se proclamó designado personalmente por Venus para hablar de Eros. Se casó con tres mujeres, amó a muchas otras más, y de todas ellas escribió sin prejuicio alguno, declarando que se burlaba de todos los «catoncillos» que le criticaban. El éxito que obtuvo con sus versos dulces y lascivos le hizo creer hasta tal punto que era un gran poeta, que las últimas palabras de sus *Metamorfosis* fueron, modestamente: *Viviré en los siglos*.

Apenas las había esbozado, le llegó una orden de Augusto intimándole a que se confinase en Constanza, en el mar Negro. Jamás se ha sabido con precisión de qué quería castigarle el emperador. Dícese que a causa de unas relaciones que tuvo con la nietecita Julia, que, en efecto, había sido expulsada en aquellos días. Ovidio, como todos los hombres de éxito fácil, no tenía temple para soportar la desgracia. Sus lamentos desde aquel lugar de confinamiento, *Pónticas* y *Tristes*, son más elogiables por su vena elegíaca que por su carácter. Volvió a Roma cadáver, tras haber pedido inútilmente en mil cartas piedad al emperador y ayuda a los amigos.

En general, si bien se la ha llamado Período Áureo, la época de Augusto no vio un florecer literario y artístico comparable a la de la Grecia de Pericles o a la de la Italia del Renacimiento. Bajo aquel emperador burgués, se desarrolló un gusto igualmente burgués que prefería el justo medio, y el justo medio es, a menudo, mediocre. La moderación y la mesura, sazonadas con un poco de escepticismo bonachón y hogareño, eran las cualidades más apreciables. Y, efectivamente, el verdadero escritor de aquel tiempo es el que lo representó: Horacio.

Era hijo de un recaudador de contribuciones pullés, que quería hacer de su vástago un abogado y hombre político y, a costa de quién sabe qué sacrificios, le mandó a estudiar, primero a Roma y después a Atenas. Aquí, Horacio conoció a Bruto, que se aprestaba a la batalla de Filipos y que tomó simpatía a aquel joven, nombrándole por las buenas comandante de una legión, lo que ayuda a comprender por qué su ejército fue derrotado. Horacio, en lo más recio del combate, tiró yelmo, escudo y espada y se volvió a Atenas para escribir una poesía sobre lo noble y dulce que es morir por la patria.

Repatriado sin un real, se empleó con un cuestor y se puso a escribir versos sobre las cortesanas que frecuentaba, pues a los salones no se le invitaba, y señoras honestas no conocía. Un día, Virgilio leyó un libro de Horacio y habló de él con entusiasmo a Mecenas, quien le rogó que le trajese al autor. Enseguida le tomó simpatía a aquel provinciano un poco zafiote, regordete, orgulloso y tímido, y le propuso a Augusto como secretario, quien aceptó. Pero Horacio rehusó lo que a cualquier otro le hubiese parecido el maná del cielo: en parte, porque su temperamento le inclinaba más a la contemplación que a la acción, y también porque no era ambicioso ni codicioso, y sobre todo, creemos, porque no se fiaba de ligar su suerte a la de un hombre político que mañana podía ser liquidado y arrastrarle a él al mismo fin. Mecenas, para que pudiera dedicarse más desahogadamente a la literatura, le regaló en Sabina una villa con buenas tierras. Ha sido desenterrada en 1932 y nos ha dado la medida de la generosidad de aquel ricachón. Tenía veinticuatro estancias, un gran pórtico, tres baños, un hermoso jardín y cinco cortijos.

Ahora que era un acomodado propietario, Horacio pudo entregarse de lleno a su verdadera vena, que era la de moralista. Sus *Sátiras* son un precioso muestrario de los tipos más corrientes de romano de aquel tiempo. Los tomó de la calle, no de la Historia o los palacios, y los representó con burlona displicencia, haciendo de cada uno un «carácter». De vez en cuando, para congraciarse con el Gobierno, escribía algún verso de loa insincera y retórica a Augusto, que quedaba muy halagado, por lo que le ordenó completar las *Odas* con su *Carme saeculare* en las que se celebrasen sus empresas y las de Druso y Tiberio. Horacio se aprestó a ello suspirando y sin pizca de inspiración. Tenía que habérselas con la Gloria, el Hado y los Destinos Infalibles: todas cosas más grandes que él y por las cuales no tenía simpatía. Terminó aquel feo poema, fatigado y aburrido, tras haberlo interrumpido mil veces para escribir aquellas *Epístolas* a los amigos, sobre todo a Mecenas, que siguen siendo, con las sátiras, su obra maestra.

Se volvía cada vez más sedentario, en parte a causa de su estado de salud que le obligaba a muchos cuidados y a una rígida dieta. En vano Mecenas le invitaba a viajes turísticos. Horacio prefería quedarse en Roma, y más aún en su villa, a comer unos «spaghettini» hechos en casa, un poquitín de cocido y una manzana asada. Aunque después se vengaba cantando en sus poesías la amistad convival y los amores con Glicera, Neera, Pirra, Lidia, Lalage e infinitas mujeres más que nunca existieron o que apenas conocía. Tenía por la virtud un respeto de estoico, por el placer una simpatía de epicúreo, pero no pudo jamás practicar ni aquélla ni éste a causa de sus ardores de estómago, el reumatismo y la insuficiencia hepática.

No se engañaba sobre la decadencia de la sociedad y la atribuía justamente a la de la religión. Pero no tenía la fuerza de apoyarla porque tampoco él creía en nada.

La angustia de la muerte nubló sus últimos años, durante los cuales ni siquiera quiso volver a Roma. Sus cartas están henchidas de ella. «Has hecho, comido y bebido suficientemente; ahora ya es hora de irse», se repetía a sí mismo. Mas no era verdad. Hubiera querido hacer, comer y beber todavía un poco más, pero sin dolor de estómago.

Murió a los cincuenta y siete años, dejando su propiedad al emperador y rogándole que le hiciese enterrar al lado de Mecenas, que había fallecido pocos meses antes. Y le dieron satisfacción.

Lo que la edad de Augusto no supo dar a las cartas y la Filosofía, lo dio en cambio a la Historia a través de Tito Livio, otro céltico como Virgilio, nacido en Padua. También él, según las intenciones de la familia, hubiese debido ser abogado, pero prefirió dedicarse al estudio de la Roma antigua por el desagrado que le inspiraba la contemporánea. Desgraciadamente, no nos ha dejado ningún escrito de sus vicisitudes personales; estaba demasiado atareado en contarnos las de los Horacios y de los Escipiones, que llenaban, *ab urbe condita*, o sea desde la fundación de la ciudad, ciento cuarenta y dos libros, de los cuales sólo una cuarentena han llegado hasta nosotros. Era una labor inmensa, haciéndola como la hacía él, es decir, sin ahorrar, a la Bacchelli. Y se comprende por qué, al llegar a las guerras púnicas, no le quedasen ya alientos y quisiera dejarlo. Augusto le estimuló a proseguir.

Asombra un poco, dado que la obra de Livio es toda ella una exaltación de la gran aristocracia republicana y conservadora, y como tal, adversa a César y al cesarismo. Pero es asimismo un himno a las antiguas y austeras costumbres, o sea al «carácter» romano, y esto era lo que gustaba al emperador. Sobre la exactitud de lo que Livio refiere hacemos nuestras reservas, especialmente allí donde él pone en boca de sus personajes discursos enteros que asemejan más a Livio que a ellos. La suya es una Historia de héroes, un inmenso fresco en episodios y sirve más para exaltar al lector que para informarle. De darle crédito, Roma estaría poblada tan sólo, como la Italia de Mussolini, por guerreros y navegantes absolutamente desinteresados, que conquistaron el Mundo para mejorarlo y moralizarlo. En Roma estaban solamente los buenos y fuera de Roma, tan sólo los malos. Hasta un gran general como Aníbal se convierte, bajo su pluma, en un vulgar ratero.

Esto no quita que la «Historia» de Livio, que costó cuarenta años de trabajos a un autor que se dedicó tan sólo a ella, quede como un monumento literario. Acaso el más grande de los que, más bien mediocres, se erigieron bajo el signo de Augusto.

XXXI. TIBERIO Y CALÍGULA

La única cosa segura que se puede decir de Tiberio es que nació con mala estrella. Juzgadlo vosotros mismos.

Cuando su madre le llevó, de niño, a casa de Augusto, el emperador no tuvo ojos más que para su hermano Druso, tan alborotador, simpático, absolutista e impulsivo como él era tímido, reservado, reflexivo y sensible. Tiberio hubiera podido derivar de ello algún sentimiento de rencor y de envidia. En cambio, admiró afectuosamente a Druso, arriesgó la vida por tratar de salvarle cuando estaba herido en Germania, y su muerte fue para él una auténtica tragedia. Escoltó su féretro a caballo, desde el Elba a Roma, y necesitó años para curarse de aquel dolor.

Había estudiado intensamente y con provecho; en cuanto le dieron un ejército, lo condujo de victoria en victoria contra enemigos aguerridos y engañosos como los ilirios y los panonios; y cuando le dieron provincias que administrar, puso orden en ellas con competencia e integridad. Por su seriedad, a los veinte años ya le llamaban *el viejecito*. Dedicaba las pocas horas de ocio que le permitían sus quehaceres a refrescar el griego, que conocía muy bien, o entregándose a estudios de astrología que le valieron la reputación de «herético». No frecuentaba salones ni el Circo. Y tal vez la primera mujer que conoció fuera su esposa Vipsiana, hija de Agripina, dama de grandes virtudes y de costumbres hogareñas como las suyas.

De haber podido seguir con ella, acaso su carácter se habría conservado como era en la juventud: el de un estoico, sereno en su sencillez, generoso con los amigos y más intransigente para consigo mismo que para los demás. Lo demuestra el hecho de que los soldados le adorasen, mientras que en Roma le detestaban como modelo de una virtud que constituía un reproche para todos. Pero Augusto le hizo divorciar para darle por esposa a su hija Julia, una calamidad simpaticota, pero lo menos adecuado para ser compañera de un hombre como aquél. ¿Por qué aceptó Tiberio? Estaba en juego la sucesión, es cierto. Mas él jamás mostró grandes aspiraciones a ella. Había sido un celoso colaborador de su padrino, pero jamás le hizo demasiado la corte y prefirió ser estimado a ser querido por él. En su aquiescencia intervino sin duda Livia, ejemplar esposa de Augusto, pero terrible madre para Tiberio, cuya gloria quiso aun a costa de su felicidad.

Tiberio sobrellevó sus desgracias conyugales con grandísimo decoro. Y no es cierto que se negase a denunciar a Julia por adulterio, como la Ley le daba derecho y, aún más, le imponía el deber, para no perder los favores de Augusto. Tan es verdad, que lo plantó todo para retirarse como ciudadano particular a Rodas, donde acaso vivió el período más tranquilo. Después, el emperador, una vez confinada Julia y perdido los dos hijos de ésta, Gayo y Lucio, le reclamó. Y también en esto reconocemos la intromisión de Livia. Tiberio reanudó su labor al lado del padrastro, que se había vuelto aún más insoportable y melancólico, y aguantó su antipatía. Tenía ya cincuenta y cinco años cuando le tocó sucederle. Lo hizo presentándose ante el Senado y pidiéndole exonerarle del cargo para restaurar la República. El Senado lo consideró una comedia, como tal vez era, le suplicó que se quedara, aun detestándole y le pidió permiso para dar su nombre a un mes del año, como se había hecho con Augusto. «¿Y qué haréis –contestó Tiberio– después del decimotercer sucesor?»

Con esta sarcástica actitud hacia toda forma de adulación, el taciturno y casto Tiberio se puso a gobernar con mucha equidad y tino, dejando a su muerte un estado más floreciente y rico que el que había encontrado. Pero cayó bajo la pluma de Tácito y de Suetonio, dos historiadores republicanos, que hicieron de él la víctima propiciatoria de todos los vicios de la época.

La culpa más grave que se le imputa es haber hecho suprimir a su sobrino Germánico, tras haberle adoptado como hijo y designádole como sucesor. Germánico era hijo de Druso y de una nieta de Antonio: un buen mozo, inteligente, vivaz, valeroso, que agradaba a toda Roma. Tiberio le mandó de gobernador a Oriente para que se ejercitase, y la gente murmuró que le había exilado por los celos. Allí murió, y la gente dijo que Pisón le asesinó por orden del emperador. Pisón se suicidó para sustraerse al proceso, y la viuda de Germánico, Agripina, fue de las más despiadadas acusadoras de Tiberio, en tanto que su madre, Antonia, le permanccíó fidelísima. Y nosotros, entre una esposa y una madre, creemos más a la madre.

Otra acusación que se le dirigió fue la de crueldad para con Livia. A Livia, ciertamente, le debía el trono. Mas no debía ser fácil vivir con ella, que pretendía poner el visto bueno a los decretos imperiales, en todo momento le recordaba que, sin su ayuda, se habría quedado en un simple ciudadano emigrado de Rodas y, sobre todo, que en casa se consideraba como dueña negándose a darle las llaves cuando salía. Finalmente, Tiberio se fue a vivir por su lado, en una vivienda modesta y melancólica, donde nadie le calentara los cascos. Mas tuvo que habérselas con Agripina, que se jactaba a su vez de tener un crédito con él: la vida de Germánico.

Además de sobrina por el matrimonio con el hijo

de su hermano Druso, esta Agripina era también su hijastra, pues se la había traído en dote Julia, del matrimonio que la unió a Agripa: una mujer quejicosa y codiciosa con todos los vicios de su madre y ninguna de sus cualidades: la simpatía, el ingenio, la generosidad. Había tenido un hijo de Germánico: un tal Nerón que, según ella, debía ser ahora designado sucesor al puesto del difunto padre. Tiberio aguantaba sus ataques con resignada paciencia. «¿Te sientes verdaderamente defraudada de no ser emperatriz?», le decía. También él tenía un hijo, que le diera la virtuosa y querida Vipsiana. Pero era un inútil, lleno de vicios, y le había repudiado. Buscaba, en efecto, un sucesor, pero Nerón tampoco le convencía.

Una serie de conjuras se tramaron contra él. Seyano, comandante de los pretorianos de palacio, le trajo las pruebas. Quién sabe si eran auténticas. Mas, poco a poco, Tiberio comenzó a no fiarse más que de él y le permitió aumentar la guardia hasta nueve cohortes, sin darse cuenta del terrible precedente que se disponía a crear. Y se retiró a Capri.

No puede decirse que desde allí cesase de gobernar. Pero las órdenes las transmitía a través de Seyano, que las modificaba a su gusto, y gracias a las cuales se convirtió en el verdadero dueño de la ciudad. Descubrió una enésima conjura fomentada por Popeo Sabino, Agripina y Nerón, recabó autorización para castigarles. El primero fue suprimido, la segunda, exilada en Pantelaria, el tercero se suicidó. Druso murió y también Livia, la «Madre de la Patria», como la llamaban por escarnio.

Un día, su cuñada Antonia, madre de Germánico, le mandó secretamente, con riesgo de la vida, una esquela para avisarle que Seyano estaba a su vez conspirando para asesinar al emperador y sustituirle. Tiberio ordenó por carta que arrestasen al traidor y lo entregó para ser procesado al Senado que hacía años vivía aterrorizado por aquel sátrapa. No sólo él, sino todos sus amigos y parientes fueron ejecutados. La hija menor, dado que la Ley prohibía la ejecución de vírgenes, fue desflorada antes del proceso. La mujer se suicidó, mas no sin haber escrito una carta a Tiberio denunciando a Livia, hija de Antonia, como cómplice de Seyano. Tiberio la hizo detener. Ella murió en la cárcel, donde se negó a comer. También Agripina se suicidó. El Tiberio que surgió de esta hecatombe familiar, de este infierno de sangre y de traición, es natural que no fuese ya el hombre de antes. Sobrevivió seis años y al parecer tenía la mente desequilibrada. En 37, se decidió a abandonar Capri y mientras remontaba Campania, contrajo una dolencia, tal vez un infarto cardíaco. Cuando vieron que se recobraba, los cortesanos le metieron debajo de una almohada, asfixiándole.

Tiberio había mantenido la paz, mejorando la Administración y enriquecido el Tesoro. El Imperio parecía intacto, pero su capital se corrompía cada vez más. Para poner coto a la descomposición se necesitaba la mano dura de un gran reformador. Y tal vez Tiberio creyó advertir las aptitudes de tal en el segundo hijo de Agripina y Germánico, Gayo, a quien los soldados entre los que había criado en Germania llamaban Calígula, o «Botita», por el calzado que usaba, de tipo militar.

Efectivamente, en un principio pareció una buena elección. Calígula se mostró generoso con los pobres, devolvió una apariencia de democracia restituyendo a la Asamblea sus poderes y era ya conocido como soldado valeroso y concienzudo. Su imprevista y rápida transformación no es explicable más que con la hipótesis de alguna dolencia que le transformó el cerebro: un caso típico de esquizofrenia, o de disociación de la personalidad. Comenzó a tener crisis nocturnas de terror, especialmente cuando había tormenta, y a recorrer el palacio pidiendo auxilio. Alto y grueso como era, atlético, deportivo, pasaba horas delante del espejo haciéndose muecas, que le salían muy bien a causa de sus ojos saltones y de un atisbo de calvicie que le hacía como una tonsura en la cabeza. En cierto momento, se enamoró de la civilización egipcia y pensó en introducir sus costumbres en Roma. Pretendió de los senadores que le besasen los pies, que peleasen en el Circo con gladiadores haciéndose matar regularmente, y que eligiesen cónsul a su caballo, *Incitato*, al que hizo construir una cuadra de mármol y un pesebre de marfil. Siempre por imitar a Egipto, tomó por amantes a sus dos hermanas. Es más, a una de ellas, Drusila, la desposó francamente nombrándola heredera del trono y después la repudió para casarse con Orestila el día que ésta iba a unirse en matrimonio con Gayo Pisón. Se paró en la cuarta esposa, Cesonia, que estaba encinta cuando la conoció y era más bien feúcha. A ésta le fue, a saber por qué, devoto y fiel.

Puede ser que Dión Casio y Suetonio, en su odio por la Monarquía, hayan cargado un poco la mano. Pero, loco, Calígula debía serlo de veras. Una buena mañana despertó con alergia por los calvos, y todos los que lo eran los dio a comer a las fieras del Circo, hambrientas por la escasez. Luego, les tomó ojeriza a los filósofos, y les condenó a todos a muerte o deportación. Se salvaron tan sólo su tío Claudio, porque era considerado como idiota, y el joven Séneca, porque se hizo pasar por enfermo grave. No sabiendo ya a quién perseguir, obligó al suicidio a su abuela Antonia sólo porque un día, mirándola, encontró que su cabeza era hermosa, pero que no le sentaba bien a los hombros. Al final, se las tomó con Júpiter. Dijo que era una pelota hinchada que usurpaba el puesto al rey de los dioses, hizo cortar la cabeza de todas sus estatuas y la reemplazó con la propia.

Lástima, pues en los raros momentos de lucidez era simpático, cordial, ingenioso y tenía el sarcasmo fácil y la respuesta pronta. A un zapatero galo que le llamó «fantoche» a la cara, contestó: «Es verdad, pero, ¿crees que mis súbditos valen más que yo?» Efectivamente, si hubiesen valido algo más de un modo u otro se habrían desembarazado de él, y en cambio, le aplaudían y le besaban los pies, empezando por los senadores.

Fue precisa la resolución del comandante de los pretorianos, Casio Quereas, para liberar a Roma de aquel azote. Calígula se divertía dándole, como consignas, obscenos insultos. Casio era susceptible y una noche, mientras acompañaba al emperador por el pasillo de un teatro, le apuñaló. A la ciudad le costó creerlo. Temía que se tratase de un truco de Calígula para ver quiénes se alegraban de su muerte y castigarlos en consecuencia. Para demostrar a todos que era verdad, los pretorianos mataron también a su mujer Cesonia, y le rompieron la cabeza contra la pared a su hija pequeña.

Era una conclusión a tono con los personajes y al hosco clima de terror y de demencia en que habían vivido. Pero Roma ya era esto: la capital de un Imperio donde al desenfrenado satrapismo no cabía más alternativa que el regicidio, y para los regicidios hacían falta los mercenarios. Los romanos no sabían ya ni matar a sus tiranos.

XXXII. CLAUDIO Y SÉNECA

Los pretorianos, que por haber matado a Calígula se habían hecho amos de la situación y querían seguir siéndolo, miraron alrededor suyo en busca de un sucesor de quien poder disponer a su antojo. Y les pareció que el personaje más indicado era el tío del difunto, aquel pobre Claudio ya cincuentón, con las piernas anquilosadas por la parálisis infantil y la lengua, por el tartamudeo, y de expresión atónita, el cual, la noche del asesinato, fue hallado oculto, temblando de miedo, detrás de una columna.

Era hijo de Antonia y de Druso, hermano a su vez de Germánico. Y había pasado por en medio de las tragedias de la casa Claudia, protegido por una bien acreditada fama de mentecato. Si la suya había sido una comedia, conviene decir que, desde niño, la representó muy bien, pues hasta su madre le llamaba «un aborto», y cuando quería hablar mal de alguien le definía como «más cretino que mi pobre Claudio».

Es difícil decir hasta qué punto aquel personaje, que después se reveló como un excelente emperador, era idiota, o fingía serlo, para no pagar impuestos. Cierto que él fue, de tal suerte, el único de la familia que se salvó. Arrastrando las delgadas y anquilosadas piernas y escupiendo, al hablar, en la cara de todos;

alto, barrigudo y de nariz colorada por el vino, había vivido hasta entonces sin hacer sombra a nadie, estudiando y componiendo historias, entre ellas su autobiografía. Hablaba griego y sabía mucho de Geometría y de Medicina. Y cuando se presentó al Senado para hacerse proclamar emperador, dijo: «Ya sé que me consideráis un pobre necio. Pero no lo soy. He fingido serlo. Y por esto hoy estoy aquí.» Después de lo cual, empero, lo echó todo a perder, dando una conferencia sobre la manera de curar las mordeduras de víbora.

Claudio debutó con una buena gratificación a los pretorianos que le habían elegido, mas, a cambio, se hizo entregar por ellos a los asesinos de Calígula y les exterminó, para instaurar, dijo, el principio de que no debe matarse a los emperadores. Luego anuló de un plumazo todas las leyes de su predecesor y se puso a reordenar la Administración, mostrando una sensatez y un equilibrio que nadie sospechaba en él. Convencido de que entre los senadores no quedaba ya nada bueno, formó un Ministerio de técnicos, escogiéndoles en la categoría de los libertos. Y se dio a proyectar y realizar con ellos obras públicas de largo alcance, divirtiéndose con hacer personalmente cálculos y proyectos. Lo que más le ocupó fue la desecación del lago Fucino. Empleó a treinta mil excavadores y once años en abrir un canal por donde hacer fluir las aguas. Cuando estuvo listo, ofreció a los romanos, como postrer espectáculo, antes de la desecación, una batalla naval entre dos flotas de veinte mil condenados a muerte, que le dirigieron el famoso grito «¡Ave, César! ¡Los que van a morir te saludan!», se echaron a pique unos a otros y se ahogaron. El público, que llenaba las colinas circundantes, se divirtió muchísimo.

Todos se echaron a reír cuando, en 43, ese emperador tartajoso y de aspecto bobalicón y jocoso partió al frente de su ejército para conquistar Britania. No había sido nunca soldado porque le habrían declarado inútil en las quintas, y Roma estaba convencida de que huiría al primer encuentro. Mas cuando cundió la noticia de que había muerto, la congoja fue grande y general: los romanos habían cogido sincero afecto a aquel emperador que, con todas sus extravagancias, se mostró el mejor, o al menos el más humano, de los que sucedieron a Augusto.

Pero Claudio no sólo no había muerto, sino que conquistó de veras Britania y ahora volvía trayéndose consigo al rey, Caractaco, que fue el primero, de los reyes vencidos por Roma, en ser indultado. El mérito de aquella victoria fue, ciertamente, más que de Claudio, de sus generales. Mas los generales era él quien los nombraba, y en tales selecciones no solía engañarse. Fue bajo él que también se formó Vespasiano.

Desgraciadamente, aquel buen hombre tenía una debilidad: las mujeres. En este aspecto era incorregible. Había tenido ya, y engañado, a tres esposas, cuando, casi cincuentón, casó con la cuarta, Mesalina, que tenía dieciséis años. Mesalina ha pasado a la Historia como la más infame de todas las reinas y acaso no sea verdad. Acaso fue tan sólo la más desvergonzada. Como no era guapa, cuando algún jovenzuelo se le resistía, le hacía dar la orden por Claudio de ceder, transformando así el amor en un acto de patriotismo. Claudio se prestaba a ello con tal de que le dejase la mano libre con las criadas. Eran, en el fondo, una pareja bien avenida, pero lo malo estaba en que Claudio se había metido en la cabeza reformar las costumbres romanas basadas en la austeridad, y una mujer de aquella calaña no constituía el mejor ejemplo. Un día, estando él ausente, se casó por las buenas con su amante de turno, Silio. Los ministros informaron de ello al emperador diciéndole que Silio quería sustituirle en el trono. Claudio volvió, le hizo matar y después mandó a dos pretorianos a llamar a Mesalina que se había ocultado en la casa materna. Temerosos de una venganza, los pretorianos la apuñalaron en brazos de su madre. Claudio les ordenó que le matasen también a él, caso de que mostrase intención de volverse a casar.

Volvió a casarse el año siguiente, y la quinta mujer, virtuosa, hizo añorar a la cuarta, desvergonzada. Agripina, hija de Agripina y de Germánico, era su sobrina, había tenido ya dos maridos, el primero de los cuales le había dejado un hijito llamado Nerón, cuya carrera fue su única pasión. En ella revivía una Livia empeorada. Con sus treinta años, le fue fácil tener dominado a aquel marido casi sesentón, enflaquecido por los abusos con las criadas. Le aisló de sus colaboradores, puso a su amigo Burro al frente de los pretorianos, e instauró un nuevo reinado de terror, del que senadores y caballeros hicieron el gasto. Las condenas capitales llevaban una firma de Claudio que, después de la muerte de éste, demostróse que era falsificada. El pobre hombre, si bien chocho, pareció notar en cierto momento lo que sucedía y se propuso remediarlo. Agripina se le adelantó, administrándole un plato de setas venenosas. Nerón, que, a su manera, tenía cierto ingenio, dijo más tarde que las setas debían ser un yantar de dioses, visto que habían logrado transformar en dios a un pobre hombrecillo como Claudio.

Nerone, en dialecto sabino, quería decir *fuerte*, y en los primeros cinco años de reinado el hijo de Agripina tuvo fe en su nombre, mostrándose como emperador magnánimo y sensato, pero el mérito no fue suyo, sino de Séneca, que gobernó en su nombre.

Séneca era un español de Córdoba, millonario por su familia y filósofo de profesión, que ya había dado que hablar de sí antes de que Agripina le contratase como preceptor de su hijo. Calígula le había condenado a muerte por «impertinente» y después le indultó porque estaba muy enfermo de asma. Claudio le confinó en Córcega a causa de una intriga amorosa con su sobrina Julia, la hija de Germánico. Séneca permaneció allí ocho largos años escribiendo excelentes ensayos y algunas malas tragedias. No sabemos quién le propuso a Agripina como el hombre más adecuado para educar a Nerón según los dictados del estoicismo, del cual era incontestable maestro. Como fuere, en el espacio de pocos días pasó del estado de recluso al de amo del futuro dueño del Imperio.

Era un hombre extraño. Sin muchos escrúpulos, aprovechóse de su situación para acrecentar su patrimonio, que no utilizó, sin embargo, para llevar una vida de señor. Comía poquísimo, sólo bebía agua, dormía en una tarima y se gastaba el dinero sólo en libros y obras de arte. Desde el día en que se casó le fue fiel a su mujer, y a quien le reprochaba amar demasiado el poder y el dinero, le contestaba: «¡Pero si yo no alabo la vida que llevo! Alabo la que debería llevar, y de la cual imito, a distancia, renqueando, el modelo.» Mientras estaba en el ápice de su fortuna, un liberalista le acusó públicamente de haber robado al Estado trescientos millones de sestercios, de haberlos multiplicado con usura y de haberse librado de rivales y enemigos mediante denuncias. Séneca, que en aquel momento podía hacer suprimir a quien quisiera, respondió absteniéndose de denunciar a su delator. Pero siguió ejerciendo la usura, según dice Dión Casio.

Cuando su pupilo subió al trono, Séneca le dio a leer en el Senado un buen discurso, en el que el nuevo emperador se comprometía a ejercer tan sólo el mando supremo del Ejército. Probablemente nadie lo creyó, pero la promesa fue mantenida cinco años, durante los cuales todos los demás poderes fueron ejercidos por Agripina y por Séneca. Y las cosas anduvieron bastante bien mientras estos dos estuvieron de acuerdo. Nerón, arropado con aquellos dos consejeros, tomó algunas decisiones juiciosas: rechazó la propuesta del Senado de elevarle una estatua de oro, se negó a firmar penas de muerte y cuando tuvo que hacer una excepción exclamó blandiendo la pluma: «¡Ojalá no hubiese aprendido nunca a escribir!» Parecía de veras un buen chico, interesado casi exclusivamente por la poesía y la música, sin que nadie pensara que estas buenas disposiciones pudieran revelarse peligrosas algún día.

Después, Agripina quiso excederse, o sea hacérselo

todo sola. Séneca y Burro se alarmaron y, para neutralizarla, instaron a Nerón a que hiciese valer su autoridad. Encolerizada, Agripina amenazó con destruir su obra, poniendo en el trono a Británico, hijo de Claudio. Nerón respondió haciendo suprimir a éste y confinando a su madre en una villa, donde prestó un mal servicio a la Historia, creemos, escribiendo un libro de *Memorias* sobre Tiberio, Claudio y Nerón, en el que se abrevaron hasta la saciedad Suetonio y Tácito y que, inspirado como estaba por la venganza, sospechamos que no era muy digno de consideración.

Cabe preguntarse qué papel tuvo Séneca en la muerte de Británico. Como autor de un ensayo titulado *De la clemencia*, creemos que no tuvo ni pizca. Pero, habida cuenta de los precedentes, no nos atreveríamos a jurarlo.

Mientras Nerón siguió escarbando como Séneca predicaba, Roma y el Imperio estuvieron tranquilos, las fronteras seguras, próspero el comercio y en auge la industria. Mas, en determinado momento, el pupilo, que tenía apenas veinte años, comenzó a volverse a otro maestro, que satisfacía más sus tendencias de esteta: Cayo Petronio, el árbitro de todas las elegancias romanas, el fundador de una categoría humana bastante difundida: la de los *dandies*.

Encontramos cierta dificultad en identificar a aquel rico aristócrata que Tácito describe como refinado en sus apetitos, delicadamente voluptuoso, de irónica y elegantísima conversación, como el Cayo Petronio autor del *Satyricon*, libelo de rimas vulgares hasta la obscenidad, con personajes triviales y situaciones vulgares. Si es verdad que se trata de una misma persona, quiere decirse que entre el modo de vivir y de ser y el de escribir y aparentar hay de por medio no el mar, sino el océano. Sea como fuere, Nerón, encantado con el Petronio que conoció en sociedad, refinado, culto, seductor de hombres y de mujeres, entendedor infalible de lo Bello, encontró más fácil imitar al mal poeta y practicar sus enseñanzas literarias. Tomó como compañeros a los héroes del *Satyri-*

con, y con ellos se entregó a la orgía en los barrios peor reputados de Roma.

De momento, el casto Séneca no halló nada que objetar; al contrario, es probable que impulsara por aquel camino a su discípulo para distraerle cada vez más de los problemas de Gobierno, que prefería resolver solo o con Burro. De tal manera, durante algunos años, bajo un emperador que se degradaba cada vez más, el Imperio siguió prosperando. Más tarde, Trajano definió el primer lustro de Nerón, calificándolo de «el mejor período de Roma». Pero, en un momento determinado, el joven soberano cayó en los brazos de Popea, una Agripina en el esplendor de su belleza, que quería hacer de emperatriz y que para conseguirlo empujó a Nerón a hacer de emperador. Cuando la conoció, Nerón tenía veintiún años, una mujer honesta, Octavia, que llevaba con mucha dignidad sus desgracias conyugales, y una amante Acté, buena persona también y enamorada de él. Pero a Nerón no le gustaban las mujeres honestas y traicionó a ambas por la desvergonzada, sensual y calculadora Popea. Es en este punto que iniciamos su historia y las tribulaciones de Roma.

XXXIII. NERÓN

Agripina fue, ciertamente, una mujer nefasta. Pero los últimos episodios de su vida son de verdadera matrona de la antigua Roma. No vaciló en ponerse resueltamente en contra de su hijo cuando éste fue a pedirle su consentimiento para divorciarse de Octavia. Tácito dijo que llegó incluso a ofrecérsele.

Nerón, aun cuando la había confinado en una villa, todavía le tenía miedo. Mas también temía a Popea, que se le rehusaba, mofándose de aquel su temor filial. Al final, logró hacerle creer que Agripina conjuraba contra él, por lo que Nerón no atreviéndose a matarla, intentó suprimirla, una vez envenenándola y otra vez haciéndola caer al río. Agripina se lo esperaba. Tal vez era informada por algún servidor suyo que seguía en palacio de lo que se tramaba contra ella; así, la primera vez se salvó ingiriendo un medicamento que resolvió el envenenamiento con un cólico, y la segunda vez, nadando. Los guardias de Nerón tuvieron que hacer otro tanto para seguirla hasta la otra orilla. Y nos preguntamos cuáles debieron ser los sentimientos y los pensamientos de aquella mujer al verse acosada por los sicarios de un hijo al que había sacrificado toda su vida. Pero no los demostró cuando fue alcanzada por aquéllos. Dijo simplemente: «Heridme aquí», y señaló el regazo de donde Nerón había nacido. Éste, cuando le llevaron el cuerpo desnudo de su madre muerta, observó tan sólo: «¡Toma! Nunca me había dado cuenta de que tenía una mamá tan hermosa.» Y tal vez la única cosa que lamentó fue no haberla tomado cuando ella se le había ofrecido.

Como ya antes respecto a Calígula, no tenemos otra hipótesis que la locura para explicar semejantes reacciones. Tal vez en la sangre de los Claudios había un mal hereditario que atacaba el cerebro.

La Historia asegura que Séneca no tuvo parte en este horrendo delito. Pero nos obliga a comprobar también que lo aceptó, permaneciendo al lado del emperador. ¿Esperaba acaso pararle en la pendiente de perdición? Esa esperanza, si la tuvo, quedó pronto defraudada. Nerón rechazó sus consejos cuando trató de hacerle comprender que no es propio de un emperador competir en el Circo como auriga y exhibirse en el teatro como tenor. Al contrario, para demostrar cuán poco en consideración tenía ya a su maestro, ordenó a los senadores que compitieran con él en aquellas pruebas gimnásticas y musicales, diciendo que ésta era la tradición griega y que la tradición griega era mejor que la romana.

Los senadores, en conjunto, acaso no merecían mejor trato, pero en alguno de ellos aún brillaba un destello de dignidad. Trasea Peto y Elvidio Prisco hablaron abiertamente contra el emperador, cuyos espías les acusaron de complot. Nerón, que después del matricidio había mostrado cierta clemencia, se entregó a una orgía de sangre, y como el Tesoro, que Claudio había dejado floreciente, estaba exhausto por sus irregularidades, impuso a los condenados la entrega de sus bienes. Séneca criticó estas medidas. Pero la auténtica razón por la que perdió el puesto fue por haber criticado las poesías de su amo. Tal vez con un suspiro de alivio se retiró a su villa de la Campania, donde inmediatamente se puso a buscar, como escritor, un desquite a su fracaso como preceptor. Burro, que había muerto pocos meses antes, había sido reemplazado por el desalmado Tigelino.

Sin frenos ya, Nerón se despeñaba. El retrato físico que nos han dejado de él nos lo muestra, a los veinticinco años, con el pelo amarillo peinado en trencitas, la mirada mortecina y una panza adiposa sobre dos piernas raquíticas. Popea, esposa suya ya, hacía de él lo que quería. No contenta con haberle exigido que repudiara a Octavia, le impelió a confinarla. Pero dado que los romanos desaprobaron tal conducta cubriendo de flores sus estatuas, le persuadió para que mandara asesinarla. Octavia, aterrada y suplicando clemencia, tuvo mal fin: contaba apenas veinte años y había nacido para ser buena esposa de un buen marido, no la heroína de una tragedia.

Tampoco esa vez Nerón tuvo remordimientos, puesto que mientras tanto se había hecho consagrar dios, y los dioses no están obligados a exámenes de conciencia. Ahora, sólo quería construirse un nuevo palacio de oro que se convirtiese en su propio templo, y como que lo proyectaba de dimensiones gigantescas, no hallaba en el superpoblado centro de Roma un solar edificable. Hacía tiempo que andaba murmurando que la ciudad estaba mal construida y que se debería rehacerla toda según un plano urbanístico más racional. En julio del año 64 estalló el famoso incendio.

¿Fue verdaderamente él quién lo hizo prender? Tal vez no. A la sazón se encontraba en Anzio y acudió inmediatamente, desplegando en los trabajos de socorro una energía que nadie sospechaba en él. Mas el hecho de que en seguida la voz popular le acusó demuestra que, aunque el incendio no hubiese sido obra suya, la gente le consideraba capaz de un acto semejante. Cosa extraña, no reaccionó esa vez ante las acusaciones, ni siquiera persiguió a los autores de las hojas volantes y libelos que le señalaban al furor popular. Mas, como auténtico jefe de un régimen totalitario, creyó que, dado el desastre, antes que en repararlo había que pensar en hallar alguien a quien atribuírselo. Y así fue, dice Tácito, como recurrió a una secta religiosa constituida por aquella época en Roma que derivaba su nombre del de un tal *Cristo*, un hebreo condenado a muerte por Poncio Pilatos en Palestina, en tiempo de Tiberio.

Nada más sabía de ellos Nerón cuando mandó detener a todos los que se le pusieron a tiro y, tras un sumario proceso, les condenó a ser torturados. Algunos fueron entregados a las fieras, otros crucificados, otros embadurnados con resina y usados como antorchas. Roma no les había prestado mucha atención. Pero después de aquel martirio en masa empezó a mirarles con cierta curiosidad. Ahora, el emperador podía construir por fin una capital a su gusto. Y en esta tarea, que le absorbió por completo, mostró cierta competencia. Pero mientras levantaba la nueva Roma, más bella que la destruida, Popea murió a consecuencia de un aborto. Malas lenguas dijeron que el marido le dio una patada en el vientre durante una riña. Puede ser. Como fuere, el golpe fue terrible para él, que perdió a la par una esposa querida y el heredero que esperaba. Errando dolorido por las calles, encontró a un joven, un tal Sporo, cuyo rostro se asemejaba extrañamente al de la difunta. Se lo llevó a palacio, le hizo castrar y se desposó con él. Los romanos comentaron: «¡Ah, si su padre hubiese hecho lo mismo...!»

Estando atareado en los trabajos para la construcción de su gran palacio, sus espías descubrieron un complot para instalar en el trono a Calpurnio Pisón. Hubo las acostumbradas detenciones, las acostumbradas torturas y las acostumbradas confesiones. En una de éstas se pronunciaron los nombres de varios intelectuales, entre ellos Séneca y Lucano.

Lucano era otro español de Córdoba, primo lejano de Séneca, que, venido a Roma para estudiar Leyes, cometió el imperdonable error de ganar un premio de poesía en un concurso al que también se había presentado Nerón, que perdió. El emperador le prohibió que continuase escribiendo. Lucano desobedeció componiendo un poema sobre la batalla de Farsalia, retórico y mediocre, pero de tono claramente republicano. No pudo publicarlo, pero lo leyó en los salones aristocráticos donde tuvo, naturalmente, gran éxito entre aquellos señores que ya no tenían fuerza para oponerse a la tiranía, pero que añoraban la libertad. ¿Participó él verdaderamente en el complot, o fue comprometido en él por los esbirros que conocían la antipatía de Nerón por aquel rival suyo? En los interrogatorios admitió su propia culpa y denunció a los demás cómplices, entre ellos, al parecer, incluso a su madre y a su primo Séneca. Condenado, invitó a sus amigos a una gran fiesta, comió y trincó con ellos, se cortó las venas y murió recitando algunos de sus versos contra el despotismo. Tenía veintiséis años.

Séneca se enteró seguramente de haber participado en la conjuración de Pisón por los mensajeros del emperador que fueron a Campania para notificarle la condena. Estaba escribiendo una carta a su amigo Lucilio que terminaba así: «En lo que me atañe, he vivido lo bastante y me parece haber tenido todo lo que me correspondía. Ahora, espero la muerte.» Mas cuando la muerte se le presentó en forma de aquel embajador, objetó que no tenía razón para infligírsela, visto que ya no hacía política y se preocupaba solamente de cuidar su salud, cuyo colapso anunció como inminente. Era la excusa que también había invocado con Calígula y que le permitió llegar casi a los setenta años. El embajador volvió a Roma, pero Nerón se mantuvo firme. Entonces, Séneca, con mucha calma, abrazó a su mujer Paulina, redactó una carta de adiós a los romanos, bebió la cicuta, se abrió las venas y murió según los preceptos del estoicismo mejor de lo que había sabido vivir. Paulina intentó imitarle, pero el emperador le hizo suturar las venas. El paso de los siglos ha borrado las contradicciones del hombre Séneca y ha conservado tan sólo las obras del escritor, que alcanzó su grandeza. Enseñó cómo se compone un «ensayo» y cómo se concilia la prédica de la renuncia con la práctica de las propias comodidades. A un maestro semejante no le podían faltar discípulos.

Hecho el vacío a su alrededor, Nerón partió para una *tournée* en Grecia, donde la gente, dijo, entendía de arte más que en Roma. Tomó parte como jinete en las carreras de Olimpia, se cayó y llegó el último; pero los griegos le proclamaron igualmente vencedor y Nerón les recompensó eximiéndoles del tributo a Roma. Los griegos comprendieron la alusión, le hicieron ganar todos los demás torneos, organizaron una clamorosa *claque* en los teatros donde cantaba el emperador (estaba absolutamente prohibido salir durante el espectáculo y hubo mujeres que parieron en ellos), y obtuvieron a cambio la plena ciudadanía.

De regreso a Roma, Nerón decretóse a sí mismo un triunfo, en el cual, no pudiendo exhibir los despojos de ningún enemigo, exhibió las copas que había ganado como tenor y como auriga. Al recabar la admiración de sus conciudadanos, obraba de buena fe. Creía, en efecto, que tal admiración era sincera y, por lo tanto, quedó más atónito que preocupado cuando supo que Julio Vindice llamaba a las armas la Galia contra él. Al organizar el Ejército que había de combatir al rebelde, su primera medida consistió en que gran número de carros fuesen expresamente construidos para el transporte de tablones para montar un escenario. Porque, entre batalla y batalla, se proponía seguir recitando, tocando y cantando para hacerse aplaudir por los soldados. Pero durante estos preparativos llegó la noticia de que Galba, gobernador de España, se había unido a Vindice y que marchaba con éste sobre Roma.

El Senado, que hacía tiempo estaba acechando la ocasión, tras haberse asegurado la benévola neutralidad de los pretorianos, proclamó emperador al procónsul rebelde, y Nerón diose cuenta de improviso de que estaba solo. Un oficial de la guardia, a quien pidió que le acompañase en la huida, le respondió con un verso de Virgilio: «¿Tan difícil es, pues, morir?»

Sí, era muy difícil para él. Se procuró un poco de veneno pero no tuvo el valor de ingerirlo. Pensó arrojarse al Tíber, pero no tuvo fuerzas para ello. Se escondió en la villa de un amigo en la Vía Salaria, a diez kilómetros de la ciudad. Allí supo que le habían condenado a muerte «a la antigua usanza», o sea azotándolo. Aterrado, cogió un puñal para clavárselo en el pecho, pero primero probó la punta y encontró que «hacía daño». Cuando hubo resuelto cortarse la garganta, oyó ruido de cascos de caballo cerca de la puerta. Entonces le tembló la mano, y fue su secretario, Epafrodito, quien se lo clavó en la carótida. «¡Ah, qué artista muere conmigo!», susurró en un estertor. Los guardias de Galba respetaron el cadáver, que fue piadosamente sepultado por su vieja nodriza y por la primera amante, Acté. Cosa extraña, su tumba estuvo durante mucho tiempo cubierta de flores frescas, y muchos en Roma siguieron creyendo que no había muerto y que pronto volvería. En general, son ideas que germinan solamente en la tierra fecundada por las lágrimas y por la esperanza.

¿Y si, al fin y al cabo, Nerón hubiese sido mejor de como la Historia nos lo ha descrito?

XXXIV. POMPEYA

La catástrofe telúrica que el 24 de agosto del 79 hizo la desgracia de Pompeya ha constituido su fortuna póstuma. Era una de las más insignificantes ciudades de Italia. Contaba poco más de quince mil habitantes, vivía sobre todo de la agricultura y a su nombre no estaba vinculado ningún gran acontecer histórico. Pero aquel día, el Vesubio se encapuchó con un negro nubarrón del que llovió un torrente de lava que en pocas horas sumergió a Pompeya y Herculano. Plinio *el Viejo*, que mandaba la flota en el puerto de Pozzuoli y que tenía, entre otras cosas, la pasión de la geología, acudió con sus naves para ver de lo que se trataba y además para salvar a los habitantes que huían aterrados hacia el mar. Pero, cegado por el humo y atropellado por el gentío, cayó y fue alcanzado y sepultado por la lava. Cerca de dos mil personas perdieron la vida en aquella catástrofe. Pero, bajo el sudario de la muerte, la ciudad se conservó intacta. Y cuando, hace casi dos siglos, los arqueólogos la desenterraron, lo que poco a poco volvió a la luz fue el documento más instructivo, no sólo de la arquitectura, sino también de la vida de un pequeño centro de provincia italiana en el siglo de oro del Imperio. Amedeo Maiuri, que ha dedicado a ello su vida, ha extraído y sigue extrayendo de Pompeya valiosas enseñanzas.

El centro de la población era el Foro, o sea la plaza, que seguramente en su origen había sido el mercado de las coles que daba fama a aquella región, pero que con el tiempo se había convertido también en teatro al aire libre, tanto para los espectáculos dramáticos como para los juegos. Los edificios que la circundaban eran los de utilidad pública, empezando por los templos de Júpiter, de Apolo y de Venus y terminando con el municipio y los establecimientos comerciales.

No cabe duda de que la vida se desenvolvía en el teatro, y de que el dédalo de callejuelas que se entrelazaban en torno constituían una especie de trastienda atestada de pequeños almacenes y de talleres artesanos, con ruido de martillos, hachas, sierras, garlopas, limas y del ensordecedor vocerío de niños, mujeres, gatos, perros, y vendedores ambulantes, todo lo cual aún hoy día constituye una característica de nuestro bello, pero no silencioso país, especialmente en el Sur. Y dado que lo que mejor se conserva de las costumbres de un pueblo son los defectos, en Pompeya podemos medir lo viejo que es, en Italia, el de ensuciar las paredes y servirse de ellas como de instrumentos de propaganda de nuestras ideas, de nuestros amores y de nuestros odios. Hoy lo hacemos con manifiestos, tiza y carbón. Entonces se hacía con los *graffiti*, o sea, grabando la piedra. Mas la diferencia es tan sólo técnica: en cuanto al contenido, está claro que los italianos siempre han pensado, dicho y gritado las mismas cosas. Ticio prometía a Cornelia un amor más largo que su propia vida; Cayo invitaba a Sempronio a que fuese a hacerse matar; Julio garantizaba paz y prosperidad a todos si le elegían cuestor, y se prodigaban los «¡Viva Mayo!» dedicados a un edil que contrató a sus propias expensas al gladiador Paris, como hoy se contrata a los «oriundos» en los equipos de fútbol, para ofrecer un espectáculo en el anfiteatro, donde se disponía de veinte mil asientos, cinco mil más de los que requerían los habitantes de la ciudad, que debían ser reservados, evidentemente, a la gente del campo.

Las casas eran cómodas y más bien lujosas. No tenían casi ventanas y, raramente, un termosifón. Mas los techos son de cemento, y a veces, de mosaico, y los pavimentos, de piedra. Sólo los palacios tienen cuarto de baño y algunos hasta piscina. Pero había sus buenas tres termas públicas con su correspondiente palestra. Las cocinas estaban provistas de toda suerte de utensilios: sartenes, ollas, asadores; y en una librería particular fueron descubiertos dos mil volúmenes en griego y en latín. Del mobiliario poco se sabe, porque, siendo casi todo de madera, se ha echado a perder. Pero han quedado tinteros, lámparas de bronce y estatuas, todas de influencia griega, de noble estilo y refinada factura.

Todo esto sugiere la idea de una vida cómoda y bien organizada, que debía ser de hecho la de las ciudades de provincia en los siglos felices del Imperio. Cierto que ninguna de ellas podía competir con Roma en cuanto a intensidad, servicios públicos, salones y diversiones. En compensación, quien las habitaba quedaba sustraído a los peligros de persecuciones, o por lo menos, los padecía en menor grado, y las malas costumbres de la decadencia sólo llegaron a ellas mucho más tarde y aún atenuadas por la solidez de las buenas tradiciones. Por ello, César, y más tarde Vespasiano, trataron de colmar los vacíos de la aristocracia y del Senado romanos con familias de aquella burguesía provincial. Y una de las razones por las cuales, caída Roma, la civilización romana resistió y corrompió a los bárbaros absorbiéndoles, es que no tan sólo en la Urbe, sino dondequiera que aquellos pusieran el pie en la península, hallaron ciudades magníficamente organizadas.

No haremos el inventario de ellas. Nos limitaremos tan sólo a decir que, al contrario de lo que sucede hoy, aquellos meridionales eran superiores a los septentrionales porque aún antes que la romana habían conocido la civilización griega. Nápoles era la más renombrada por sus templos, por sus habitantes y, como hoy, por su haraganería. De Roma iban a pasar el invierno, y sus alrededores, Sorrento, Pozzuoli y Cumas, hormigueaban de villas. Capri había sido ya descubierta hacía tiempo y Tiberio la «lanzó» convirtiéndola en su residencia habitual. Y Pozzuoli fue la más renombrada estación termal de la Antigüedad por sus aguas sulfurosas.

Otra región cuajada de ciudades ya sazonadas era la Toscana, donde las habían construido los etruscos.

Las más importantes eran Chiusi, Arezzo, Volterra, Tarquinia y Perusa, considerada esta última como parte de aquella región. Florencia que, apenas recién nacida, se llamaba Florentia, era la menos conspicua y no preveía su destino.

Más arriba, allende los Apeninos, comenzaban las ciudades fortalezas, construidas ante todo por razones militares, como plazas fuertes de los ejércitos empeñados en la lucha contra las pendencieras poblaciones galas. Tales fueron Mantua, Cremona, Ferrara, Piacenza. Más al norte se hallaba el gran burgo mercantil de Como, que consideraba a Mediolanum, o sea Milán, su barrio pobre. Turín había sido fundado por los galos taurinos, pero empezó a convertirse en una ciudad propiamente dicha cuando Augusto la transformó en colonia romana. Venecia no había nacido aún, pero los vénetos habían llegado ya de Iliria y fundado Verona. Heródoto cuenta que los jefes de las tribus requisaban las muchachas, sacaban a subasta las más bellas y con lo recaudado hacían una dote para las menos agraciadas y así conseguían casarlas a todas. He aquí una cosa en la que los socialistas de hoy en día no han pensado todavía.

Esto no es un catálogo; es solamente una ejemplificación. En conjunto, puede decirse que Italia ya estaba entonces cuajada de ciudades, porque casi todas las que ahora cuenta nacieron en aquellos tiempos. Y las libertades democráticas resistieron en ellas más tiempo que en Roma, en buena parte también porque el poder lo ejercía un autogobierno de tipo más bien patriarcal. Constituía el monopolio de una Curia, que era un Senado en miniatura, el cual, como en Roma, ejercía el control sobre los magistrados elegidos libremente por los ciudadanos. La lista de candidatos, empero, quedaba casi reservada a los ricos, porque no tan sólo no recibían estipendio, sino que debían cubrir los huecos del presupuesto municipal.

La elección se celebraba con un gigantesco banquete al que todos estaban invitados y que se repetía el día del cumpleaños, el de la boda de la hija, etc. Además, el éxito en el cargo y la posibilidad de volverse a presentar o de concurrir a otro más elevado, eran medidos por las obras públicas y por los espectáculos que el jerarca había financiado de su bolsillo. Lápidas halladas un poco en todas partes atestiguaban la prodigalidad (y la vanidad) de aquellos dirigentes que a menudo arruinaban a su propia familia para granjearse la estima y los votos de sus conciudadanos. En Tarquinia, Desumio Tulo, para derrotar a su rival, prometió construir termas y gastó en ellas cinco millones de sestercios, sordo a las protestas de sus hijos que le gritaban: «¡Papá, nos estás arruinando...!» En Cassino, una rica viuda regaló un templo y un teatro. En Ostia, Lucilo Gemala pavimentó las calles. Y todos, cuando había carestía, compraban trigo y lo distribuían gratis a los pobres. No siempre ésos se lo agradecían. En Pompeya hay *graffitis* en los que se acusa a los candidatos de haber regalado a la población tan sólo la mitad de lo que habían robado con sus malversaciones cuando ocupaban cargos en el Gobierno.

Hasta Marco Aurelio, las interferencias del Gobierno central romano en la vida municipal de las ciudades de provincia fueron escasas y casi siempre más encaminadas a favorecer su desarrollo que a impedirlo. Los emperadores, casi todos rapaces en lo que atañía a la administración de las provincias extranjeras, tenían una debilidad por Italia, aunque fuese interesada. La República había tratado duramente a la península porque tuvo que combatirla y someterla, y con frecuencia fue traicionada por ella. Pero para el Principado ya era el *Hinterland* de Roma. Los emperadores iban con frecuencia a visitar las ciudades y en cada visita había donativos, subsidios y franquicias en respuesta a las entusiastas acogidas que regularmente recibían, y porque cada soberano trataba de superar en munificencia a su predecesor.

En suma, para la provincia italiana el Imperio fue un maná de Dios. No recibió más que beneficios: el orden, los caminos bien cuidados, el comercio floreciente, la moneda sana, los intercambios fáciles y frecuentes, la seguridad ante las invasiones. Las luchas palaciegas, las persecuciones policíacas, los procesos y las matanzas no la afectaron.

XXXV. JESÚS

Entre los cristianos que Nerón hizo asesinar como responsables del incendio de Roma del año 64, estaba también su jefe: un tal Pedro, que, condenado en el 67 a la crucifixión, tras haber visto a su esposa encaminarse a la tortura pidió ser colgado cabeza abajo porque no se atrevía a morir en la misma posición que murió su Señor, Jesucristo. El suplicio se verificó en el lugar donde ahora se levanta el gran templo que lleva el nombre del supliciado. Y los verdugos ni siquiera llegaron a sospechar que la tumba de su víctima serviría de fundamento a otro Imperio, espiritual, destinado a enterrar a aquel, secular y pagano, que había pronunciado el veredicto.

Pero era hebreo y oriundo de Judea, una de las provincias más vejadas por el desgobierno imperial. Dos siglos y medio antes había logrado, con milagros de valor y diplomacia, liberarse de la dominación persa y vuelto a encontrar, durante unos setenta años, su independencia, bajo la guía de sus reyes-sacerdotes, a partir de Simón Macabeo. Su alcázar era el Templo de Jerusalén. Allí se atrincheraron los hebreos para resistir a la invasión de Pompeyo, que quería extender también en aquellas tierras el dominio de Roma. Combatieron con el vigor de la desesperación, mas no quisieron renunciar al descanso del sábado, que su religión imponía. Pompeyo lo advirtió y, precisamente en sábado, les atacó. Doce mil personas fueron pasadas por las armas. El Templo no fue saqueado; pero Judea se convirtió en provincia romana. Se rebeló pocos años después, pagó la intentona con la libertad de treinta mil ciudadanos vendidos como esclavos y volvió a encontrar un fulgor de independencia bajo un rey extranjero, Herodes, que intentó introducir la civilización griega y su arquitectura pagana. Fue un gran rey a su manera, inteligente, cruel y pintoresco, que supo hacer de protegido de Roma sin convertirse en su siervo, y que regaló a sus súbditos un templo más bello aún, pero decorado con aquellas imágenes que la austera fe hebraica rechaza severamente por pecaminosas y contrarias a las leyes.

Bajo su sucesor Arquelao volvieron a rebelarse los hebreos, los romanos pasaron a saco Jerusalén y vendieron como esclavos a otros treinta mil ciudadanos; y Augusto, por último, convirtió Judea en una provincia de segunda clase bajo la gobernación de Siria. Mas, poco antes de que se llevara a cabo esta nueva ordenación, había acaecido en el país un pequeño hecho del que nadie, de momento, se dio cuenta, pero que con el tiempo debía revelarse como de alguna importancia para la suerte de toda la Humanidad: en Belén, cerca de Nazaret, había nacido Jesucristo.

Durante un par de siglos, la autenticidad de este episodio ha sido puesta en duda por una «escuela crítica» que quería negar la existencia de Jesús. Ahora, las dudas se han desvanecido. Queda una, en todo caso, una sola, de importancia secundaria: el de la fecha exacta de su nacimiento. Mateo y Lucas, por ejemplo, dicen que advino bajo el reinado de Herodes, que, según nuestro modo de contar, murió tres años antes de Jesucristo. Otros dicen que era un día de abril, otros que de mayo. La fecha del 25 de diciembre del 753 *ab urbe condita*, fue fijada de autoridad trescientos cincuenta y cuatro años después del advenimiento y ha permanecido definitiva.

La Historia nos sirve de poco para describirnos la juventud de Jesús. Nos proporciona testimonios contradictorios, fechas inciertas, episodios discutibles, y tiene muy poco que oponer a la versión que, poéticamente, nos dan los Evangelios: la Anunciación a María, la virgen esposa de José el carpintero, el nacimiento en el establo, la adoración de los pastores y de los Reyes Magos, el degüello de los Inocentes, la huida a Egipto. La Historia nos ayuda tan sólo a hacernos una idea de las condiciones de aquel país cuando nació Jesús y de las inspiraciones que en él halló. Son los únicos elementos de los que uno puede fiarse.

Judea o Palestina vivía un gran estremecimiento patriótico y religioso. La habitaban dos millones y medio de personas, de las cuales, cien mil estaban censadas en Jerusalén. No había unidad racial y confesional. En algunas ciudades, además, la mayoría era de *gentiles*, o sea de no hebreos, especialmente griegos y siríacos. El campo, en cambio, era enteramente hebraico, compuesto de labradores y pequeños artesanos pobres, parsimoniosos, industriosos, austeros y piadosos. Pasaban la vida trabajando, rezando, ayunando y esperando el retorno de Jehová, su Dios, que, según las Sagradas Escrituras, que constituían también la Ley, había de regresar para salvar a su pueblo y establecer en la Tierra el Reino del Cielo. Comerciaban poco. Al contrario, parece que estaban desprovistos totalmente de aquel genio especulador por el que después se tornaron tan célebres (y temidos).

El limitado autogobierno que Roma concedía era ejercido por el Sanedrín, o Consejo de ancianos, compuesto por setenta y un miembros bajo la presidencia de un sumo sacerdote y dividido en dos fracciones: la nacionalista y conservadora de los saduceos, que miraban más las cosas de esa tierra que las del cielo, y la beata de los fariseos, de los teólogos, que se pasaban la vida interpretando los textos sagrados. Además había una tercera secta, extremista, la de los esenios, que vivían en régimen comunista, reunían las ganancias de su trabajo, se servían de objetos fabricados con sus manos, comían, en silencio, a la misma mesa, y tan frugalmente, que llegaban en general a más de cien años, y el sábado no evacuaban siquiera porque lo consideraban contrario a la ley. Los escribas, en cambio, a quienes Jesús alude con tanta frecuencia, no constituían una secta sino una profesión y pertenecían en su mayor parte a los fariseos. Representaban un poco los notarios, los cancilleres, los intérpretes de las Sagradas Escrituras, de las que extraían los preceptos para reglamentar la vida de la sociedad.

No sólo la política, sino también toda la literatura y toda la filosofía hebraicas eran de tono profundamente religioso (y siguen siéndolo). Su motivo primordial es la espera del Redentor que vendrá un día a rescatar el pueblo del Mal, representado en el caso en cuestión por Roma. Y los más, según Isaías, estaban convencidos de que el Mesías de esa Redención sería un Hijo del Hombre, descendiente de la familia de David, el mítico rey de los hebreos, que arrojaría al Mal e instauraría el Bien: el amor, la paz, la riqueza.

Esa esperanza comenzaba entonces a ser compartida también por los pueblos paganos sometidos a Roma, que, habiendo perdido la fe en su destino nacional, la estaban transfiriendo al plano espiritual. Mas en ningún país la espera era tan vibrante y espasmódica como en Palestina, donde los presagios y los oráculos daban por inminente la gran aparición. Había gente que pasaba el día en la explanada frente al Templo, rezando y ayunando. Todos sentían que el Mesías ya no podía tardar.

Sin embargo, Jesús halló alguna dificultad en hacerse reconocer como el esperado Hijo del Hombre. Y parece ser que Él mismo sólo adquirió consciencia de serlo tras haber escuchado las prédicas de Juan Bautista, que era Su legado, pariente, por ser hijo de una prima de María. En general, nosotros nos representamos a Juan, por su calidad de precursor, como mucho más anciano que Jesús. En cambio, parece ser que era casi Su coetáneo. Vivía a orillas del Jordán, vestido tan sólo de sus largos cabellos, se alimentaba de hierbas, de miel y de saltamontes, llamaba a la gente a purificarse con el rito del Bautismo, al que debe el sobrenombre, y prometía el advenimiento del Mesías como premio a un sincero arrepentimiento.

Jesús fue a su encuentro «el decimoquinto año de Tiberio», es decir, cuando Él mismo debía tener veintiocho o veintinueve. Y sustancialmente aceptó sus doctrinas y las hizo Suyas, mas absteniéndose de bautizar a los demás personalmente, y llevando la predicación en medio de la sociedad. Poco después, Juan fue detenido por los guardias del tetrarca de Jerusalén, Herodes Antipas. Lucas y Mateo cuentan que la detención debióse a las críticas de Juan al matrimonio de Herodes con Herodías, esposa de su hermano Filipo. Su hija Salomé bailó tan bien delante del tetrarca, que éste se brindó a satisfacer cualquier deseo suyo. Por sugerencia de la madre, Salomé pidió la cabeza cercenada de Juan, y fue satisfecha.

Fue después de este suceso que la misión de Jesús entró en su plenitud. Empezó a predicar en las sinagogas, y por testimonios unánimes que nos quedan, diríase que algo sobrenatural atrajo enseguida a las muchedumbres hacia Él. De vez en cuando, acompañaba las prédicas con milagros, pero los hacía con desgana, prohibía a Sus secuaces aprovecharlos con fines publicitarios y se negaba a considerarlos como «pruebas» de Su omnipotencia.

En torno a Él se había formado un círculo de estrechos colaboradores, los doce Apóstoles. El primero fue Andrés, un pescador que había sido seguidor de Juan. Trajo consigo a Pedro, pescador también, impulsivo, generoso, a veces tímido hasta la vileza. También Santiago y Juan, los hijos de Zebedeo, eran pescadores. Mateo, en cambio, era «publicano» (hoy se diría «estatal»), o sea un colaborador del odiado Gobierno romano. Judas Iscariote era el administrador de los fondos que los Apóstoles ponían en común.

Bajo ellos había setenta y dos discípulos, que precedían descalzos a Jesús en las ciudades que Él proponía visitar para preparar las gentes a Sus prédicas. Y, además, todo un gentío de fieles, hombres y mujeres, que le seguían, viviendo fraternalmente según la regla de los esenios.

Al principio, el Sanedrín no se preocupó mucho de Jesús. Por dos razones: ante todo, porque sus secuaces eran escasos todavía; y después, porque las ideas que predicaba no eran, en conjunto, incompatibles con la Ley y con sus dogmas. El advenimiento del Redentor y del Reino de los Cielos formaba parte de la doctrina hebraica y de su mesianismo, como también los preceptos morales que Jesús preconizaba. «Ama a tu prójimo como a ti mismo», «Ofrece la otra mejilla a quien te ha abofeteado», etc., ya estaban en la educación de aquel pueblo. Jesús decía: «Yo no he venido a destruir la ley de Moisés, sino a aplicarla.»

La ruptura con las autoridades aconteció cuando Jesús anunció ser Él el Hijo del Hombre, el Mesías que todos esperaban, y la muchedumbre de Jerusalén, adonde había regresado después de predicar en la provincia y en el condado, Le saludó como a tal. El Sanedrín quedó muy preocupado, sobre todo, por razones políticas: temía que Jesús aprovechase Su crédito de Mesías para provocar una sublevación contra Roma, sublevación que habría terminado con otra matanza.

La noche del 3 de abril del año 30, Él fue informado de que el Sanedrín había decidido su arresto por denuncia de uno de los Apóstoles. Comió igualmente con éstos en casa de un amigo y en aquella última cena anunció que uno entre ellos le estaba traicionando, advirtiéndoles que ya le quedaba poco tiempo que pasar juntos. Los gendarmes Le capturaron aquella misma noche en el huerto de Getsemaní. Y cuando al Sanedrín que le preguntaba si Él era el mesías, respondió: «Sí, yo soy», fue entregado al procurador romano, Poncio Pilato, acusado de impiedad.

Poncio Pilato era un funcionario que más tarde

terminó su carrera más bien con poca gloria: le destituyeron por malversaciones y crueldad. En el caso de Jesús, sin embargo, no se portó muy mal, desde el punto de vista burocrático. Le preguntó si mantenía Su pretensión de ser el rey de los hebreos, pero en tono de chanza y esperando tal vez que el acusado le contestase que no. Jesús, en cambio, le contestó que sí, y le explicó cuál era el reino que se proponía instaurar. Pedro dice que Él había decidido morir para expiar las culpas de todos los hombres.

Pilato dictó a regañadientes la pena que aquella confesión implicaba: o sea, la crucifixión. Fue clavado a las nueve de la mañana, entre dos ladrones, y bajo la tortura vaciló un instante y murmuró: «Dios mío, Dios mío, ¿por qué me has abandonado?» A las tres de la tarde, expiró.

Dos influyentes miembros del Sanedrín pidieron y obtuvieron de Pilato el permiso de sepultar el cadáver. Dos días después, María Magdalena, una de las más ardientes secuaces de Jesús, fue a visitar la tumba y la halló vacía. La noticia corrió de boca en boca y fue confirmada por la aparición que Cristo volvió a hacer en la Tierra, presentándose en carne y hueso a sus discípulos.

Cuarenta días después de Su fallecimiento oficial, Él subió al Cielo, como por lo demás estaba en la tradición hebraica, desde Moisés a Elías e Isaías. Y Sus secuaces se desparramaron por el Mundo anunciando la gran nueva de Su resurrección y del próximo retorno.

XXXVI. LOS APÓSTOLES

Esta obra misional se desarrolló al principio sólo en Palestina y comarcas vecinas, donde estaban radicadas colonias hebreas. Pues en los primeros momentos, se convino tácitamente entre los Apóstoles que Jesús era el Redentor, no de todos los hombres, sino tan sólo del pueblo hebraico. Fue después de la misión de Pablo en Antioquía y del éxito que cosechó entre los gentiles de aquella ciudad, cuando se planteó y fue resuelto el problema de la universalidad del cristianismo.

Pablo fue para la «ideología», como se diría hoy, de la nueva fe lo que Pedro para su organización. Era un hebreo de Tarso, hijo de un fariseo acomodado, y, por tanto, de origen burgués, que le legó el más precioso de todos los bienes de aquel tiempo: la ciudadanía romana. Había estudiado griego y tomado lecciones de Gamaliel, el presidente del Sanedrín. Tenía una inteligencia aguda, típicamente hebraica en el devanarse los sesos, y un carácter difícil: imperioso, impaciente, y a menudo, injusto. Su primera reacción hacia Cristo fue de violenta antipatía. Les consideraba heréticos, y cuando cayó en sus manos uno de ellos, Esteban, condenado por infringir la Ley, colaboró con entusiasmo a su lapidación. Un día, se enteró de que los cristianos hacían prosélitos en Damasco. Pidió al Sanedrín que le permitiese ir para detenerlos, y durante el viaje fue derribado por un rayo de luz y oyó una voz que le decía: «Pablo, Pablo, ¿por qué me persigues?» «¿Quién eres?», preguntó espantado. «Soy Jesús.» Quedóse ciego tres días, después fue a hacerse bautizar y se convirtió en el más hábil propagandista de la nueva Fe.

Durante tres años predicó en Arabia, luego volvió a Jerusalén, se hizo perdonar por Pedro su pasado de perseguidor, y con Bernabé fue a dirigir la obra de proselitismo entre los griegos de Antioquía. Cuando supieron que los dos misioneros no requerían la circuncisión para aceptar conversos, como prescribía Moisés, es decir, que también los reclutaban entre los gentiles, los Apóstoles le mandaron llamar para tener explicaciones. Con el apoyo de Pedro, la batalla fue ganada por Pablo, quien, inmediatamente después, emprendió su segunda *tournée* en Grecia. La mayoría de los Apóstoles era todavía fiel a la Ley, frecuentaba el Templo, no quería romper con su pueblo y con su tradición. Pablo se dio cuenta de que si se les dejaba, aquéllos harían del cristianismo tan sólo una herejía hebraica, sostuvo sus tesis en prédicas públicas y estuvo en peligro de ser linchado por la multitud. Querían procesarle por impío. Pero le salvó la ciudadanía romana que le concedía el derecho de apelación al emperador. Así, le embarcaron rumbo a Roma, adonde llegó tras un azaroso viaje.

En la Urbe, le escucharon con paciencia, no entendieron ni jota de la cuestión que él expuso, comprendieron solamente que en ella no figuraba la política, y, en espera de que llegasen los acusadores, le trataron bien, limitándose a ponerle un soldado de guardia a la puerta de la casa que le habían dejado escoger. Pablo invitó a ella a los notables de la colonia hebraica, mas no logró persuadirles. Hasta los pocos que eran ya cristianos rechazaron con horror la idea de que el bautismo fuese más importante que la circuncisión, y prefirieron a él a Pedro, que llegó poco después y encontró una acogida más calurosa.

Pablo consiguió convertir algunos gentiles, pero en fin de cuentas quedóse solo y, animado como estaba de un infatigable celo misionero, lo desahogó en las famosas *Epístolas* que escribió un poco a todos los amigos de Corinto, de Salónica y de Éfeso y que aún hoy constituyen la base de la teología cristiana. Según algunos historiadores, fue absuelto, volvió a predicar en Asia y en España, le detuvieron de nuevo y le llevaron a Roma. Pero parece que no es verdad. Pablo no fue liberado jamás, en la amargura de aquel solitario exilio perdió poco a poco la fe en el inminente retorno de Cristo a la Tierra, o, mejor dicho, la tradujo en la fe del más allá, sellando así la verdadera esencia de la nueva religión.

No sabemos cómo, cuándo ni por qué le procesaron de nuevo. Sabemos tan sólo que la acusación fue de «desobediencia a las órdenes del emperador y pretender que el verdadero rey es un tal Jesús». Puede ser que, en efecto, no hubiese nada más en su cargo. Los policías no se paran en barras y, oyendo que Pablo trataba de rey a Jesús, cuando en el trono estaba Nerón, le detuvieron y le condenaron. Una leyenda dice que fue sorprendido el mismo día del año 67 en que Pedro fue crucificado y que los grandes rivales, al encontrarse en el camino del suplicio, se abrazaron en signo de paz. La cosa es poco digna de crédito. Pedro se encontró mezclado con otros cristianos, asesinados en masa como responsables del incendio de Roma. Pablo era un «ciudadano», y como tal tenía derecho de algún miramiento. Efectivamente, se limitaron a decapitarle. Y allí donde se considera que fue enterrado, la Iglesia, dos siglos después, fundó la basílica que lleva su nombre: San Pablo Extramuros.

¿Cuántos adeptos había hecho el cristianismo en Roma, en el momento que desaparecieron los dos grandes Apóstoles?

Las cifras son imposibles de precisar, pero no creemos que rebasasen algunos centenares, a lo sumo algunos millares. Lo demuestra la misma circunstancia de que las autoridades le concediesen poca atención. La acusación del incendio no formaba parte de una política persecutoria; fue una estratagema extemporánea para desviar las sospechas contra Nerón. La matanza, de momento, pareció haber exterminado para siempre la secta. Después, como todas las matanzas, se reveló como un fertilizante. Pero esto se debió a la organización que Pedro le había dado.

Los cristianos se reunían en *ecclesiae*, o sea en iglesias o congregaciones que en aquellos primeros tiempos no tuvieron nada de secreto o de conspiración. Las comparaciones que hoy en día se hacen con la organización celular comunista son absolutamente ridículas y carentes de fundamento. No sólo porque en las *ecclesiae* se predicaba el amor en vez del odio, no sólo porque en ellas no se desarrollaba ningún proselitismo político, sino, por encima de todo, porque no había ni sombra de secreto, y quienquiera se presentase era acogido sin suspicacia ni desconfianza. Otra falsa creencia de hoy es que los adeptos fuesen tan sólo proletarios, la «hez», como más tarde habría de llamarla Celso. Nada más inexacto. Había de todo. Y en general, se trataba de gente industriosa y pacífica, de pequeños y medianos ahorradores, que financiaban las comunidades cristianas más pobres. Luciano el descreído les definía como «imbéciles que juntan todo lo que poseen». Tertuliano el converso precisaba: «Que ponen junto lo que los demás tienen separado, y tienen separada la única cosa que los demás ponen junto: la mujer.»

Una discriminación, impuesta por las circunstancias, hubo solamente entre las poblaciones de la ciudad y las del campo. Los primeros prosélitos los dio la primera, por razones obvias: porque sólo en la ciudad hay manera de reunirse asiduamente, porque el descontento es mayor y las mentes más abiertas a la crítica, porque en el campo, las tradiciones y las costumbres se conservan más y una mayor fuerza moral las sostiene. Y he aquí por qué los cristianos comenzaron a llamar *paganos* a los descreídos, o sea aldeanos, de *pagus* que quiere decir aldea.

Lo primero que cuidaron los precursores fue la instauración de un modelo de vida sano y decente, del que comprendían el prestigio y atractivo que estaba destinado a ejercer en una capital que se tornaba cada vez más malsana y desvergonzada. Los orígenes hebraicos de la nueva fe y de los que se convirtieron primeramente quedaban comprobados por la austeridad que imponía. Las mujeres participaban en las funciones del culto, que aún se limitaba a la oración, pero cubiertas, porque los cabellos podían distraer a los ángeles, como dice san Jerónimo, que quería hacérselos cortar a todas. Y un régimen de vida ordenado y hogareño era la regla fundamental. La fiesta del sábado, también de origen hebraico, era observada, y se celebraba con una cena colectiva, que comenzaba y terminaba con rezos y la lectura de las Sagradas Escrituras. El sacerdote bendecía el pan y el vino que simbolizaban, respectivamente, el cuerpo y la sangre de Jesús y la ceremonia concluía con el beso de amor que todos cambiaban, pero que debió dar origen a alguna diversión contraria a la Teología, pues poco después se empezó a practicar sólo de hombre a hombre y de mujer a mujer, y con la recomendación de tener la boca cerrada y de no repetirlo si gustaba.

El aborto y el infanticidio fueron abolidos y execrados por los cristianos en medio de una sociedad que los practicaba cada vez más y moría de ello. Es más, los fieles estaban obligados a recoger a los niños abandonados, a adoptarlos y educarles en la nueva religión. La homosexualidad estaba excluida; el divorcio, admitido sólo a requerimiento de la esposa, si ésta era pagana. Menos éxito tuvo la prohibición de frecuentar el teatro. Pero, a fin de cuentas, la regla permaneció severa especialmente mientras fue practicada casi exclusivamente por los hebreos. Después, poco a poco, al crecer en número e importancia los gentiles, se hizo más acomodaticia. Y la austera fiesta del sábado se convirtió, poco a poco, en la más alegre del domingo.

En este «día del Señor» todos se reunían en torno al sacerdote que leía un mensaje de las Escrituras, daba la señal para las oraciones y concluía con un sermón. Ésta fue la primera y rudimentaria *Misa*, que luego se desarrolló según un preciso y complicado ritual. En aquellos primeros años, los auditores eran todavía sus protagonistas, pues a ellos les estaba concedido «profetizar», o sea expresar en estado de éxtasis conceptos que después el sacerdote debía interpretar. Esta costumbre acabó porque amenazaba con provocar el caos justamente en las cuestiones en las que la Iglesia se estaba esforzando en poner orden: las teologías.

Tan sólo dos de los siete Sacramentos se practicaban entonces: el Bautismo no se distinguía de la Confirmación porque se administraba a personas ya adultas, como eran los primeros conversos. Después, poco a poco, se empezó también a nacer cristiano y entonces los dos Sacramentos fueron separados, constituyendo el segundo la «confirmación» del primero. El matrimonio era solamente civil, limitándose el sacerdote a bendecirlo. En cambio, se cuidaba mucho el funeral, pues, desde el momento en que un hombre había muerto, se tornaba de exclusiva pertenencia de la Iglesia y todo tenía que estar predispuesto para su resurrección. El cadáver había de tener su propia tumba y el sacerdote oficiaba durante el entierro. Las tumbas estaban construidas según la costumbre siríaca y etrusca: en criptas excavadas en las paredes de las largas galerías subterráneas: las catacumbas.

Esa costumbre duró hasta el siglo nueve, decayendo, después. Las catacumbas se convirtieron en meta de peregrinación, la tierra las cubrió y fueron olvidadas. Se redescubrieron en 1578 por pura casualidad. El hecho de que sus ramificaciones fuesen complicadas y retorcidas ha hecho creer que fueron construidas para escondrijo de las «conspiraciones». Y sobre esta hipótesis se han apoyado muchas novelas.

Con este bagaje nació la verdadera religión; la que ya no quedaba limitada a un pueblo y a una raza, como el judaísmo, o una clase social, como el paganismo de Grecia y de Roma, que la consideraban monopolio de sus «ciudadanos». Su nivel moral, la gran Esperanza que abría en el corazón de los hombres y el ímpetu misional que encendía en ellos, hacían decir orgullosamente a Tertuliano: «Tan sólo somos de ayer. Y ya llenamos el Mundo.»

XXXVII. LOS FLAVIOS

Quien echó involuntariamente una mano a los cristianos fue un emperador que tenía ojeriza a los hebreos y cometió el error imperdonable de perseguirlos, ayudando, con su dispersión por el Mundo, a la difusión de la nueva Fe.
Vespasiano subió al trono el año 70, después del espantoso interregno que siguió a la muerte de Nerón, con el que acabó la dinastía de los Julio-Claudios. Le sucedió el general rebelde Galba, un aristócrata no peor que muchos otros, calvo, gordo, con las coyunturas embotadas por la artritis y la manía del ahorro. Su primer gesto, apenas proclamado emperador, fue ordenar a cuantos habían recibido dones de Nerón que los devolvieran al Estado. Y esto le costó el trono y la vida, pues entre los beneficiados se hallaban pretorianos que, al encontrarle, tres meses después de su proclamación en el Foro, adonde él se hiciera llevar en una litera, le decapitaron, le cortaron los brazos y los labios y proclamaron sucesor suyo a Otón, un banquero que había hecho quiebra fraudulenta y que prometía administrar las finanzas públicas con la misma despreocupación con que había regido las suyas particulares.
A esta noticia, el ejército destacado en Germania a

las órdenes de Aulo Vitelio y el desplazado en Egipto a las de Vespasiano, se rebelaron y marcharon sobre Roma. Llegó primero Vitelio que enterró a Otón que ya se había suicidado, se proclamó emperador, se entregó a su pasión preferida, la de las comidas lucullanas, y por seguir hartándose de cordero lechal descuidó ir al encuentro de las fuerzas de Vespasiano que, entretanto, había desembarcado. La sangrienta batalla de Cremona decidió la suerte de aquella guerra de sucesión. Vitelio fue derrotado y los romanos se divirtieron la mar con la matanza que siguió en su propia ciudad. Tácito cuenta que la gente se apiñaba en las ventanas y los tejados para asistir a aquella carnicería, apostando por los contendientes como si se hubiese tratado de un partido de fútbol. Entre muerte y muerte, los combatientes irrumpían en las tiendas, las saqueaban y les pegaban fuego; o bien desaparecían en los portones engatusados por alguna prostituta y mientras yacían con ella eran apuñalados por un nuevo cliente del partido contrario. Vitelio, que fue capturado en su escondite, donde, por cambiar, banqueteaba, fue arrastrado desnudo por la ciudad con un nudo al cuello, tiroteado con excrementos, torturado con estudiada lentitud y echado por fin al Tíber.

La ciudad que se divertía con el fratricidio, los ejércitos que se rebelaban, los emperadores que quedaban sumidos en estiércol, en esto se había convertido la capital del Imperio.

Tito Flavio Vespasiano había vivido en ella muy poco. Nacido en provincias, en Rieti, había abrazado después la carrera militar que le llevó un poco a todas partes. No era noble. Procedía de la pequeña burguesía. Las distinciones y su estipendio se los había ganado con mil sacrificios y honraba ante todo dos virtudes: la disciplina y el ahorro. Tenía sesenta años cuando subió al trono, pero los llevaba bien. Completamente calvo, tenía el rostro abierto, tosco y fresco, enmarcado por dos orejas inmensas y peludas como las de Ante Pavelic. Detestaba a los aristócratas, les consideraba unos zánganos, no sufrió nunca la tentación esnobista de hacerse pasar por uno de ellos, y cuando un heráldico, precisamente para ennoblecerle, fue a comunicarle que había buscado sus orígenes y descubierto que remontaban a Hércules, estalló en una carcajada como para derribar las paredes y hacer entrar en sospecha de que en aquella adulación había algo de verdad. Cuando recibía a algún dignatario le palpaba la túnica para comprobar si era de tela demasiado fina y le olfateaba para cerciorarse de si olía a agua de Colonia. No soportaba esas sofisticaciones.

Lo primero que hizo fue reorganizar el Ejército y las finanzas. El Ejército lo adjudicó en arriendo a los oficiales de carrera, casi todos provincianos como él. Para las finanzas escogió el camino más expedito: el de vender, a precios carísimos, los altos cargos públicos. «De todos modos —decía—, todos son ladrones, y, en cierto modo, les fomentamos a serlo. Mejor es que vayan adelante restituyendo al Estado un poco de lo que roban.» El mismo método siguió para reorganizar el fisco. Lo confió a funcionarios escogidos entre los más rapaces y esquilmadores y les soltó con plenos poderes en todas las provincias del Imperio. Figuraos qué comilona para las poblaciones pobres. Jamás la tributación de Roma había funcionado con tan despiadada puntualidad. Pero cuando la rapiña estuvo consumada, Vespasiano llamó a Roma a los ejecutores, les elogió y les confiscó todas las ganancias, con las que, una vez equilibrado el presupuesto, resarció a las víctimas. Su hijo Tito, que era un puritano lleno de escrúpulos, fue a protestar de aquel sistema que repugnaba a su beato y cándido sentido de la virtud. «Yo hago de sacerdote en un templo —contestóle el padre—. Con los bandidos, hago el bandido.» Y para aumentar los ingresos inventó aquellas pequeñas construcciones que todavía llevan precisamente el nombre de vespasianas, estableciendo un impuesto a los que las usaban y una multa a los que no las usaban. No había elección. Quien lo hacía fuera pagaba más que quien lo hacía dentro. También por esta medida Tito elevó sus protestas. Su padre le puso debajo de la nariz un sestercio y le preguntó: «¿Huele a algo?»

Ese hijito delicado y bondadoso, al que amaba tiernamente, era la mayor preocupación de aquel soberano escéptico, que no pretendía reformar a la Humanidad y abolir sus vicios, sino solamente mantenerla en su *sede*. Para que fuese adquiriendo práctica en el gobierno de los hombres, le encargó que restableciera el orden en Palestina, donde había estallado la última y más terrible revolución. Los hebreos defendieron Jerusalén con un heroísmo sin precedentes. Según un historiador suyo, murieron dos millones de ellos; según Tácito, seiscientos mil. Para llegar al cabo de la resistencia, Tito entregó la ciudad a las llamas, que destruyeron incluso el Templo. De los supervivientes, algunos se suicidaron, otros fueron vendidos como esclavos y otros huyeron. Su dispersión, comenzada en el siglo primero, convirtióse en la verdadera y propia *diáspora*. Y así como en la mochila de los soldados de Napoleón estaban los *Derechos del hombre*, en el saco de muchos de aquellos pobres emigrantes estaba el Verbo de Cristo.

Vespasiano, enorgullecido, tributó a Tito un triunfo algo desproporcionado con el valor militar de aquella empresa, y en su honor hizo construir el famoso arco cuyo nombre ostenta. Pero con gran espanto suyo, vio que su hijo pasaba por debajo llevando consigo como botín a una agraciada princesa hebrea, Berenice. No tenía nada que oponer a que la tuviese por amante; pero lo malo era que Tito quería casarse con ella, alegando que la había «comprometido». Vespasiano no comprendía por qué aquel muchacho quería confundir el amor, pasajero y voluble capricho, con la familia, institución seria y permanente. Desde que quedara viudo, también él había tomado una concubina, pero sin casarse con ella. ¿Por qué Tito no hacía otro tanto, quedándose con Berenice de concubina? Nos parece oír hablar a nuestro papá, cuando le pedimos permiso para casarnos con una cupletista. Y, como nosotros, también Tito renunció finalmente a la cupletista.

Poco después le tocó a él hacer de emperador. Tras diez años de sabio reinado, el más sabio que gozara Roma después de Augusto, Vespasiano volvió un día a Rieti de vacaciones. Iba allí con frecuencia para volver a ver a sus amigos de juventud, a hacer con ellos una batida a las liebres, cuatro charlas, una comida de habichuelas con corteza de tocino y echar una partida de dados que eran sus pasatiempos favoritos. Se le ocurrió la mala idea de enjuagarse los riñones con agua de Fuente Cottorella. Sea que la cura no le estuviese adecuada, o que hubiese equivocado la dosis, el hecho es que fue presa de cólicos y en seguida se dio cuenta de que no había remedio: «*Vae!* —dijo guiñando el ojo, sin renunciar siquiera en aquel momento a su habitual y tosco buen humor—. *Puto deus fio.*» (Ay, ay, me parece que me vuelvo un dios.) Pues en aquella Roma de zalemas y adulaciones era ya costumbre divinizar a todos los emperadores cuando morían. Después de tres días y tres noches de disentería, amarillo como un limón y con la frente empapada en sudor, tuvo aún fuerzas para levantarse, miró a los circunstantes que a su vez le contemplaban asustados y, riéndose a carcajadas para poner de manifiesto que se daba cuenta de la tontería que estaba cometiendo: «Ya sé, ya sé... —farfulló—. Pero ¿qué queréis que haga? ¡Un emperador debe morir de pie!»

Y de pie murió, el año 79, aquel burgués nacido para morir como todos los burgueses: tendido en una cama; y, como actor concienzudo, obligado a interpretar un papel que no era el suyo.

Tito, que le sucedió, fue el más afortunado de los soberanos porque no tuvo tiempo de cometer errores, como sin duda le hubiese ocurrido por mor no de sus defectos, sino de sus virtudes: la bondad, el candor y la generosidad. No firmó ninguna sentencia de muerte. Cuando se enteró de un complot, mandó su mensaje de admonición a los conjurados y otro, tranquilizador, a sus madres. En sus dos años de reinado, Roma sufrió un terrible incendio, Pompeya fue sepultada por el Vesubio e Italia devastada por una tremenda epidemia. Para reparar los daños, Tito agotó el Tesoro. Por asistir personalmente a enfermos, se contagió y perdió la vida, a los cuarenta y dos años, llorado por todos, menos por su hermano, Domiciano, que le sucedió en el trono.

No sabemos qué juicio de conjunto podemos dar de este último representante de la dinastía de los Flavios. Entre los escritores que vivieron en su tiempo, Tácito y Plinio han dejado un retrato de lo más negro, y Estacio y Marcial de lo más rosa. No están de acuerdo ni siquiera sobre su aspecto físico: los primeros le describen calvo y barrigudo y de piernas raquíticas; los segundos, hermoso como un arcángel, tímido y dulce. Sin duda debió de haber sufrido mucho de la preferencia que Vespasiano había tenido siempre por Tito. Y cuando el padre falleció, presentó su pretensión a la mitad del poder. Tito se la ofreció. Domiciano rehusó y se puso a conspirar. Dión Casio sostiene que cuando su hermano cayó enfermo, apresuró su muerte cubriéndole de nieve.

Su reinado es un poco parecido al de Tiberio, a quien tenemos la impresión de que, como hombre, se le parecía. Idéntico fue el comienzo: cuerdo y prudente, con alguna vena de austeridad puritana. El cargo que más le interesó fue el de censor, mediante el cual podía controlar las costumbres; y los ministros de quienes se rodeó eran técnicos, calificados particularmente para reconstruir la ciudad devastada por el incendio. No quiso guerras. Y cuando Agrícola, gobernador de Britania, intentó llevar los confines del Imperio hasta Escocia, le destituyó. Tal vez fue éste su error más grave, pues Agrícola era suegro de Tácito, que le adoraba y que asumió la tarea de juzgar a los hombres de su tiempo. Es natural que hubiera dejado tan malparado a aquel pobre soberano.

Desgraciadamente, para obtener la paz hace falta que sean dos en desearla. Y Domiciano tuvo que ver con los dacios, que no la querían. Éstos cruzaron el Danubio, derrotaron a los generales romanos, y obligaron al emperador a tomar las riendas del Ejército. Lo estaban conduciendo muy bien, cuando Antonino Saturnino, gobernador de Germania, se rebeló con algunas legiones, obligándole a una paz prematura y desfavorable con los dacios y metiéndole en el cuerpo la obsesión de las conjuras. Aquel que hasta entonces había gobernado más bien como un Cromwell, tornóse un Stalin, y para salvar su propia «personalidad» instauró el «culto» más descomedido de ésta. Se instaló en un trono de verdad, quiso ser llamado «Señor y dios nuestro», y pretendió que los visitantes le besasen los pies. También él expulsó de Italia a los filósofos porque impugnaban su absolutismo, cortó la cabeza a los cristianos porque rechazaban su divinidad y dio preferencia a los delatores porque creían que le protegían de los enemigos. Los senadores le odiaban, le incensaban y apechugaban con sus sentencias de muerte. Y entre estos senadores se hallaba también Tácito, su futuro y despiadado juez.

En un ataque de manía persecutoria se acordó de que su propio secretario, Epafrodito, era el mismo que un cuarto de siglo antes había ayudado a Nerón a cortarse la carótida. Y temiendo que hubiese adquirido el vicio de repetirlo, le condenó a muerte. Entonces todos los demás funcionarios de palacio se sintieron amenazados, organizaron una conjura y llamaron a que participase en ella también a la emperatriz Domicia. Le apuñalaron por la noche. Domiciano se defendió salvajemente hasta el último momento. Tenía cincuenta y cinco años y había reinado durante quince, primero como el más prudente y después como el más nefasto de los soberanos. Así terminó también en la oscuridad, de donde había salido, la segunda dinastía de los sucesores de Augusto. De diez emperadores que se sucedieron en el espacio de ciento veintiséis años (desde el 30 antes de Jesucristo hasta el 96 después de Jesucristo), siete murieron asesinados. Había algo en el sistema que no funcionaba, que tornaba sanguinarios hasta a los hombres dispuestos al bien; algo más decisivo que el mismo mal hereditario que tal vez corrompía la sangre de los Julio-Claudios.

Y este algo hay que buscarlo en la sociedad romana, en la transformación que había ido experimentando en los últimos tres siglos.

XXXVIII. ROMA EPICÚREA

La Roma de este período, que suele llamarse *epicúreo*, tenía una población que algunos estimaban en un millón y otros, en millón y medio. Estaba dividida en las habituales clases y órdenes y la aristocracia era aún numerosa; mas, aparte el nombre de los Cornelios, los cronistas de la época no vuelven a citar a los grandes de antes: los Fabios, los Emilios, los Valerios, etc. Diezmados primero por las guerras a las que daban un gran tributo de cadáveres, después por las persecuciones y, finalmente, por las prácticas maltusianas, aquellas ilustres familias se habían extinguido, siendo reemplazadas por otras con menos antepasados y más dinero, que procedían de la burguesía industrial y mercantil de provincias.

«Hoy, en la alta sociedad —decía Juvenal—, el único buen negocio es una mujer estéril. Todos te serán amigos en espera del testamento. ¿Y quién te dice que la que te hace un hijo no dé a luz a un negro?»

Juvenal cargaba un poco la mano, pero la calamidad que denunciaba era auténtica. El matrimonio, que en la edad estoica había sido un sacramento y volvería a serlo en la cristiana, entonces sólo era una aventura pasajera; y la educación de los hijos, considerada un tiempo deber hacia el Estado y hacia los dioses que prometían una vida ultraterrena solamente a los que dejaban alguien que cuidase de sus tumbas, ahora era una molestia, un estorbo que evitar. El infanticidio ya no estaba permitido, pero el aborto era una práctica corriente, y si no salía bien, se recurría al abandono del recién nacido al pie de una *columna lactante*, así llamada porque junto a ella había nodrizas pagadas adrede por el Estado para amamantar a los niños abandonados.

Bajo el influjo de esas costumbres, la misma estructura biológica y racial de Roma había cambiado. ¿Qué ciudadano no tenía en sus venas alguna gota de sangre extranjera? Las minorías griegas, siríacas, israelitas, formaban, juntas, mayoría. Los hebreos eran ya tan fuertes, sobre todo debido a su unión en tiempos de César, que constituyeron uno de los principales puntales de su régimen. Había pocos ricos entre ellos, pero en conjunto constituían una comunidad disciplinada, laboriosísima y de sanas costumbres. No podía decirse lo mismo de los egipcios, de los siríacos y de otros orientales, grandes maestros sobre todo en la bolsa negra.

La madre romana que se decidía a poner un hijo al mundo, si no se veía reducida a una extrema pobreza, se desembarazaba enseguida de él, confiándolo primero a una nodriza y después, a una institutriz griega, que ocupaba el puesto de las alemanas o inglesas de hoy, y, finalmente, a un *pedagogo*, en general griego también, para su instrucción. De lo contrario, lo mandaba a una de aquellas escuelas que ya habían surgido un poco en todas partes, pero que eran privadas, no estatales, para ambos sexos y dirigidas por un *magister*. Los alumnos frecuentaban las *elementales* hasta los doce o trece años. Después, se separaba a los dos sexos. Las hembras completaban su instrucción en colegios apropiados donde se les enseñaba sobre todo música y danza. Los varones emprendían los *secundarios*, regidos por *gramáticos*, que por ser también casi todos griegos, insistían sobre todo en la lengua, literatura y filosofía griegas, que acabaron efectivamente por sumergir la cultura romana. La Universidad era representada por los cursos de los *retóricos*, que no tenían nada de orgánico. No había exámenes, no había tesis de literatura, no había doctorado. Habían tan sólo conferencias seguidas de discusiones. Los cursos costaban hasta dos mil sestercios —entre doscientas y doscientas cincuenta mil liras— al año. Y Petronio lamentaba que no se enseñase en ellos más que abstracciones sin utilidad alguna para la vida práctica. Mas éstas cosquilleaban el gusto, típicamente romano, por la controversia, la sutileza y la cavilación: vicio que después ha transmigrado en el cuerpo de todos los italianos.

Las familias más pudientes mandaron a sus hijos a perfeccionarse en el extranjero: a Atenas para la Filosofía, a Alejandría para la Medicina y a Rodas para la elocuencia. Y gastaban tanto dinero en su manutención que Vespasiano el parsimonioso, para impedir aquella hemorragia de divisas, prefirió reclutar a los más ilustres docentes de aquellas ciudades y transplantarles a Roma en institutos estatales que les pagaban honorarios de cien mil sestercios al año, o sea cinco millones de liras.

En lo que respecta a los varones, la moralidad juvenil no había sido nunca gran cosa, ni siquiera en los tiempos estoicos. Quedaba sobrentendido que, a partir de los dieciséis años, el chico frecuentase lupanares y no se prestaba mucha atención al hecho de que corriese también alguna aventura no sólo con mujeres, sino también con hombres. Pero entonces todo estaba en estado primario, los burdeles eran innobles, y la temporada de desvergüenza acababa con la llamada a las armas y después con el matrimonio, con el que se inauguraba la de la austeridad. Ahora, los muchachos se hacían eximir del servicio militar, los burdeles se habían convertido en establecimientos de lujo, las meretrices consideraban un deber entretener a los clientes no sólo con sus gracias, sino también con la conversación, con música, con danzas, un poco como las *geishas* en el Japón, y los clientes seguían frecuentándolos también después de casados.

Con las muchachas se era más severo, mientras eran muchachas. Pero, en general, se casaban antes de los veinte años porque después de esta edad eran consideradas como solteronas, y porque el matrimonio les procuraba las mismas libertades que a los varones, o poco menos. Séneca consideraba afortunado al marido cuya mujer se conformaba con dos amantes solamente. Y un epitafio inscrito en una tumba reza así: «Permaneció fiel durante cuarenta y un años a la misma esposa.» Juvenal, Marcial y Estacio nos hablan de mujeres de la burguesía que luchaban en el Circo, recorrían las calles de Roma conduciendo personalmente sus calesines, se paraban a conversar bajo los pórticos y *ofrecen al transeúnte* —dice Ovidio— *el delicioso espectáculo de sus hombros desnudos.*

Las «intelectuales» florecían. Teófila, la amiga de Marcial, hubiera ganado de seguro los cinco millones al «Lascia o raddoppia?»[1] en materia de filosofía estoica; Sulpicia escribía versos, naturalmente de amor. Y había, asimismo, las *soroptimists* que organizaban clubes femeninos, los llamados colegios de las mujeres, donde se daban conferencias sobre los deberes para con la sociedad, como sucede en todas las sociedades donde los deberes no se observan ya.

Se engordaba. La estatuaria de ese período, comparándola con la de la Roma estoica, toda de figuras secas y angulosas, nos muestra una humanidad entumecida y abotagada por el ocio y por las indulgencias dietéticas. La barba ha desaparecido, los *tonsores* se han multiplicado, el primer afeitado es una fiesta inaugural en la vida del hombre. El cabello, la mayoría se lo hace cortar todavía al cero, pero hay unos elegantones que en cambio se lo dejan crecer, anudándolo luego en trencitas. La toga purpúrea se ha convertido en monopolio exclusivo del emperador. Todos los demás llevan ahora una túnica o blusa

1. ¿Lo toma o lo deja?

blanca, y sandalias de cuero a la «caprense», o sea con cordón enfilado entre los dedos.

La moda femenina se ha complicado. La señora de cierta alcurnia no emplea menos de tres horas y de media docena de esclavas para emperifollarse. Buena parte de la literatura está dedicada a ilustrar ese arte, y los cuartos de baño están atestados de navajas, tijeras, cepillos, cepillitos, cremas, polvos de arroz, cosméticos, óleos y jabones. Popea había inventado una careta nocturna empapada en leche para mantener tersa la piel del rostro, la cual llegó a ser de uso común. Y el baño de leche era normal, hasta el punto de que los ricachones viajaban seguidos por manadas de vacas para tenerla siempre fresca a su disposición. Especialistas a lo Hauser predicaban dietas, gimnasia, baños de sol, masajes contra la celulitis. Y hubo *tonsores* que labraron su fortuna inventando algunos peinados originales, diferentes a los usuales: pelo hacia atrás anudado a la nuca o graciosamente sostenido por una redecilla o una cinta.

La ropa interior era de seda o de lino. Y empezaba a hacer su aparición el sostén. Medias no se usaban. Pero los zapatos eran complicados, de cuero suave y ligero, con tacón alto para remediar el defecto de las mujeres romanas, que es también el de las italianas: el trasero bajo; y con remarcados de filigrana de oro.

En invierno se usaban pellizas, que eran el regalo de los maridos o de los amantes desplazados en las provincias septentrionales, especialmente en la Galia y la Germania. Y en todas las estaciones se hacía gran exhibición de alhajas, que eran la gran pasión de aquellas damas. Lolia Pallina andaba por ahí con cuarenta millones de sestercios, o sea dos mil millones de liras, desparramados encima de ella en forma de piedras preciosas, de las cuales Plinio enumeró más de cien especies. Había asimismo «imitaciones» que al parecer eran obras maestras. Un senador fue proscrito por Vespasiano porque lucía en el dedo un anillo con un ópalo de ciento cincuenta millones de liras. El severo Tiberio intentó poner freno a ese exhibicionismo, pero tuvo que rendirse: de abolir la industria del lujo, se corría el peligro de precipitar a Roma en una crisis económica.

La decoración de la casa estaba a tono con esas magnificencias y acaso las superaba. Un palacio digno de este nombre tenía que tener un jardín, un pórtico, de mármol, no menos de cuarenta habitaciones, entre ellas algún salón con columnas de ónice o de alabastro, piso y techo de mosaico, paredes taraceadas con piedras costosas, brocados orientales (Nerón compró por valor de trescientos millones de liras), jarras de Corinto, lechos de hierro forjado con mosquiteros, y algunos centenares de criados: dos, detrás del asiento de cada huésped para servirle la comida; dos, para quitarle simultáneamente los zapatos cuando se acostaba, etc.

El gran señor romano de aquellos tiempos se levantaba por la mañana sobre las siete y como primera actividad recibía durante un par de horas a sus clientes, ofreciendo la mejilla al beso a cada uno de ellos. Luego hacía la primera colación, muy sobria. Y por fin, recibía las visitas de amigos y las devolvía. Ésta era una de las obligaciones más rígidamente observadas por la *social life* romana. Negarse a asistir a un amigo mientras extendía el testamento, o a participar en las bodas de sus hijos, o a leer sus poesías, o a apoyar su candidatura, o a avalar sus letras de cambio, era una ofensa que redundaba en descrédito. Sólo después del pago de estas deudas podía pensarse en los propios asuntos personales.

Esa regla era válida asimismo para la gente de condición más modesta, la de la burguesía media. Ésta trabajaba hasta mediodía, tomaba un refrigerio ligero, a la americana, y volvía al trabajo. Pero todos, quién antes, quién después, según el oficio y el horario, acababan por encontrarse en las termas públicas para el baño. Ningún pueblo ha sido jamás tan limpio como el romano. Cada palacio tenía su piscina privada. Pero había más de mil públicas, a disposición de la gente vulgar, con capacidad media de mil usuarios a la vez. Estaban abiertas desde el alba hasta la una de la tarde para las mujeres, y desde las dos hasta el crepúsculo para los hombres, hasta que se volvieron promiscuas. La entrada costaba diez liras, servicio incluido. Se desnudaban en una cabina, iban a hacer ejercicios de pugilato, de jabalina, baloncesto, salto y lanzamiento de disco en la palestra; luego, entraban en la sala de masaje. Y al final, empezaba el baño propiamente dicho, que seguía una severa regla litúrgica. Primero, se entraba en el *tepidarium* de aire tibio; luego, en el *calidarium* de aire cálido, después, en el *laconicum* de vapor hirviente, donde se hacía consumo de una novedad recién importada de las Galias: el jabón. Y, por fin, para provocar una sana reacción de la sangre, se echaban a nadar en el agua helada de la piscina.

Después de lo cual se secaban, se untaban de aceite, se vestían y pasaban a la sala de juego a hacer una partida de ajedrez o de dados, o a la de conversación para charlar un ratito con los amigos que se sabía con certeza encontrar, o al restaurante a hacer una buena comidita que, hasta cuando era sobria, consistía al menos de seis platos, de ellos, dos de cerdo. La consumían tendidos en los *triclinios*, especie de divanes de tres patas, con el cuerpo extendido para que descansase de los ejercicios efectuados poco antes, el brazo izquierdo apoyado sobre la almohada para sostener la cabeza y el derecho estirado para coger las viandas sobre la mesa. La cocina era pesada, con muchas salsas de grasa animal. Pero los romanos tenían el estómago sólido y lo demostraban en ocasión de los banquetes que celebraban con mucha frecuencia.

Se iniciaban a las cuatro de la tarde y duraban hasta avanzada la noche, y a veces, hasta el día siguiente. Las mesas estaban cubiertas de flores y el aire lleno de perfumes. Los servidores, con ricos uniformes, tenían que ser, por lo menos, en doble número que los invitados. No se admitían más que pitanzas raras y exóticas. «De peces —decía Juvenal— se requieren aquellos que cuestan más que los pescadores.» La langosta roja se llevaba el premio, pues la pagaban hasta a sesenta mil liras cada una, siendo Vedio Polión el primero que intentó su cría. Las ostras y las pechugas de tordo eran platos obligados. Y Apicio se hizo una posición en la sociedad inventando un plato nuevo: el *pâté de foie gras*, engordando los patos a fuerza de higos. Era un hombre curioso el tal Apicio: devoró en comidas un patrimonio colosal, y cuando lo vio reducido a sólo mil millones, se suicidó considerándose caído en la miseria.

En aquellas ocasiones, el banquete se convertía en orgía, el anfitrión ofrecía en don objetos preciosos a los huéspedes, y los criados pasaban por entre las mesas distribuyendo eméticos que provocaban el vómito y permitían empezar a comer de nuevo.

El eructo estaba permitido. Es más, era un signo de aprecio de las bondades del yantar.

XXXIX. SU CAPITALISMO

Roma no era una ciudad industrial. Como grandes establecimientos había tan sólo una importante papelería y una fábrica de colorantes. Desde los antiguos tiempos, su verdadera industria era la política, que ofrece, para las ganancias, atajos mucho más rápidos que el trabajo verdadero. Y esta vocación no ha cambiado tampoco en nuestros días.

La principal fuente de riqueza de los señores romanos era la intriga en los pasillos de los ministerios y el saqueo de las provincias. Gastaban mucho dinero en hacer carrera. Mas, una vez llegados a algún alto cargo administrativo, se resarcían con pingües intereses, aplicando las ganancias a la agricultura. Junio Columela y Plinio nos han dejado el retrato de aquella sociedad latifundista y del criterio que seguía para la explotación de las fincas.

La pequeña propiedad que los Gracos, César y Augusto habían querido restablecer con sus leyes agrarias no había resistido a la competencia del latifundio: una guerra o un año de sequía bastaban para destruirla en provecho de los grandes feudos que contaban con medios de resistir a ellas. Los había grandes como reinos, dice Séneca, atendidos por esclavos que no costaban nada, pero que trabajaban la tierra sin criterio alguno, y especializados en la ganadería, que rentaba más que labrar los campos. Pastos de diez o veinte mil hectáreas con diez o veinte mil cabezas no eran raros.

Pero entre Claudio y Domiciano comenzó una lenta transformación. El largo período de paz y la extensión de la plena ciudadanía a los provincianos interrumpieron el aprovisionamiento de esclavos, que comenzaron a escasear y, además, a ser más caros. La mejora de los cruzamientos condujo a una sobreproducción de ganado, el cual, falto además de los piensos que necesitaba, bajó de precio. Muchos ganaderos juzgaron más conveniente volver a la agricultura, dividieron las fincas en predios y los dieron en explotación a arrendatarios, o *colonos*, que fueron los antepasados de los campesinos de hoy día, que mucho se les parecen, si es verdad lo que Plinio cuenta de ellos: tenaces, testarudos, avaros, desconfiados y conservadores.

Éstos entendían de agro y estaban interesados en su rendimiento. De golpe, comenzó el uso de abonos, la rotación del cultivo y la selección de semillas. Los fruticultores importaron y transplantaron, tras experimentos racionales, la uva, el melocotón, el albaricoque y el cerezo. Plinio enumera veintinueve clases de higos. Y el vino producido en tal cantidad, que Domiciano, para impedir una crisis, prohibió plantar nuevos viñedos.

En torno a esos microcosmos agrícolas y para completar su autarquía, nacieron, sobre una base artesana, las industrias. Una granja era considerada tanto más rica cuanto más se bastaba a sus propias necesidades. En ella había matadero donde sacrificar las reses y embutir sus carnes. En ella estaba el horno donde cocer los ladrillos. En ella se curtían las pieles y se confeccionaban los zapatos. En ella se tejía la lana y se cortaban los vestidos. No había asomo de esa «especialización» que hoy en día hace insoportable el trabajo y transforma en autómata a quien lo ejecuta. En aquellos tiempos, una vez desuncidas las bestias del arado, el industrioso campesino se convertía en carpintero o se ponía a forjar hierro para convertirlo en ganchos u ollas. La vida de aquellos agricultores artesanos era más plena y variada que en nuestros tiempos.

Las únicas industrias llevadas con criterios modernos eran las extractivas. Teóricamente, el propietario del subsuelo era el Estado, pero arrendaba su explotación, conforme a modestos cánones de arriendo, a los particulares. El interés estimuló a éstos a descubrir el azufre en Sicilia, el carbón, en Lombardía, el hierro, en el Elba, y el mármol, en Lunigiana, así como su empleo. Los costos de producción le eran mínimos porque el trabajo en los pozos se confiaba exclusivamente a esclavos y a forzados a los cuales no había que pagar ningún salario ni era necesario asegurar contra ningún accidente. Dadas las condiciones de las minas, catástrofes como la de Marcinelle debían de ocurrir cada semana, con millares de muertos. Los historiadores romanos olvidaron decirlo porque, para ellos, esos episodios no «eran noticia» como se dice en jerga periodística. Otra gran industria era la construcción, con sus especialistas, desde leñadores a fontaneros y vidrieros. Mas no pudo desarrollarse un verdadero capitalismo, sobre todo por la competencia que el trabajo servil hacía al mecánico. Cien esclavos costaban menos de lo que hubiera costado una turbina, y el maquinismo habría creado un problema de paro insoluble.

Sin embargo, muchos servicios públicos estuvieron mejor organizados entonces que, pongamos por caso, en la Europa del Setecientos. El Imperio tenía cien mil kilómetros de autopistas; Italia poseía, ella sola, cerca de cuatrocientas grandes arterias, sobre las que se desenvolvía un tránsito intenso y ordenado. Su pavimento había permitido a César recorrer mil quinientos kilómetros en ocho días, y el mensajero que el Senado mandó a Galba para comunicarle la muerte de Nerón empleó treinta y seis horas en recorrer quinientos kilómetros. El correo no era público, por bien que se llamase *cursus publicus*. Organizado por Augusto según el sistema persa, debía servir solamente como valija diplomática, o sea para la correspondencia de Estado, no pudiendo los particulares utilizarla sin un permiso especial. El telégrafo era sustituido por señales luminosas a través de faros instalados en las alturas y permaneció sustancialmente idéntico hasta los tiempos de Napoleón. El correo privado estaba regido por compañías privadas, o bien confiado a amigos o agentes de paso. Pero los grandes señores como Lépido, Apicio, Polión, tenían un servicio por su cuenta del que estaban orgullosísimos.

Empalmes y postas estaban magníficamente concatenados. A cada kilómetro, un mojón indicaba la distancia de la ciudad más próxima. Cada diez kilómetros había una *estación* con restaurante, habitaciones, cuadra y caballos frescos en alquiler. Cada treinta, había una *mansión* que además de lo anterior, más espacioso y mejor organizado, se añadía también un burdel. Los itinerarios eran vigilados por patrullas de policías, que no consiguieron jamás, empero, hacerlos del todo seguros. Los grandes señores los recorrían seguidos de completos trenes de carros, dentro de los cuales dormían bajo la protección de sus servidores armados.

Florecía el turismo casi tanto como en nuestros tiempos. Plutarco ironiza sobre los *globe-trotters* que infestaban la ciudad. Como la de los jóvenes ingleses del siglo pasado, la educación del joven romano era completa antes del *grand tour*. Lo hacían sobre todo a Grecia, por vía marítima, embarcándose en Ostia o Pozzuoli, que eran los dos grandes puertos de la época. Los más pobres tomaban uno de tantos cargueros que iban en busca de mercancías a Oriente; para los más ricos había verdaderos transatlánticos, que navegaban a vela, pero que desplazaban hasta mil toneladas, tenían ciento cincuenta metros de eslora y contaban con camarotes de lujo. La piratería había desaparecido casi por completo bajo Augusto, quien, para debelarla, había instituido dos grandes *home fleets* permanentes en el Mediterráneo. De modo que, entonces, las naves viajaban incluso de noche, pero casi siempre costeando por miedo a las tempestades. No existían horarios, pues todo dependía de los vientos. Normalmente, se andaba a cinco o seis nudos por hora, empleándose casi diez días de Ostia a Alejandría. Pero tampoco el pasaje costaba mucho: en un carguero, el trayecto hasta Atenas no rebasaba de cincuenta liras. Las tripulaciones eran duchas y semejantes a las de hoy: gente despreocupada y pendenciera, con marcadas inclinaciones a la taberna y el burdel. Los comandantes eran especialistas que poco a poco transformaron el oficio de la navegación en una verdadera ciencia. Hipalo descubrió la periodicidad de los monzones, y los viajes desde Egipto a la India, que antes requerían seis meses, empezaron ahora a hacerse en uno. Aparecieron las primeras cartas y se instalaron los primeros faros.

Todo ello sucedió rápidamente porque los romanos llevaban dentro, además de la pasión por las armas y las leyes, la de la ingeniería. No alcanzaron jamás en los estudios matemáticos las alturas especulativas de los griegos, pero las aplicaron mucho más prácticamente. La desecación del Fucino fue una auténtica obra maestra y las carreteras que construyeron continúan siendo aún hoy modélicas. Fueron los egipcios quienes descubrieron los principios de la hidráulica, pero los romanos los concretaron en acueductos y colectores de proporciones colosales. A ellos se debe el continuo chorrear de fuentes en la Roma de hoy. Y Frontino, que organizó el sistema de ellas, incluso lo describió en un manual de alto valor científico. Precisamente compara estas obras de utilidad pública con la total inutilidad de las Pirámides y de muchas construcciones griegas. Y en sus palabras resplandece el genio romano, práctico, positivo, al servicio de la sociedad y no a remolque de los caprichos estéticos individuales.

Es difícil decir hasta qué punto el desarrollo de Roma y de su Imperio fue debido a la iniciativa privada y hasta qué punto, al Estado. Éste era propietario del subsuelo, de un amplio patrimonio y, probablemente, también de algunas industrias de guerra. Garantizaba el precio del trigo con el sistema de la acumulación y emprendía directamente las grandes obras públicas para remediar el paro. Empleaba asimismo el Tesoro como Banco, prestando a los particulares, sobre sólidas garantías, dinero a alto interés. Pero no era muy rico. Sus ingresos, bajo Vespasiano, que los aumentó y administró con rigor, no rebasaban los cien mil millones de liras, sacadas sobre todo de los impuestos.

En líneas generales, puede decirse que era un Estado más liberal que socialista, el cual dejaba incluso a la iniciativa de sus generales el derecho de acuñar moneda en las «provincias» que gobernaban. El complejo sistema monetario que derivóse de ello fue un buen bocado para los banqueros que basaron en él todas sus diabluras: libretas de ahorro, letras de cambio, cheques, pagarés. Fundaron institutos a propósito, con sucursales y corresponsales en todo el mundo, complejo sistema que hizo inevitables los *booms* y las crisis, como sucede también hoy en día.

La depresión de Wall Street en 1929 tuvo su precedente en Roma cuando Augusto, vuelto de Egipto con el inmenso tesoro de este país en el bolsillo, lo puso en circulación para reanimar el languideciente comercio. Esta política inflacionista lo estimuló, pero también estimuló los precios que subieron a las estrellas hasta que Tiberio interrumpió bruscamente esa espiral reabsorbiendo la moneda circulante. El que se había endeudado contando con la continuación de la inflación se encontró falto de líquido y corrió a retirarlo de las cajas de ahorros. La de Balbo y de Olio tuvo que hacer frente en un solo día a trescientos millones de obligaciones y cerró las ventanillas. Las industrias y comercios interesados no pudieron pagar a sus proveedores y cerraron también. Cundió el pánico. Todos corrieron a retirar sus depósitos de los Bancos. Hasta el de Máximo y Vibón, que era el más fuerte, no pudo satisfacer todas las demandas y pidió auxilio al de Pettio. La noticia se difundió en un abrir y cerrar de ojos, y fueron entonces los clientes de Pettio quienes se precipitaron a su Banco con sus libretas, impidiéndole el salvamento de sus dos colegas. La interdependencia de las varias economías provinciales y nacionales en el seno del vasto Imperio, quedó demostrada por el simultáneo asalto a los Bancos de Lyon, Alejandría, Cartago y Bizancio. Era claro que una oleada de desconfianza en Roma repercutía inmediatamente en la periferia. También entonces hubo quiebras en cadena y suicidios. Muchas pequeñas propiedades, cargadas de deudas, no pudieron aguardar la nueva cosecha para pagarlas y tuvieron que ser vendidas, en provecho de los latifundios que estaban en condiciones de resistir. Volvieron a florecer los usureros, que con la difusión de los Bancos habían mermado. Los precios se derrumbaron espantosamente. Y Tiberio tuvo al fin que rendirse a la idea de que la deflación no es más sana que la inflación. Con muchos suspiros, distribuyó cien mil millones a los Bancos para que volviesen a ponerlos en circulación, con orden de prestarlos por tres años, sin intereses.

El hecho de que bastó esta medida para revigorizar la economía, descongelar el crédito y devolver la confianza, nos demuestra la importancia de los Bancos, es decir, cuán sustancialmente capitalista era el régimen romano.

XL. SUS DIVERSIONES

Cuando Augusto asumió el poder, el calendario romano contenía setenta y seis días festivos, aproximadamente como hoy; cuando su último sucesor lo dejó, había ciento setenta y cinco, o sea que era festivo un día sí y otro no. Se celebraban con *ludes* escénicos y con *juegos* atléticos.

Los *ludes* escénicos ya no eran el clásico drama, pomposo y solemne, que se extinguió, tras una breve duración, mucho más rápidamente de lo que había nacido. Hay algo en el aire, no sólo de Roma, sino de toda Italia, que provocaba alergia teatral. Se continuó escribiendo dramas también en el primer siglo del Imperio, pero como ejercicios poéticos que encontraban algún auditor en los salones donde los leía el autor, no espectadores en los teatros y actores para representarlos. Un público tosco, compuesto en buena parte de extranjeros que sólo conocían un latín elemental, prefería la pantomima donde la trama se entiende no por la palabra, sino por el gesto y la danza. Se formó entonces la tradición del «caricato», ordinario y vulgar, que entorna los ojos, hace visajes, gesticula y en quien se inspiran aún hoy nuestros actores. Roma tuvo sus Totó y Macario en Esopo y Roscio, las *vedettes* de aquel tiempo, que cometían extravagancias para crearse publicidad, hacían delirar a los patios de butacas con sus *sketches* zafios y llenos de doble sentido, llegaron a ser los niños mimados de los salones aristocráticos, tomaban de amantes a las damas más notables, ganaban un montón de millones y dejaban en herencia miles de millones. En sus compañías había también mujeres, las *girls* de la época, que por estar equiparadas oficialmente por su profesión a las prostitutas, ya no tenían nada que perder en cuestión de pudor y contribuían sin recato a la obscenidad de los espectáculos.

El ansia de aplausos inducía con frecuencia a esos actores a interpretar escenas llenas de alusiones políticas ante las narices de la censura, como siempre ocurre en los regímenes de tiranía, cuando nadie se atreve a decir nada, pero todos se embelesan ante quien lo hace. La noche del entierro de Vespasiano, un actor parodió el cadáver de éste que se erguía dentro del féretro y preguntaba a los sepultureros: «¿Cuánto cuesta este transporte?» «Diez millones de sestercios.» «Bueno, dadme cien mil —respondió el cadáver— y tiradme al Tíber.» Lo que era, hay que reconocerlo, una salida a tono con el carácter del difunto. Al impío no le pasó nada porque el sucesor era Tito. Pero poco antes, Calígula había hecho quemar vivo al autor de una alusión mucho más timorata.

Mientras el teatro degeneraba de tal modo en espectáculo de variedades, el auge del Circo iba cada vez más en aumento. Carteles murales, como los que hoy anuncian las películas, anunciaban los espectáculos atléticos. Constituían el tema del día, se discutían apasionadamente en el hogar, en la escuela, en el Foro, en las Termas, en el Senado y hasta el diario *Acta diurna* publicaba anuncios y reseñas. El día de la competición, multitudes de ciento cincuenta a doscientas mil personas se encaminaban hacia el Circo Máximo, como hoy al estadio, luciendo pañuelos con los colores del equipo favorito. Los hombres hacían una pausa en los burdeles que se alineaban a los lados de las entradas. Los dignatarios ocupaban palcos con asiento de mármol ornados de bronce. Los demás se acomodaban en bancos de madera, tras haber ido a escarbar en los excrementos de los caballos para asegurarse de que habían sido alimentados debidamente, haberse empeñado hasta la camisa en las apuestas y procurándose un bocadillo y una almohadilla, pues el espectáculo duraba todo el día. El emperador tenía, desde luego, para sí mismo y su familia, un apartamento con dormitorios para descabezar su sueñecito entre competición y competición, el consabido baño para las abluciones y otras comodidades.

Como hoy, caballos y jinetes pertenecían a cuadras particulares, cada una con su propia casaca, de las que eran más famosas las rojas y las verdes. Las carreras a galope alternaban con las al trote, con dos, tres o cuatro caballos. Esclavos casi todos ellos, los aurigas portaban yelmos metálicos, con una mano sujetaban las riendas, con la otra la fusta, y en el tahalí llevaban un cuchillo con el que cortar los atalajes en caso de caída. Lo que sucedía con frecuencia, porque la carrera era espantosa, como lo es hoy la del Palio en Siena. Había que recorrer siete circuitos, o sea otros tantos kilómetros, en torno a la pista elíptica, evitando las *metae* y tomando los virajes lo más cerrados posible. Los carruajes entraban fácilmente en colisión y bípedos y cuadrúpedos rodaban por el suelo con limonera y ruedas para ser aplastados por los que iban llegando detrás. Todo esto en medio de los aullidos de los espectadores que espantaban a los caballos.

Pero los números más esperados eran las luchas gladiatorias: entre animales, entre animal y hombre, entre hombres. El día en que Tito inauguró el Coliseo, Roma se quedó boquiabierta de admiración.

La arena podía ser bajada e inundada formando un lago, o bien emerger de nuevo con otra decoración, como un pedazo de desierto o de selva. Una galería de mármol estaba reservada a los altos dignatarios y en el centro se elevaba el *suggestum*, el palco imperial, con todos sus accesorios, donde el emperador y emperatriz se sentaban en tronos de marfil. Cualquiera podía acercarse al soberano para impetrar una pensión, un traslado, el indulto para un condenado. En todos los rincones había fuentes que lanzaban al aire chorros de agua perfumada, y en las salas de descanso se preparaban mesas para un piscolabis entre número y número. Todo era gratuito: entrada, asiento, almohadilla, asado, vino.

El primer número consistió en la presentación de animales exóticos que los romanos no habían visto nunca todavía. Entre elefantes, tigres, leones, leopardos, panteras, osos, lobos, cocodrilos, hipopótamos, jirafas, linces, etc., desfilaron diez mil, muchos de ellos adornados caricaturescamente y parodiando personajes de la Historia o la leyenda. Después, la arena fue echada hacia abajo y resurgió adaptada a la lucha: leones contra tigres, tigres contra osos, leopardos contra lobos. Total, que al final del espectáculo sólo la mitad de aquellas pobres diez mil bestias estaba viva. La otra mitad había desaparecido en sus panzas. Luego, la arena volvió a bajarse y resurgió en *plaza de toros*. La *corrida*[1], ya practicada por los etruscos, había sido importada después a Roma por César, que las había visto en Creta. Tenía una debilidad por esa clase de fiestas y fue el primero en ofrecer a sus conciudadanos un combate entre leones. El toreo gustó enormemente a los romanos que enseguida se apasionaron por él y a partir de entonces lo reclamaron siempre. Los toreros no conocían el oficio y por lo tanto estaban destinados a morir. Eran, en efecto, escogidos entre esclavos y condenados, como asimismo todo el resto de gladiadores. Muchos de ellos ni siquiera combatían. Tenían que representar a algún personaje de la Mitología y sufrir de verdad el trágico fin de aquél. Para reavivar la propaganda patriótica, uno era presentado como Mucio Escévola y obligado a quemarse la mano sobre los carbones ardientes; otro, como Hércules, era quemado vivo en la pira, y

---

1. En español en el original.

otro, como Orfeo, despedazado mientras tocaba la lira. Pretendían ser, en suma, espectáculos «edificantes» para la juventud y como tales no eran prohibidos en absoluto a los menores de dieciséis años, al revés que ahora.

Seguían los combates entre gladiadores, todos condenados a penas capitales por homicidio, robo, sacrilegio o motín, que eran los motivos por los cuales se aplicaba la pena de muerte. Mas cuando había escasez de aquéllos, complacientes tribunales condenaban también a muerte por otros delitos mucho menos graves: Roma y sus emperadores no podían prescindir de aquella carne humana de matadero. Sin embargo, había también voluntarios y no todos de baja extracción, que se inscribían en escuelas especiales para después combatir en el Circo. Eran tal vez las escuelas más serias y rigurosas de Roma. Se ingresaba en ellas casi como en un seminario, tras haber jurado estar dispuesto a hacerse «azotar, quemar y apuñalar». En los combates, los gladiadores tenían una probabilidad contra dos de convertirse en héroes populares, a quienes los poetas dedicaban sus poemas, los escultores, sus estatuas, los ediles, sus calles y las damas, sus gracias. Antes del encuentro se les ofrecía un banquete pantagruélico. Y, si no vencían, tenían la obligación de morir con sonriente indiferencia. Se llamaban con varios nombres según las armas que empleasen, y en cada espectáculo se celebraban centenares de esos duelos que hasta podían terminar sin muerte, si el vencido, por haberse conducido valientemente, era indultado por la multitud con el ademán del pulgar alzado. En el espectáculo ofrecido por Augusto que duró ocho días, tomaron parte diez mil gladiadores. Guardias vestidos de Caronte y de Mercurio punzaban a los caídos con bieldos afilados para comprobar si estaban muertos, los simuladores eran decapitados y esclavos negros apilaban los cadáveres y traían arena limpia para los combates siguientes.

Este modo de divertirse con la sangre y la tortura

no levantaba objeciones ni entre los moralistas más severos. Juvenal, que lo criticaba todo, era un «hincha» del Circo y lo encontraba del todo legítimo. Tácito tuvo algunas dudas, pero luego reflexionó que lo que se derramaba en la arena era «sangre vil» y con este adjetivo lo justificó. Hasta Plinio, el más civil y moderno hombre de bien de entonces, encontró que aquellas matanzas tenían un valor educativo porque acostumbraban a los espectadores al estoico desprecio de la vida (ajena). No hablemos de Estacio y de Marcial, los dos poetas ensalzadores de Domiciano, que se pasaban la vida en el Circo donde alcanzaron sus inspiraciones poéticas. Estacio era un napolitano que había adquirido cierta fama con un mal poema, *Las Tebaidas*, representado en los teatros; fue invitado a comer por el emperador y, para enterar de ello a toda Nápoles, escribió acerca de esto un libro en que representaba a Domiciano como un dios, y dedicándole sus *Silvae*, que son las únicas poesías legibles de ese autor. Murió a los cincuenta años, cuando ya su estrella estaba oscurecida por Marcial, que buscaba la inspiración sobre todo en el Circo y en el burdel.

Marcial era un español de Bílbilis que se trasladó a Roma a los veinticuatro años y gozó en ella la protección de sus compatriotas Séneca y Lucano. Pues entonces los españoles se ayudaban, como hacen hoy los sicilianos. No fue un gran poeta. Pero se anticipó a Longanesi con el «latido», que dejaba huella como un mordisco. «Mis páginas huelen a hombres», decía, y es verdad. Sus personajes son de bajo rango porque los escogía en los ambientes mal reputados de prostitutas y gladiadores; pero precisamente por esto son vívidos dentro de su vulgaridad y abyección. Él mismo era un tipo más bien innoble. Aduló a Domiciano, calumnió a sus bienhechores, vivió en los bajos fondos gastándose el dinero en vino y jugando a los dados y en las apuestas hípicas. Pero sin saber lo que significaba la retórica, sus *Epigramas* han quedado como el más perfecto monumento del género, y el testimonio que nos ha dejado de Roma es acaso el más auténtico. Acabó volviéndose a Bílbilis, que entonces era un pueblecito, donde vivió, para cambiar, a costillas de un amigo que le regaló una villa y donde de Roma sólo añoró una cosa: el Circo, por no tener ya edad para añorar también la otra: los burdeles.

Tan sólo Séneca nos ha dejado una condenación de los juegos gladiatorios que dice no haber frecuentado nunca. Fue a visitar el Coliseo una sola vez y quedó aterrado. «El hombre, la cosa más sagrada para el hombre, aquí es matado por deporte y diversión», escribió al volver a su casa.

Pero el hecho es que ese deporte y diversión estaba ya a tono con el nivel moral de una Roma no cristiana todavía, pero tampoco pagana ya. El emperador que la dirigía era también el Sumo Sacerdote, o sea el Papa, de una religión de Estado que no encontraba nada que objetar a semejantes ignominias por la sencilla razón de que ya ella misma no creía en nada. Celebraba las fiestas con una liturgia cada vez más complicada, elevaba templos cada vez más fastuosos y creaba nuevos ídolos, como Annona y Fortuna. Pero para sustentarlos sólo había capiteles de mármol. La fe, no. Ésta era monopolio de aquellos pocos centenares o millares de cristianos, sobre todo hebreos, que, en vez de ir al Circo a solazarse con la muerte de los hombres, se reunían en sus pequeñas *ecclesiae* a rezar por sus almas.

XLI. NERVA Y TRAJANO

Los asesinos de Domiciano no habían dado tiempo a su víctima de nombrar un heredero. Y el Senado, que no reconoció jamás oficialmente el derecho de los emperadores a designarlo, pero que siempre había aceptado en la práctica su elección, aprovechó la ocasión para hacerlo a su gusto en la persona de uno de sus miembros.

Marco Cocceyo Nerva era un jurista que se deleitaba a ratos perdidos con la poesía, pero que no era ni litigioso como los abogados ni vanidoso como los poetas. Era un hombretón alto y grueso, que no había matado jamás una mosca, no había mostrado ambiciones y que, al final de su reinado, pudo decir con plena razón que no había hecho nada que le impidiese volver a la vida privada sin correr ningún peligro.

Tal vez su elección fue debida no tanto a sus virtudes como a la circunstancia de que ya contaba setenta años y tenía el estómago delicado, lo que permitía prever un reinado de breve duración. En efecto, sólo duró dos años, pero a Nerva le bastaron para subsanar los errores de su predecesor. Llamó a los proscritos, distribuyó muchas tierras a los pobres, liberó a los hebreos de los tributos que Vespasiano les había impuesto y volvió a poner orden en las finanzas. Eso no impidió a los pretorianos, descontentos de aquel nuevo amo que se oponía a sus prerrogativas, sitiarle en su palacio, degollar algunos de sus consejeros y exigir la entrega de los asesinos de Domiciano. Nerva, con tal de salvar a sus colaboradores, ofreció a cambio su propia cabeza. Y, dado que se la respetaron, presentó la dimisión al Senado, que se la rechazó. Nerva no había jamás tomado ninguna decisión sin consultar al Senado o en oposición a éste. También esa vez se avino. Sentía que se aproximaba su fin y el poco tiempo que le quedaba de vida lo empleó en buscarse un sucesor grato al Senado y adoptarle como hijo (suyos no tenía), para evitar que los pretorianos se sintieran tentados a coronar a alguien de su elección. El haber escogido a Trajano fue acaso el mejor servicio que Nerva rindió al Estado.

Trajano era un general que a la sazón mandaba un ejército en Germania. Cuando supo que le habían proclamado emperador, no se impresionó mucho. Mandó a decir al Senado que agradecía la confianza y que iría a asumir el poder en cuanto tuviese un minuto de tiempo. Pero durante dos años no lo encontró, porque tenía que resolver ciertos asuntos pendientes con los teutones. Había nacido unos cuarenta años antes en España, pero de una familia romana de funcionarios, y funcionario había seguido siendo él mismo, es decir, mitad soldado mitad administrador. Era alto y robusto, de costumbres espartanas y de un valor a toda prueba, pero sin exhibicionismo. Su esposa Plotina se proclamaba la más feliz de las mujeres porque él sólo la engañaba, de vez en cuando, con algún mozalbete; con otras mujeres, nunca. Pasaba por hombre culto porque solía tener a su lado, en su carro de general, a Dión Crisóstomo, un célebre retórico de la época, que le hablaba continuamente de Filosofía. Pero un día confesó que jamás había comprendido una sola de las muchas palabras que Dión pronunciaba; es más, que ni siquiera le escuchaba; se dejaba mecer por su sonido argentino pensando en otra cosa: en los gastos, en el plan de una batalla, en el proyecto de un puente.

Cuando por fin dispuso del famoso minuto para ceñir la corona, Plinio *el Joven* quedó encargado de dedicarle un *panegírico* en el que se le recordaba cortésmente que debía su elección a los senadores y que, por lo tanto, debía dirigirse a ellos para cualquier decisión. Trajano subrayó el párrafo con un gesto aprobatorio de la cabeza, al que nadie prestó mucha fe. Pero se equivocaron, pues aquella regla Trajano la observó rígidamente. El poder no se le subió nunca a la cabeza y ni siquiera la amenaza de conjuras bastó para transformarle en un déspota suspicaz y sanguinario. Cuando descubrió la de Licinio Sura, fue a comer a casa de éste y no sólo tomó todo lo que le sirvieron en los platos, sino que después ofreció la cara al barbero del conjurado para que se la afeitase.

Era un formidable trabajador y pretendía que lo fuesen también todos los que le rodeaban. Mandó a muchos senadores perezosos a hacer inspecciones y a poner orden en las provincias, y por las cartas que cruzó con ellos, alguna de las cuales se ha conservado, pueden deducirse su competencia y su diligencia. Sus ideas políticas eran las de un conservador ilustrado que creía más en la buena administración que en las grandes reformas y que, aun excluyendo la violencia, sabía recurrir a la fuerza. Por eso no vaciló en declarar la guerra a la Dacia (que corresponde hoy a Rumania), cuando su rey, Decébalo, se interfirió en las conquistas hechas en Germania. Fue una campaña conducida por un brillante general. Derrotado, Decébalo se rindió, pero Trajano le respetó vida y trono, limitándose a imponerle un vasallaje. Tanta clemencia, desconocida en los anales de la historia romana, estuvo mal recompensada, pues a los dos años, Decébalo volvió a rebelarse. Trajano organizó la guerra contra él, derrotó otra vez al perjuro, se apoderó de las minas de oro transilvanas y con este botín financió cuatro meses de juegos ininterrumpidos en el Circo, con diez mil gladiadores, para celebrar su victoria y un programa de obras públicas destinadas a hacer de su reinado uno de los más memorables en la historia del urbanismo, de la ingeniería y de la arquitectura.

Un gigantesco acueducto, un puerto nuevo en Ostia, cuatro grandes carreteras y el anfiteatro de Verona fueron algunas de sus obras más insignes. Pero la más conocida fue el Foro Trajano, debido al genio de Apolodoro, un griego de Damasco, que ya había construido, en pocos días, un maravilloso puente sobre el Danubio, que permitió a Trajano coger de revés a Decébalo. Para levantar la columna que todavía se yergue frente a la basílica Ulpia, fueron traídos de Paros dieciocho cubos de un mármol especial, de cincuenta toneladas cada uno; un milagro, para aquellos tiempos. En ella se grabaron, en bajorrelieve, dos mil figuras, según un estilo vagamente neorrealista, o sea con mucha propensión a la crudeza de las escenas representadas. Columna excesivamente recargada para ser bella, pero interesante desde el punto de vista documental, que fue sin duda lo que agradó a Trajano.

Después de seis años de paz, empleados en esta obra de reconstrucción, Trajano sintió la nostalgia del campamento y aun cuando frisaba ya en la sesentena, se metió en la cabeza completar la obra de César y de Antonio en Oriente, llevando los confines del Imperio hasta el océano Índico. Lo consiguió tras una marcha triunfal a través de Mesopotamia, Persia, Siria y Armenia, reduciéndolas todas a «provincias» romanas. Mandó construir una flota para atravesar el mar Rojo. Pero lamentó ser demasiado viejo para embarcarse y emprender la conquista de la India y el Extremo Oriente. Éstos eran países en los que bastaba dejar guarniciones para imponer en ellos un orden duradero. Cuando Trajano se encontraba aún en el camino de retorno, estallaron rebeliones un poco por todas partes. El fatigado guerrero quería volver atrás para sofocarlas. La hidropesía le retuvo. Mandó en su lugar a Lucio Quieto y a Marcio Turba y reanudó su viaje hacia Roma esperando llegar a tiempo a morir allí. Una parálisis le fulminó el año 117 después de

Jesucristo, sexagésimo cuarto de su vida. Y a Roma sólo volvieron sus cenizas que fueron enterradas bajo su columna.

Nerva y Trajano fueron, ciertamente, dos grandes emperadores. Pero entre los muchos méritos efectivos que nos los recomiendan a nuestro recuerdo, tuvieron también una suerte: la de granjearse la gratitud de un historiador como Tácito y de un cronista como Plinio, cuyos testimonios habían de ser decisivos para el tribunal de la posteridad.

Tácito, que ha contado la vida de tanta gente, se ha olvidado de decirnos algo de la suya propia. No sabemos con precisión dónde nació y ni siquiera estamos seguros de que fuese hijo de aquel Cornelio Tácito que administraba las finanzas de Bélgica. Su familia debía de pertenecer a aquella burguesía adinerada que después entró a formar parte de la aristocracia. Pero más que de la propia, él estaba orgulloso de la estirpe de su mujer, hija de Agrícola, procónsul y gobernador de Britania, que Domiciano había cometido el error de destruir. A este Agrícola le conocemos a través de la biografía que nos ha dejado su yerno, que había de quedar como insuperable maestro en biografías. Pero como en Tácito se compendian todas las cualidades del gran escritor menos la objetividad, no sabemos si aquel retrato es del todo verídico. Sabemos tan sólo que debía ser sincera la administración que lo inspiró.

Tácito era un gran abogado. Plinio le consideraba más grande que el mismo Cicerón. Pero nosotros tememos que haya compuesto sus historias un poco con los mismos criterios con los cuales defendía a sus clientes: o sea, más para hacer triunfar una tesis que para consignar la verdad. Comenzó con un libro dedicado al período entre Galba y Domiciano, del que él mismo había sido espectador. Y su vigorosa requisitoria contra la tiranía tuvo tal éxito en los círculos aristocráticos que habían sido las mayores víctimas, que le indujo a remontarse hasta los tiempos de los reinados de Nerón, Claudio, Calígula y Tiberio. Honestamente reconoce haberse tenido que doblegar, en tiempos de Domiciano, a los caprichos satrapescos de este soberano y a avalar, como senador, sus abusos. No resulta difícil deducir de ello que el amor por la libertad debió de nacerle precisamente entonces. Escribió catorce libros de *Historias*, de los cuales cuatro han llegado hasta nosotros, y dieciséis de *Anales*, de los que sobreviven doce, además de varios trabajos como el *Agrícola* y un libelo sobre los germanos en el que con extraordinaria habilidad polémica se exaltan las virtudes de este pueblo para denunciar, entre líneas, los vicios del romano.

Tácito debe ser leído con discernimiento. No hay que pedirle análisis sociológicos ni económicos. Hay que contentarse con grandes reportajes, perfectos como técnica narrativa, con *thrill* y *suspense*, como se dice en la jerga cinematográfica, y animados por personajes probablemente falsos, pero extraordinariamente caracterizados, que se graban en la memoria gracias a un estilo vigoroso que ningún escritor ha vuelto a tener después de él. Sus fuentes son dudosas y acaso no se molestó nunca en buscarlas. Escribe lo que oye decir, recogiendo lo que le acomoda aun siendo falso y tira lo que no le parece bien, aunque sea verdad, con el único objeto de difundir sus tesis favoritas: que el mayor bien es la libertad, y que la libertad queda garantizada solamente por las oligarquías aristocráticas; que el carácter tiene más valor que la inteligencia y que las reformas no son sino pasos hacia lo peor. En conjunto, fue una gran lástima que Tácito se jactase de ser un historiador. De haber tenido ambiciones de novelista, habría sido mejor para él y para nosotros.

Menos genial y brillante, pero más detallista y digno de consideración, es el retrato que de la sociedad de aquel tiempo nos ha dejado Plinio *el Joven*, un gran señor que tuvo todas las fortunas, incluidas las de un tío rico que le dejó nombre y patrimonio, de una esmerada educación, con una esposa virtuosa (que en aquellos tiempos debía de ser una rareza) y dotado de un buen carácter que le hacía ver el lado bello de todo y de todos. Estaba, en suma, en la tradición de Ático: la de los *gentlemen*. Había nacido en Como y, naturalmente, debutó como abogado. Tácito le propuso compartir consigo el peso y el honor de la acusación contra Mario Prisco, funcionario acusado de malversaciones y de crueldad. Plinio aceptó. Mas en vez de pronunciar un discurso contra el inculpado, hizo un elogio exclamatorio, que duró dos horas, de su colega, quien, cuando llegó su turno, se lo devolvió (y Prisco, en el banquillo, debía, entretanto, frotarse las manos al sentirse completamente olvidado).

Le encomendaron varias misiones. Las cumplió todas con diligencia y honradez. Pero brilló particularmente en las diplomáticas, para las que le eligió Trajano, gran conocedor de los hombres. Su cualidad fundamental era, efectivamente, el «tacto». Basta leer la carta que escribió a su viejo preceptor Quintiliano, el gran jurista, para excusarse de no poder darle más de cincuenta mil sestercios (algo así como tres millones de liras) para la dote de su hija: parece que pida un favor en vez de ofrecer una limosna. Cuando le enviaban para alguna embajada o inspección, rechazaba honorarios, transportes y dietas, se llenaba las maletas de regalos para las esposas de los gobernadores, de los generales y de los prefectos y se llevaba consigo, pagándolo de su bolsillo, a alguien con quien hablar de literatura: Suetonio, en general, porque sentía debilidad por él. Como que debido a su manía de escribir a todo el mundo, mantenía los «contactos» (que siempre ha sido una gran astucia en todos los tiempos), las invitaciones, doquiera llegase, le llovían sobre la cabeza. Respondía siempre por escrito: *Acepto tu invitación a comer, amigo, mas a condición de que me despidas pronto y me trates frugalmente. Que en torno a la mesa se trencen conversaciones filosóficas, pero que también de éstas gocemos con moderación.*

Con moderación: he aquí su ética, su estética y su dietética. Plinio lo hizo todo con moderación: hasta el amor. Y con moderación habló de todo en sus cartas descriptivas al emperador, a los colegas, a los parientes, a los clientes. Estas cartas son lo mejor que nos queda de él y constituyen el testimonio tal vez más valioso de aquella sociedad y de sus costumbres.

XLII. ADRIANO

Nos cuesta, lo confesamos, admitir que un episodio tan fausto como el advenimiento al trono del más grande emperador de la Antigüedad, se debiera a una coincidencia fútil y más bien sucia como el adulterio. Y, sin embargo, Dión Casio da por cierto que fue elegido Adriano para ocupar el puesto de Trajano, muerto sin designar herederos, por un título solo: el de amante de la mujer de éste, Plotina.

A los «se dice» hay que darles crédito hasta cierto punto, especialmente en cuestión de cuernos. Pero no cabe duda de que al menos una mano se la echó Plotina a Adriano para coronarle. Eran tía y sobrino, pero no consanguíneos, y, por otra parte, el parentesco, en Roma, no había jamás impedido ningún amor. Trajano y Adriano eran paisanos, pues habían nacido en la misma ciudad de España, Itálica. Y el segundo, que se llamaba Adriano porque su familia procedía de Adria y que era veinticuatro años más joven que su primo, amigo de la familia y tutor, fue a Roma llamado por éste, que lo estudiaba todo con fervor: Matemáticas, Música, Medicina, Filosofía, Literatura, Escultura, Geometría, y aprendía pronto. Trajano le dio por esposa a su sobrina Julia Sabina. Fue un matrimonio respetable y frío, del que no nacieron ni amor ni hijos. Sabina, esculturalmente hermosa pero carente de *sex-appeal*, se lamentaba en voz baja de que su marido tuviese más tiempo para sus caballos y sus perros que para ella. Adriano se la llevaba consigo en sus viajes, la colmaba de atenciones, despidió a su propio secretario, Suetonio, porque un día habló de ella con poco respeto, pero de noche dormía solo.

Tenía cuarenta años apenas cuando subió al trono y su primera medida fue acabar rápidamente con las pendencias militares dejadas por Trajano. Había sido siempre contrario a las empresas bélicas de su tutor, por lo que al ocupar su puesto se apresuró a retirar los ejércitos de Persia y de Armenia, con gran disgusto de sus comandantes, que creían que una estrategia puramente defensiva conduciría a la muerte del Imperio o al final de la carrera, de las medallas y de las «dietas» para ellos. No se ha sabido jamás con exactitud cómo fue que cuatro de aquellos comandantes, los más valerosos y de más autoridad, fuesen eliminados poco después sin proceso. A la sazón, Adriano se hallaba en el Danubio en busca de una solución definitiva con los dacios que descartara ulteriores conflictos. Volvió precipitadamente a Roma. El Senado asumió todas las responsabilidades de las eliminaciones, diciendo que los generales se habían mancillado conspirando contra el Estado. Mas nadie creyó en la inocencia de Adriano, que se la compró distribuyendo a los ciudadanos mil millones de sestercios, liberándoles de sus deudas al fisco y divirtiéndoles durante semanas enteras con magníficos espectáculos en el Circo.

Esos comienzos hicieron temer a muchos romanos un retorno neroniano. Y los recelos parecían justificados por el hecho de que Adriano, como Nerón, cantaba, pintaba y componía versos. Pero después se vio que en estas sus ambiciones artísticas no había nada patológico. Adriano se entregaba a ellas sólo a ratos perdidos, para descansar de sus trabajos de escrupuloso y habilísimo administrador. Era un hombre guapo, alto, elegante, de pelo rizado y barba rubia que todos los romanos quisieron imitar, ignorando tal vez que él se la había dejado crecer sólo para ocultar unas desagradables manchas azuladas que tenía en las mejillas. Mas no era fácil entender su carácter complejo y contradictorio. Habitualmente se mostraba amable y de buen humor, pero a veces se comportó con una dureza rayana en la crueldad. En privado se mostraba escéptico, mofándose de los dioses y oráculos. Pero cuando ejercía sus funciones de Pontífice Máximo, ¡ay de quien daba señales de irreverencia! Personalmente no se sabe en qué creía.

Tal vez en los astros, pues de vez en cuando hacía horóscopos y estaba lleno de supersticiones sobre los eclipses y las mareas. Pero como consideraba a la religión como un puntal de la sociedad, no permitía ofensas públicas a aquélla, y personalmente trazó el proyecto del Templo de Venus en Roma, tras haber hecho matar a Apolodoro que había contestado a su invitación con una negativa despreciativa.

Intelectualmente, propendía al estoicismo y era admirador de Epicteto, a quien había estudiado con atención. Pero en la práctica no se esforzó en aplicar sus preceptos. Tomó el placer dondequiera lo encontró según un gusto refinado, pero sin avergonzarse ni sentir remordimientos. Se enamoraba indistintamente de guapos chicos y de guapas muchachas, pero ni unos ni otras le hicieron perder la cabeza. Le gustaba comer bien, pero detestaba los banquetes; y a las orgías prefería cenitas con algunas personas selectas que, más que beber, supiesen conversar. Incluso instituyó una universidad para procurárselas, llamando para enseñarlas a los más sabios profesores de la época, especialmente griegos. Éstos y sus discípulos eran sus huéspedes habituales. En las discusiones era buen jugador: aceptaba el debate y la crítica. Es más, en una ocasión reprochó a Favorino, un intelectual galo, que le diese la razón demasiado a menudo. «Pero un hombre que basa sus argumentos sobre treinta divisiones en armas tiene siempre razón», respondió ingeniosamente el joven filósofo. El emperador volvió a contar la historia en el Senado, divirtiéndole y divirtiéndose.

Su rasgo más extraordinario fue no considerarse «necesario»; por el contrario, hacía todo lo posible para no serlo y no ser confundido con el consabido «hombre providencial», como creen y aspiran a ser considerados todos los monarcas absolutos. Se esforzó constantemente en poner en marcha una organización burocrática a la que bastase la supervisión del Senado para cumplir su cometido. Tenía la vocación del orden y trató de instaurarlo simplificando las leyes que se habían acumulado en un caos inextricable. En esta obra, que confió a Juliano, fue precursor de Justiniano.

A esa racional división del trabajo, que permitía al aparato estatal cierta mecánica de funcionamiento, tendía también Adriano por razones egoístas: porque tenía la pasión de los viajes y quería emprenderlos sin la preocupación de que todo, durante su ausencia, se fuese al traste. En efecto, los realizó larguísimos, que duraron hasta cinco años, para conocer de cerca el Imperio desde todos los ángulos. ¿Escrúpulos del deber? ¿Curiosidad? Un poco de cada cosa. Cuatro años después de la coronación partió para una cuidadosa inspección de la Galia. Viajaba como un particular cualquiera, con un séquito compuesto casi exclusivamente de técnicos. Gobernadores y generales le veían presentarse ante ellos de improviso, y tenían que someterse a sus indagaciones acerca de la administración. Adriano ordenaba construir un nuevo puente o una nueva carretera, concedía un ascenso o decretaba una destitución, y si se terciaba, tomaba el mando de una legión, él, el hombre de la paz, para delimitar con una batalla alguna frontera imprecisa. Al frente de la Infantería, recorría a pie hasta cuarenta kilómetros diarios y no se perdió jamás una escaramuza.

De la Galia pasó a Germania, donde reorganizó las guarniciones, estudió a fondo las costumbres de los indígenas, cuya fuerza virgen admiró con preocupación, descendió el Rin en una embarcación, zarpó hacia Britania y ordenó la construcción de aquella especie de Línea Maginot que fue la famosa *Empalizada*. Después volvió a la Galia y pasó a España. En Tarragona fue agredido por un esclavo. Como era fuerte, le desarmó y lo entregó a los médicos que le declararon loco. Adriano aceptó este alibí y le indultó. Bajó hasta África a la cabeza de un par de legiones, sofocó una revuelta de moros y continuó hacia Asia Menor.

En Roma estaban un poco inquietos por las manías peripatéticas de aquel emperador que nunca volvía. Y comenzaron los chismorreos malignos cuando se supo que había embarcado en una nave que remontaba el Nilo con un nuevo huésped llamado Antinoo, de ojos aterciopelados y pelo rizado.

Parecía un destino, desde César en adelante: en cuanto arribaban a Egipto, los jerarcas romanos tropezaban con alguna desgracia sentimental. De qué naturaleza era, para Adriano, la encarnada en Antinoo, no se sabe. Sabina, que acompañaba al emperador, no protestó, al parecer, de la presencia del muchacho. Sea como fuere, no se ha esclarecido nunca por qué murió, ahogado en el río, según parece. Para Adriano fue un golpe terrible. *Lloró* —dice Sparciano— *como una mujerzuela*, hizo erigir un templo en honor del pobre difunto, y en torno al templo hizo construir una ciudad, Antinópolis, que adquirió importancia en la época de Bizancio. Según una leyenda, tal vez posterior a los acontecimientos, Antinoo se mató porque había sabido por los oráculos que los planes de su protector solamente se realizarían si él moría. Ciertamente, desapareciendo, aquel muchacho le hizo un favor: el de dejar la sucesión al trono abierta a un monarca de las aptitudes de Antonino. De haber vivido, tal vez Roma le habría tenido que aguantar de emperador.

El hombre que volvió a Roma después de aquella desdicha no era ya el brillante, alegre y jovial soberano que había partido de ella. Adriano se había vuelto un poco misántropo y, así como antes abandonaba la mesa de trabajo con alivio, feliz de poderse tomar un poco de descanso y sabiendo muy bien cómo utilizarlo, ahora parecía tener miedo de aquellas horas vacías y las llenaba escribiendo. Una gramática, algunas poesías y una autobiografía fueron el fruto de su soledad. Pero lo que más ocupado le tenía eran los planes de reconstrucción. Adriano tenía la enfermedad de la piedra, acompañada de fantasía y de gusto. Rehízo el Panteón, que edificó Agripa y el fuego destruyó, según el estilo griego, que él prefería al romano. Y no cabe duda que se trata del monumento mejor conservado de la Antigüedad. Cuando el Papa Urbano VII desmanteló el techo del pórtico, sacó bronces para construir más de cien cañones y el baldaquín que todavía figura en el altar mayor de San Pedro.

Otra obra maestra de su arquitectura fue la villa a cuyo alrededor nació Tívoli. Había de todo: templos, hipódromo, bibliotecas y museos, donde durante dos mil años han ido a saquear ejércitos de todo el mundo y siempre se ha encontrado algo. Pero apenas se hubo instalado en ella, una dolencia comenzó a consumirle. Su cuerpo se hinchaba y tenía abundantes hemorragias nasales. Sintiéndose próximo al fin, Adriano llamó y adoptó como hijo, para prepararlo a la sucesión, a su amigo Lucio Vero, que falleció poco después.

La elección de Adriano recayó entonces en Antonino, a quien, reteniendo para sí el título de *Augusto*, confirió el de *César*, que a partir de entonces fue adoptado por todos los presuntos herederos al trono.

Sus sufrimientos eran tan intensos que ya no aspiraba más que a la tumba. Se la hizo construir al otro lado del Tíber con un puente ex profeso, el puente Elio, para llegar a ella: que es ese gran mausoleo que hoy se llama Castel Sant-Angelo. Un día, cuando el edificio ya estaba terminado, el filósofo estoico Eufrates fue a pedirle el permiso de suicidarse. El emperador se lo dio, discutió con él la inutilidad de la vida y cuando Eufrates hubo bebido la cicuta, pidióla también para seguir su ejemplo, pero nadie quiso dársela. Se lo ordenó a su médico y éste, para no desobedecerle, se mató. Rogó a un criado que le proporcionase una espada o un puñal, mas el criado huyó.

«He aquí un hombre —exclamó desesperado— que tiene poder para hacer morir a quienquiera, salvo a sí mismo.»

Finalmente, a los sesenta y dos años, después de veintiuno de reinado, cerró los ojos. Pocos días antes había compuesto un pequeño poema sobre el recuerdo del tiempo ido, que constituye tal vez la más exquisita obra maestra de la lírica latina: *Animula vagula, blandula, hospes comesque corporis...*

Con él murió no tan sólo un gran emperador, sino también uno de los hombres más complejos, inquietantes y cautivadores de la Historia de todos los tiempos y acaso el más moderno entre los del mundo antiguo. Como Nerva, se despidió de Roma haciéndole el más insigne de los favores: el de designar el sucesor más calificado para que no le echaran de menos.

XLIII. MARCO AURELIO

El título de *Pío* fue dado a Antonino *a posteriori* por el Senado, que le llamó asimismo *Optimus princeps*, el mejor de los príncipes. Su sucesor Marco Aurelio le definió como «un monstruo de virtud» y, cuando no sabía qué resolución tomar, se recomendaba a sí mismo: «Haz lo que en este caso hubiera hecho Antonino.» Precepto, a decir verdad, más fácil de enunciar que de seguir porque el problema estriba precisamente en saber lo que Antonino habría hecho.

No era ya muy joven cuando en 138 después de Jesucristo subió al trono, pues había rebasado ya la cincuentena. Sin embargo, si se le hubiese preguntado a uno de los muchos romanos que saludaban gozosamente su advenimiento por qué razones estaban todos tan contentos, se le habría puesto en un apuro. Antonino, hasta aquel momento, no había hecho nada glorioso. Era un buen abogado, pero, por tener más bien ojeriza a la retórica, ejercía poco, y este poco, gratuitamente, porque era riquísimo. Era la suya una familia de banqueros venida de Francia un par de generaciones antes, y Antonino recibió una educación de gran burgués. Había estudiado Filosofía, mas sin ahondar mucho en ella y prefiriendo siempre, como sostén, la Religión. No era beato, pero sí respetuoso: tal vez fue uno de los últimos romanos que creyó sinceramente en los dioses, o por lo menos, el que se comportó como si creyese en ellos. Versado en Literatura, protegió a muchos escritores, pero tratándoles un poco desde arriba y guardando las distancias con indulgencia, como si se tratase de elementos decorativos de la Sociedad que no había que tomarse muy en serio. Sin embargo, todos le querían y le tenían simpatía por su cara bondadosa y serena, plantada sobre dos anchas espaldas, por su gentileza, por su sincera preocupación en los asuntos ajenos y por la discreción con que supo ocultar las propias sin molestar a nadie. Aquel hombre sin enemigos tuvo uno en casa: su mujer. Faustina era bella, pero, por no decirlo de otro modo, vivaracha. Aun rebajando la tara de lo que se decía de ella, quedaba todavía de qué sacar de quicio a cualquier marido. Antonino quiso ignorarlo todo. Tuvo dos hijas de ella: una murió y la otra salió a su madre y a estilo de ésta trató a su marido Marco Aurelio. Antonino sobrellevó sus decepciones en silencio. Cuando murió Faustina, instituyó un templo en su honor y un fondo para la educación de muchachas pobres, después de haberla reprendido una sola vez en la vida: cuando ella, sabiéndose emperatriz, había insinuado algunas pretensiones de lujo. «¿No te das cuenta —le dijo— que ahora hemos perdido lo que teníamos?»

No era retórica, porque el primer gesto de Antonino emperador fue ingresar su inmensa fortuna en la caja del Estado. A su muerte, su patrimonio personal estaba reducido a cero y el del Imperio se elevaba a dos mil setecientos millones de sestercios, cifra jamás alcanzada. Llegó a este resultado gracias a una administración juiciosa, pero sin tacañerías. Revisó y restituyó el programa reconstructivo de Adriano, pero no lo revocó. Y por cada gasto, hasta por los más insignificantes, pedía autorización al Senado, a quien rendía cuentas al céntimo. Siempre con su consentimiento, llevó adelante la reordenación y la liberación de las leyes iniciadas por su predecesor. Por primera vez, los derechos y los deberes de los cónyuges fueron equiparados, la tortura casi enteramente abolida y la muerte de un esclavo declarada delito.

Al revés del inquieto y curioso Adriano, el gran vagabundo, tenía un temperamento sedentario, de burócrata puntual. Y, efectivamente, no parece que se haya alejado ni por un día más allá de Lanuvio, donde tenía una villa e iba a pasar el *week-end* pescando o cazando en compañía de amigos. Desde que enviudó, tomó una concubina, que le fue más fiel de lo que le había sido su esposa. Pero la mantenía apartada, sin mezclarla en los asuntos de Estado. Quiso la paz. Acaso la quiso un poco demasiado, es decir, hasta a costa del prestigio del Imperio, por ejemplo en Germania, donde se mostró excesivamente dúctil, con lo que alentó la osadía de los rebeldes. Pero no existe escritor extranjero de la época que no haya ensalzado la tranquilidad y el orden que el Mundo gozó bajo él. Según Apiano, Antonino se veía materialmente asediado por embajadores de todos los países que pedían ser anexionados al Imperio. Como todos los reinados felices, el suyo, si bien duró veintitrés años, discurrió sin historia, es decir, sin acontecimientos. *El ideal* —dice Renan— *parecía conseguido: el Mundo estaba gobernado por un padre.*

A los setenta y cuatro años, quizá por primera vez en su vida, Antonino cayó enfermo. Y como no estaba acostumbrado a ello, aunque sólo se trataba de dolor de barriga, comprendió que era el fin. Ya tenía el *César* de recambio: se lo había indicado, al morir, el propio Adriano, en la persona de un joven de diecisiete años, Marco Aurelio, que, además, era sobrino de Antonino. Le mandó llamar y le dijo sencillamente: «Ahora, hijo, te toca a ti.» Luego, ordenó a los criados que llevasen al aposento de Marco la estatua de oro de la diosa Fortuna, dio al oficial de guardia el santo y seña para aquel día: «Ecuanimidad», dijo que le dejasen solo porque quería dormir y se volvió del otro lado de la cama. Y se durmió de verdad. Para siempre.

Marco tenía en aquel momento, 161 después de

Jesucristo, exactamente cuarenta años. Y era uno de esos raros hombres que habiendo nacido de pie lo reconocen lealmente. *Tengo una gran deuda* —dejó escrito— *con los dioses. Me han dado buenos abuelos, buenos padres, una buena hermana, buenos maestros y buenos amigos*. Entre estos últimos estuvo también Adriano, que frecuentaba su casa y que le había tomado gran simpatía desde pequeño. La razón de esta amistad era su común origen español. También los Aurelios procedían de allí, donde se habían ganado el sobrenombres de «Verdaderos» por su honradez. Fue el abuelo, entonces cónsul, quien se ocupó del niño, que quedó huérfano a los pocos meses, y la confianza que depositó en el nietecito lo demuestra el número de preceptores que le dio: cuatro para la Gramática, seis para la Filosofía y uno para las Matemáticas. O sea once en total. Cómo se las compuso aquel chico para aprender algo sin volverse loco, sólo Dios lo sabe. Prefirió, entre sus pedagogos, a Cornelio Frontón, el retórico, pero despreció su disciplina. El curialismo y la oratoria era lo que menos le agradaba en sus conciudadanos. En cambio, se apasionó por la Filosofía y no sólo quiso estudiarla a fondo sino practicarla también. A los doce años hizo quitar la cama de su habitación, durmió sobre el desnudo suelo y se sometió a tal dieta y abstinencia que su salud acabó por resentirse. Pero no se quejó. Antes bien, agradeció a los dioses también esto: haberle mantenido casto hasta los dieciocho años y capaz de reprimir los impulsos sexuales.

Tal vez se hubiese convertido en sacerdote del estoicismo y de los más puritanos, como era entonces, si Antonino no le hubiese hecho *César* cuando aún era adolescente y no se le hubiese asociado al Gobierno, después de haberle adoptado junto con Lucio Vero, hijo de aquel que Adriano había nombrado sucesor suyo y que murió prematuramente. Pero Lucio era de carácter muy distinto: hombre de mundo, mujeriego y vividor, que no se tomó a mal en absoluto que Antonino le excluyese más tarde para designar como *César* a Marco solo. Éste, recordando los anhelos de Adriano, llamó, sin embargo, a Lucio para compartir el poder y le dio por esposa a su hija Lucila. Desgraciadamente, la lealtad, en política, no es siempre buena consejera.

Cuando Marco fue coronado, todos los filósofos del Imperio exultaron, viendo en el triunfo de éste el suyo propio y la realización de la Utopía. Pero se equivocaron. Marco no fue un gran hombre de Estado: no entendía nada de economía, por ejemplo, erraba los presupuestos y, de vez en cuando, había que vigilarle las cuentas. Pero del aprendizaje hecho con Antonino, el ilustrado conservador realista y algo escéptico, había sacado su lección sobre los hombres. Sabía que las leyes no bastaban para mejorarles, por lo que llevó adelante la reforma de los códigos emprendida por sus dos predecesores, pero flemáticamente y sin creer demasiado en sus beneficios. Como buen moralista, creía más en el ejemplo, y procuró darlo con el ascetismo de su existencia, que sus súbditos admiraron, pero no sintieron la tentación de imitar.

Los acontecimientos no le fueron favorables. Apenas hubo ascendido al trono, los britanos, los germanos y los persas, alentados por la pasividad de Antonino, empezaron a amenazar los confines del Imperio. Marco mandó un ejército a Oriente, con Lucio, quien en Antioquía se encontró con Pantea y allí se detuvo. Era la Cleopatra del lugar, y Lucio era un Marco Antonio sin el valor y el genio militar de éste. Cuando vio aquella mujeraza, perdió completamente la cabeza. Dicen que ella ayudó con filtros a que perdiese la memoria. Pero si era verdaderamente tan hermosa como nos la han descrito, no debió tener necesidad de filtro alguno.

Marco no protestó de la actitud de Lucio que seguía haciendo de Ganimedes con Pantea, mientras los persas saqueaban a placer en Siria. Se limitó a mandar discretamente un plan de operaciones al jefe del Estado Mayor de su socio, Avidio Cario, con orden de cumplirlo a rajatabla. Era, dicen, un plan que revelaba gran talento militar. Lucio se quedó retozando en Antioquía mientras su ejército derrotaba brillantemente a los persas, y no volvió a tomar el mando más que para hacerse coronar de laurel el día del Triunfo que Marco le hizo decretar. Desgraciadamente, con los despojos del enemigo vencido trajo a sus conciudadanos un feo regalo: los microbios de la peste. Fue un terrible azote que mató solamente en Roma a más de doscientas mil personas. Galeno, el más célebre médico de la época, cuenta que los cuerpos de los enfermos eran violentamente sacudidos por una tos rabiosa, se llenaban de pústulas y que su aliento hedía. Toda Italia se contaminó, ciudades y aldeas quedaron deshabitadas, la gente se apiñaba en los santuarios para invocar la protección de los dioses, ya nadie trabajaba, y detrás de la epidemia asomaba la carestía.

Marco no era ya un emperador, era un enfermo que no abandonaba ni una hora siquiera las crujías de los hospitales, pero la ciencia, en aquellos tiempos, no ofrecía remedios. A estas calamidades públicas se añadieron, para él, otras privadas. Faustina, la hija que Antonino le había dado por esposa, semejaba en todo y por todo a su madre homónima: en belleza, en alegría y en infidelidad. Sus adulterios no son probados, pero toda Roma hablaba de ellos. Tal vez tenían atenuantes: aquel marido ascético y melancólico, absorto en su sacerdocio de «primer servidor del Estado», no estaba hecho para una mujercita con pimienta en el cuerpo y llena de vida como ella. Gran hombre de bien como su predecesor y suegro, Marco no hizo sino colmarla de atenciones y de ternura, no pronunció ninguna palabra de censura ni de queja y hasta en sus *Pensamientos* dio gracias a los dioses por haberle concedido una esposa tan devota y afectuosa. De los cuatro hijos nacidos del matrimonio, una murió, otra se convirtió en la infeliz esposa de Lucio, que sólo se portó bien el día que se decidió a dejarla viuda, y en cuanto a los dos mellizos, de quienes toda

Roma decía que el verdadero padre era un gladiador, uno murió al nacer y el otro, que se llamaba Cómodo, tenía a la sazón siete años, era una maravilla de belleza atlética y hacía desesperar ya a sus institutores por repugnarle el estudio y sentir una pasión desenfrenada por el Circo y la lucha con las fieras. Cuando se dice: la sangre... Pero Marco le quería ardientemente.

Diezmada por la pestilencia y la carestía, Roma se había convertido en una ciudad sombría y desconfiada. Envejecido ya antes de la cincuentena en medio de tantas tribulaciones, el hombre de bien Marco, roído por el insomnio y por la úlcera de estómago, apenas había subsanado una desdicha que ya otra comenzaba. Ahora eran las tribus germánicas que irrumpían hacia Hungría y Rumania. Cuando Marco se puso personalmente al frente de las legiones, muchos sonrieron: aquel hombrecillo delicado y macilento, obligado a una dieta vegetariana, no inspiraba confianza como conductor de hombres. Y, en cambio, pocas veces los legionarios habían luchado con tanto ímpetu como lo hicieron bajo su mando directo. Durante seis años, aquel hombre de paz hizo la guerra derrotando uno tras otro a los más agresivos enemigos: los cuados, los longobardos, los marcomanos, los sármatas. Pero cuando, tras un día de lucha, se encontraba solo consigo mismo, bajo una tienda de simple soldado, abría el cuaderno de los *Pensamientos* y escribía: *Una araña, cuando ha capturado a una mosca, cree haber hecho quién sabe qué. Y lo mismo cree quien ha capturado a un sármata. Ni uno ni otro se dan cuenta de que son tan sólo dos pequeños ladrones.* Pero al día siguiente comenzaba de nuevo a combatir contra los sármatas.

Estaba coronando en Bohemia una brillante serie de victorias, cuando Avidio Casio, general en Egipto, se rebeló proclamándose emperador. Era el ex jefe de Estado Mayor de Lucio, que con el plan de Marco había batido a los persas. Marco concluyó una rápida y generosa paz con sus adversarios, reunió a sus soldados, les dijo que, si Roma quería, gustosamente se retiraría para dejar su puesto al competidor y se volvió hacia atrás. Pero el Senado rehusó por unanimidad y, mientras Marco marchaba al encuentro de Casio, éste fue asesinado por uno de sus propios oficiales. Marco lamentó no haber podido perdonarle, se detuvo en Atenas para un cambio de impresiones con los maestros de las varias escuelas filosóficas locales y, de vuelta a Roma, aceptó a regañadientes el Triunfo que le tributaron y asoció a él a Cómodo, que ya era célebre por sus gestas de gladiador, por su crueldad y por su vocabulario soez.

Acaso para distraer a aquel chico de sus malsanas pasiones, reanudó en seguida la guerra contra los germanos, llevándoselo consigo. Y cuando estuvo a punto de alcanzar una victoria definitiva, cayó de nuevo enfermo en Viena, es decir, más enfermo que de costumbre. Durante cinco días rechazó la comida y la bebida. El sexto, se levantó, presentó a Cómodo como nuevo emperador a las tropas formadas, le recomendó llevar los confines de Roma hasta el Elba, volvió al lecho, se cubrió el rostro con la sábana y aguardó a la muerte.

Los *Pensamientos* que compuso en griego, bajo la tienda, han llegado hasta nosotros. No constituyen ningún gran documento literario, pero contienen el más alto código moral que nos ha dejado el mundo clásico. Precisamente en el momento que la conciencia de Roma se extinguía, ésta halló en aquel emperador su más luminoso destello.

XLIV. LOS SEVEROS

Al presentarle a los soldados como sucesor suyo, Marco llamó a Cómodo el «sol naciente». Y tal vez sus ojos de padre (si es que lo era) le veían así. Pero también gustó aquel muchacho pendenciero, de pocos escrúpulos, de apetito vigoroso y de charla soez, a los legionarios. Le creían más militarista que su padre.

Grandes fueron, por tanto, su estupor y mal humor cuando el jovenzuelo, en vez de exterminar al enemigo ya acorralado en una «bolsa», le ofreció la más desconsiderada y presurosa de las paces. Por dos veces se producía un milagro para que aquellos turbulentos germanos pudieran salvarse: un milagro del que más adelante Roma habría de pagar las consecuencias.

Cómodo no era un cobarde, pero la única guerra que le gustaba era contender con los gladiadores y las fieras del Circo. Al levantarse, no desayunaba hasta después de haber degollado a su tigre cotidiano. Y dado que en Germania no había tigres, tenía prisa en volver a Roma, donde los gobernadores de Oriente estaban encargados de mandarlos a manadas. Por eso, burlándose del Imperio y de sus destinos, concertó aquella ruinosa paz que dejaba sin resolver todos los problemas. El Senado renunció a su derecho de elección que desde Nerva en adelante había dado tan buenos frutos y aceptó el restablecimiento, que aquel emperador encarnaba, del principio hereditario.

Como para Nerón y Calígula, aun echando un poco de agua al vino sobre lo que sus contemporáneos escribieron acerca de Cómodo, hay de donde echar mano para clasificar a este emperador entre las desdichas públicas. Jugador y bebedor, con un serrallo, dicen, de centenares de muchachas y de jovenzuelos para su placeres, parece que tan sólo tuvo un afecto: por una tal Marcia, quien, por ser cristiana, no se comprende cómo conciliaba su fe austera con aquel amante disoluto, pero que, sin embargo, fue útil a sus correligionarios salvándoles de una probable persecución.

Lo peor comenzó cuando algunos delatores denunciaron a Cómodo una conjura encabezada por su tía Lucila, la hermana de su padre. Sin preocuparse de buscar pruebas, la mató y fue el comienzo de un nuevo terror que se dio en contrata a Cleandro, el jefe de los pretorianos. Por primera vez después de Domiciano, Roma se puso a temblar por los abusos de aquellos guardias. Un día, la población, más por miedo que por valentía, le sitió en Palacio y pidió la cabeza de Cleandro. Cómodo se la entregó sin titubear, sustituyendo a la víctima por Leto, hombre avisado, que enseguida se dio cuenta de que, una vez ascendido a aquel cargo, o se hacía matar por el pueblo para complacer al emperador, o bien se hacía matar por el emperador para complacer al pueblo. Para eludir este dilema, había sólo un camino: matarle a él, al emperador. Y lo escogió con la complicidad de Marcia, de quien también en esta ocasión discernimos mal su cristiandad, la cual administró a Cómodo un brebaje envenenado. Le remataron estrangulándole en el baño, pues el jovenzuelo, que tenía apenas treinta años, era duro de pelar.

Era el 31 de diciembre de 192 después de Jesucristo. Comenzaba la gran anarquía.

Los senadores, eufóricos por la muerte de Cómodo, actuaron como si ellos hubiesen sido los autores, eligiendo por sucesor a un colega suyo, Pertinax, que no quería saber nada de ello, y con razón. Para poner en orden las finanzas, tuvo que hacer economías y para hacer economías tuvo que despedir a muchos aprovechados, entre ellos los pretorianos. Tras dos meses de gobierno en ese sentido, le encontraron muerto, asesinado por sus guardias, los cuales anunciaron que el trono estaba en subasta: subiría quien les ofreciera una mayor gratificación.

Un banquero multimillonario llamado Didio Juliano estaba comiendo tranquilamente en su palacio, cuando su mujer y su hija, que tenían mucha ambición, le echaron encima la toga ordenándole que se apresurase a concurrir. Con desgana, pero temiendo más a las mujeres de casa que a las incógnitas del poder, Didio ofreció a los pretorianos tres millones por barba (¡debía de tenerlos, claro!), y salió triunfante.

El Senado había caído muy bajo, pero no hasta el punto de avenirse a semejante venta. Expidió secretamente desesperados requerimientos de ayuda a los generales destacados en provincias, y uno de ellos, Septimio Severo, vino, vio, prometió el doble de lo que diera Juliano, y venció. El banquero lloraba, encerrado en un cuarto de baño, donde le decapitaron. Su mujer se quedó viuda, pero se consoló con el título de ex emperatriz.

Por primera vez, con Septimio subía al trono un africano de origen hebreo. Roma no lo había elegido; al contrario, el Senado se declaró partidario de otro general, Albino. Pero no le sentó mal Septimio cuando hubo ganado la partida, tras haber eliminado a sus oponentes y transformado definitivamente el Principado en una monarquía hereditaria de cuño militar. Era triste que se hubiese llegado a ese punto. Mas, una vez alcanzado, y no ciertamente por culpa de Septimio, éste no podía proceder de otra manera. Se requería una mano de hierro para poner un dique a la catástrofe, y Septimio la tuvo. Era un hombre cincuentón, robusto, excelente estratega, conversador ingenioso, pero comandante de una pieza. Procedía de una familia acomodada, había estudiado Filosofía en Atenas y Derecho en Roma, pero hablaba latín con marcado acento fenicio. No tenía ciertamente las cualidades morales de un Antonio o de un Marco Aurelio, ni la complejidad de un Adriano. Antes bien era un cínico, pero recto y honrado, con un claro sentido de la realidad. Su única rareza era la astrología, a la que debía un matrimonio que no trajo suerte a Roma. Se encontraba en Siria cuando murió su primera esposa, que era una mujer buena y sencilla. El viudo, que en seguida interrogó a los astros, supo que uno de éstos, probablemente un meteorito, había caído en las cercanías de Emesa. Acudió allí, y sobre aquel fragmento de cielo halló erigido un templo, donde se veneraba la reliquia, atendida por un sacerdote y su hija, Julia Donna, quien, más que nada, era un encanto de chica. Al verla, fue fácil para Septimio convencerse de que aquella era la esposa que los astros le ordenaban. Y hasta aquí, nada de malo. Convertida en emperatriz, Julia le hizo varias malas pasadas a su marido, que tenía demasiado quehacer para darse cuenta. Y también ésta fue una desventurada, sí, mas de carácter privado. Julia era una mujer inteligente y culta, que reunió un salón literario y aportó a él las maneras y las modas de Oriente. Desgraciadamente, sin embargo, trajo al mundo a Caracalla y a Geta.

Septimio gobernó diecisiete años, casi siempre guerreando, y dirigiéndose al Senado sólo para darle órdenes. Introdujo una importante y peligrosa novedad: el servicio militar obligatorio para todos, a excepción de los italianos, a los cuales, por el contrario, les estaba vedado. Era el reconocimiento de la decadencia guerrera de nuestro país y de que ya no tenía remedio. A partir de entonces estuvo a merced de las legiones extranjeras. Con ellas, Septimio emprendió una serie de guerras afortunadas, no sólo para reforzar las fronteras, sino también para mantener adiestradas a las guarniciones. Y estaba llevando a cabo una enésima, cuando la muerte le sorprendió en Britania, en 211 después de Jesucristo. Aquel que había criticado a Marco Aurelio por haber designado sucesor a Cómodo, designó a Caracalla y a Geta. ¿Porque era padre también, o porque no conocía a sus hijos, de los que siempre estuvo alejado? Tal vez porque no le importaba nada. A un lugarteniente suyo le dijo: «He sido todo lo que he querido. Y me doy cuenta de que no valía la pena.» Y a sus dos herederos les recomendó: «No escatiméis el dinero con los soldados y burlaos siempre de todo lo demás.»

Recomendación superflua: Caracalla y Geta se burlaban talmente de todo lo demás, que, incluyendo también a su padre, ordenaron a los médicos que apresurasen su muerte.

De los dos, el primero fue el Cómodo de turno y no tardó en demostrarlo. Fastidiado de tener que compartir el poder con su hermano, le hizo asesinar, condenó a muerte a veinte mil ciudadanos sospechosos de ser partidarios de aquél y, recordando las instrucciones de su padre, aplacó el mal humor de los soldados llenándoles los bolsillos de sestercios. No era un chico incapaz; era, sencillamente, un amoral. Cada mañana, al levantarse, quería un oso vivo con el que medirse para conservar los músculos en forma, se sentaba a la mesa con un tigre por comensal y se acostaba con un león durmiendo entre sus garras. No recibía a los senadores que se agolpaban en su antesala, pero era cordial con los soldados, a los que colmaba de favores. Extendió la ciudadanía a todos los varones del Imperio, pero sólo para aumentar el importe de los impuestos de sucesión, al que solamente los ciudadanos estaban obligados.

De política, se ocupaba poco. Prefería dejarla a su madre que entendía de ello, pero que, naturalmente, la hacía a lo mujer, o sea basándose en simpatías y antipatías. Era ella quien despachaba la correspondencia y recibía en audiencia a ministros y embajadores. En Roma decían que se había procurado esta posición cediendo a los incestuosos apetitos de su hijo. Probablemente no era verdad. Caracalla era bastante serio por ese lado, y su verdadera pasión eran las guerras y los duelos. Un día alguien le habló de Alejandro Magno. Se entusiasmó y quiso imitarle. Reclutó una «falange» armada como las del héroe y dirigióse a Persia; pero en los combates se olvidaba de ser general porque se divertía más haciendo de soldado y provocando al enemigo en luchas singulares cuerpo a cuerpo. Hasta que un día, los legionarios, cansados de marchas y de aquel guerrear sin pies ni cabeza, sin programa y sobre todo sin botín, le apuñalaron.

Julia Donna, deportada en Antioquía tras haberlo perdido todo, marido, trono e hijos, se negó a comer hasta que murió. Pero dejó detrás a una hermana, Julia Mesa, que la igualaba en cerebro y ambición. Tenía dos nietos, hijos de dos hijas suyas: uno se llamaba Vario Avito y hacía con el seudónimo de *Heliogábalo*, que quiere decir dios-sol, de sacerdote en Emesa, de donde la familia de la emperatriz era oriunda; el otro se llamaba Alexiano y era aún más niño.

Mesa difundió la voz de que *Heliogábalo* era hijo natural de Caracalla, y los legionarios, que allí en Siria se habían convertido a la religión local y respetaban en aquel clérigo de catorce años al representante del Señor, le proclamaron emperador y, con la abuela y la madre, le condujeron triunfante a Roma.

Un día de primavera del 219 después de Jesucristo, la Urbe vio llegar al más extraño de los *Augustos:* un muchacho vestido de seda colorada, con los labios pintados de carmín, las pestañas teñidas con *henné*, un collar de perlas, brazaletes de esmeraldas en muñecas y tobillos, y una corona de brillantes en la cabeza. Pero le aclamó lo mismo. Ya no la escandalizaba ninguna mascarada.

Otra vez más el verdadero emperador fue una mujer: la abuela Mesa, hermana de la precedente. Para *Heliogábalo* el trono era un juguete y lo empleó como tal. En su infantil inocencia, aquel chiquillo era hasta simpático como un cachorrito. Su diversión favorita consistía en gastar bromas a todos, pero bromas inocentes: tómbolas y loterías con sorpresa, burlas, juegos de cartas. Pero también era un sibarita, quería lo mejor de todo, y gastaba montones de dinero en ello. No viajaba con menos de quinientos carros de séquito y por un frasquito de perfume estaba dispuesto a pagar millones. Cuando un adivino le dijo que moriría de muerte violenta, vació las cajas del Estado para proveerse de todos los instrumentos de suicidio más refinado: una espada de oro, un arsenal de cuerdas de seda, cajitas cuajadas de brillantes para la cicuta... De vez en cuando, al recordar su pasado sacerdotal, tenía crisis místicas. Un día se circuncidó; otro, intentó castrarse, y aun otro se hizo enviar de Emesa el famoso meteorito de su bisabuelo materno, hizo construir encima un templo y propuso a hebreos y cristianos reconocer sus religiones como oficiales, si unos aceptaban sustituir a Jehová y otros a Jesús por aquel pedrusco suyo.

Abuela Mesa comprendió que aquel nietecito ponía en peligro a la dinastía. Le convenció de que adoptase al primito Alexiano y le nombrase *César* con el imponente nombre de Marco Aurelio Alejandro Severo. Y con el desenfado característico de la familia, le hizo asesinar con su madre, que además era su hija.

Es curioso ver nacer, de un degüello tan horrendo, el reino de un santo, Alejandro Severo, que tenía catorce años y hacía honor a su nombre: había estudiado con diligencia, dormía sobre un duro camastro, comía sobriamente, tomaba duchas frías incluso en invierno, vestía como uno cualquiera, y de su predecesor sólo heredó una cosa: la imparcialidad hacia todas las religiones, con pronunciada simpatía por la regla moral de los hebreos y de los cristianos. Su precepto: «No hagas a los demás lo que no quieras que te sea hecho», fue esculpido por él en muchos edificios públicos. Discutía imparcialmente con los teólogos y hasta, presionado por su madre, Mamea, que había tomado el puesto de Mesa, fallecida ya, y que se inclinaba hacia el cristianismo, tuvo una debilidad por Orígenes, un asceta que aportaba a la nueva fe una vocación de estoico.

Mientras Alejandro se ocupaba ante todo del cielo, Mamea gobernaba bien la Tierra, asistida por los consejos de Ulpiano que había sido tutor de Alejandro. Condujo una hábil política económica, redujo la influencia de los militares y devolvió al Senado parte de sus poderes. Sólo cometió injusticias con su nuera porque, después de haberla dado por esposa a su hijo, se puso celosa de ella y la hizo expulsar. También las emperatrices son mujeres y madres. Pero cuando los persas empezaron de nuevo a amenazar, partió con su hijo al frente del Ejército para rechazarlos. Antes de presentar batalla, Alejandro envió una carta al rey enemigo en la que trataba de convencerle de no luchar. El otro lo tomó como un signo de debilidad, atacó y fue batido. El emperador, que no amaba la guerra, intentó evitar, al menos, batirse con los germanos. Y habiendo encontrado en la Galia a sus emisarios, les ofreció un tributo anual si aceptaban retirarse.

Fue tal vez su único error, y lo pagó caro. Los legionarios ya no estaban ansiosos por batallar, pero todavía no estaban dispuestos a comprarse las paces. Indignados, se rebelaron, mataron a Alejandro, bajo la tienda, con su madre y todo el séquito y aclamaron al general del ejército de Panonia, Julio Maximino.

Corría el año 235 después de Jesucristo.

XLV. DIOCLECIANO

La anarquía que siguió a la muerte de Alejandro Severo duró cincuenta años, o sea hasta el advenimiento de Diocleciano, y ya no formaba parte de la historia de Roma, sino de la descomposición de su cadáver. Resulta incluso difícil seguir la sucesión del trono, y no cabe la esperanza de que el lector, por mucha voluntad que ponga, pueda recordar los nombres de todos los que se fueron turnando, cada uno degollando regularmente a su predecesor. Limitémonos a un «memorial».

Maximino debía haberse llamado Maximión porque medía más de dos metros, con un tórax a proporción y dedos tan gruesos que usaba por anillos los brazaletes de su mujer. Era hijo de un campesino de Tracia, tenía el complejo de inferioridad de su propia ignorancia y en sus tres años de reinado no quiso poner el pie en Roma que, en efecto jamás le vio. Prefirió quedarse entre los soldados con los que había crecido, y para financiar las guerras, que constituían su única diversión y en las que alcanzaba bonísimos logros, impuso tales tributos a los ricos que éstos atizaron contra él la rivalidad de Gordiano, procónsul en África, señor culto y refinado, pero ya octogenario. Maximino le mató al hijo en combate y Gordiano se suicidó.

Los capitalistas se dirigieron entonces a Máximo y a Balbino, proclamándoles conjuntamente emperadores. Maximino estaba a punto de derrotarles a ambos, cuando fue asesinado por sus soldados. Sus adversarios no pudieron gozar de aquel triunfo gratuito porque sufrieron inmediatamente la misma suerte por obra de los pretorianos, que instalaron en el trono a su hombre, otro Gordiano. Los legionarios le mataron cuando les conducía contra los persas y aclamaron a Filipo *el Árabe*, que a su vez fue liquidado por Decio, en Verona.

Decio logró ser emperador dos años, que por aquellos tiempos era casi una hazaña, y emprendió algunas reformas serias, entre ellas el restablecimiento de la antigua religión, en perjuicio del cristianismo que él quería destruir. Pero fue derrotado por los godos. A Decio le sustituyó Galo, que también murió asesinado por sus soldados, que aclamaron a Emiliano, a quien eliminaron pocos meses después.

Subió al trono Valeriano, ya sesentón, que se encontró con cinco guerras simultáneas a cuestas: contra los godos, los alamanes, los francos, los escitas y los persas. Fue a combatir a los enemigos de Oriente, dejando a los de Occidente al cuidado de su hijo Galieno; pero cayó prisionero y Galieno se quedó como único emperador. Tenía menos de cuarenta años, valor, decisión e inteligencia. En otros tiempos hubiera sido un magnífico soberano. Pero no existía ya fuerza humana para detener la catástrofe. Los persas estaban en Siria, los escitas en Asia Menor y los godos en Dalmacia. La Roma de César, por no decir la de Escipión, hubiera podido hacer frente a esas catástrofes simultáneas. La de Galieno era una embarcación a la deriva, en espera sólo de algún milagro para salvarse.

Uno se produjo en Oriente, cuando Odenato, que gobernaba Palmira por cuenta de Roma, batió a los persas, se proclamó rey de Cilicia, Armenia y Capadocia, murió, y dejó el poder a Zenobia, la más grande reina del Este. Era una criatura que, al nacer, se equivocó de sexo. En realidad tenía el cerebro, el valor y la firmeza de un hombre. De mujer sólo tenía la sutileza diplomática. Oficialmente, actuó en nombre de Roma, y como representante suya se anexionó también a Egipto. En realidad, el suyo fue un reinado independiente que se formó en el corazón del Imperio, pero que al mismo tiempo actuó de dique contra los invasores sármatas y escitas que descendían en masa del Norte y habían invadido ya a Grecia. Galieno logró batirles con dificultad y sus soldados, en agradecimiento, le asesinaron. Su sucesor, Claudio II, se los volvió a encontrar delante, más fuertes que antes. También logró batirles dificultosamente en un encuentro que, si lo hubiese perdido, habría significado el fin de la misma Roma. De aquella carnicería se propagó la peste, y él mismo murió. Era el 270 después de Jesucristo.

Y he aquí, finalmente, que subió al trono un gran general, Domicio Aureliano, hijo de un pobre campesino de Iliria, llamado por sus soldados «mano sobre la espalda». No había sido más que militar, pero tenía también fuste de hombre de Estado. Comprendió enseguida que no podía combatir contra todos aquellos enemigos, por lo que pensó ganarse alguno con diplomacia y cedió Dacia a los godos, que eran los más peligrosos, para que estuvieran tranquilos. Después, atacó separadamente a vándalos y germanos, que invadían Italia, y les dispersó en tres batallas consecutivas. Pero se daba cuenta de que con aquellas victorias no se evitaba la catástrofe, sino que sólo se retrasaba, por lo que recurrió a una medida que era ya el sello de la muerte de Roma y el comienzo del Medievo: ordenó a todas las ciudades del Imperio que se amurallasen y que en adelante cada una confiase en sus propias fuerzas. El poder central abdicaba.

Sin embargo, esa visión pesimista de la realidad no impidió a Aureliano continuar cumpliendo con su deber hasta el final. No aceptó el separatismo de Zenobia, marchó contra ella, batió a su ejército, la capturó y en su misma capital, condenó a muerte al primer ministro y consejero, Longino, la llevó encadenada a Roma y la confinó en Tívoli, en una espléndida villa y en relativa libertad, a que esperara tranquilamente la vejez. Por un momento, Roma creyó haber vuelto a ser *caput mundi* y otorgó el título de *Restitutor*, restaurador, a Aureliano, que intentó cimentar fieramente su obra sobre bases políticas y morales. Aquel hombre singular, que lo veía todo con tan desencantada claridad, creyó resolver el conflicto religioso que corroía el Imperio creando una nueva fe que conciliase los viejos dioses paganos con el nuevo Dios cristiano, e inventó la del Sol, al que hizo elevar un espléndido templo. Con él, la religión fue por vez primera monoteísta, o sea que reconoció a un solo dios, si bien no fuese el verdadero. Ello significó un gran paso adelante hacia el definitivo triunfo del cristianismo. Por aquel dios único, y no ya del senado, es decir, de los hombres, Aureliano declaró haber sido investido del poder supremo. Y con ello sancionó el principio de la monarquía absoluta, la que se proclama tal precisamente «por la gracia de Dios» y que, de origen oriental, se difundió después en el mundo hasta hace un siglo.

En prueba, sin embargo, del escepticismo con que sus súbditos acogieron aquella invención, está el hecho de que, aunque «ungido del Señor», se cargaron a Aureliano como lo habían hecho con casi todos sus predecesores. Y para sucederle, sin aguardar ninguna indicación del Cielo, el Senado nombró a Tácito, un descendiente del ilustre historiador, el cual aceptó sólo porque ya tenía setenta y cinco años, y, por tanto, no tenía nada que perder. Efectivamente, sobrevivió sólo seis meses, y gracias a esto pudo morir en su lecho.

Le sucedió (276 después de Jesucristo) Probo, que era tal de nombre y de hechos. Desgraciadamente, era también un soñador. Y cuando, tras haber ganado sus buenas guerras contra los tudescos que seguían desbordándose un poco por todas partes, puso los soldados a abonar las tierras pensando fijarlos en ellas como labradores, ellos, acostumbrados ya a hacer de lansquenete de oficio y a vivir de rapiñas, le mataron, aunque se arrepintieron inmediatamente después y erigieron un monumento a su memoria.

Y hétenos aquí a Diocleciano, el último verdadero emperador romano. En realidad se llamaba Diocletes, era hijo de un liberto dálmata, y que sus miras eran ambiciosas se puso de manifiesto cuando intrigó para obtener el mando de los pretorianos: había comprendido finalmente que al trono no se llegaba a través de la carrera política y militar, sino a través de los pasillos de Palacio.

Pero también había comprendido que, una vez coronado, y para no tener el fin de todos los otros emperadores, no debía quedarse en Palacio; es más, no se debía siquiera permanecer en Roma. Y, efectivamente, su primera decisión como emperador fue la sensacional de transferir la capital a Asia Menor, en Nicomedia. Los romanos se ofendieron, pero Diocleciano justificó aquel paso con las exigencias militares. La Urbe quedaba a trasmano, el mando supremo tenía que acercarse a las fronteras para controlarlas mejor, y por esto fue dividido: Diocleciano, con su título de *Augusto* y la mayor parte del Ejército cuidó de los orientales, como ya hiciera Valeriano; para atender a los occidentales designó, también con el título de *Augusto* a Maximiano, un buen general, que se instaló en Milán. Cada uno de estos *Augustos* escogió a su propio *César*: Diocleciano, en la persona de Galerio, que situó su capital en Mitrovitza, en la actual Yugoslavia: Maximiano, en la persona de Constancio Cloro, llamado así por la palidez de su rostro, quien eligió por sede Tréveris, en Germania. Así se formó la llamada *Tetrarquía* en la que Roma no tuvo ningún papel, ni siquiera de segundo plano. Se había convertido tan sólo en la mayor ciudad de un Imperio que cada vez se volvía menos romano. Quedaron los teatros y los circos, los palacios de los señores, la chismografía, los salones intelectuales y las pretensiones. Pero el cerebro y el corazón habían emigrado a otra parte.

Los dos *Augustos* se comprometieron solemnemente a abdicar después de veinte años de poder, cada uno a favor de su *César*, a quien para empezar cada uno dio una hija propia. Pero al mismo tiempo, Diocleciano llevó a término la reforma absolutista del Estado iniciada ya por Aureliano, que contradecía plenamente aquella división de poderes. El suyo fue un experimento socialista con una relativa planificación de la economía, nacionalización de las industrias y multiplicación de la burocracia. La moneda quedó vinculada a una tasa de oro que permaneció invariable durante más de mil años. Los campesinos quedaron fijados en las tierras y constituyeron la «servidumbre de la gleba». Obreros y artesanos fueron «congelados» en corporaciones hereditarias, que nadie tenía derecho a abandonar. Se instituyeron las «aglomeraciones». Aquel sistema no podía funcionar sin un severo control de los precios, que fue instituido por un famoso edicto, en 301 después de Jesucristo, el cual representa todavía una de las obras maestras de la economía dirigida. Todo en él está previsto y reglamentado, salvo la natural tendencia de los hombres a las evasiones y su ingeniosidad para tener éxito en ellas. Para combatirlas, Diocleciano tuvo que multiplicar al infinito su *Tributaria*. «En nuestro Imperio —rezongaba el librecambista Lactancio—, de cada dos ciudadanos, uno suele ser funcionario.» Pululaban confidentes, superintendentes e inspectores. Sin embargo, las mercancías eran sustraídas igualmente de los «stocks» y vendidas de estraperlo, y las deserciones en las corporaciones de artes y oficios estaban a la orden del día. A causa de todos estos abusos llovieron detenciones y condenas, y fortunas de miles de millones fueron deshechas por las multas del fisco. Y entonces, por primera vez en la historia de la Urbe, viéronse ciudadanos romanos cruzar a escondidas los «límites» del Imperio, o sea «el telón de acero» de aquellos tiempos, para buscar refugio entre los «bárbaros». Hasta aquel momento habían sido los «bárbaros» quienes buscaron refugio en tierras del Imperio, cuya ciudadanía codiciaban como el más precioso de los bienes. Ahora, acontecía lo contrario. Era precisamente ése el síntoma del fin.

No obstante, aquel experimento era el único que Diocleciano podía intentar. Apuntaba al encierro del mundo romano dentro de un corsé de acero para frenar su descomposición. Aunque ineficaz, el remedio estaba impuesto por las circunstancias y, pese a sus muchos inconvenientes, de algo sirvió. Constancio y Galerio, dedicados a la guerra, llevaron de nuevo las banderas romanas a Britania y Persia. Y en el interior reinó el orden. Era un orden de cementerio, donde todo se esterilizaba y se secaba. Cada categoría se había convertido en casta hereditaria, ocupada en elaborar ante todo una propia y completa etiqueta de modelo oriental. Por primera vez, el emperador tuvo una auténtica *corte* con minucioso ceremonial. Diocleciano se proclamó reencarnador de Júpiter (en tanto que Maximiano se conformó, más modestamente, con serlo de Hércules), inauguró un uniforme de seda y oro, un poco como *Heliogábalo*, se hizo llamar *domino* y, en suma, se comportó en un todo como un emperador bizantino, aun antes de que la capital hubiese sido transferida definitivamente a aquellas regiones. Pero no abusó de ése su poder absoluto, del cual tal vez se reía para sus adentros, pues era hombre de ingenio, lleno de equilibrio y de buen sentido. Fue un administrador cauto y un juez imparcial. Y, al cumplirse el plazo de veinte años de reinado, mantuvo el compromiso adquirido al subir al trono.

En 305 después de Jesucristo, con solemnes ceremonias que se celebraron simultáneamente en Nicomedia y en Milán, los dos *Augustos* abdicaron a favor de su propio *César* y yerno. Diocleciano, de cincuenta y cinco años apenas, se retiró en el bellísimo palacio que se hiciera construir en Spalato y ya no volvió a salir de él. Cuando, unos años después, Maximiano solicitó la intervención para poner fin a la guerra de sucesión en que había desembocado la nueva Tetrarquía, respondió que semejante invitación sólo podía llegarle de quien jamás había visto con qué lozanía crecían las coles en su huerto. Y no se movió.

Alcanzó los sesenta y tres años, y nadie ha sabido jamás lo que pensaba de la anarquía que empezó de nuevo después de él. Había hecho todo lo que un hombre podía hacer: la demoró durante veinte años.

XLVI. CONSTANTINO

Flavio Valerio Constantino era hijo bastardo de Constancio Cloro, el *César* de Maximiano, y ahora nuevo *Augusto* de Milán, que lo había tenido de Elena, una doncella oriental convertida en concubina suya. Diocleciano, al nombrar *César*, en Tréveris, a Constancio, le impuso librarse de aquella compañera poco cualificada y contraer matrimonio con Teodora, la hija de Maximiano. El chico no tuvo una buena educación de la madrastra, pero se la hizo en el Ejército, al que se alistó muy joven. El otro *Augusto* Galerio, el de Nicomedia, llamó a su lado al brillante oficial: le apremiaba tenerle como rehén en caso de sinsabores con el padre, su colega de Milán, que, en realidad, había de quedar como subordinado suyo y a quien había impuesto, como *César*, a Severo. Para sí mismo tomó a Maximino Daza.

Pero Constantino no se sentía tranquilo en el cuartel general de Galerio y tal vez tenía motivos para ello. Por lo que un buen día escapó, cruzó toda Europa, se reunió con su padre en Bretaña, le ayudó notablemente a ganar algunas batallas y le cerró los ojos pocos meses después en York. Los soldados, que le apreciaban por sus cualidades de mando, le aclamaron *Augusto*. Mas Constantino prefirió el más modesto título de *César* «porque —dijo— éste me deja al mando de las legiones sin las cuales mi vida estaría en peligro». Y Galerio, *Augusto* en funciones, aun cuando a desgana, le ratificó.

Pero entretanto, el título de *Augusto*, en Milán, era disputado por dos aspirantes. En línea directa, hubiese debido corresponder a Severo, el *César* en cargo. Pero el hijo de Maximiano, Majencio, apoyado por los pretorianos, presentó su candidatura. Temiendo no conseguirlo solo, llamó en su ayuda a su padre, que volvió a tomar el cargo que había abdicado a la par que Diocleciano; y con él marchó contra Severo, que fue muerto por los soldados. Desde Nicomedia, Galerio trató de resolver el conflicto nombrando un *Augusto* de su agrado, Licinio. Entonces, hasta Constantino salió en campaña como *Augusto*. Para llevar el caos al colmo, Maximino Daza, el *César* de Galerio, hizo otro tanto. Y así Diocleciano, regando sus coles en Spalato, supo que su Tetrarquía se había convertido en un Exarcado, todo de *Augustos* en guerra uno con otro.

Honestamente, no nos atrevemos a aturullar más la cabeza del pobre lector, ya puesta a dura prueba, como la nuestra, con un enredo semejante, siguiendo su desarrollo. Y llegamos a la conclusión de que fue también el fin de la era pagana y el comienzo de la cristiana. El 27 de octubre de 312 después de Jesucristo, los dos mayores aspirantes al trono, Constantino y Majencio se enfrentaron con sus ejércitos, a unos veinte kilómetros al norte de Roma. El primero, con hábil maniobra, acorraló al otro en el Tíber. Después, Constantino miró al cielo y más tarde el historiador Eusebio contó que había visto aparecer en él una cruz llameante que llevaba inscritas estas palabras: *In hoc signo vinces*, «Con este signo vencerás».

Aquella noche, mientras dormía, una voz le retumbó en los oídos, exhortándole a marcar la Cruz de Cristo en los escudos de los legionarios. Al alba, dio orden de que así se hiciera, y en vez del estandarte hizo enarbolar un *lábaro* que ostentaba una cruz entrelazada con las iniciales de Jesús. En el ejército enemigo flameaba la bandera con el símbolo del Sol, impuesto por Aureliano como nuevo dios pagano. Era la primera vez, en la historia de Roma, que una guerra se combatía en nombre de la religión. La Cruz resultó vencedora. Y el Tíber, al arrastrar hacia su desembocadura los cadáveres de Majencio y de sus soldados, pareció que barriese los residuos del mundo antiguo.

No todo había terminado, pues quedaban aún Licinio y Maximino. Con el primero se encontró Constantino en Milán, el 313 después de Jesucristo y el resultado de aquella entrevista fue el reparto del Imperio entre los dos *Augustos* y la compilación del famoso edicto que proclamaba el respeto del Estado a todas las religiones y devolvía a los cristianos los bienes que les habían sido arrebatados en las últimas persecuciones. Maximino murió, Licinio casó con la hermana de Constantino, y, por un momento, pareció que los emperadores podían dar vida a una pacífica diarquía.

Pero el año siguiente volvieron a las andadas. Constantino derrotó en Panonia a un ejército de Licinio, que se vengó con los cristianos en Oriente, reanudando las persecuciones contra ellos. Constantino no se había convertido aún oficialmente. Pero los cristianos ya veían en él a su caudillo y constituían seguramente la aplastante mayoría, si no la totalidad, de aquel ejército de ciento treinta mil hombres que bajo su mando personal luchó contra los ciento sesenta mil defensores del paganismo a las órdenes de Licinio. Primero en Adrianópolis y después en Escutari, los primeros obtuvieron la victoria. Licinio se rindió y salvó la vida, que le fue quitada, empero, al año siguiente. Con el signo de Cristo se volvió a formar un Imperio que de romano no tenía ya más que el nombre.

¿Qué había ocurrido?

Hemos dejado a los cristianos en Roma, en los comienzos de su organización: primero, unos pocos centenares, después, miles de personas, casi todos hebreos, reunidos en sus pequeñas *ecclesiae*, con pocas conexiones entre sí, con una doctrina todavía en estado fluido y en medio de la indiferencia, más que de la hostilidad, de los gentiles. Aquellas desperdigadas y escasas células estaban unidas por la creencia de que Jesús era el Hijo de Dios, que era inminente su retorno para establecer en la Tierra el Reino del Cielo y que la fe en Él sería recompensada en el Paraíso. Pero ya habían comenzado a surgir disensiones sobre la fecha del Retorno. Algunos la vieron anunciada por las calamidades que se abatieron sobre el Imperio. Tertuliano dijo que había que esperarlo después de la caída de Roma, la cual parecía tan inminente que un obispo de Siria partió sin más con sus fieles hacia el desierto, seguro de encontrar en él al Señor; Bernabé proclamó que faltaban aún mil años. Sólo mucho más tarde triunfó la tesis de Pablo que transfería definitivamente al mundo ultraterreno el Reino del Señor. Mas, por entonces, la espera de su inminente instauración contribuyó poderosamente, con las inmediatas promesas que implicaba, a la difusión de la fe.

Pero había otros puntos de la doctrina que amenazaban con provocar verdaderas herejías. Celso, el más violento de los polemistas anticristianos, escribió que la nueva religión estaba dividida en facciones y que cada cristiano constituía en ellas un partido adaptándola a su gusto. Ireneo contó una veintena de esas facciones. Hacía falta, pues, una autoridad central que determinase lo que era justo de lo que era falso.

La primera decisión a tomar, que fue debatida durante dos siglos, recayó sobre la sede. La nueva religión había nacido en Jerusalén, pero Roma tenía a su favor las palabras de Jesús: «Tú eres Pedro y sobre esta piedra edificarás mi Iglesia.» Y Pedro había venido a Roma. Más que los argumentos, lo que decidió fue la circunstancia de que el Mundo se dominaba desde Roma, no desde Jerusalén. Tertuliano aseguró que Pedro, al morir, confió los destinos de la Iglesia a

Lino. Pero el primer sucesor seguro es el tercero, Clemente, del que nos queda un acta redactada con tono autorizado, dirigida a los demás obispos.

Los obispos comenzaron a reunirse en los Sínodos, y fueron esos Sínodos los árbitros de aquella religión cristiana que se llamó Católica por cuanto universal. El término de Papa volvióse exclusivo del Sumo Pontífice solamente al cabo de cuatro siglos, durante los cuales se dio a todos los obispos para refrendar su paridad.

Con aquella primera y rudimentaria organización, la Iglesia llevó a cabo su guerra en dos frentes: el exterior, del Estado, y el interior, de las herejías. Y no hablemos cuál de los dos era más peligroso. Sabemos tan sólo que a fines del siglo II la Iglesia había comenzado a inquietar hasta tal punto a los romanos, que uno de éstos, de los más cultos, Celso, dedicó su vida a estudiar el funcionamiento de aquélla, acerca de la cual escribió un libro esmerado e informadísimo, aunque parcial y rencoroso en sus conclusiones. Éstas eran que un cristiano no podía ser buen ciudadano. Y en cierto sentido, tenía razón, mientas el Estado fuese pagano. Pero el hecho es que el paganismo ya no tenía defensores y hasta los que se negaban a abrazar la nueva fe no encontraban argumentos para defender la vieja. Sobre la estela de Marco Aurelio y de Epicteto, Plotino fue clasificado filósofo pagano solamente porque no se bautizó. Pero toda su moral ya es cristiana, como por lo demás lo es en Epicteto y en Marco Aurelio.

Hasta cuando la negaban, todas las mentes elevadas de la época comenzaron a irritarse en torno a la doctrina de Jesús y de los Apóstoles. Tertuliano que, aun cuando de Cartago, poseía el riguroso sentido jurídico de los romanos y era ante todo un gran abogado, cuando se hubo convertido, extrajo del Evangelio un código de vida práctica y le dio la orgánica de un decreto-ley propiamente dicho. Aquel vigoroso orador, que hablaba como Cicerón y escribía como Tácito, de carácter rijoso y sarcástico, fue de gran ayuda a la Iglesia, que, después de tanta teología y metafísica griegas, necesitaba organizadores y codificadores. Tertuliano, en su extremado celo, acabó casi herético, porque en su vejez, agriado su temperamento, criticó a los cristianos ortodoxos por demasiado tibios, indulgentes y blandengues y abrazó la regla, más rigurosa, de Montano, una especie de Lutero *avant la lettre* que predicaba el retorno a una fe más austera.

Otro formidable propagandista fue Orígenes, autor de más de seis mil libros y opúsculos. Tenía diecisiete años cuando su padre fue condenado a muerte por cristiano. El muchacho quiso seguirle en el martirio y su madre, para impedírselo, le escondió las ropas. *Te lo ruego: no reniegues de tu fe por amor a nosotros*, escribió el muchacho el día que iba a morir. Se impuso a sí mismo un noviciado de asceta. Ayunaba, dormía desnudo sobre el pavimento y por fin se castró. En realidad, Orígenes era un perfecto tipo estoico, y del cristianismo dio, en efecto, una versión suya, que de momento fue aceptada, aunque no por todos. El obispo de Alejandría, Demetrio, la consideró incompatible con el hábito talar que, entretanto, Orígenes había vestido, y revocó su ordenación. Éste colgó los hábitos, continuó predicando con admirable celo y refutó las tesis de Celso en una obra que ha permanecido famosa; fue encarcelado y torturado, más no renegó de su fe y murió pobre y sin tacha como había vivido. Doscientos años después, sus teorías fueron, empero, condenadas por una Iglesia que ya tenía bastante autoridad para hacerlo.

El Papa que más contribuyó a consolidar la organización en aquellos primeros y difíciles años fue Calixto, a quien muchos consideraban un aventurero. Decían que, antes de convertirse, había sido esclavo, amasado una pequeña fortuna con procedimientos más bien reprobables, hízose después banquero, robó a sus clientes, le condenaron a trabajos forzados y se fugó mediante engaño. El hecho de que, en cuanto fue Papa, proclamase válido el arrepentimiento para borrar todo pecado, incluso mortal, nos hace sospechar que en esas voces había algo de verdad. De todas maneras, fue un gran Papa, que truncó el peligroso cisma de Hipólito y reforzó definitivamente la autoridad del poder central. Decio, que fue un irreductible enemigo de los cristianos, decía que hubiese preferido tener en Roma a un emperador rival antes que a un Papa como Calixto. Con éste, el Papado tornóse de veras romano en muchos sentidos. De los sacerdotes paganos de la Urbe tomó prestado la estola, el uso del incienso y de los cirios encendidos delante del altar y la arquitectura de las basílicas. Pero las derivaciones no se limitaron a éstas de carácter formal. Los constructores de la Iglesia se apropiaron especialmente de la armazón administrativa del Imperio y la copiaron, instituyendo al lado y contra cada gobernador de provincia a un arzobispo, y un obispo al lado y contra cada prefecto. A medida que el poder político se debilitaba y que el Estado iba a la deriva, los representantes de la Iglesia heredaban sus tareas. Cuando Constantino subió al poder, muchas funciones de los prefectos, considerablemente en declive, eran asumidas por los obispos. La iglesia era notoriamente la heredera designada y natural del Imperio en colapso. Los hebreos le habían dado una ética, Grecia, una filosofía y Roma le estaba dando su lengua, su espíritu práctico y organizador, su liturgia y su jerarquía.

XLVII. EL TRIUNFO DE LOS CRISTIANOS

En la fantasía de la gente, sobreexcitada por malas novelas y peores filmes, la persecución de los cristianos lleva, sobre todo, el nombre de Nerón. Pero es un error. Nerón hizo condenar y supliciar a cierto número de cristianos por el incendio de Roma con el solo objeto de desviar las sospechas de la gente contra su propia persona. Fue la suya una maniobra de diversión que no se apoyaba en ningún resentimiento serio del pueblo y del Estado contra aquella comunidad religiosa que, por lo demás, gozaba en Roma de amplia tolerancia. La Urbe albergaba libremente a todos los dioses de todos los extranjeros que vivían en ella, y en esto era realmente *Caput mundi*. Esos dioses pasaban de treinta mil y convivían con toda normalidad. Y cuando un extranjero pedía la ciudadanía, su concesión no quedaba supeditada a ninguna condición religiosa.

Las primeras discordias surgieron cuando se impuso reconocer al emperador como dios y adorarle. Para los paganos, era fácil: en su Olimpo había ya tantos dioses que uno más, se llamase Caracalla o Cómodo, no estorbaba. Pero los hebreos y los cristianos, a quienes la policía no lograba diferenciar, adoraban a uno solo, Aquél, y no estaban en modo alguno dispuestos a cambiarlo. Al final, antes de Nerón, fue promulgada una ley que les eximía de aquel gesto que para ellos era de abjuración. Pero Nerón y sus sucesores hacían poco caso de las leyes, y así surgió el primer equívoco que puso de manifiesto otras y más hondas incompatibilidades. No fue por casualidad que Celso, primero en analizarlas seriamente, dijo que la negativa de adorar al emperador era, en sustancia, negarse a someterse al Estado, del cual la religión no constituía, en Roma, más que un instrumento. Descubrió que los cristianos ponían a Cristo por encima del *César* y que su moral no coincidía en absoluto con la romana que hacía de los propios dioses los primeros servidores del Estado. Tertuliano, al responderle que precisamente en esto consistía su superioridad, reconoció lo fundado de tales acusaciones y fue más lejos, proclamando que el deber del cristiano era precisamente desobedecer a la Ley cuando la encontraba injusta.

Mientras esta diatriba quedóse en monopolio de los filósofos, no dio lugar más que a disputas. Pero cuando los cristianos aumentaron en número y su conducta comenzó a hacerse notar entre la población, ésta empezó a sentir desconfianzas que hábiles propagandistas explotaban debidamente, como más tarde se ha hecho contra los judíos. Se empezó a decir que hacían exorcismos y magias, que bebían sangre romana, que veneraban a un asno, que traían mal de ojo. Era el «¡duro con ellos!» que maduraba y creaba la atmósfera del *pogrom* y del «proceso de las brujas».

Después de Nerón, la hostilidad hacia ellos se convirtió en mar de fondo, y la ley que juzgaba delito capital el profesar la nueva fe no fue un antojo de un emperador que la sugirió, sino resultado de una conmoción de odio colectivo. Al contrario, la mayoría de los emperadores trataron de eludirla o de aplicarla con indulgencia. Trajano escribió a Plinio, elogiando su tolerancia: *Apruebo tus métodos. El acusado que niega ser cristiano y lo prueba con acto de respeto a nuestros dioses debe ser absuelto sin más.* Adriano, como verdadero escéptico, iba más lejos: concedía la absolución incluso mediante un simple gesto de arrepentimiento formal. Pero era difícil oponerse a las oleadas de odio popular cuando se desencadenaban, especialmente en ocasión de alguna calamidad que regularmente era atribuida a la indignación de los dioses por la tolerancia que se mostraba hacia los impíos cristianos. La religión pagana en Roma había muerto, pero la superstición seguía viva; y no había terremoto o epidemia o carestía, que no fuese cargada en la cuenta de aquellos pobres diablos. Ni siquiera aquel santo varón de Marco Aurelio, bajo cuyo reinado las calamidades se multiplicaron, pudo resistir aquellas acometidas y tuvo que inclinarse. Atalo, Potino y Policarpo fueron de los más ilustres entre aquellos mártires.

La persecución empezó a hacerse sistemática con Septimio Severo, quien decretó que el bautismo era un delito. Mas a la sazón los cristianos ya eran bastante fuertes para reaccionar y lo hicieron a través de una obra propagandística que calificaba a Roma de «nueva Babilonia», propugnaba su destrucción y afirmaba la incompatibilidad del servicio militar con la nueva fe. Era la predicación abierta del derrotismo y suscitó la ira de aquellos «patriotas» que ya no se batían por la Patria amenazada por el enemigo exterior, pero que con el interior indefenso se mostraban intransigentes. Decio vio en ese ataque de indignación una base para la unidad nacional y lo explotó dándole satisfacción. Organizó una gran ceremonia de obediencia a los dioses, advirtiendo que se tomarían los nombres de quienes participasen en ella. Hubo, por miedo, muchas apostasías, pero también muchos heroísmos recompensados con la tortura. Tertuliano había dicho: «No lloréis a los mártires. Ellos son vuestra semilla.» Terrible y despiadada verdad. Seis años después, bajo Valeriano, el mismo Papa Sixto II fue condenado a muerte.

La batalla más grande fue la desencadenada por

Diocleciano. Es curioso que un tan grande emperador no hubiese visto su inutilidad y, más aún, que era contraproducente. Mas, al parecer, le movió a ello un arrebato de ira. Un día que estaba oficiando como Pontífice Máximo, los cristianos que le rodeaban hicieron la señal de la cruz. Encolerizado, Diocleciano ordenó que todos los súbditos, civiles y militares, repitiesen el sacrificio y que aquellos que se negasen fuesen azotados. Las negativas fueron muchas y entonces el emperador ordenó que todas las iglesias cristianas fuesen arrasadas, todos sus bienes confiscados, sus libros, quemados y sus adeptos muertos.

Estas órdenes estaban todavía en curso de ejecución cuando él se retiró a Spalato, donde tuvo todo el tiempo y el desahogo de meditar acerca de los resultados de aquella persecución, que constituyó la prueba más brillante del cristianismo y que lo «doctoró», por decirlo así, como triunfador. Las *Actas de los mártires*, donde se narran, tal vez con alguna exageración, los suplicios y las muertes de los cristianos que no renegaron, constituyeron un formidable motivo de propaganda. Difundieron el convencimiento de que el Señor hacía insensible al sufrimiento a quienes lo afrontaban en Su nombre y que les abría de par en par el Reino de los Cielos.

No sabemos si también Constantino estaba convencido de ello cuando hizo estampar la Cruz de Cristo en su lábaro. Su madre era cristiana. Pero poco pudo hacer en la educación de aquel muchacho que se había formado bajo la tienda entre soldados y rodeado de filósofos y retóricos paganos. Incluso ya converso, siguió bendiciendo los ejércitos y las cosechas según el ritual pagano, iba raramente a la iglesia y a un amigo que le preguntó el secreto de su éxito, le respondió: «Es la Fortuna quien hace de un hombre un emperador.» La Fortuna, no Dios. En su trato con los sacerdotes, adoptaba una actitud imperativa, y sólo en las cuestiones teológicas les dejaba hacer, no porque reconociese su autoridad, sino porque se trataba de asuntos que le importaban un bledo. En los testimonios de los cristianos contemporáneos, como Eusebio, que tenían los más fundados motivos de gratitud hacia él, pasa por algo poco menos que un santo. Pero nosotros creemos que fue sobre todo un hombre político equilibrado, de amplia visión y de notable buen sentido que, habiendo comprobado personalmente el fracaso de la persecución, prefirió abolirla.

Es muy probable, sin embargo, que a ese cálculo de contingente oportunidad, se hubiese sumado también otro más complejo. Debió de quedar muy impresionado por la superior moralidad de los cristianos, de la decencia de sus vidas, en suma, por la revolución puritana que habían operado en las costumbres de un Imperio que ya no tenía ninguna. Poseían formidables cualidades de paciencia y de disciplina. Y ya entonces, si se quería encontrar un buen escritor, un buen abogado o un funcionario honesto y competente, entre ellos había de buscarse. No existía, puede decirse, ciudad alguna donde el obispo no fuese mejor que el prefecto. ¿Acaso no se podía sustituir a los viejos y corrompidos burócratas por aquellos prelados irreprochables, y hacer de ellos los instrumentos de un nuevo Imperio? Las revoluciones triunfan no por la fuerza de sus ideas, sino cuando logran constituir una clase dirigente mejor que la anterior. Y el cristianismo logró precisamente esta empresa.

Constantino comenzó reconociendo a los obispos competencia de jueces en sus circunscripciones y diócesis. Después, eximió de impuestos los bienes de la Iglesia, reconoció como «Personas jurídicas» a las asociaciones fieles, dio un sacerdote tutor a su hijo después de haberle bautizado y por fin anuló el edicto de Milán que garantizaba la tolerancia de todas las religiones en pie de igualdad, para reconocer la primacía de la católica, que desde entonces fue la religión oficial, haciendo obligatorios para todos los ciudadanos los preceptos del Sínodo.

Obrando más como Papa que como rey, convocó el primer Concilio Ecuménico, es decir, universal, de la Iglesia, para resolver las disensiones internas que la roían. Él mismo proporcionó, con fondos del Estado, los medios a trescientos dieciocho obispos y a infinidad de otros prelados menores para que se trasladasen a Nicea, cerca de Nicomedia. Había grandes cuestiones que dirimir. Algunos extremistas del ascetismo se habían apartado de un sacerdocio que a sus ojos se mostraba demasiado dispuesto a los compromisos y apegados a los bienes de esta tierra, con lo que diose comienzo a un movimiento monástico.

Casi al mismo tiempo, el obispo de Cartago, Donato, lanzó el proyecto, que inmediatamente hizo prosélitos, de una «depuración» en perjuicio de los sacerdotes que habían abjurado por miedo durante las persecuciones y de quienes habían sido bautizados por ellos. La proposición fue rechazada, pero dio lugar a un cisma que había de continuar durante siglos. Pero el peligro mayor era el representado por Arrio, un predicador de Alejandría que atacaba la doctrina en su base, refutando la consustancialidad de Cristo con Dios. El obispo le excomulgó, pero Arrio siguió predicando y haciendo secuaces. Constantino mandó llamar a los dos litigantes y trató de hacer de mediador entre ellos invitándoles a buscar una solución de compromiso. La tentativa fracasó y el conflicto adquirió mayores proporciones y se hizo más profundo. Esto fue lo que hizo necesario el Concilio.

El Papa Silvestre I, viejo y enfermo, no pudo intervenir. Atanasio apoyó las acusaciones contra Arrio, quien le contestó con valentía y honradez. Era un hombre sincero, pobre, melancólico, que erraba de buena fe. De los trescientos dieciocho obispos, sólo dos le apoyaron hasta el fin y fueron excomulgados con él. Constantino asistió a todos los detalles, pero no intervino sino raramente, para exhortar a los contendientes a la calma y la ponderación cuando las discusiones se acaloraban. Cuando el veredicto que reafirmaba la divinidad de Cristo y condenaba a Arrio fue formulado, quedó traducido en un edicto que expulsaba al herético con sus dos seguidores, condenaba a la hoguera sus libros y conminaba con la pena de muerte a quien los hubiese escondido.

Constantino clausuró el Concilio con un gran banquete a los participantes y después se puso a organizar la nueva capital que, con solemne ceremonia, dedicó a la Virgen. La llamó Nueva Roma, pero los posteriores le dieron su nombre: el de Constantinopla.

No sabemos si él se daba cuenta de que con aquel traslado de capital estaba decretando el fin del Imperio romano y el nacimiento de otro, que seguiría llamándose romano, sí, pero del cual Italia sólo sería una provincia, con Roma como cabeza de distrito.

Constantino fue un extraño y complejo personaje. Hacía ostentosas demostraciones de fervor cristiano, pero en sus relaciones de familia no se mostró muy respetuoso con los preceptos de Jesús. Mandó a su madre, Elena, a Jerusalén para destruir el templo de Afrodita que los impíos gobernadores romanos habían erigido sobre la tumba del Redentor, donde, según Eusebio, fue hallada la cruz en la cual había sido supliciado. Pero inmediatamente después hizo matar a su esposa, a su hijo y a su sobrino.

Se casó dos veces: primero con Minervina, que le dio Crispo, un buen oficial que se había cubierto de medallas en las campañas contra Licinio, y después con Fausta, la hija de Maximiano, que le dio tres chicos y tres chicas. Parece que Fausta, para excluir de la sucesión a Crispo, le acusó ante el emperador de haber tratado de seducirla, y que después, Elena, que tenía debilidad por Crispo, le contó a Constantino que fue Fausta quien sedujo a su hijastro. Para no equivocarse, el emperador los mató a los dos. En cuanto al sobrino Liciniano, hijo de su hermana Constancia, que lo tuvo de Licinio, dicen que le hizo ejecutar porque conspiraba.

Nada de todo eso se halla en la *Vida de Constantino* escrita por Eusebio a modo de panegírico y atenta, lógicamente, a la exaltación de quien había hecho, de una secta perseguida, la Iglesia del Imperio. Constantino no era un santo, como dice su biógrafo. Fue un gran general, un sagaz administrador, un hombre de Estado previsor, que también cometió, empero, algunos errores.

El día de Pascua del 337 después de Jesucristo, trigésimo aniversario de su subida al trono, se dio cuenta de que se aproximaba su fin. Llamó a un sacerdote, pidió los sacramentos, dejó la estola de púrpura para ponerse la blanca de los cristianados, y esperó tranquilamente la muerte.

Ante el tribunal de los hombres, los servicios que había prestado a la causa de la civilización cristiana son sobradamente suficientes para hacerle perdonar los delitos con los que se mancilló. Ante Dios, no lo sabemos.

XLVIII. LA HERENCIA DE CONSTANTINO

Constantino fue el único entre los sucesores de Augusto que permaneció en el trono más de treinta años. Pero estropeó su grandiosa obra de reconstrucción con el más absurdo de los testamentos, dividiendo el Imperio en seis lonjas y entregándolas, respectivamente, a sus tres hijos: Constantino, Constancio y Constante; y a sus dos nietos sobrinos: Delmacio y Anibalino. La cosa nos asombra porque él no pudo haber dejado de ver lo que había ocurrido con el reparto de Diocleciano y qué alborotos se habían producido entre todos aquellos *Augustos* y *Césares*. Pero ya que lo había decidido así, podía al menos tomar la precaución de dar a sus tres chicos nombres que les diferenciasen un poco mejor. Es un bonito embrollo, incluso para quien quiere resumir su historia, devanar el enredado ovillo de aquellos tres casi homónimos. Trataremos de hacerlo lo mejor posible. De facilitarnos la labor, simplificando las rivalidades, cuidaron los regimientos de guarnición en la capital, que, apenas metido en la fosa el gran difunto, se insurreccionaron e hicieron una buena matanza en la que perecieron dos de los cinco herederos: Anibalino y Delmacio. Les hicieron compañía también los hermanastros del muerto y sus hijos, menos dos, Galo y Juliano, que fueron confinados y de los cuales oiremos hablar de nuevo, además de un número impreciso de altos jerarcas. Constantinopla había nacido apenas, y ya inauguraba aquel repertorio de carnicerías que a través de los siglos había de motear su historia.

¿Fue de verdad Constancio, como se dijo más tarde, quien ordenó aquella mortandad? No se sabe con precisión. Sábese tan sólo que él se hallaba en la ciudad cuando se llevó a cabo, que no hizo nada por impedirla y que resultó el mayor beneficiario de ella. Se reunió con los otros dos hermanos en Esmirna y con ellos llegó a concluir otro reparto. Para sí se quedó todo el Oriente, con Constantinopla y Tracia; a Constante, que era el menor, le dio Italia, Iliria, África, Macedonia y Acaya pero obligándole a una especie de vasallaje hacia Constantino II, a quien le correspondieron las Galias.

Si Constantino inventó esa cláusula para provocar una rivalidad entre los dos y quedarse después en árbitro, hay que decir que el golpe fue logrado plenamente. No habían transcurrido tres años, que aquéllos ya llegaban a las manos. Pero en la primera batalla, Constantino, que era de carácter fogoso, avanzó demasiado, cayó en una emboscada y fue muerto. Constante no perdió tiempo en anexionarse todas sus posesiones. Y Constancio, que seguramente confiaba en una guerra larga que destrozara las fuerzas de ambos contendientes, se quedó sin conseguir lo que deseaba y con un solo rival, sí, pero más potente que él.

También esa vez le ayudó la suerte en forma de un complot contra Constante que, en la Galia, ganaba batalla tras batalla contra los rebeldes. Era un buen general, pero inepto como hombre de Estado; estrujaba a los súbditos con impuestos, les irritaba con sus terquedades y les escandalizaba con sus costumbres. Un comandante de milicias bárbaras, Magnencio, le mató y se proclamó emperador. Mas otro tanto hizo inmediatamente Vetranio, que mandaba las tropas en Iliria, y Nepociano, sobrino del muerto.

Constancio tenía ahora los papeles en regla para intervenir en Occidente con el pretexto de restablecer la justicia. Precisamente en aquel momento concluyó una tregua con el rey persa Sapor que le había causado hasta entonces muchos sinsabores y empeñado sus ejércitos. Al frente de ellos marchó a la sazón contra los usurpadores, pero acompañando la acción militar con una hábil gestión diplomática, que era además el arte con el que mejores logros alcanzaba. Vetranio parlamentó, unió sus tropas a las de Constancio en la llanura de Sárdica donde debían enfrentarse y se arrodilló ante él pidiéndole perdón. El perdón le fue concedido, y con galones y medallas por añadidura. Después, los dos ejércitos marcharon juntos contra Magnencio, le derrotaron en Hungría y le persiguieron hasta España, donde le obligaron a suicidarse con su hermano Decencio. Así el Imperio quedó de nuevo reunido bajo un soberano.

A diferencia de su predecesor y padre, no era un gran general, no amaba las guerras y procuraba eludirlas. Pero cuando se veía obligado a emprenderlas, lo hacía hasta el final, aunque con gran cautela, pero arriesgando valerosamente el pellejo. Pues tenía conciencia de sus deberes y los cumplía sin reparar en gastos ni sacrificios. Era un hombre solitario y receloso, melancólico y taciturno, sin impulsos, sin calor humano, sin vicios ni abandonos. En muchas cosas asemeja a Felipe II de España y a Francisco José de Austria. Como ellos, era piadoso, pero a la fe no unía las otras dos virtudes teologales: la esperanza y la caridad. Al contrario, era pesimista, incapaz de indulgencia y creía que para salvar un alma era necesario quemar muy a menudo un cuerpo. Casó tres veces, no por amor, sino por deseo de tener un heredero. Ninguna de las tres esposas se lo dio. Ahora se encontraba sin sucesores. Ni siquiera sus hermanos tuvieron tiempo de dejárselos. En el gran cementerio donde había hallado sepultura la vasta progenie de Constantino, no quedaban más que dos muchachos escapados a la matanza del 337: Galo y Juliano.

Los dos hacía años que vegetaban en un villorrio de Capadocia, bajo la tutela de un obispo arriano, Eusebio, que tampoco era muy caritativo, llevando una vida de colegio, solitaria y desolada. Su madre, Basilina, había muerto ya, cuando ante sus ojos se desarrolló la carnicería en la que perecieron padre, tíos, primos y hasta criados. A la sazón, Galo tenía diez años, y Juliano, seis. Ambos supieron más tarde que el responsable directo o indirecto de la matanza había sido él, Constancio, que ahora, de improviso, se acordaba de ellos.

El elegido fue Galo, el mayor, que de la noche a la mañana, de prisionero que era pasó a ser marido de Constantina, la hermana del emperador, nombrado *César* e instalado en Antioquía con poderes casi absolutos. En aquel brusco salto que daría vértigo a cualquiera, no poseía siquiera la inteligencia, de la que estaba conspicuamente desprovisto, para mantener la cabeza en su sitio. Lo que le tocó ver de chico le había hecho creer que el asesinato y la traición eran cosa normal entre los hombres, y para protegerse a sí mismo siguió la regla de dar crédito a toda sospecha y de matar a cualquier sospechoso. Aun antes de que Constancio se diese cuenta del error cometido con aquella elección, había degollado ya no sólo a varios hombres, sino a poblaciones enteras. El emperador, temiendo que una excomunión le empujara a la rebelión abierta, fingió no estar enterado y, mostrándose siempre amigo, le llamó a Milán donde se hallaba en aquel momento. Inquieto, Galo mandó primero a Constantina para escrutar las intenciones de Constancio. Pero Constantina murió durante el viaje. Galo tuvo que decidirse a ir en persona. Pero, llegado a Panonia, un destacamento de soldados le detuvo y le condujo a Pola, donde le relegaron en el palacio en el que Constantino tenía mucho apego a las tradiciones de familia, incluso a las de muertes violentas. Un proceso sumario, facilitado por el testimonio bien remunerado de un eunuco de la Corte, condujo a la pena de muerte, que fue inmediatamente ejecutada.

Constancio estaba otra vez sin sucesores y envejecía. El día en que decidió librarse de Galo, confinó también a Juliano, sospechándolo cómplice de su hermano. Pero aquel muchacho era el único en cuyas venas circulaba aún la sangre de Constantino. Tras muchas vacilaciones, le llamó y le nombró *César*. El sucesor no podía ser más que él.

Aquella elección hecha a desgana se reveló en seguida como excelente. Juliano, que pasaba por ser un holgazán dedicado solamente a la Literatura y a la Filosofía, en cuanto se encontró con alguna responsabilidad a cuestas, la tomó en serio. No había visto nunca un cuartel cuando el emperador le confió las provincias orientales, entonces en plena revuelta. De momento, Juliano dejó hacer a los generales, aunque observando atentamente sus actividades. Luego, tomó el mando efectivo de las tropas, afrontó las hordas francas y alemanas que se habían infiltrado más allá del Rin, las aniquiló, sofocó las rebeliones de los indígenas y restableció la autoridad imperial en Britania. Jamás el título de *César* había sido otorgado tan adecuadamente a un hombre.

Por desgracia, precisamente en aquel momento el rey persa Sapor reemprendió la ruta de la guerra y para atajar su amenaza Constancio pidió a Juliano que le mandase parte de su ejército. Juliano, que le había tomado gusto al oficio de soldado, obedeció, pero a regañadientes, y no se sabe hasta qué punto disimuló ante sus hombres la amargura de tener que separarse de ellos. Como fuere, éstos estuvieron seguros de interpretar sus deseos negándose a obedecer y aún más aclamándolo *augusto*, o sea emperador. En seguida, Juliano se apresuró a escribir a Constancio que él era ajeno a todo aquello, y no sólo esto, sino que había sucedido contra su voluntad. Pero cuando Constancio le contestó que le perdonaba si renunciaba al título y hacía acto de sumisión, Juliano, en vez de aceptar, fue a su encuentro al frente de su ejército. Él no había descerrajado la caja, pero se negaba a devolver lo hurtado que, sin saber cómo, le llovió en casa.

No hubo guerra porque Constancio, que partió también para hacerla, murió en el viaje. Cuando abrieron el testamento todos vieron con sumo estupor que había designado único heredero a aquel a quien se dirigía a combatir y, en caso de victoria, probablemente a matar. Como siempre, obedeció no a los sentimientos, sino a la razón de Estado. Y, reconociendo en el felón las cualidades de un gran político, hizo de él su sucesor. Juliano lo agradeció tributándole solemnes exequias, vistiendo de luto y llorando a lágrima viva sobre el féretro. Fue una hermosísima comedia, interpretada magníficamente por ambas partes.

Acerca de Juliano han corrido ríos de tinta, como si no hubiesen bastado los que prodigó él mismo. Pues era grafómano y tenía la pasión de las proclamas, los panegíricos y los ensayos entre lo filosófico y lo político. Mas acaso la importancia de aquel emperador, que tan sólo reinó veinte meses, ha sido exagerada.

La razón por la que se ha hecho tanto ruido en torno a su nombre consiste en que se le atribuye el propósito de restaurar el paganismo contra el cristianismo. Ya Constancio hubo de dedicar la mayor parte de su tiempo a las cuestiones religiosas. Incluso había actuado, además de como emperador, como Papa, interviniendo en las disputas internas de la Iglesia entre donatistas, arrianos y melecianos. Porque, en efecto, era cristiano, y de los fervientes. Pero muy paganamente consideraba a la Iglesia como un instrumento del Estado y, con la excusa de protegerla, se proponía controlarla.

Juliano tuvo los mismos intereses religiosos, pero orientados en sentido opuesto, por lo que se ganó el título de *apóstata*. No cabe duda que debió de contribuir a llenarle de rencor hacia la nueva fe aquel obispo Eusebio que, como tutor suyo, le había sazonado con el látigo las lecciones de catecismo. En el confinamiento de Nicomedia, el único afecto lo encontró Juliano en un anciano siervo escita, Mardonio, que le leía Homero y los filósofos griegos. No se ha sabido nunca si Mardonio esa pagano o cristiano. Se sabe tan sólo que estaba empapado de clasicismo, cuyo amor a éste él inspiró a su joven amo y pupilo. Éste miraba en torno suyo y no veía que los cristianos que le rodeaban dieran un gran ejemplo. No era, dígase lo que se quiera, un hombre de pensamientos profundos, y basta leer sus escritos para convencerse de ello. A veces, sus razonamientos se pierden en divagaciones. Tenía mucha memoria, pero no comprendía nada de arte, se obstinaba puntillosamente sobre problemas filosóficos secundarios perdiendo de vista los principales y se complacía con citaciones y virtuosismos estetizantes. Era fatal que confundiese la Iglesia con sus malos pastores y que mezclase éstos a aquélla en una misma antipatía. Sea como fuere, no honra a su inteligencia política la idea que se le atribuyó, y que tal vez cultivó de veras, de un retorno al paganismo como religión de Estado. Pues todo *retorno*, en política, es ya un error.

La famosa *apostasía* de Juliano fue, sobre todo, un acusado agnosticismo. Se desinteresaba de las herejías que seguían lacerando a la Iglesia y es probable que las viese con simpatía. Pero concedió libertad de culto a los hebreos y les permitió reconstruir el templo de Salomón, cuyos andamiajes, empero, quedaron destruidos por un terremoto, lo que algunos escritores cristianos interpretaron como un castigo del Cielo. Se ha dicho, aunque no ha sido probado, que subrepticiamente había alentado la restauración de los antiguos cultos paganos. Sea como fuere, no debió sacar de ello muchas satisfacciones, pues la gente no se adhirió más que a desgana y sin entusiasmo. En Alejandría, fue asesinado por los paganos el obispo Jorge, y en Antioquía los cristiano incendiaron el templo de Apolo: ni en un caso ni en otro Juliano ordenó represalias. Quería mostrarse imparcial.

Dios sabe cómo y adónde habría ido a parar esa su anacrónica política religiosa, si Sapor no le hubiese obligado a empuñar otra vez las armas. Preparó aquella difícil y peligrosa expedición con su cuidado habitual, adiestrando un ejército enorme y una flota de mil naves con las que descender por el Tigris. Los primeros encuentros le fueron favorables, pero la ciudad de Ctesifonte le resistió con sus formidables fortificaciones, obligándole, al final, a retirarse. Pero, ¿quién hubiera podido hacer remontar la corriente a las naves? Juliano dio la orden de quemarlas. No podía obrar de otro modo, pero la decisión desmoralizó a los soldados y los llenó de furor. La región era pobre, pedregosa, calcinada por el sol, hostil. La caballería persa estorbaba la marcha, infligiendo graves pérdidas con sus dardos. Uno de ellos alcanzó a Juliano clavándosele en el hígado. El emperador trató de extraerlo con sus manos, ensanchó la herida y provocó una hemorragia mortal. Dándose cuenta de que se aproximaba su fin, llamó en torno a su lecho, donde le habían colocado, a dos filósofos amigos suyos, Máximo y Prisco, con los cuales se puso a discutir serenamente sobre la inmortalidad del alma.

Dicen que en un momento dado se metió la mano en la herida, la sacó empapada en sangre y que, lanzando al aire unas gotas, exclamó con rabia:

«¡Venciste, Galileo!»

Pero probablemente no es cierto.

XLIX. AMBROSIO Y TEODOSIO

Durante la retirada, y con miras a su propia salvación en aquella hora de peligro, el Ejército nombró un sucesor entre sus oficiales. Y fue un tal Joviano a quien la suerte concedió el cumplir, como emperador, un solo acto, pero estúpido y vil: una paz presurosa, que concedía a los persas Armenia y Mesopotamia, como en pago de una victoria que aquéllos no habían alcanzado.

Hecho lo cual, y antes de haber vuelto a la capital, Joviano enfermó y murió.

Nuevamente se detuvo el Ejército para designar a otro emperador y esa vez el elegido fue Valentiniano, un buen general, hijo de un cordelero de Panonia, a quien Juliano, dicen, había destituido antes porque no quiso renegar de su fe cristiana. Espantado por las responsabilidades que, con el trono, se le echaban encima, Valentiniano se asoció a partes iguales con su hermano Valente, a quien dejó Constantinopla con las provincias orientales, quedándose con las occidentales, de las que Milán era ya capital. Corría el año 364 después de Jesucristo.

Ambos hermanos tuvieron que enfrentarse en seguida con dos grandes problemas. Valente se halló ante la insurrección de Procopio que, único pariente de Juliano, se puso a la cabeza de algunos destacamentos en Capadocia, haciéndose proclamar emperador. Fue derrotado, capturado y decapitado. Valentiniano tuvo que habérselas con los germanos que, a la noticia de la muerte de Juliano, a quien le tenían un miedo atroz porque les había derrotado estrepitosamente, reanudaron sus violaciones de fronteras en la Galia. El emperador les cercó en el Rin y les aniquiló. Luego, mandó a Britania a su mejor general, Teodosio, quien restableció el orden dispersando a sajones y escoceses. Pero aquel buen soldado estuvo mal recompensado por los servicios que había prestado. Pues, enviado en seguida después a África para restaurar la paz, cayó víctima de las intrigas de algunos funcionarios malversadores que, con sus calumnias, le hicieron procesar por traición, condenar y decapitar.

Valentiniano, engañado a su vez, cometió ciertamente ese error de buena fe. No era hombre de mente esclarecida, pero tenía buen sentido común y un carácter firme y recto. Por desgracia, estaba sujeto a ataques de cólera y fue cuando estuvo presa de estos iracundos estremecimientos que cometió los dos mayores errores de su vida: la firma del veredicto condenatorio de Teodosio y su propia muerte. En efecto, se dejó fulminar por un síncope el día que cogió una imponente rabieta con los cuados que se habían rebelado contra él.

Estamos en noviembre del 375 después de Jesucristo. Mas, esta vez, la sucesión al trono estaba ya arreglada, porque Valentiniano se había asociado ocho años antes como colega a su hijo Graciano, a quien, a los quince años, dio por mujer a Constancia, de trece, hija póstuma de Constancio, cuya viuda había casado después con Procopio y que también enviudó de éste, pero con un hijo más: Valentiniano II. Sí, es un poco difícil, me doy cuenta, y por esto trataré de explicarme mejor.

Valentiniano tenía, además del hermano Valente a quien le quedaba la mitad oriental del Imperio, un hijo llamado Graciano. Éste había casado con Constancia, hija del emperador Constancio. Su madre, Justina, casó después, al enviudar, con el usurpador Procopio, el cual le dio un hijo llamado Valentiniano, que era, por lo tanto, hermanastro de Constancia. ¿Está claro?

Ahora bien, Justiniana, que era una mujer muy ambiciosa, se afanó e intrigó tanto que incitó a su consuegro Valentiniano a asumir como colega no sólo a Graciano, sino también a Valentiniano, que entonces tenía cuatro años. De modo que, a la muerte del emperador, mientras en Constantinopla permanecía Valente, en Milán subía al trono el joven Graciano, tutor de Valentiniano II, con el que después había de compartir el poder.

Era un mal momento, porque a la sazón estaban irrumpiendo desde Rusia aludes de bárbaros más terribles que todos los demás: los hunos. Habían establecido ya contacto con los godos, que el rey Hermanrico había reunido en una federación en los confines orientales del Imperio. Aterrorizados, éstos pidieron ser anexionados a Valente, prometiendo a cambio hacer de centinelas. Tras muchas vacilaciones, Valente aceptó, pero para arrepentirse en seguida, cuando vio a aquellos nuevos súbditos, que oscilaban entre los dos y trescientos mil, entregarse al bandidaje y al saqueo como era su costumbre. Él estaba a punto de volver a tomar las armas contra Persia. Tuvo que dejar a un lado el proyecto para acudir a Adrianópolis, donde habían llegado los pendencieros godos. En vez de aguardar a su sobrino Graciano, que, según se había convenido, bajaba del Norte para triturar al enemigo en una tenaza, Valente atacó en seguida, solo, y dejó todo el Ejército en la contienda. Él mismo, herido, fue quemado vivo en la cabaña donde sus asistentes le habían resguardado.

Graciano, al quedar solo, no se atrevió a atacar. Aun cuando sólo tenía veinte años, había demostrado ya ser un buen general. Pero a la sazón, dio también pruebas de gran sensatez. Se retiró cautamente, reagrupando sus fuerzas para proteger Iliria e Italia.

Luego, dándose cuenta de que no podía compartir la responsabilidad del Imperio con un niño como era su concuñado Valentiniano II, pensó en asociarse con un colega para Oriente. Con mucha sagacidad, eligió al general Teodosio, el hijo homónimo de aquel que Valentiniano hizo matar en África, y le confió el Imperio de Oriente. Pero, entretanto, había salido a escena otro y decisivo personaje: Ambrosio, obispo de Milán, que ahora todos los italianos, especialmente los lombardos, veneran como santo.

No era sacerdote y no provenía de un seminario. Era un bonísimo funcionario laico, que hasta 374 había sido gobernador de Liguria y de Emilia. Como tal, había tenido que dirimir las controversias entre católicos y arrianos, que arreciaban también en aquella diócesis. Lo hizo tan bien, que a la muerte del obispo Ausencio, arriano también, fue aclamado como sucesor. A la sazón ni siquiera estaba bautizado, y la elección presentaba todo el cariz de una irregularidad. Pero Valentiniano I, que le tenía en gran estima, la confirmó. Y Ambrosio, en pocos días, recibió los sacramentos, las órdenes y el capelo episcopal.

Era un hombre que, de haber nacido hoy en América, hubiera llegado a ser un Ford o un Rockefeller. Y Graciano que, muerto su padre, se le confió plenamente, halló en él su más valioso colaborador. Obispo y soberano condujeron juntos la lucha contra el paganismo y la herejía arriana. Esta última, muerto Valente que había sido su prisionero, no tuvo ya defensores. Teodosio, que tal vez debía en buena parte su nombramiento a Ambrosio, fue, en materia religiosa, un celoso ejecutor de sus órdenes. El paganismo estaba definitivamente enterrado. Y en el seno del cristianismo, era el catolicismo el que triunfaba. Por desgracia, las cosas no marcharon tan bien en el plano estrictamente político. Acusando a Graciano de ser, como hoy se diría, un democristiano bajo de techo y gazmoño, el gobernador de Britania, Magno Máximo, se rebeló contra él. El complot tenía ramificaciones hasta en la corte del joven emperador, que en aquel momento se hallaba en París y que fue apuñalado cuando trataba de escapar. Hipócritamente, Máximo deploró el incidente en una carta a Teodosio en la que le proponía dividir el Imperio en tres partes, dejando a Valentiniano, bajo la tutela de su madre y de Ambrosio, Italia, y confiarle a él, Máximo, las provincias occidentales.

Teodosio era un hombre de bien, de reflejos lentos. Sus enemigos le llamaban «cagadudas», y tal vez, efectivamente, exageraba un poco en meditar las decisiones a tomar. El fin de su amigo y colega Graciano, a quien tanto debía, le indignó. Pero en las condiciones en que se encontraba entonces el Imperio, con los godos en ebullición y los hunos y los persas a las puertas, una guerra le pareció una elección que tenía que descartar. Mandó una respuesta dilatoria y tergiversadora. Máximo la interpretó en sentido positivo. Y, olvidando la acusación de gazmoñería lanzada contra Graciano, desplegó gran celo en la lucha contra los heréticos para ganarse el favor de Ambrosio. Pese a los compromisos adquiridos con Valentiniano, pensaba con ansia en Italia, donde logró que se aceptase acantonar algunas de sus unidades más fieles con el pretexto de reforzar las guarniciones fronterizas, y todo hubiese acabado con otro regicidio, si Justina, asustada, no se hubiese escapado a casa de Teodosio, llevándose consigo al hijo emperador y a la hija, Gala, que, entre paréntesis, era un encanto de hijita.

Tan bella, que Teodosio, al verla, se prendó de golpe, y el amor hizo lo que el cálculo político no había podido, para impulsarle a castigar al usurpador. El encuentro entre los dos ejércitos tuvo lugar en Panonia. Y Máximo, derrotado, fue decapitado. Teodosio casó con Gala, acompañó a suegra y cuñadito a Milán, les hizo un rato de compañía, y también con este gesto estableció una especie de tutela del Imperio de Oriente sobre el de Occidente.

Entretanto, Ambrosio había continuado su lucha contra la herejía. Los arrianos, derrotados por Teodosio en Constantinopla, habían sido protegidos en Italia por Justina, que educó a Valentiniano según sus teorías. Y pidió que ahora se le concediese por lo menos una iglesia. Ambrosio contestó que no. Valentiniano le conminó al exilio. Ambrosio no se movió. Era un santo, sí, pero tenía un gran carácter. Inmediatamente después se produjeron otros señalados episodios. Los cristianos de Calinico incendiaron la sinagoga. Teodosio, todavía en Milán, ordenó que fuese reconstruida a expensas de los culpables. Ambrosio fue a pedir la revocación de la orden. Y, como no fue recibido, tomó pluma y tintero: *Yo te escribo para que tú me escuches en tu palacio. De lo contrario, me haré escuchar en mi iglesia...*

¿Qué había sucedido en el mundo, que permitía a un sacerdote erigirse en juez del jefe supremo del Estado, del cual hasta aquel momento no era más que un simple funcionario? Tal fue la cólera de Teodosio que, de haber sido Valentiniano I, hubiese fallecido también de un síncope. En cambio, calló y se doblegó. Poco después hubo de intervenir contra los de Tesalónica, que habían asesinado a las guardias, culpables de haber detenido a un auriga, ídolo de los «hinchas». Lo hizo con mano un poco pesada, es verdad, mas esa vez no se trataba de cuestiones religiosas. Sin embargo, también en tal ocasión se insubordinó Ambrosio, habló desde el púlpito, se negó a entrevistarse con el emperador y le prohibió el acceso a la iglesia hasta que no le hubo pedido solemne y humildemente perdón. Era el triunfo del poder espiritual sobre el temporal, y para celebrarlo se compuso un himno ex profeso: el *Te Deum laudamus*.

El paganismo tuvo aún otro sobresalto con Arbogasto, un *condottiero* franco que le había permanecido fiel y que, bajo Graciano, prestó relevantes servicios al Imperio. A la sazón, era jefe de la guardia de Valentiniano, pero despreciaba a aquel muchacho que se ponía de rodillas ante Ambrosio y le besaba el anillo. Un día, el joven emperador fue hallado muerto en su cama. Arbogasto dijo que se había suicidado, pero no usurpó su puesto. Se daba cuenta de que el Imperio romano, aunque en decadencia, no había llegado todavía hasta el punto de tolerar en el trono a un bárbaro como él. Y nombró a Flavio Eugenio, jefe de las oficinas civiles, algo así como canciller de Su Majestad, reservándose para sí el mando del Ejército.

Tampoco esta vez Teodosio reaccionó en seguida. Al contrario, dejó pasar dos años antes de decidir el castigo. En ese período, Arbogasto impuso a Eugenio una política que quería ser de tolerancia y equidistancia de las dos religiones. Pero tuvo que darse cuenta a su vez de que el paganismo no resucitaba ni con inyecciones de adrenalina.

En 394, el emperador y el usurpador se declararon la guerra. Flavio y Arbogasto, que esperaban al enemigo en Italia, sembraron los pasos de los Alpes con estatuas de Júpiter, que, armado de rayos de oro, hizo así su última aparición entre los hombres. Antes de morir, Teodosio había ido al desierto de Tebaida a visitar a un anacoreta que le había vaticinado la victoria. En suma, cada uno de los dos ejércitos había movilizado el propio Dios, y, en efecto, el encuentro estuvo resuelto por una especie de milagro meteorológico: un viento huracanado que, soplando en los ojos de los flavianos, casi les cegó. Júpiter, Arbogasto y Eugenio fueron víctimas de la misma catástrofe. Pero los que les derrotaron en nombre de Jesús, aunque fuese bajo el mando del emperador romano Teodosio, fueron sobre todo los godos paganos a las órdenes de Alarico.

Teodosio, llegado triunfador a Milán, murió de hidropesía en esta ciudad. El emperador romano no tenía aún cincuenta años y no había estado nunca en Roma, entonces ya al margen de la gran política. Había sido, no un grande, sino un buen soberano, leal y honrado, si bien un poco timorato y temeroso.

Dejó dos hijos: Arcadio, de dieciocho años, y Honorio de once.

L. EL FIN

El de Occidente, que correspondió al niño Honorio, era un Imperio que ya Teodosio había considerado como satélite del de Oriente, que un obispo había sometido a la tutela espiritual de la Iglesia y que, para defenderse, había debido aceptar dentro de sus fronteras a poblaciones bárbaras, paganas aún y absolutamente ayunas de Estado y de Derecho. Pero también en el interior se disgregaba. No tuteladas ya por un ejército que las guerras exteriores reclamaban en los confines, las pequeñas comunidades de aldea y de provincia confían cada vez más, para su defensa, en los señorones que pueden disponer de milicias propias. Éstos se llaman *Potentes*, y van adquiriendo una mayor independencia de la autoridad central a medida que ésta se va debilitando. Tienen también una legislación que les favorece y que desde Diocleciano en adelante ha petrificado más la sociedad, ligando irrevocablemente el campesino a la tierra y a su amo, es decir, convirtiéndolo en siervo de la gleba, y el artesano, a su oficio. Ya no nace con el propio destino, que es imposible cambiar. Quien abandona la granja o el taller, aunque logre eludir a los carabineros que en seguida le buscan, está condenado a morir de hambre porque no encuentra otro empleo.

Y el rico tiene que seguir pagando impuestos, porque enajene o pierda la riqueza. De lo contrario, va a la cárcel.

Esas leyes, por absurdas que puedan parecer, estaban impuestas por las circunstancias. Los esqueletos que se rompen hay que escayolarlos. La escayola no impide la descomposición, pero la hace más lenta. Todo eso, empero, es el fin de Roma, de su civilización, de su ordenamiento jurídico, que hacía de cada hombre árbitro de su suerte, le equiparaba a los demás ante la Ley, y con la ciudadanía hacía de él no sólo un súbdito sino un protagonista. Ha empezado el Medioevo. El *potente* toma el puesto del Estado, al que se opone con mayor éxito cada vez, hasta romperlo en una miríada de *feudos*, cada uno con su propio señor al frente, armado hasta los dientes, dominando una masa amorfa, mezquina e inerme, entregada a sus caprichos y sin ningún derecho ya: ni siquiera el de cambiar de profesión y residencia.

Al lado de Honorio, con sus once años, a quien correspondía por herencia aquel tambaleante edificio, pusieron el general Estilicón. Era un vándalo, o sea un bárbaro de raza germánica, y su elección nos dice hasta qué punto ya se habían licuado los romanos. Tan sólo él, entre los oficiales del Ejército, ofrecía garantías de lealtad, valor y perspicacia. Y, en efecto, pronto tuvo ocasión de dar pruebas de ello en la situación que, una vez Teodosio enterrado, se encrespó inmediatamente entre Milán y Constantinopla. El difunto emperador había dividido el Imperio, pero no dijo qué provincias pertenecían a uno y otro muñón. Arcadio, subido al trono del de Oriente, y aconsejado por su propio tutor y ministro, que se llamaba Rufino, consideró cosa suya también la Dacia y Macedonia. Surgió una riña entre las dos capitales. Alarico, a quien, pese a lo prometido, nadie recompensó por la contribución prestada a Teodosio en la guerra contra Arbogasto, marchó sobre Constantinopla. Y seguramente hubiera entrado a saco en ella, si Rufino no hubiera logrado persuadirlo de que Grecia era un bocado más exquisito. El Imperio, incapaz de defenderse, salvaba la capital a expensas de las provincias.

El único que se indignó fue Estilicón, el bárbaro, que mandó a Constantinopla un destacamento de tropas que le había pedido Arcadio, con orden a su comandante, Gainas, bárbaro también, de matar a Rufino. La orden fue cumplida escrupulosamente, y en lugar del difunto fue nombrado un adversario suyo, el chambelán de corte Eutropio, con el que hubo posibilidad de restablecer una entente entre los dos hermanos. Estilicón la aprovechó inmediatamente para parar los pies a los godos, que saqueaban el Peloponeso. Les había acorralado ya en el istmo de Corinto, cuando Constantinopla, celosa de un éxito occidental, estipuló una alianza con ellos, y ordenó al general que los dejase en paz. Estilicón se mordió los puños, pero obedeció, un poco también porque precisamente en aquel momento se había rebelado África, ayudada bajo mano por Arcadio y por Eutropio, mientras oleadas de bárbaros invadían los Balcanes, y Alarico, el aliado de Constantinopla, tras haber remontado Albania y Dalmacia, entraba resueltamente en la llanura padana. El pobre general vándalo, el único que seguía creyendo en el Imperio y sirviéndole con fidelidad, obligado a pasar la vida sobre la silla de un caballo lanzado a galope para taponar los agujeros que se abrían en todas partes, volvió a Italia, batió a Alarico, pero sin destruir sus fuerzas, porque pensaba aliárselas para luchar contra las enemigas cada vez más numerosas. Y, no contando ya con Milán, que, sin defensas naturales, podía ser fácilmente conquistada, trasladó la capital a Ravena, un villorrio de poca monta, pero rodeado de pantanos palúdicos que hacían imposible un asedio. Corría el año 403 después de Jesucristo.

La transferencia se hizo justo a tiempo para eludir una invasión de otros godos, que se llamaban ostrogodos para distinguirles de los visigodos de Alarico y que, al mando de Radagaiso, pasaron los Alpes y se abatieron sobre la península invadiéndola hasta la

Toscana. Era la primera vez, desde los tiempos de Aníbal, que Italia sufría semejante afrenta. Estilicón necesitó un año para reunir tropas. Sólo en 406 contó con las suficientes para sorprender las de Radagaiso en Fiésole y exterminarlas. Pero en el mismo momento, vándalos, alanos y suevos rompían las defensas romanas de Maguncia y entraban en la Galia, donde desembarcaba también de Britania un usurpador llamado Constantino, que puso en fuga a los bárbaros, los cuales, empero, en vez de retirarse, irrumpieron en España. Las más bellas provincias de Occidente estaban prácticamente perdidas, e Italia, a merced de sí misma.

En aquel marasmo, donde cualquiera hubiese perdido la cabeza, Estilicón era el único que la conservaba clara. Mientras trataba con Alarico para obtener su ayuda, decretó una leva entre los italianos. Éstos rehusaron alistarse, pero le acusaron de capitulación ante el bárbaro. Con qué soldados podía el general defenderles, en vista de que ellos rechazaban dárselos, sólo Dios lo sabe. Honorio, espantado, olvidó de repente los servicios que durante diez años le había prestado aquel fiel capitán, y ordenó su detención. Estilicón hubiera podido fácilmente sublevarse, pues las pocas tropas de que disponía el Imperio sólo eran fieles a él. Pero tenía demasiado respeto a la autoridad para rebelarse. Le despedazaron en una iglesia, en Ravena. Y fue tal vez el más estúpido, innoble y catastrófico de los delitos que se hayan cometido en nombre de Roma. Que no sólo privó de su mejor servidor al Imperio, sino que hizo comprender a todos los bárbaros que aún le eran fieles, en qué se había convertido. Ellos eran los mejores funcionarios y soldados que todavía sostenían el tinglado. Creían en el prestigio de Roma. Y Roma, al matar a Estilicón, lo destruyó con sus propias manos.

Desde entonces, todo se precipitó. Alarico, en vez de venir a Italia como aliado, lo hizo como conquistador. Propuso un acuerdo a Honorio, que lo rechazó con una altanería que hubiese sido noble de ir acompañada por algún gesto de valor, pero que se volvía insolente y ridícula en boca de un hombre que se encerraba en Ravena haciéndose defender sólo por los mosquitos y abandonando el resto de Italia al adversario. Éste marchó directamente sobre Roma y la sitió. El mundo contuvo la respiración. ¿Cómo? ¿Se atrevían de tal modo a poner sitio a Roma?

El propio Alarico pareció presa de gran temor cuando la ciudad se rindió sin combatir, por lo que prohibió a sus soldados que entrasen en ella. Fue, solo y desarmado, a pedir al Senado que depusiera a Honorio. Y el Senado, que ya sólo existía simbólicamente, asintió al instante. Pero al año siguiente, dado que Honorio no se apeaba del trono, volvió y esa vez se instaló en la Urbe con todo su ejército, pero impidiéndole, o tratando de impedirle, el saqueo. Los bárbaros recorrieron la ciudad aturdidos y asustados de su propia audacia. En las selvas germánicas de donde descendieron sus antepasados, siempre se había hablado de Roma como de un espejismo inasequible. Más que despojar, fueron despojados por una población que ya había olvidado combatir, pero que había aprendido a robar. Y el mismo Alarico se convirtió de conquistador en prisionero cuando se encontró ante Gala Placidia, la bellísima hija de Teodosio, hermana de Honorio y de Arcadio. A partir de aquel momento, el rey a quien obedecían los godos tuvo una reina a la que obedecer. Se la llevó consigo, rodeándola de todos los honores en su última aventura: la expedición a África. Pero mientras la preparaba en las costas calabresas, le sobrevino la muerte en Cosenza. Sus soldados le hicieron construir una inmensa y fastuosa tumba subterránea. Y después, para que nadie conociera el secreto y la violase, mataron a todos los esclavos que la excavaron. Le sucedió, por aclamación, el hermano de su mujer, Ataúlfo, un guapísimo mozo, de quien Gala Placidia hacía ya tiempo que era la amante.

La violación de Roma en 410 y la voluntaria elección de una princesa de sangre real, que había preferido al sofisticado palacio imperial la desguarnecida tienda de un caudillo bárbaro, sumieron en el pasmo al mundo entero. Los paganos dijeron que era una venganza de los dioses por la traición de los hombres. Y los cristianos, que durante cuatro siglos habían luchado contra Roma, ahora, ante su caída, sintiéronse de pronto huérfanos y vieron en ella el signo del advenimiento del Anticristo. «La fuente de nuestras lágrimas se ha secado», sollozó san Girolamo.

Sólo a Honorio parecía que le importase un bledo. Encerrado entre los pantanos de su Ravena, negó su consentimiento al matrimonio de Gala con Ataúlfo, e insensible a la ruina en que precipitaba a la misma Italia, vegetó hasta morir, en 423. Demasiado pronto para sus pocos años. Demasiado tarde, por el modo que los había llenado. También Ataúlfo había muerto algún tiempo antes bajo el puñal de un bárbaro, y Gala había vuelto, viuda, a casa. Honorio la casó a la fuerza con un general chocho, Constancio, y como no tenía herederos, designó para sucederle al hijo nacido de ese matrimonio: Valentiniano III.

También Arcadio, en Constantinopla, había muerto hacía tiempo, dejando su trono a un chiquillo: Teodosio II. Y fue tragicómico ver en aquel momento los dos pedazos del Imperio, abocados a la misma catástrofe, volverse a poner en contacto para litigar sobre la delimitación de sus confines. El Imperio estaba ya totalmente en manos de los bárbaros, y los dos emperadores romanos, que además eran primos hermanos, se disputaban una teórica soberanía sobre provincias ya prácticamente perdidas. La romanidad daba un postrer destello de orgullo y de valor solamente en África, donde el general Bonifacio, ex condenado por alta traición, y el obispo Agustín, asediados en Hipona, resistían a los vándalos de Genserico. Fue en pleno furor de la batalla, donde cayó, que el présulo escribió su obra capital: *La Ciudad de Dios*.

El acosador prevalecimiento del elemento germánico sobre el romano encontraba su símbolo y compendio en los asuntos de la familia imperial. En Ravena ocupaba el trono Valentiniano III, pero la verdadera reina era Placidia, que como instrumento de su poder había escogido a otro bárbaro, Aecio, digno sucesor de Estilicón. Placidia había demostrado no creer en los romanos ni siquiera como maridos. Imaginémonos, pues, si había de fiarse de ellos como generales y hombres de Estado. Cuando en el horizonte asomó Atila a la cabeza de sus terribles hunos, mandó hacer a su hija, Honoria, lo que ella hizo antes con Ataúlfo: se la propuso por esposa. Comprendía que, en adelante, Roma sólo podía vencer a los bárbaros en un campo de batalla: la cama.

Pero Atila no era Alarico. No sólo no demostró gran entusiasmo por Honoria, sino que, además, reclamó una dote exorbitante: la Galia. Era la más hermosa provincia del Imperio y si bien la soberanía imperial era tan sólo teórica, la Corte de Ravena no podía renunciar a ella. Atila la desbordó lo mismo y Aecio tuvo que salir a guerrear con él. Mas, para procurarse un ejército adecuado, se vio obligado, con un milagro de diplomacia, a asociar a la empresa al rey de los visigodos, Teodorico. La gigantesca batalla se desarrolló en los Campos Cataláunicos, cerca de Troyes. Y los romanos vencieron, aunque de romanos sólo tenían la etiqueta. Bárbaros eran los que derrotaban a otros bárbaros, y un bárbaro romanizado era su propio comandante en jefe. Éste quedóse dueño del campo, pero no persiguió al enemigo que se retiraba ordenadamente. ¿No contaba con suficientes fuerzas o esperaba hacer de él un aliado, como hiciera Estilicón con los godos?

En 452 reapareció Atila. Pero esta vez no atacaba la Galia, sino la misma Italia. Valentiniano que, muerta su madre, había asumido el poder efectivo, no quiso repetir el indecoroso error de Honorio abandonando Roma a su destino. Y contra el parecer de Aecio, que le aconsejaba huir a Oriente, aunque para desembarazarse de él, se trasladó a la Urbe para compartir su suerte. Y allí se puso de acuerdo con el Papa, León I, para mandar una embajada de senadores a Atila, que ya había acampado a orillas del Mincio.

La leyenda quiere que Atila se hubiese espantado ante la amenaza de ser excomulgado si se atrevía a atacar Roma. Pero, siendo pagano, no vemos, en verdad, qué podía significar para él la excomunión. Sea como fuere, en vez de pasar los Apeninos volvió a cruzar los Alpes, y el año siguiente, murió. Del vasto y efímero Imperio que se había erigido desde Rusia hasta el Po, no quedó nada, ni siquiera el pueblo que se fraccionó en numerosísimos pedazos y quedó rápidamente fagocitado por las poblaciones eslavas y germánicas entre las cuales se había instalado como dueño.

El fin de aquel peligroso enemigo fue un alivio para Italia y Europa, pero un mazazo en la cabeza para Aecio, que, encerrado en Ravena, no había prestado la menor colaboración. Valentiniano, que siempre había soportado mal a aquel servidor con ceño de amo, vio una buena ocasión para deshacerse de él, como Honorio había hecho con Estilicón. Y lo hizo con su propia mano, atravesándole con la espada, un día que se disputaron. Otro error fatal, porque, de golpe, todos los bárbaros que, acampados en las provincias del Imperio, habían aceptado un teórico vasallaje, se pusieron en ebullición y uno de ellos se cargó al propio Valentiniano en el Campo de Marte. Genserico, el rey de los vándalos que ya eran dueños de África, llegó con su ejército, proclamándose como vengador del emperador. En realidad, quería que ocupase el puesto Hunerico, su propio hijo, casándole con la hija del difunto, Eudoxia. El matrimonio se efectuó. Pero mientras los soldados lo festejaban saqueando concienzudamente la ciudad y dando así a la palabra «vándalo» el significado que todos sabemos, el nuevo rey de los visigodos, Teodorico II, hacía elegir en la Galia a otro emperador de su confianza, Avito.

Genserico volvió corriendo a África, pero con un hermoso botín: la nuera, la consuegra viuda de Valentiniano con la otra hija Placidia, y algunos miles de romanos bien situados, entre ellos algunas docenas de senadores, como para decidir que, en adelante, Roma era cosa suya. Llegado a casa, preparó una flota con la que ocupó Sicilia, Córcega y la Italia meridional. Pero Avito tenía un gran general, bárbaro, claro está, pero del fuste de Estilicón y de Aecio: Ricimero. Éste derrotó al enemigo en una gran batalla naval, después depuso a Avito que se consoló en la fe y se hizo consagrar obispo de Piacenza, y no le nombró sucesor más que cuatro años después, en 457, escogiéndole en la persona de Majoriano.

Lo hizo sólo con objeto de llamar al orden a los vándalos, los visigodos y todos aquellos otros bárbaros que habían aprovechado la falta de un emperador para proclamarse también formalmente independientes. Pero sirvió de poco. Pues siguieron actuando a su gusto. Majoriano intentó una expedición contra Genserico, que le destruyó a traición la flota, y Ricimero, indignado de que quisiera gobernar en serio, le hizo despedazar, para sustituirle por Livio Severo, hombre más manejable. Pero Genserico pensaba de otro modo. Habiendo renunciado a hacer subir al trono a su hijo Hunerico, marido de Eudoxia, volvía a poner sus esperanzas en el senador Anicio Olibrio, a quien había dado por esposa a la hermana de su nuera, Placidia. Y comenzó otra guerra, es decir, que continuó con más vigor la que hacía ya años que llevaba a cabo contra Roma.

Para defenderla, Ricimero tuvo una buena idea: la de ofrecer, a la muerte de Severo, el trono a un hombre de confianza de Constantinopla y asegurarse así su ayuda. Se llamaba Procopio Antemio. Llegó a Italia en 467, se coronó, armó una escuadra de mil naves con cien mil hombres a las órdenes del general Basilisco y la envió hacia las costas tunecinas. Apenas hubo desembarcado, Basilisco no supo hacer nada mejor que conceder una tregua de cinco días a Genserico, quien atacó por sorpresa a los bajeles y los incendió. Se habló de traición del general. En realidad, la traición la había hecho la Corte de Constantinopla, que, subrepticiamente, concluyó un pacto de alianza con el rey de los vándalos. El cual reanudó la ofensiva, desembarcó en Italia y entró a saco en Roma por tercera vez. Ricimero aceptó a Olibrio como nuevo emperador, pero ambos murieron en aquel mismo año 472.

Los vándalos trataron de imponer en el trono a Glicerio. Pero Constantinopla no lo reconoció, y nombró en su lugar a Julio Nepote y, para ponerle a seguro de Genserico, compró a éste una paz desastrosa, reconociéndole el señorío no sólo de toda África, sino también de Sicilia, Cerdeña, Córcega y las Baleares. Al año siguiente, el rey de los visigodos, Eurico, a cambio de la neutralidad, obtuvo España. Burgundios, alamanes y rugios se repartieron el resto de las Galias. Nepote dio al general Orestes la orden de licenciar el Ejército que ya no podía mantener. Los bárbaros que lo componían se amotinaron, Orestes tomó su mando y Nepote huyó para unirse en Dalmacia con aquel Glicerio que él mismo había confinado allí tras haberle usurpado el trono.

Orestes proclamó soberano a su hijo, Rómulo Augusto. Un hado irónico quiso dar a aquel chico, destinado a ser el último emperador de Roma, el nombre del primero. Mas los soldados bárbaros, embriagados por la victoria, reclamaron ahora tierras en el mismo corazón de la península, y unos querían la llanura del Po, otros, la Emilia y otros, la Toscana. Uno de sus oficiales, Odoacro, encabezó la revuelta, atacó a Orestes en Pavía, le derrotó y le mató. Rómulo Augusto, al que después la Historia ha llamado «Augústulo», o sea «Augusto *el pequeño*» para distinguirle del grande, fue depuesto y confinado en el Castel dell'Uovo en Nápoles con una pingüe pensión. Odoacro devolvió al emperador de Oriente, Zenón, las insignias del Imperio y declaró que en adelante gobernaría Italia como lugarteniente suyo.

LI. CONCLUSIÓN

Aquí termina nuestra historia. Como todos los grandes Imperios, el romano no fue abatido por el enemigo exterior, sino roído por sus males internos. Y su acta de defunción fue firmada no por la deposición de Rómulo Augústulo, sino por la adopción del cristianismo como religión oficial del Estado y por el traslado de la capital a Constantinopla. Con este doble acontecimiento comienza, para Roma, otro capítulo.

La mayoría de estudiosos sostienen que aquella catástrofe fue provocada sobre todo por dos hechos: el cristianismo y la presión de los bárbaros que caían del Norte y de Oriente. Nosotros no lo creemos. El cristianismo no destruyó nada. Se limitó a enterrar un cadáver: el de una religión en la que ya no creía nadie, y en llenar el vacío que ésta dejaba. Una religión cuenta no porque construya templos y desarrolle ciertos ritos, sino porque proporcione una regla moral de conducta. Esa regla, el paganismo la había proporcionado. Pero cuando Cristo nació, estaba ya en desuso, y los hombres, consciente o inconscientemente, esperaban otra. No fue la aparición de la nueva fe lo que provocó el declinar de la vieja, antes al contrario. Tertuliano, que veía claro, lo escribió abiertamente. Para él, todo el mundo pagano estaba en liquidación. Y cuanto antes se le enterrase, tanto mejor sería para todos.

En cuanto a los enemigos exteriores, Roma estaba habituada hacía años a tenerlos, combatirlos y vencerlos. Los visigodos, los vándalos y los hunos que se asomaban a los Alpes no eran más feroces y expertos guerreros que los cimbros, los teutones y los galos que César y Mario habían afrontado y destruido. Y nada nos permite creer que Atila fuese un general más grande que Aníbal, que ganó diez batallas contra los romanos y después perdió la guerra. Sólo encontró un ejército para cortarle el paso, compuesto exclusivamente de germanos, incluyendo a los oficiales, porque Galeno había prohibido el servicio militar hasta a los senadores. Roma estaba ya ocupada y vigilada por una milicia extranjera. La llamada «invasión» no fue más que un cambio de guardia entre bárbaros.

Pero también la crisis militar no era más que el resultado de una decadencia más compleja, antes que nada biológica. Había comenzado por las clases altas de Roma (porque, como dicen en Nápoles, «el pescado empieza a apestar por la cabeza»), con el relajamiento de los vínculos familiares y la difusión de las prácticas maltusianas y abortivas. La vieja y orgullosa aristocracia, que fue acaso la más grande clase dirigente que el Mundo ha visto, y que durante siglos dio ejemplo de integridad, valor, patriotismo, en suma, de «carácter», después de las guerras púnicas, y más aún después de César, comenzó a darlo de egoísmo y de vicio. Las familias que la componían fueron, sí, diezmadas por las guerras, donde sus vástagos caían generosamente, pero sobre todo se extinguieron por falta de descendencia. Grandes reformadores como César y Vespasiano trataron de reemplazarla con estirpes más sólidas de burgueses provinciales o campesinos. Pero éstos se corrompían a su vez, y a la segunda generación eran ya «chochos» blandengues que no acababan en Cinecittà solamente porque Cinecittà aún no existía.

Aquel mal ejemplo cundió pronto, y ya en tiempos de Tiberio se previeron subvenciones a los campesinos para animarles a tener hijos. Evidentemente, aparte las siegas de pestes y guerras, también el campo practicaba el maltusianismo y se despoblaba. Pertinax ofrecía gratuitamente las granjas abandonadas a quien se comprometía a cultivarlas. Y en aquel vacío material, consecuencia del moral, se infiltraban los extranjeros, especialmente de Oriente, en dosis tan masivas que Roma no llegó a tiempo de absorberles y refundirles en una nueva y vital sociedad. Este proceso de asimilación funcionó hasta César, que llamó a los galos a participar en la vida de la Urbe, haciéndoles ciudadanos, funcionarios, oficiales y aun senadores. Mas esto se volvió imposible con los germanos, más refractarios a la civilización clásica, y se resolvió en una catástrofe con los orientales que se insinuaron en ella, sí, mas para corromperla.

Consecuencia de todo eso fue, en el plano político, el despotismo al que Tiberio dio la salida, y que sólo en algunos casos fue «ilustrado». Pero es tonto tomarlo por blanco de las críticas y hacerle cargar con las culpas de la catástrofe. El despotismo es siempre una dolencia. Pero hay situaciones que lo hacen necesario. Roma se hallaba en una de esas situaciones cuando César lo instauró. Bruto, que le asesinó, si no un vulgar ambicioso, era sin duda un pobre diablo que creía sanar al gran enfermo eliminando no el bacilo, sino la fiebre. Incluso el experimento socialista y planificador de Diocleciano fue una dolencia y no resolvió ningún problema. Pero las circunstancias lo imponían como postrer y desesperado remedio.

Mirando las cosas desde arriba y tratando de darles una explicación, puede decirse que Roma nació con una misión, la cumplió, y con ella acabó. Esa misión fue la de reunir las civilizaciones que la habían precedido, la griega, la oriental, la egipcia, la cartaginesa, fusionándolas y difundiéndolas en toda Europa y la cuenca del Mediterráneo. No inventó gran cosa en Filosofía, ni en Artes, ni en Ciencias. Pero señaló los caminos a su circulación, creó ejércitos para defenderlas, un formidable complejo de leyes para garantizar su desarrollo dentro de un orden, y una lengua para hacerlas universales. No inventó siquiera formas políticas; monarquía o república, aristocracia y democracia, liberalismo y despotismo habían sido ya experimentados. Pero Roma hizo modelos de ellos, y en cada una brilló su genio práctico y organizador.

Abdicando en Constantino, entregó su estructura administrativa a Constantinopla que vivió de ella otros mil años. Y el mismo cristianismo, para triunfar en el Mundo, tuvo que hacerse romano. Pedro había comprendido muy bien que sólo encaminándose por la Apia, la Casia, la Aurelia y todas las demás vías romanas, no por las angostas pistas que conducían al desierto, los misioneros de Jesús conquistarían la Tierra. Sus sucesores se llamaron Sumos Pontífices, como los que habían presidido los asuntos religiosos de la Urbe pagana. Y contra la austera regla hebraica introdujeron en la nueva liturgia muchos elementos de la pagana: la pompa y la espectacularidad de ciertas ceremonias, la lengua latina y hasta una vena de politeísmo en la veneración de los santos.

Así, no ya como centro político de un Imperio, sino como cerebro director de la cristiandad, se preparó a volver a ser *Caput mundi* y siguió siéndolo hasta la Reforma protestante.

Jamás ciudad del Mundo tuvo una aventura más maravillosa. Su historia es tan grande que hace parecer pequeñísimos hasta los gigantescos delitos que la siembran. Tal vez una de las desdichas de Italia sea esta precisamente: tener por capital una ciudad desproporcionada, por su nombre y su pasado, con la modestia de un pueblo que, cuando grita: «¡Aúpa, Roma!», alude tan sólo a un equipo de fútbol.

CRONOLOGÍA

AB URBE CONDITA

2000 aproximadamente a. de J. C. — Penetran en Italia poblaciones nórdicas, que se fusionan con los indígenas ligures y sículos: de éstas se cree que descienden los umbros, los sabinos y los latinos.
1000 aproximadamente. — Desarrollo de Alba Longa, capital del Lacio.
21 de abril 753. — Fecha tradicional de la fundación de Roma.
Hasta el 600 aproximadamente. — Los reyes agrarios.
600-509. — Los reyes mercaderes.

S.P.Q.R.

509 a. de J. C. — Los etruscos son expulsados de las ciudades y en Roma se instaura un Gobierno republicano. Pacto con Cartago.
   493. — Los plebeyos se retiran al Monte Sacro. Tras la victoria romana en el lago Regilo, se estipula entre romanos y latinos el *foedus cassianum*.

451-449.	— Bienio de los decenviros y publicación de la Ley de las Doce Tablas.
449.	— Otro éxodo de la plebe de Roma.
445.	— La *lex Canuleya* sobre matrimonios entre patricios y plebeyos.
396.	— Tras una larga guerra casi secular, Veyes queda destruida.
386.	— Los galos de Breno derrotan a los romanos, entran en Roma y la saquean.
343-341.	— Primera guerra samnita.
327-304.	— Segunda guerra samnita.
321.	— Las horcas caudinas.
298-290.	— Tercera guerra samnita.
295.	— Batalla de Sentino.
287.	— Promulgación de la *lex Hortensia*.
283.	— Victoria sobre la coalición galo-etrusca en el lago Vadimone.
280-273.	— Guerra contra Tarento.
280.	— Primera victoria de Pirro en Heraclea.
279.	— Segunda victoria de Pirro en Ascoli Satriano.
278-276.	— Guerra de Pirro en Sicilia en defensa de las colonias griegas contra Cartago.
275.	— Pirro es derrotado definitivamente en Benevento.
272.	— Caída de Tarento.
270.	— Los romanos en Reggio.
264-241.	— Primera guerra púnica.
260.	— Victoria naval de C. Duilio en Milazzo.
256.	— Atilio Régulo desembarca en África tras haber vencido por mar en Ecnomo.
255.	— Atilio Régulo es hecho prisionero.
242.	— Lutacio Catulo bate a los cartagineses por mar cerca de las islas Egadas.
240.	— Con las primeras obras de Livio Andrónico nace la literatura latina.
238-233.	— Operaciones militares contra los ligures.
238.	— Córcega y Cerdeña se vuelven romanas.
218-201.	— Segunda guerra púnica.
218.	— El cartaginés Aníbal toma Sagunto, atra-

viesa los Alpes y bate a los romanos en el Tesino y en Trebia.

217. — Cerca del lago Trasimeno los romanos son derrotados nuevamente. Quinto Fabio Máximo *el Contemporizador* mantiene alejado de Roma a Aníbal.

216. — En agosto, cerca de Cannas, nueva derrota romana. Aníbal se retira a Capua.

216-204. — Aníbal espera inútilmente fuerzas para reanudar la guerra.

212. — Los romanos recuperan Siracusa. Muerte de Arquímedes.

211. — Los romanos reconquistan Capua.

207. — Un ejército de Asdrúbal, venido en ayuda de Aníbal, queda deshecho cerca del río Metauro.

215-205. — Guerra y paz con Filipo V de Macedonia.

204. — Escipión lleva el Ejército a África, obligando así a abandonar Italia a Aníbal.

202. — Aníbal es derrotado por Escipión en Zama.

201. — Paz con Cartago.

197. — En una nueva guerra, Filipo V de Macedonia es derrotado por el cónsul Flaminino en Cinoscéfalos.

196. — El cónsul Flaminino proclama la liberación de Grecia del yugo macedonio. Revuelta de esclavos en Etruria.

195-190. — Guerra contra Antíoco de Siria y derrota de Antíoco en Magnesia.

186. — Nueva revuelta de esclavos en Apulia.

171-168. — Guerra contra Perseo de Macedonia y su derrota en Pidna.

149-146. — Destrucción de Cartago.

146. — Saqueo de Corinto.

139-133. — Revuelta de esclavos en Sicilia.

133. — Tiberio Graco es elegido tribuno y propone la Ley Agraria.

123. — Es elegido tribuno Cayo Graco.

117-105. — Desavenencia y guerra con Yugurta de Numidia.

- 102. — Mario destroza a los teutones en Aquae Sextiae (Aix-en-Provence).
- 101. — Mario destroza a los cimbros cerca de Vercelli, en los Campos Rudii.
- 100. — Mario es nombrado cónsul por sexta vez.
- 90-88. — Guerra social, contra los *socii* de la Italia centromeridional; concesión de la ciudadanía a los itálicos.
- 88. — Sila marcha sobre Roma y Mario huye.
- 86. — Sila bate en Queronea a un ejército de Mitríades, rey del Ponto. Muerte de Mario.
- 82-79. — Dictadura de Sila.
- 78. — Sila muere después de haber abdicado el año precedente.
- 72. — Termina en España una larga guerra para sofocar la rebelión del marionista Sertorio.
- 74-64. — Segunda guerra contra Mitrídates.
- 72-71. — Guerra contra los gladiadores y los esclavos acaudillados por Espartaco.
- 69. — Lúculo en Armenia.
- 67. — Pompeyo contra los piratas.
- 63. — La conjuración de Catilina bajo el Consulado de Cicerón.
- 60. — César, Pompeyo y Craso se ponen de acuerdo y forman el llamado primer triunvirato.
- 58-51. — Campaña de César en la Galia.
- 53. — Craso pierde la vida en Oriente, combatiendo contra los partos.

LOS CÉSARES

- 49. — En enero, César pasa el Rubicón con sus legiones de la Galia en armas. Guerra en España contra los pompeyanos.
- 48. — Guerra contra Pompeyo en Grecia. Batalla de Farsalia y fuga de Pompeyo. Pompeyo es muerto en Egipto por Tolomeo.

47. — César bate a Farnaces en Zela.
47-46. — Campaña de África contra los partidarios de Pompeyo; victoria de César en Tapso.
46-45. — Campaña en España contra los partidarios de Pompeyo; victoria de César en Munda.
44. — El 15 de marzo César es asesinado por los conjurados.
43. — Antonio, Octavio y Lépido se unen para el segundo triunvirato. Cicerón es muerto por orden de los triunviros.
42. — Bruto y Casio se suicidan en la batalla de Filipos.
40. — Choque en Perusa entre las fuerzas de Octavio y las de Antonio. Antonio va a Persia.
31. — Batalla de Accio entre Octavio y Antonio y Cleopatra.
29. — Octavio, quedado único señor, celebra el triunfo.
27. — El Senado abdica sus poderes y le confiere el título de Augusto.
4 aprox. — Nace Jesucristo en Palestina.
9 d. de J. C. — Matanza de las legiones de Varo en Germania.
14. — Muerte de Augusto.

PRÍNCIPES DE LA FAMILIA CLAUDIA

14-37. — Tiberio.
26. — Se aleja de Roma y se retira a Capri.
30. — Probablemente en este año, muere Jesucristo en Jerusalén.
31. — Caída de Seyano.
37-41. — Calígula.
41-54. — Claudio.
54-68. — Nerón.
64. — Roma queda gravemente damnificada por un incendio, del que Nerón acusa a

los cristianos, iniciándose así la serie de persecuciones contra éstos.
68-69. — Se suceden tres emperadores: Galba, Otón, Vitelio.

Príncipes de la familia Flavia

69-79. — Vespasiano.
70. — Jerusalén queda destruida por Tito.
79-81. — Tito.
79. — Erupción del Vesubio.
81-96. — Domiciano.
96. — Asesinado Domiciano, el Senado nombra emperador a Cocceyo Nerva.
98. — Muere Nerva y nombra emperador a Trajano.
98-117. — Trajano.
101-107. — Campaña para la conquista de la Dacia.
113-117. — Campaña en Oriente contra los partos.
117-138. — Adriano.
138-161. — Antonino Pío.
161-180. — Marco Aurelio.
165-180. — Guerra contra los cuados, los longobardos, los marcomanos y los sármatas.
180-192. — Cómodo.
193. — Se suceden en un solo año Pertinax, Didio Juliano y, contemporáneamente, Clodio Albino, Septimio Severo y Pescenio Nigro.

Los Severos

193-211. — Septimio Severo.
211-217. — Caracalla.
212. — Se concede la ciudadanía romana a todos los habitantes libres del Imperio.
217-218. — Macrino.
218-222. — Heliogábalo.

222-235.	— Alejandro Severo.
235-268.	— La anarquía militar. Maximino, Gordiano, Balbino, Gordiano II, Filipo *el Árabe*, Recio (249-251), Galo, Emiliano, Valeriano y Galieno (253-268).
268-270.	— Claudio II.
270-275.	— Domiciano Aureliano, *Restitutor Orbis*.
275-276.	— Tácito.
276-282.	— Marco Aurelio Probo.
282-283.	— Marco Aurelio Caro.
284-305.	— Diocleciano.
301.	— Edicto sobre los precios.
303.	— Edicto contra los cristianos.
305.	— Abdicación.
305-306.	— Constancio Cloro.
305-312.	— Luchas entre Galerio, Maximiano, Majencio, Severo, Maximino y Constantino.
312, 27 de octubre.	— Derrota de Majencio en el Puente Milvio, cerca de Roma.
312-337.	— Constantino (era ya Augusto desde el 307).
311.	— Edicto de Galerio a favor de los cristianos.
313.	— Edicto de Constantino, desde Milán, a favor de los cristianos.
325.	— Constantino convoca en Nicea el Concilio ecuménico contra Arrio.
330.	— Inaugura en Bizancio la Nueva Roma, o sea Constantinopla.
337.	— Constantino recibe el bautismo y muere.
337.	— Constantino II, Constancio, Constante, Delmacio, Anibalino.
337.	— Anibalino y Delmacio son asesinados.
337-361.	— Constancio.
340.	— Muere Constantino II.
350.	— Muere Constante.
350-353.	— Lucha contra Magnencio.
355.	— El sobrino Juliano es nombrado César por Constancio.
361-363.	— Juliano *el Apóstata*.

363-364. — Joviano.
364-375. — Valentiniano.
364-378. — Valente (colega de Valentiniano).
367-383. — Graciano (colega de Valentiniano también, y sucesor suyo).
375-392. — Valentiniano II.
378. — Valente es derrotado y muerto por los godos en la batalla de Adrianópolis.
379. — Graciano toma de colega a Teodosio.
374. — Ambrosio, gobernador de Liguria y de Emilia. Ambrosio, obispo de Milán.
379-395. — Teodosio.
383-388. — Magno Máximo.
392-394. — Flavio Eugenio.
394. — Flavio Eugenio cae en combate (en Frígido) contra Teodosio.
395. — Arcadio y Honorio se reparten el Imperio.
395-408. — Arcadio.
395-423. — Honorio.
408. — Asesinato de Estilicón.
410. — Alarico saquea Roma. Alarico muere mientras estaba preparando una expedición a África.
410-415. — Ataúlfo, rey de los visigodos.
425-455. — Valentiniano III.
408-450. — Teodosio II.
430. — Los vándalos de Genserico asedian Hipona, donde muere san Agustín.
451. — Los hunos de Atila invaden la Galia y son derrotados por Aecio en los Campos Cataláunicos.
452. — Atila es atajado en Italia por León I.
453. — Muerte de Atila.
454. — Valentiniano mata a Aecio.
455-456. — Avito.
455. — Saqueo de Roma por los vándalos.
457-461. — Majoriano.
461-465. — Libio Severo.
467-472. — Procopio Antemio.

472. — Olibrio. Muere Ricimero.
473-474. — Julio Nepote.
474. — Genserico es reconocido señor de África, de Sicilia, de Cerdeña, de Córcega y de las Baleares.
475. — Eurico, rey de los visigodos, obtiene España. Las Galias son repartidas entre burgundios, alamanes y rugios.
475-476. — Rómulo Augústulo.
476. — Odoacro depone a Rómulo Augústulo y devuelve al emperador de Oriente, Zenón, las insignias del Imperio, asumiendo el único título de «patricio».

Aquí termina la serie de los emperadores del Imperio romano de Occidente.

ÍNDICE

A los lectores	7
Ab urbe condita	11
Pobres etruscos	21
Los reyes agrarios	31
Los reyes mercaderes	41
Porsena	51
SPQR	61
Pirro	71
La educación	81
La carrera	89
Los dioses	97
La ciudad	105
Cartago	115
Régulo	123
Aníbal	131
Escipión	141
«Graecia capta…»	149
Catón	159
«…Ferum victorem cepit»	167
Los Gracos	177
Mario	187
Sila	195
Una cena en Roma	205

Cicerón	215
César	223
La conquista de las Galias	231
El Rubicón	241
Los Idus de marzo	249
Antonio y Cleopatra	259
Augusto	267
Horacio y Livio	275
Tiberio y Calígula	283
Claudio y Séneca	291
Nerón	299
Pompeya	307
Jesús	313
Los Apóstoles	321
Los Flavios	329
Roma epicúrea	337
Su capitalismo	345
Sus diversiones	353
Nerva y Trajano	361
Adriano	369
Marco Aurelio	377
Los Severos	385
Diocleciano	393
Constantino	401
El triunfo de los cristianos	409
La herencia de Constantino	417
Ambrosio y Teodosio	425
El fin	433
Conclusión	443
Cronología	447